ADAC
Reiseführer

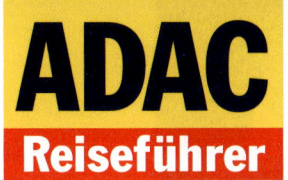

Deutschland

Die schönsten Städte und Regionen

von Elisabeth Schnurrer

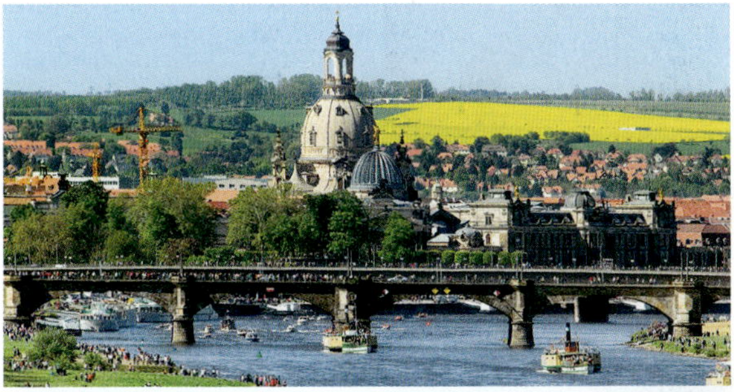

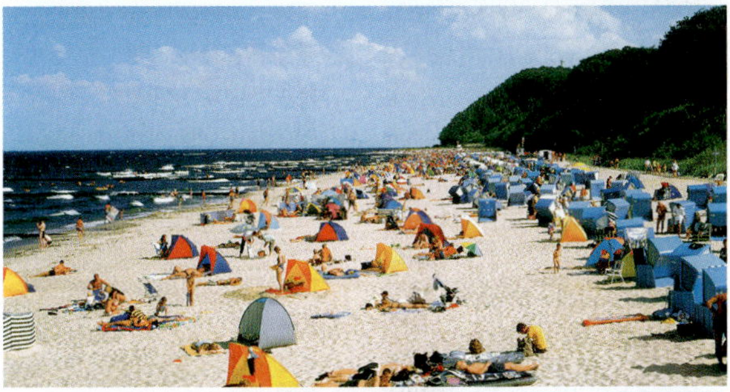

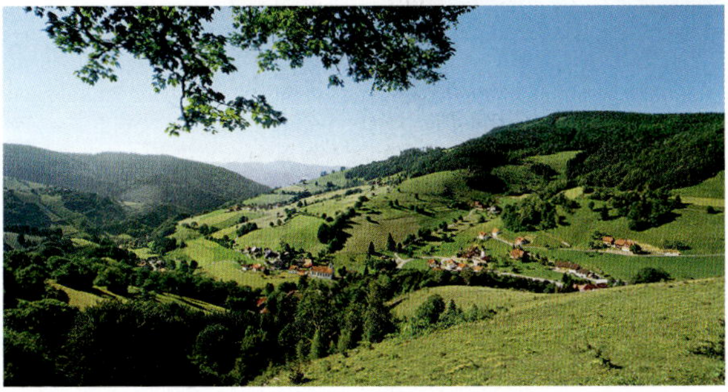

☐ Intro

☐ Unterwegs

Deutschland Kaleidoskop

Karten und Pläne

☐ Service

Deutschland aktuell von A bis Z 337

Register   344

Leserforum

Die Meinung unserer Leserinnen und Leser ist wichtig, daher freuen wir uns von Ihnen zu hören. Wenn Ihnen dieser Reiseführer gefällt, wenn Sie Hinweise zu den Inhalten haben – Ergänzungs- und Verbesserungsvorschläge, Tipps und Korrekturen – dann kontaktieren Sie uns bitte:

**Redaktion ADAC Reiseführer
ADAC Verlag GmbH
Hansastraße 19, 80686 München
Tel. 089/76 76 41 59
reisefuehrer@adac.de
www.adac.de/reisefuehrer**

Deutschland Impressionen

Auf Entdeckungsreise
im Herzen Europas

Es ist eine Lust, durch Deutschland zu reisen. Überall stößt man auf lebensfrohe Städte und malerischer Dörfer, wollen herb-schöne oder liebliche Landschaften entdeckt werden, wecken liebenswertes regionales Brauchtum und viel gerühmtes Kulturgut das Interesse der Besucher. All die großen und kleinen Attraktionen Deutschlands vereint der ADAC Reiseführer ›Deutschland – die schönsten Städte und Regionen‹ in einem Band.

Stadtfeuerwerk

Unumstrittener Besuchermagnet des Landes ist **Berlin**. Keine Stadt verändert schneller ihr Gesicht und nirgends sonst hat die wechselvolle deutsche Geschichte so viele Spuren hinterlassen. Ob man nun von der *Reichstagskuppel* den Abgeordneten des Deutschen Bundestages bei der Arbeit zusieht, auf der *Spree* an den großartigen Kunsttempeln der *Museumsinsel* vorbeischippert oder abends die Lokale in der *Spandauer Vorstadt* oder am *Prenzlauer Berg* unsicher macht, Berlin ist immer ›dufte‹.

Nicht minder beliebt ist das prachtvolle ›Elbflorenz‹ **Dresden**. Die Augen könnten dem Besucher übergehen angesichts der barocken Fülle des *Zwingers*, den Kurfürst August der Starke für seine Hoffeste errichten ließ. Nicht minder imposant ist die *Frauenkirche*, das aus Trümmern wieder auferstandene Wahrzeichen der Stadt. Musikgenuss erster Güte bieten Konzerte in der *Semperoper*.

In der boomenden Hansestadt **Hamburg** locken neben dem legendären Nachtleben von St. Pauli rund um *Hafen* und *Michel* gediegene Einkaufsmöglichkeiten und Museen von Weltruhm wie die *Hamburger Kunsthalle*. Das karnevalsfrohe Medienzentrum **Köln** mit dem weltberühmten *Kölner Dom* und **München**, die selbsternannte ›Weltstadt mit

Herz‹ und südländischem Charme muss man ebenfalls gesehen haben. In der Bankenstadt **Frankfurt am Main** imponieren himmelstürmende Hochhäuser und in **Wolfsburg** die futuristische Autostadt und ungewöhnliche Museen wie das *phæno*, das Wissenschaft zum Anfassen präsentiert.

Auch in kleineren Orten ist für Abwechslung gesorgt, etwa auf den **Galopprennbahnen** von *Iffezheim* im Schwarzwald oder in *Bad Doberan* an der Ostseeküste von Mecklenburg-Vorpommern. Den Nervenkitzel des Glücksspiels kann man in traditionsreichen **Spielcasinos** wie *Hohensyburg* bei Dortmund suchen oder in *Baden-Baden*, wo sich die Hautevolee Europas schon seit 200 Jahren zum **Kuraufenthalt** trifft.

In dieser Tradition haben Erholungsuchende die Wahl zwischen *Kneipp- und Schrothkurorten* im Allgäu über *Moor- und Heilwasserbäder* etwa in Bad Muskau bis hin zu den *Reizluft- und Seebädern*, die die deutsche Küste von Borkum bis Usedom säumen.

Rechts oben: *Futuristische Architektur prägt Berlins Potsdamer Platz*
Rechts Mitte: *In Oberbayern werden überlieferte Traditionen hoch gehalten*
Rechts unten: *In der Westerheide bei List auf Sylt gibt es viele Ferienhäuser zur Auswahl*

Land der Dichter und Denker

Wohin man auch kommt, überall bietet Deutschland Kunst und Kultur, großartige Museen, herrliche Kirchen und prachtvolle Schlösser. Schon die von der UNESCO zum **Welterbe** erklärten Stätten zeugen von der Vielfalt, die dem Reisenden in Deutschland begegnet. Das malerische Fachwerkstädtchen **Quedlinburg** mit der Stiftskirche auf dem Burgberg und die romanischen Kirchen der Insel **Reichenau** im Bodensee laden zur Zeitreise ins Mittelalter. Die Saarländer **Völk-**

linger Hütte und die **Zeche Zollverein** in Essen wiederum beweisen, dass auch die Industriearchitektur des 19. und 20. Jh. imposante Gebäude von eigentümlicher Schönheit schaffen konnte. Zurück zur Natur heißt es im voller Liebe und Einfallsreichtum angelegten **Muskauer Park** oder dem ebenso großartigen **Gartenreich Wörlitz-Dessau**. Ungleich nüchterner, aber nicht minder genial waren die Entwürfe der Meister des Bauhauses. Zu den Wurzeln dieser Architektur- und Designbewegung des 20. Jh. kann man im nahen **Dessau** und **Weimar** reisen. Letztere ist als *Wiege der deutschen Klassik* ein Wallfahrtsort für Verehrer der großen Dichter Goethe und Schiller.

Eine wahre Pilgerstätte für Protestanten ist die **Wartburg** über *Eisenach*, wo Martin Luther das Neue Testament ins Deutsche übersetzte. Auch in den **Lutherstädten Wittenberg** und **Eisleben** ist das Wirken des Reformators allenthalben Thema und gewähren vorzügliche Museen Einblick in das Leben des einstigen Augustinermönchs.

An der Ostseeküste ist **Lübeck**, die einstige *Königin der Hanse*, untrennbar mit Leben und Werk des Literaturnobelpreisträgers *Thomas Mann* verbunden, in

Oben: *Für Bergsteiger das Höchste: Blick vom Watzmann auf den Königssee*
Mitte: *Schmucke Fachwerkhäuser im Wiesenttal in der Fränkischen Schweiz*
Unten: *Würzburgs Residenz zählt zu den schönsten Schlössern Deutschlands*

der documenta-Stadt **Kassel** verfassten die Gebrüder *Jacob* und *Wilhelm Grimm* sowohl ihre *Kinder- und Hausmärchen* als auch ihr wegweisendes *Deutsches Wörterbuch*.

Weitere Facetten menschlichen Schaffens fächern zahlreiche hochkarätige Museen auf. Das viel besuchte **Deutsche Bergbau-Museum** in *Bochum* etwa erzählt vom Erfindungsreichtum der Ingenieure und dem gefahrvollen Leben der Bergarbeiter unter Tage. Im *Leipziger* **Museum der Bildenden Künste** hat die Moderne in Gestalt der überaus erfolgreichen Leipziger Schule ebenso ihren Platz wie Gemälde und Objekte aus Renaissance und Barock. Weit zurück in die Vergangenheit geht es im Besucherzentrum **Arche Nebra**: Hier erfährt man alles über das rätselhafte Sternbild auf der *Himmelsscheibe von Nebra* aus dem 2. Jt. v. Chr. Ein gewisses Gruselpotenzial haben die Moorleichen im **Schleswig-Holsteinischen Landesmuseum** auf *Schloss Gottorf* bei Schleswig und überraschende Einsichten über die gar nicht so kriegerischen Wikinger ermöglicht das **Wikingermuseum Haithabu**.

Märchenschloss und Gotteshaus

Auch Deutschlands Kaiser und Könige, Grafen, Bischöfe und Äbte trugen über die Jahrhunderte hinweg zum Reiz des Landes bei. In Potsdam etwa kann man sich an **Schloss und Park Sanssouci**, den Lieblingsorten *Friedrichs des Großen* erfreuen. Am Mittelrhein wiederum wartet nachgerade hinter jeder Flussbiegung eine Burg, mal bestens erhalten, mal als imposante Ruine. Über Koblenz thront **Burg Ehrenbreitstein**, **Schloss Stolzenfels** zeugt vom Geist der Romantik im 19. Jh. und die **Marksburg** blieb seit ihrer Erbauung im 12. Jh. unzerstört.

Gewissermaßen Stars unter den deutschen Adelsrefugien sind die opulenten Schlösser des bayerischen Märchenkönigs Ludwig II. Ob **Schloss Neuschwanstein** in den Allgäuer Alpen, **Schloss Herrenchiemsee** auf einer Chiemseeinsel oder **Linderhof** bei Oberammergau, stets fasziniert die typische Mischung aus überschäumender Fantasie und maßlosem Größenwahn.

Nicht nur der Adel ließ prunkvolle Bauten errichten, auch der Kirche verdankt Deutschland eine Vielzahl architektonische Glanzlichter. Schon Kaiser *Karl der Große* wusste zu repräsentieren und begründete den makellos schönen **Aachener Dom**, wo sich viele Herrscher des Deutschen Reiches krönen ließen. Oft hinterlassen auch Besuche in den prächtigen erhaltenen Klöstern und Abteien tiefen Eindruck. Ein geradezu magischer Ort ist zum Beispiel das Brunnenhaus von

seine Bierbrautradition berühmten **Kloster Andechs** auf dem Heiligen Berg über dem Ammersee zu.

Kein schöner Land

Vom tiefen Süden mit der imposanten **Alpenkette** bis zum meerumspülten **Nordfriesland** locken die ländlichen Regionen Deutschlands mit jeweils eigenem Charme und Charakter. Die wunderschöne Hügellandschaft um die **Oberbayerischen Seen** südlich von München scheint wie geschaffen für ausgedehnte Radtouren oder Wanderungen. Sehr beliebt ist auch das **Rheintal**, wo die Sagen rund um den *Loreley-Felsen* von den Gefahren der Rheinschifffahrt künden und Weindörfer wie *Rüdesheim* oder *Bacharach* mit vielen heimeligen Schänken zur Einkehr laden.

Im September verzaubert die weite, im Lila der blühenden Erika leuchtende **Lüneburger Heide**. Die waldreichen Mittelgebirge vom **Odenwald** bis zum **Erzgebirge**, das Wasserlabyrinth der **Mecklenburgischen Seenplatte** oder die dünengesäumten Strände der **Nordseeinseln** begeistern jeden Urlauber.

Fast unberührte Natur kann man in den 14 **Nationalparks** Deutschlands erleben. In jedem von ihnen, in der wie verwunschen wirkenden Seenlandschaft der *Müritz* oder der vielgestaltigen Felswelt der *Sächsischen Schweiz*, dem *Jasmund* auf Rügen mit den berühmten Kreidefelsen und den Bergen rund um den Königssee bei *Berchtesgaden* – allen voran der legendäre Watzmann – darf sich die Natur frei entfalten.

Kloster Maulbronn bei Karlsruhe. Ganz besonders besinnliche Atmosphäre herrscht auch im **Kloster Wienhausen** nahe Celle oder in der **Benediktinerabtei Maria Laach** am Rande der Eifel. Sinnenfroh-bayerisch geht es dagegen im für

Seenplatte oder des Spreewaldes reichlich Gelegenheit, ihrem Vergnügen nach-
zugehen. **Wanderern** liegt das Land dank
ausgezeichnet markierter Wanderwege
vom *Pfälzerwald* bis zum *Bayerischen
Wald* und von der *Schwäbischen Alb* bis
zum *Spessart* zu Füßen. Das höchste für
jeden **Bergwanderer** ist es, sich am Gipfelkreuz der *Zugspitze* an der Majestät der
Alpen zu erfreuen. Im Winter verwandeln
sich die Hänge in Skipisten und die Loipen im *Erzgebirge* oder *Thüringer Wald*
laden zu ausgedehnten Langlauftouren.

Für **Radfahrer** sind mehr als 40 000 km
Wege wie die *Route der Industriekultur*
oder der *Radfernwanderweg Hamburg-
Rügen* ausgeschildert. Besonders beliebt
weil frei von kraftraubenden Anstiegen
sind Touren entlang der großen Flüsse,
etwa der *Donau-, Elbe-* oder *Rheintalrad-
weg*. Mountainbiker finden in *Eifel* oder
Harz perfekte Strecken für ihr Hobby.

Aktivurlaub in deutschen Landen

Geradezu unschlagbar ist das vielfältige
Freizeitangebot in den veschiedenen Regionen Deutschlands. Zu Wasser finden
etwa **Surfer** vor der Westküste Sylts, **Segler** in der Kieler Förde, **Kajakfahrer** und
Wasserwanderer im weit verästelten
Kanallabyrinth der Mecklenburgischen

Der Reiseführer

Die schönsten Seiten Deutschlands stellt
der vorliegende Band in fünf Kapiteln
von Nord nach Süd vor. Er würdigt die
kunst- und kulturhistorischen Sehenswürdigkeiten ebenso wie die landschaft-
lichen Schönheiten. **Kurzessays** vertiefen
interessante Themen und stellen Hintergründe vor, nützliche Hinweise auf Touristeninformationen, ausgewählte Hotels
und Restaurants fassen die **Praktischen
Hinweise** am Ende eines jeden Punktes
zusammen. Das bewährte **Nummernsys-
tem** und detaillierte **Übersichtskarten**
helfen bei der schnellen Orientierung.
Weitere hilfreiche Reise- und Urlaubs-
informationen sind im abschließenden
Serviceteil **Deutschland – Städte und
Regionen aktuell A bis Z** übersichtlich
alphabetisch geordnet.

Links oben: *Der Innenraum der Dresdner
Frauenkirche ist von erhabener Schönheit*
Links unten: *Otto Möllers ›Straßenlärm‹ von
1920 ist in der Berlinischen Galerie zu sehen*
Oben: *Im Sommer blüht der Löwenzahn auf
den Wiesen der Mecklenburger Seenplatte*
Mitte: *Durch den Tiefschnee am Nebelhorn:
ein Freerider genießt den Winter*
Unten: *Harzer Käse mit Gurke und Tomate:
die richtige Stärkung für unterwegs*

Geschichte, Kunst, Kultur im Überblick

Vom Heiligen Römischen Reich zur Bundesrepublik Deutschland

ab 3. Jh. v. Chr. Römische Legionen stoßen über die Alpen nach Norden vor, wo sie auf germanische und keltische Stämme treffen. An den nördlichen Küsten siedeln Friesen und Sachsen, östlich davon auch Slawen.

ab 20 v. Chr. Aus römischen Militärlagern entstehen die ersten Städte auf deutschem Boden: Colonia Claudia Ara Agrippinensium (Köln, ca. 19 v. Chr.), Augusta Treversorum (Trier, 16 v. Chr.), Augusta Vindelicum (Augsburg, 15 v. Chr.).

9 n. Chr. In der Schlacht im Teutoburger Wald schlagen germanische Stämme unter Führung des Cheruskers Arminius (Hermann) das römische Heer unter Publius Varus. Nach diesem militärischen Fiasko gibt Rom den Versuch auf, östlich des Rheins vorzudringen.

5. Jh. Die Völkerwanderung, ausgelöst durch den Einfall der Hunnen in die damals von Goten besiedelte Ukraine, besiegelt den Untergang des Römischen Reiches: Die vor den Hunnen fliehenden Goten erobern Rom. Am Rhein entsteht das Fränkische Reich. In ihm leben viele kulturelle Errungenschaften der Römer wie die Verwaltungsordnung und das Rechtssystem fort.

719 Der Papst beauftragt den englischen Mönch Bonifatius mit der Bekehrung der Germanen. Dieser gründet die Bistümer Passau, Regensburg und Freising.

724 Der Wanderbischof Pirmin gründet auf einer Insel im Bodensee das Kloster Reichenau. Im 10. und 11. Jh. wird es ein Zentrum der europäischen Buchmalerei.

800 Papst Leo III. krönt den fränkischen König Karl den Großen zum Kaiser von Rom. Karl zwingt die an Weser und Elbe siedelnden Sachsen unter seine Herrschaft und erobert Bayern.

843 Nachfolgers Karls des Großen ist Kaiser Ludwig der Fromme. Seine drei Söhne teilen das Fränkische Reich im Vertrag von Verdun untereinander auf. Ludwig der Deutsche erhält das Gebiet östlich des Rheins. Dort siedeln Stämme der Franken, Sachsen, Alemannen und Bayern. Dieses ostfränkische Reich ist die Keimzelle des späteren Deutschen Reiches.

919 Franken und Sachsen wählen den Sachsenherzog Heinrich I. zum König. In mehreren Kriegen erringt er auch die Herrschaft über Alemannen und Bayern, die ihn nicht unterstützt hatten.

936 Otto I. folgt seinem Vater Heinrich I. auf dem Königsthron. 951 erobert er Oberitalien, 955 schlägt er in der Schlacht auf dem Lechfeld nahe Augsburg die Ungarn und erwirbt so den Beinamen ›der Große‹.

962 Otto der Große lässt sich in Rom vom Papst zum Kaiser krönen. Damit beginnt die fast 900 Jahre währende Geschichte des Heiligen Römischen Reiches Deutscher Nation.

1122 Das Wormser Konkordat zwischen Papst Calixt II. und Kaiser Heinrich V. klärt die Zuständigkeiten bei der Bischofswahl und damit auch die Teilung der Macht zwischen weltlicher und geistlicher Herrschaft.

1230 Der ostfälische Adlige Eike von Repgow verfasst den Sachsenspiegel, eines der ersten Rechtsbücher in deutscher Sprache.

um 1250 Im Nord- und Ostseeraum ansässige Kaufleute schließen sich zur Hanse zusammen, um gemeinsam ihre Frachtrouten und Waren besser sichern zu können.

1273 Rudolf IV. Graf von Habsburg setzt sich bei der Königswahl durch. Er sichert Österreich für seine Familie und legt so den Grundstein für den Aufstieg des Hauses Habsburg, das 1438–1806 fast alle Kaiser des Heiligen

955 schlägt das Heer Ottos des Großen die Ungarn

Römischen Reiches Deutscher Nation stellt.

1349–51 Fast ein Viertel der Bevölkerung Deutschlands stirbt an der Pest.

1356 Die Goldene Bulle, verabschiedet unter Kaiser Karl IV., regelt die Wahl der deutschen Könige. Sieben Kurfürsten bestimmten künftig den neuen Herrscher, sie erhalten Vorrechte wie unbeschränkte Gerichtsbarkeit, Münz- oder Zollregal.

1414–18 Das Konzil von Konstanz beendet das Abendländische Schisma, währenddessen zwei Päpste gleichzeitig amtierten. Die Spaltung der Kirche bestand seit 1378. Nach Zusicherung freien Geleits war auch der Kirchenreformer Jan Hus einer Einladung nach Konstanz gefolgt. 1415 verurteilt das Konzil ihn als Ketzer zum Tod.

Mitte 15. Jh. Johannes Gutenberg erfindet den Buchdruck mit beweglichen Metalllettern. Er ermöglicht die Massenproduktion von Büchern und macht sie allgemein verfügbar.

1516 Die Bankiersfamilie der Fugger stiftet in Augsburg für unverschuldet in Not geratene Bürger die Fuggerei, die älteste Sozialsiedlung der Welt.

1517 Der Augustinermönch und Theologieprofessor Martin Luther (1483–1546) veröffentlicht 95 Thesen. Darin wendet er sich gegen den Ablasshandel der römisch-katholischen Kirche: Nicht durch das Bezahlen bestimmter Summen könne man sich von seiner Schuld vor Gott loskaufen, sondern nur die Gnade Gottes erlöse den Menschen.

1519–55 Unter Kaiser Karl V. ist das Deutsche Reich Teil eines Imperiums, ›in dem die Sonne nie untergeht‹: Der Habsburger regiert Spanien und Sizilien, das Deutsche Reich und das 1492 entdeckte Amerika. Auf deutschem Boden verliert er aber zusehends die Kontrolle: Die Kurfürsten fordern mehr Rechte und die Reformation bedroht die Einheit der von Karl unterstützten römischen Kirche.

1521/22 Weil Luther seine Thesen nicht widerruft, belegt ihn Karl V. mit der Reichsacht. Der sächsische Kurfürst Friedrich der Weise versteckt Luther daraufhin auf der Wartburg, wo er in elf Wochen das Neue Testament aus dem Griechischen ins Deutsche übersetzt.

Auf dem Konzil von Konstanz wird Jan Hus 1415 verbrannt

1524/25 Zorn über soziale Missstände und reformatorischer Eifer lösen den Bauernkrieg aus. Die Reichsfürsten schlagen die Aufstände brutal nieder.

1545–63 Das Konzil von Trient verwirft Luthers Thesen und formuliert die Glaubenssätze der katholischen Kirche. Die Gegenreformation beginnt.

1555 Der Augsburger Religionsfriede gesteht den Landesherren das Recht auf freie Religionswahl zu. Das Volk hat deren Entscheidung zu folgen, es gilt: Cuius regio, eius religio – wessen Land, dessen Religion.

1609 Der Astronom Friedrich Johannes Kepler (1571–1630) beschreibt in seiner ›Astronomia nova‹ die von ihm entdeckten Planetenbewegungen um die Sonne.

1618 Mit dem Prager Fenstersturz und dem Krieg von Kaiser Matthias gegen den böhmischen ›Winterkönig‹ Friedrich beginnt der Dreißigjährige Krieg [s. S. 174].

1648 Der Westfälische Friede beendet den Dreißigjährigen Krieg. Der Kaiser wird in allen das Reich betreffenden Entscheidungen an die Zustimmung der Fürsten gebunden, zugleich erhalten diese volle Herrschaftsgewalt in ihren Territorien. Das Deutsche Reich zerfällt so in eine Vielzahl faktisch unabhäniger Staaten, das Reich ist nur noch ein loser Mantel.

1670–1733 Sachsens Kurfürst August der Starke macht Dresden zur prunkvollen Barockresidenz.

1679–1681 Der französische König Ludwig XIV. besetzt die linksrheinischen Gebiete des Deutschen Reiches. 1681 erobert er auch die Reichsstadt Straßburg. Durch Bündnisse mit den Kurfürsten von Brandenburg und Bayern kann er eine Gegenwehr des Reiches verhindern.

1688–97 Ludwig XIV. beansprucht die Kurpfalz und überspannt damit den Bogen. Kaiser Leopold erklärt ihm den Reichskrieg. Im diesem Pfälzischen Erbfolgekrieg verwüsten französische Truppen weite Teile Süddeutschlands. Ludwigs brutale Kriegsführung begründet die deutsch-französische ›Erbfeindschaft‹, die das Verhältnis der Nachbarländer bis zur Aussöhnung nach dem Zweiten Weltkrieg belastet.

1706 Beim Versuch Gold zu schaffen, stellt Alchemist Johann Friedrich Böttger (1682–1719) im sächsischen Meißen erstmals in Europa Porzellan her.

1713–40 ›Soldatenkönig‹ Friedrich Wilhelm I. verwandelt Brandenburg-Preußen in einen Militärstaat.

1723 Johann Sebastian Bach (1685–1750), der bedeutendste Barockkomponist Deutschlands, wird Thomaskantor und Städtischer Musikdirektor in Leipzig.

1749–86 König Friedrich der Große regiert Preußen im Sinne des aufgeklärten Absolutismus. Einerseits hält er an seiner uneingeschränkten Herrschergewalt fest, andererseits bemüht er sich um die Wahrung von Recht, Gesetz und Toleranz. Durch Siege über Österreich in den Schlesischen Kriegen und den erfolgreichen Abschluss des Siebenjährigen Krieges, in dem er sich gegen Österreich, Russland und Frankreich behauptet, macht er Preußen zu einer europäischen Großmacht.

1789 Die Ideen der Französischen Revolution – Freiheit, Gleichheit und Brüderlichkeit – begeistern viele Deutsche. Für Kaiser, Könige und Fürsten des Reiches kommt eine Beteiligung der Bürger an der Macht jedoch nicht in Frage. Auch um ein Übergreifen der Revolution auf das Reich zu verhindern, beschließen Kaiser Leopold II. und der preußische König Friedrich Wilhelm 1791 Frankreich anzugreifen.

1792–1801 Das revolutionäre Frankreich, ab 1799 unter Führung Napoleon Bonapartes, besiegt Preußen und Österreich.

1803 Napoleon setzt den Reichsdeputationshauptschluss durch: Die freien Reichsstädte und kleineren Grafschaften des Deutschen Reichs werden den größeren Staaten wie Bayern, Baden und Württemberg zugeschlagen. Sie sollen ein Gegengewicht zu den Großmächten Preußen und Österreich bilden.

1806 Angeführt von den Königen Bayerns und Württembergs gründen 16 süd- und westdeutsche Staaten den Rheinbund. Seine Mitglieder verpflichten sich, Frankreich in allen Kriegen beizustehen und erklären ihren Austritt aus dem Heiligen Römischen Reich Deutscher Nation. Daraufhin legt Kaiser Franz II. die Kaiserkrone nieder und erklärt das Reich nach fast 900 Jahren Existenz für aufgelöst.

1808 Johann Wolfgang von Goethe veröffentlicht den ersten Teil des ›Faust‹.

1813 Preußen, Russland und Österreich verbünden sich gegen Napoleon. Sie besiegen ihn in der Völkerschlacht von Leipzig, Napoleon flieht nach Frankreich. 1814 erobern die Koalitionäre Paris, setzten Napoleon ab und verbannen ihn nach Elba.

1815 Napoleon kehrt im März nach Paris zurück, wird aber im Juni 1815 in der Schlacht von Waterloo entscheidend geschlagen. Zur selben Zeit ordnet der Wiener Kongress Europa neu. Preußen erreicht enormen Macht- und Landgewinn, Österreich wird in den Grenzen von 1797 wiederhergestellt. Der Deutsche Bund aus 35 Fürstentümern und vier Reichsstädten ersetzt das Heilige Römische Reich. Es beginnt die Epoche der Restauration, in der alle freiheitlichen bürgerlichen Bestrebungen unterdrückt werden.

1832 Beim Hambacher Fest fordern 30 000 Menschen ein freies und geeintes Deutschland. Die Obrigkeit verfolgt die vielfach studentischen Organisatoren der Versammlung.

1848 Die Ausrufung der Republik in Frankreich löst auch in Ländern des Deutschen Bundes Revolutionen aus. Die Bürger fordern Verfassungen, Presse- und Vereinsfreiheit. In der Frankfurter Paulskirche trifft sich die erste frei gewählte Nationalversammlung und arbeitet eine Verfassung aus. Diese sieht vor, den Deutschen Bund in ein Deutsches Reich

Napoleon bäckt sich seine Könige: Karikatur von 1806

Auf dem Hambacher Fest demonstrieren Studenten für ein geeintes Deutschland

zu verwandeln. Die Führung soll ein preußischer Kaiser übernehmen, den ein frei gewähltes Parlament kontrollieren soll. Aber Frankreich, England und Russland würden diese Reichsgründung angesichts der Größe des neuen Staates nicht akzeptieren. Daher lehnt der preußische König die Kaiserkrone ab und die Revolution scheitert.

ab 1850 Die Industrialisierung vollzieht sich in rasendem Tempo. Das zu Preußen gehörende Ruhrgebiet wird zu einer der bedeutendsten Wirtschaftsregionen Europas. Bis 1870 wächst das Eisenbahnnetz im Deutschen Bund von 6000 km auf 20 000 km. Die geringe Entlohnung der Arbeiter führt bei gleichzeitig explodierenden Gewinnen der Unternehmer zu großen sozialen Unterschieden.

1862 König Wilhelm I. ernennt Otto von Bismarck zum preußischen Ministerpräsidenten. Um revolutionären Tendenzen den Wind aus den Segeln zu nehmen, greift Bismarck die Forderung nach einer Einigung Deutschlands auf. Mit Siegen über Österreich, Dänemark und schließlich Frankreich schafft er die Grundlage für die Reichsgründung.

1871 Im Spiegelsaal von Versailles proklamiert Großherzog Friedrich von Baden den preußischen König Wilhelm zum Deutschen Kaiser. Durch geschickte Bündnispolitik gelingt es Bismarck, das Deutsche Reich im europäischen Mächtesystem zu verankern. Als schwere Hypothek für das Deutsche Reich erweist sich die Annexion des bislang französischen Elsass-Lothringen gegen den Willen der dortigen Bevölkerung. Dieses Vorgehen macht eine Aussöhnung mit Frankreich zunächst unmöglich.

1891 Otto Lilienthal gelingen erste Gleitflüge mit einem Fluggerät.

1880 Nach fast 750-jähriger Bauzeit ist der Kölner Dom vollendet.

1890 Kaiser Wilhelm II. entlässt Reichskanzler Bismarck. In den folgenden zwei Jahrzehnten zerbricht dessen Bündnissystem, das seit 1871 den Frieden in Europa bewahrt hatte. Durch Machtgehabe und den Ausbau der Seeflotte verprellt das Deutsche Reich die anderen europäischen Großmächte. Als einziger Bündnispartner bleibt Österreich-Ungarn.

1886 Karl Benz meldet das Patent für eine ›Kraftdroschke‹ an, ein Fahrzeug mit Verbrennungsmotor.

1901 Wilhelm Röntgen erhält für seine Entdeckung der Röntgenstrahlen den Nobelpreis für Physik.

um 1900 Allenthalben gründen sich avantgardistische Künstlervereinigungen, die sich von der in den offiziellen Akademien favorisierten Malerei abwenden. Münchner Künstler wie Lovis Corinth formieren sich in der ›Secession‹ (1892), in Dresden entsteht ›Die Brücke‹ (1905) um Ernst Ludwig Kirchner, in München wiederum ›Der Blaue Reiter‹ (1911) um Wassilij Kandinsky und Franz Marc.

1914 Der Erste Weltkrieg bricht aus: Der Ermordung des österreichischen Thronfolgers Franz Ferdinand (28.6.) durch einen serbischen Attentäter folgt die Kriegserklärung Österreichs an Serbien (28.7.). Russland, der engste Verbündete Serbiens, reagiert darauf mit der Mobilmachung (31.7.). Nun sieht sich die deutsche Regierung gezwungen, ihrem österreichischen Bündnispartner zur Seite zu stehen und erklärt zunächst Russland (1.8.), dann Frankreich (3.8.) den Krieg. Als Deutschland über Belgien nach Frankreich vorrückt, tritt Großbritannien (4.8.) auf Seiten Frankreichs in den Krieg ein.

1916 Die Schlacht um Verdun beginnt. 338 000 Deutsche und 364 000 Franzosen sterben in den Schützengräben. Der Einsatz von Maschinengewehren und Giftgas ›industrialisiert‹ das Töten und macht den Ersten Weltkrieg zum bis dahin verlustreichsten Krieg der Geschichte.

1917 Der Kriegseintritt der USA verändert das Kräfteverhältnis auf dem Schlachtfeld entscheidend. Die deutsche Niederlage ist nur noch eine Frage der Zeit.

1918 Am 11. November unterzeichnet Matthias Erzberger, ein Politiker der katholischen Zentrumspartei, den Waffenstillstand. Die militärische Führung hatte sich davor gedrückt, diese Aufgabe zu übernehmen und konnte so die ›Dolchstoß-

legende‹ verbreiten. Ihr zufolge hätte die militärische Führung den Sieg erringen können, wären ihr nicht Zivilisten und Demokraten gewissermaßen in den Rücken gefallen.

1919 Der Versailler Vertrag weist Deutschland und seinen Verbündeten die alleinige Kriegsschuld zu. Überdies zwingt er das Reich zu erheblichen Gebietsabtretungen und bürdet ihm hohe Reparationszahlungen auf. – Mit Verabschiedung der deutschen Verfassung in Weimar wird die Weimarer Republik gegründet. Sie ist belastet von der ›Dolchstoßlegende‹ und den als viel zu hart empfundenen Bedingungen des Versailler Vertrages.

1923 Gustav Stresemann gelingt es zunächst als Reichskanzler, dann als Außenminister die Weimarer Republik wirtschaftlich und politisch zu stabilisieren. Durch die Aufnahme in den Völkerbund 1926 kehrt das Reich auf die internationale Bühne zurück.

1929 Die Weltwirtschaftskrise führt zum Zusammenbruch der deutschen Wirtschaft und bereitet – neben verbreiteter Demokratiemüdigkeit, Antisemitismus, der Unfähigkeit der Reichstagsparteien zum Kompromiss und anderen Faktoren – den Nährboden für den Aufstieg von Hitlers Nationalsozialistischer Arbeiterpartei (NSDAP).

1933 Reichspräsident Hindenburg ernennt Adolf Hitler zum Reichskanzler. Der letzte frei gewählte Reichstag verabschiedet das Ermächtigungsgesetz: Hitler kann künftig Gesetze ohne Zustimmung des Parlaments erlassen. Heinrich Himmler, damals Polizeipräsident von München, gründet in Dachau das erste Konzentrationslager.

1935 Die Nürnberger Gesetze sprechen jüdischen und jüdischstämmigen Deutschen fast alle Rechte ab.

1936 Deutschland besetzt das entmilitarisierte Rheinland. Hitler nutzt die XI. Olympischen Spiele in Garmisch-Partenkirchen und Berlin, um die organisatorischen Fähigkeiten des Dritten Reichs zu demonstrieren.

Der Tag von Potsdam: Reichspräsident Paul Hindenburg begrüßt Adolf Hitler

1938 Im März setzt Hitler den ›Anschluss‹ Österreichs an das Deutsche Reich durch. Im Münchner Abkommen vom September stimmen Großbritannien und Frankreich auch der Besetzung des zur Tschechoslowakei gehörenden Sudetenlandes zu. Am 9. November setzen NSDAP-Schergen in der sog. Reichspogromnacht Synagogen und Geschäfte jüdischer Bürger in Brand setzen.

1939 In einem geheimen Zusatzprotokoll des Hitler-Stalin-Paktes (23.8.) vereinbaren Deutschland und die UdSSR die Teilung Polens. Als deutsche Truppen in Polen einmarschieren (1.9.) erklären Frankreich und Großbritannien dem Deutschen Reich den Krieg. Der Zweite Weltkrieg hat begonnen.

1941 Im Juni befiehlt Hitler das ›Unternehmen Barbarossa‹, den Angriff der Wehrmacht auf die UdSSR.

1942 Auf der Wannseekonferenz beschließt die Führung des Deutschen Reiches die ›Endlösung der Judenfrage‹, also die Vernichtung der europäischen Juden. Zu diesem Zweck entstehen mehrere Vernichtungslager, die größten im besetzten Polen: Auschwitz (1,1 Mio. Ermordete), Treblinka (700 000), Majdanek (360 000).

1943 Die Rote Armee schlägt die Wehrmacht in Stalingrad vernichtend. Mit Angriffen auf Hamburg erreicht der Luftkrieg der Alliierten in der ›Operation Gomorrha‹ einen ersten Höhepunkt. In den folgenden zwei Jahren gehen alle deutschen Großstädte in Flammen auf. Die Verheerung Dresdens am 13. und 14. Februar 1945 vollendet das Zerstörungswerk.

1944 Die Alliierten landen in der Normandie und rücken rasch bis Paris vor.

Am 22. Dezember 1989 öffnet die DDR den Grenzübergang Brandenburger Tor

1945 Angesichts der unmittelbar bevorstehenden Niederlage begeht Hitler am 30. April Selbstmord. Am 8. Mai unterzeichnet Großadmiral Karl Dönitz die bedingungslose Kapitulation.

Juli 1945 Die Siegermächte Frankreich, Großbritannien, USA und UdSSR teilen auf der Potsdamer Konferenz das Deutsche Reich in vier Besatzungszonen, Berlin wird ebenfalls in vier Sektoren geteilt. Die Ostgrenze Deutschlands soll die Oder-Neiße-Linie bilden. Aus den einst deutschen Ostgebieten fliehen etwa 12 Mio. Menschen nach Westen.

1945–48 In den Nürnberger Prozessen werden die gefassten Mitglieder der Nazi-Führungsriege zum Tod oder zu langen Haftstrafen verurteilt.

ab 1946 Kalter Krieg zwischen den kapitalistischen Westmächten und der kommunistischen UdSSR. Als die UdSSR West-Berlin blockiert (1948/49), versorgen die Westmächte die Stadt über eine Luftbrücke.

1949 Der Ost-West-Konflikt macht ein geeintes Deutschlands bald nach dem Krieg unmöglich. Stattdessen entsteht aus den drei Westzonen und Westberlin die demokratische Bundesrepublik Deutschland (BRD). Darauf regiert die UdSSR mit der Gründung der kommunistischen Deutschen Demokratischen Republik (DDR) in ihrer Besatzungszone.

1953 Während die BRD dank Währungsreform und Marshallplan einen ökonomischen Aufschwung erlebt, leidet die Wirtschaft der DDR. Als die Führung eine Erhöhung der Arbeitsnormen anordnet, bricht am 17. Juni ein Volksaufstand aus. Sowjettruppen und Kasernierte Volkspolizei schla-

gen ihn blutig nieder.

1957 Mit Unterzeichnung der Römischen Verträge gründen sechs europäische Staaten, darunter die BRD, die Europäische Wirtschaftsgemeinschaft (EWG). Damit beginnt der politische Einigungsprozess in Europa.

13. August 1961 Um die ›Republikflucht‹ aus der DDR zu unterbinden, lässt SED-Vorsitzender Walter Ulbricht die Berliner Mauer bauen.

1968 Die Studentenbewegung der BRD tritt für sozialistische und antiautoritäre Reformen ein und fordert die schonungslose Aufarbeitung der Nazi-Vergangenheit. In der Folge gründen 1970 Andreas Baader, Ulrike Meinhof und Gudrun Ensslin die Rote Armee Fraktion (RAF), eine bald international agierende linksextremistische Terrorgruppe.

1971 Für seine Entspannungspolitik gegenüber der UdSSR erhält Bundeskanzler Willi Brandt (SPD) den Friedensnobelpreis.

1972 Beide deutschen Staaten werden gleichzeitig in die Vereinten Nationen aufgenommen. Die BRD gibt ihre bisherige Position auf, nur sie vertrete die Interessen Deutschlands.

1977 Der Terror der RAF gipfelt in Entführungen und Morden im Deutschen Herbst. Die blutigen Ereignisse führen zu Selbstmorden der inhaftierten Terroristen Baader, Ensslin und Raspe im Stuttgarter

Hochsicherheitsgefängnis Stammheim. Meinhof war bereits 1976 tot in ihrer Zelle aufgefunden worden.

1983 Die Stationierung der Pershing-II-Atomraketen in der BRD markiert den Höhepunkt im Wettrüsten zwischen Ost und West.

1989 Die Reformpolitik Michail Gorbatschows in der UdSSR ermöglicht auch in Osteuropa Veränderungen. Als Ungarn seine Grenzen nach Westen öffnet und bei den DDR-Kommunalwahlen die Wahlfälschung durch die SED offensichtlich wird, kommt es zu den Montagsdemonstrationen und einer Massenflucht aus der DDR. Angesichts diesen Drucks erklärt am 9. November das Politbüro die Grenzöffnung.

3. Oktober 1990 Vereinigung des nun wieder völlig souveränen Deutschland.

1999 Im Kosovo beteiligt sich das deutsche Bundeswehr erstmals an Kämpfen.

2002 Die Länder der Europäischen Währungsunion, darunter auch Deutschland, führen das Euro-Bargeld ein.

2008 In Deutschland findet die Fußball-Weltmeisterschaft der Männer statt (›Die Welt zu Gast bei Freunden‹).

2011 Im Juni und Juli tragen 16 Teams in Deutschland die FIFA Frauen Fußball-Weltmeisterschaft aus.

2012 Die vorgezogenen Neuwahl in Schleswig-Holstein gilt als Indiz für die Bundestagswahl 2013.

Weinreben bedecken die Hänge über der Neckarschleife bei Mundelsheim

Unterwegs

Norddeutschland –
Küstenland und Kaufmannsstolz

Fünf Bundesländer bilden den Norden Deutschlands: weite Teile Niedersachsens, Schleswig-Holstein, Mecklenburg-Vorpommern sowie die stolzen Hansestädte Bremen und Hamburg. Seit jeher prägt das **Meer** Landschaft und Menschen, insgesamt schlagen die Wellen von Nord- und Ostsee hier auf einer Länge von 2500 km gegen die Küsten Deutschlands.

An der **Nordsee** übt das *Wattenmeer*, wo der Wechsel von Ebbe und Flut die Kraft der Natur unmittelbar spürbar werden lässt, eine ganz besondere Faszination aus. Klare Luft und weite Sandstrände sind hier die großen Trümpfe. Die **Ostseeküste** zwischen *Flensburg* und *Usedom* begeistert durch die Vielfalt ihrer Landschaftsformen. Mal sanft und flach wie am *Timmendorfer Strand*, mal steil und romantisch wie die Kreidefelsen von *Rügen* geht das Land ins Meer über. Im Landesinneren gilt es die liebliche Heide um *Lüneburg*, das Geflecht aus Seen und Wasserstraßen der **Mecklenburger Seenplatte** und die sanft gewellte Region um die **Lauenburgischen Seen** mit ihren Feuchtwiesen und Mooren zu entdecken.

In den Städten entlang der Küste begegnet man auf Schritt und Tritt einer von **Handel** und **Fischerei** geprägten Geschichte. In den kleinen **Hafenstädten** an Nord- und Ostsee liegen Fischkutter vor Anker, und nirgends schmecken Aal, Scholle oder Seezunge besser als in den Lokalen von *Husum*, *Schleswig* oder *Flensburg*. Prächtige Patrizierhäuser säumen die Straßen von *Lübeck*, der Stadt, der Thomas Mann mit seinem Roman Buddenbrooks ein literarisches Denkmal setzte. *Stralsund*, *Rostock* und *Wismar* haben sich ihre vom Reichtum der **Hansezeit** zeugende, prachtvolle Backsteinarchitektur bis zum heutigen Tag bewahrt. Auch der Marktplatz von *Bremen*, wo Rathaus und St. Petri-Dom zum **Weltkulturerbe** der UNESCO zählen, beeindruckt durch seine bauliche Geschlossenheit. Das Museum Haithabu bei *Schleswig* schließlich erinnert an die Zeit, als die Wikinger im Norden Deutschlands lebten und Handel trieben.

Ganz der Zukunft zugewandt und zugleich tief in maritimer Tradition verwurzelt ist **Hamburg**, die stolze Kaufmannsstadt an der Elbe. Tag und Nacht laufen riesige Containerschiffe ihren Hafen an und auch Kreuzfahrtschiffe aus aller Welt machen hier gern Station. Dank einer Vielzahl großartiger Museen und Galerien, schicken Geschäften und einem legendären Nachtleben kommt hier garantiert keine Langeweile auf.

Für **Freizeitsportler** ist das Angebot in Deutschlands Norden überreich: Brandungsschwimmer und Badefreunde kommen ebenso auf ihre Kosten wie Kanuten und Kitesurfer, Reiter und Radler, Wanderer und Windsurfer. Auch der **kulturelle Genuss** ist garantiert, zumal im Sommer bilden die historischen Gutshöfe, Schlösser und Klöster Schleswig-Holsteins und Mecklenburg-Vorpommerns stimmungsvolle Kulissen für verschiedene Musik- und Theaterfestivals.

Seit dem Jahr 1888 weist der Hiddenseer Leuchtturm auf dem Dornbusch Seefahrern den Weg

1 Hamburg

Deutschlands Hafen zur Welt – alte Hansestadt, frische Kulturmetropole und buntes Einkaufsparadies an Alster und Elbe.

Nachdem die Elbe in Hamburg (1,8 Mio. Einw.) die kleineren Flüsse Alster und Bille aufgenommen hat, fließt sie noch rund 110 km weiter nordwärts, bevor sie in die Nordsee mündet. Trotz dieser Entfernung zum Meer besitzt Hamburg einen **Tidehafen**, die Gezeitenwechsel der Nordsee sind also selbst hier noch spürbar.

Von diesem Hafen hängen Wohl und Wehe der zweitgrößten Stadt Deutschlands ab, schon seit im 9. Jh. fränkische Siedler hier an der Niederelbe ihre **Hammaburg** befestigten. Der Aufstieg Hamburgs zu einer der bedeutendsten Handelsstädte Nordeuropas begann Mitte des 13. Jh., als die hiesigen Kaufleute den Schutzbund der **Hanse** mitbegründeten und ihre Stadt im 14. Jh. zum wichtigsten Warenumschlagplatz zwischen Ost- und Nordsee avancierte. Mehrte damals vor allem der Handel mit Getreide und Me-

tallen ihren Reichtum, kamen im 18. Jh. Gewürze hinzu, die den geschäftstüchtigen Händlern den spöttischen Spitznamen ›Pfeffersäcke‹ einbrachten. Im 19. Jh. waren Tee und Kaffee die beliebtesten Importgüter. Auch im 21. Jh. prosperiert der Hafen. Immer tiefer wird die Elbe für die gigantischen Containerschiffe aus China, den USA oder Indien ausgebaggert, ständig entstehen neue, hochmoderne Terminals für den wachsenden Warenstrom.

Hamburg war und ist also tatsächlich Deutschlands **Tor zur Welt**, das nicht nur Waren, sondern auch Menschen ein- und ausließ. In den Jahren 1850–1934 verließen rund 5 Mio. Auswanderer von den hiesigen Landungsbrücken die Alte Welt, um in der Neuen Welt ihr Glück zu suchen. Zugleich ist Hamburg seit jeher Anziehungspunkt für Menschen aus aller Herren Länder – See- und Kaufleute gehören nach wie vor dazu, in jüngerer Zeit auch viele Film- und Medienschaffende. Insgesamt besuchen jedes Jahr rund 4 Mio. (2010: 4,4 Mio.) Menschen die traditionsreiche und doch immer wieder aufregend moderne Hafenstadt an der Elbe.

Bis 1981 unterwegs zwischen Hamburg und Südamerika: das Museumsschiff Cap San Diego

Auftakt eines Besuchs sollte eine Rundfahrt durch den **Hamburger Hafen** (Tel. 040/3117070, www.hadag.de, April–Sept. tgl. 10.30–16.30, sonst Sa/So 11–15.30 Uhr) sein. Die Ausflugsboote legen u.a. in Altona Fischmarkt, am Theater im Hafen

und an den **St. Pauli Landungsbrücken** ab. Diese sind nach dem dahinter gelegenen Stadtteil und Amüsierviertel benannt, dessen Hauptstraße **Reeperbahn** weltberühmt – und für ihr ausschweifendes Nachtleben berüchtigt – ist.

Entlang des Johannisbollwerks, wo die beiden Museumsschiffe *Rickmer Rickmers* (Landungsbrücken, Ponton 1a, Tel. 040/3195959, www.rickmer-rickmers.de, Ostern–Aug. So–Mi 10–20, Do–Sa 10–21, sonst tgl. 10–18 Uhr) und *Cap San Diego* (Überseebrücke, Tel. 040/364209, www.capsandiego.de, tgl. 10–18 Uhr, mitunter Gastfahrten) vor Anker liegen, kommt man zur **Speicherstadt**. Zahlreiche Wasserwege durchziehen das Backstein-Ensemble aus sieben- und achtstöckigen Lagerhäuser. Die Stadt ließ sie errichten, als Hamburg 1888 dem Deutschen Zollverein beitrat und deshalb seinen Status als zollfreies Gebiet verlor. In der Speicherstadt aber war die zollfreie Lagerung von Waren weiterhin gestattet.

Heute beherbergen viele der historischen Bauten entlang der sog. **Museumsmeile Speicherstadt** interessante Ausstellungen. Das *Deutsche Zollmuseum* (Alter Wandrahm 16, www.museum.zoll-d.de, Tel. 040/30087611, Di–So 10–17 Uhr) informiert über die Geschichte von Grenzkontrollen und die Tricks findiger Schmuggler, diese Kontrollen zu umgehen. Die Zeiten des Gewürzschmuggels

Das Hamburger Rathaus an der Binnenalster kündet vom Bürgerstolz der Hansestadt

sind zwar längst vorbei, aber unverzichtbar sind Pfeffer und Co. immer noch. So erfreut sich *Spicy's Gewürzmuseum* (Am Sandtorkai 32, www.spicys.de, Tel. 040/3679 89, 2. Stock, Juli–Okt. tgl. 10–17 Uhr, sonst Di–So) mit seiner informativen Ausstellung zu Produktion und Verkostung von Koriander, Muskat und all den anderen exotischen Kostbarkeiten großen Zuspruchs. Einer der Besuchermagnete der Speicherstadt ist das **Miniatur Wunderland** (Kehrwieder 2–4, Block D, Tel. 040/300 68 00, www.miniatur-wunderland.de, Mo, Mi–Fr 9.30–18, Di 9.30–21, Sa 8–21, So 8.30–20 Uhr) mit der weltgrößten und stetig wachsenden Modelleisenbahn.

Zurzeit entsteht im alten, längst zu klein gewordenen Hafen Hamburgs die **HafenCity** (Info-Center im Kesselhaus, Am Sandtorkai 30, Tel. 040/36 90 17 99, www.hafencity.com) mit Wohn- und Bürogebäuden, Geschäften und Freizeiteinrichtungen. Bis zum Jahr 2025 soll hier ein ganz neuer Stadtteil fertig gestellt sein. Statt Handelskoggen legen schon heute hier am **Hamburg Cruise Center** (Großer Grasbrook 19, www.hamburgcruisecenter.eu) große Kreuzfahrtschiffe wie die berühmte *Queen Mary 2* an. Noch in Bau befindet sich die **Elbphilharmonie** (www.elbphilharmonie.de), die an der Spitze des Kaiserkais emporwächst. Die Einweihung des ebenso spektakulären wie teuren und skandalgebeutelten Konzerthauses wird frühestens im Jahr 2014 erwartet. Bis dahin kann man sich auf Baustellenführungen (Tel. 040/35 76 66 66, So 11–16 Uhr) ein Bild vom aktuellen Stand der Dinge machen.

Bereits eröffnet hat das **Internationale Maritime Museum** (Koreastr. 1, Tel. 040/30 09 23 00, www.internationales-maritimes-museum.de, Di–So 10–18, Do bis 20 Uhr) im Überseequartier. Im beeindruckenden umgebauten Kaispeicher B von 1879 zeigt es auf neun ›Decks‹ seine maritime Sammlung von mehr als 1000 Groß- und rund 36000 Miniaturmodellen von Schiffen, Uniformen, Gemälde, Bücher, Pläne und Filme zum Thema.

Bemerkenswerte Handelsgebäude findet man auch am städtischen Nordufer der Elbe, im **Kontorhausviertel**. Seine Backsteinarchitektur entstand in der ersten Hälfte des 20. Jh. Markantestes Gebäude ist das wie ein Schiffsbug gebaute *Chilehaus* (1922–24) aus braunem Klinker.

Nicht Kommerz, sondern Kunst ist in den **Deichtorhallen** (Deichtorstr. 1–2, Tel. 040/32 10 30, www.deichtorhallen.de, Di–So 11–18, Do bis 20 Uhr) zwischen HafenCity und Innenstadt zu Hause. Die Nordhalle lockt mit Wechselausstellungen renommierter zeitgenössischer Kunst. Das *Internationale Haus der Photographie* (Südhalle) widmet sich der Foto-Kunst und beherbergt zudem die mode- und kunstfotografische Sammlung F. C. Gundlach sowie das Bildarchiv des Nachrichtenmagazins ›Spiegel‹.

Nordwärts warten zwei weitere Hamburger Highlights. Zunächst hält noch vor dem Hauptbahnhof das **Museum für Kunst und Gewerbe** (Steintorplatz 1, Tel. 040/42 81 34 27 32, www.mkg-hamburg.de, Di–So 11–18, Do – außer an oder vor Feiertagen – bis 21 Uhr) eine abwechslungsreiche Zusammenstellung von Asiatika, Orientalika und eine der größten Jugendstilsammlungen (Pariser Zimmer) der Welt bereit. Die Exponate umfassen Holz- und Bronzeskulpturen ebenso wie Textilien, Möbel, Gold- und Silberarbeiten sowie historische Tasteninstrumente.

Etwas weiter Richtung Binnenalster birgt die **Hamburger Kunsthalle** (Glockengießerwall, Tel. 040/428 13 12 00, www.hamburger-kunsthalle.de, Di–So 10–18, Do bis 21 Uhr) auf mehr als 13 000 m² eine der bedeutendsten Gemälde- und Skulpturensammlungen Deutschlands vom 13. Jh. bis heute. Zu sehen sind zum Beispiel mittelalterliche Altäre und Meisterwerke u. a. von Tiepolo, Goya, Feuerbach, Renoir, Picabia und Dix. Den Malern Philipp Otto Runge (1777–1810), Caspar David Friedrich (1774–1840) und Max Beckmann (1884–1950) ist jeweils ein eigener Raum gewidmet. Vom klassizistischen ziegelroten Hauptbau (1896) geht es unterirdisch in den benachbarten sandsteinhellen kubischen Erweiterungsbau (1997) der **Galerie der Gegenwart**, in der moderne Kunst ab ca. 1960 mit Werken von Georg Baselitz und Andy Warhol ihren Platz gefunden hat.

Anschließend bietet sich ein Spaziergang entlang der **Binnenalster** an, die am **Jungfernstieg** mit stilvollen Einkaufsarkaden und geradezu südländisch anmutenden Straßencafés lockt. Im Norden endet der beliebte Nobelboulevard am palmengeschmückten *Alsterpavillon*. An dessen Terrassentreppen laden die *Alster-Ausflugsschiffe* (ATG Alster-Touristik, Tel. 040/357 42 40, www.alstertouristik.de) zu Fahrten durch die Fleete und Kanäle der Innenstadt und nordwärts bis zum Winterhuder Fährhaus ein.

Wer lieber zu Fuß durch das Stadtzentrum flaniert, kann sich auf eine der größten Ansammlung von Einkaufsgalerien in Europa freuen. Vom **Hanse-** oder **Passagenviertel** über die Shoppingmeile **Große Bleichen** bis zum **Neuen Wall** und den **Alsterarkaden** bieten Kaufhäuser, Boutiquen und Galerien alles, was das Herz begehrt – ob Irrgarten oder Paradies muss freilich jeder Besucher selbst entscheiden.

Jenseits des romantisch dahinfließenden Alsterfleets erhebt sich das 1886–97 erbaute **Hamburger Rathaus** (Tel. 040/428 31 20 64, Führungen jede halbe Stunde, Mo–Do 10–15, Fr–So 10–13 Uhr), ein dreistöckiger, 111 m breiter Bau im Stil der Neorenaissance mit grünpatiniertem Kupferdach und selbstbewusst aufragendem, 112 m hohem Mittelturm. Aufschlussreich ist der Figurenschmuck der vielgliedrigen Fassade zum Rathausmarkt: Über den Skulpturen von 20 deutschen Kaisern stehen Allegorien der bürgerlichen Tugenden. In den Amtsräumen des Rathauses tagen sowohl der *Hamburger Senat* (Landesregierung) als auch die *Hamburger Bürgerschaft*. Den an der Rückseite anschließenden Innenhof dominiert die ausladende Brunnenschale des **Hygieia-Brunnens** von 1895/96. Sein Wasserspiel leitet über zum spätklassizistischen rückwärtigen Teil des Gebäudegevierts. Es beherbergt zum Adolphsplatz hin die bereits 1841 hier erbaute

Platt und satt

Ein Stück Alt-Hamburg können Frühaufsteher jeden Sonntag ab 5, im Winter ab 7 Uhr morgens westlich der St. Pauli Landungsbrücken miterleben. Dann nämlich findet in der und um die Auktionshalle an der Großen Elbstraße der **Hamburger Fischmarkt** (So 5–9.30, Mitte Nov.–Mitte März ab ca. 7 Uhr) statt, auf dem seit 1703 möglichst lautstark und einfallsreich frischer Fisch verkauft wird. Dazu ein Schluck ›Küstennebel‹ oder ein Bierchen – fertig ist das traditionsreiche Spektakel.

Börse (www.hamburger-boerse.de), die den großen Stadtbrand von 1842 unversehrt überstand. Hamburgs Kaufleute gründeten die Börse im Jahr 1558 als erste Norddeutschlands. Heute werden in den traditionsreichen Hallen noch Versicherungsgeschäfte getätigt und Informationen ausgetauscht. Wertpapier-, Getreide-, Kaffee- und allgemeine Börse haben mittlerweile eigene Standorte.

Neben dem Rathausturm ist der im Westen der Altstadt aufragende ›Michel‹, der 132 m hohe Kirchturm von **St. Michaelis** (1750–62; www.st-michaelis.de, Mai–Okt. tgl. 9–19.30, Nov.–April 10–17.30 Uhr) das Wahrzeichen Hamburgs. Zu Fuß über 449 Stufen oder mit dem Aufzug gelan-

Die Alsterarkaden sind inspiriert von Venedig und doch hanseatisch durch und durch

gen Besucher zu der rund 82 m hoch gelegenen Aussichtsplattform des Turms, von der aus man bei schönem Wetter weit über Stadt, Elbe und Hafenanlagen blicken kann. Ungewöhnlich für das von nüchterner Backstein- und Kaufmannsarchitektur geprägte Hamburg ist der helle, in Weiß, Grau und Gold gehaltene Innenraum von St. Michaelis. Der Anblick der bauchigen Kanzel mit Schalldeckel und der geschwungenen Empore ist ein Genuss, den der Besuch eines Orgelkonzerts (Pfingsten–Sept.) vollendet.

Unmittelbar neben der Kirche bieten die **Krameramtsstuben** (Krayenkamp, tgl. 10–17 Uhr) genannte Häuserzeile nostalgische Rückblicke auf das alte Hamburg. In den fünf geduckten, zweistöckigen Ziegelfachwerkhäuschen (1620–76) lebten einst ehrsame Witwen. Heute beherbergt die kleine Wohnanlage im städtebaulich umstrittenen Gängeviertel putzige Ladengeschäfte, Gaststätten und in einer der historischen Wohnungen ein kleines *Museum* mit Möbeln und Einrichtung aus der Zeit um 1850.

Aufs engste mit Hamburg verbunden ist auch **Hagenbecks Tierpark** (Lokstedter Grenzstr. 2, Tel. 040/53003 30, www. hagenbeck.de, März–Okt. tgl. 9–18, Juli/ Aug. bis 19, sonst bis 16.30 Uhr) etwas außerhalb im nördlichen Stadtteil Stellingen. Hier hatte Carl Hagenbeck (1844–1913) für seine vom Vater übernommene

Fassadenschmuck im Stil der Weserrenaissance ziert das Bgm.-Hintze-Haus in Stade

Tierschau erstmals einen offenen Tierpark ohne Gitter mit möglichst naturgetreu gestalteten Gehegen errichtete. In der mittlerweile 25 ha umfassenden Parklandschaft mit Sonderbiotopen wie Afrika-Panorama und Eismeer leben heute rund 1850 Tiere aus 210 Arten, von Asiatischen Elefanten über südamerikanische Riesenotter bis zu auf dem Gelände frei laufenden Zwergseidenhühnern. Im Tropen-Aquarium sind weitere 14300 Tiere aus 300 Arten zuhause.

Altes Land

›Größter Obstgarten Deutschlands‹ wird das fruchtbare Alte Land auch genannt, das sich südlich und westlich vor den Toren Hamburgs erstreckt. Besonders schön sind hier Ausflüge im Frühjahr, zur Zeit der Apfel- und Kirschblüte, und während der Ernte im Herbst. Das ganze Jahr über lohnen Besuche der reizenden Fachwerkdörfer der Region wie etwa Jork, Bassenfleth oder Ladekop.

Am südlichen Rand des Alten Landes liegt die ehemalige Hansestadt **Buxtehude** (www.buxtehude.de). Das *Buxtehude-Museum für Regionalgeschichte und Kunst* (Stavenort 2, Tel. 04161/501241, Di–Fr 14–17, Sa/So 11-17 Uhr) mit seiner hübschen ›Lebkuchen-Fassade‹ informiert über die Stadtgeschichte, zeigt Erzeugnisse regionaler Handwerkskunst und erzählt die Geschichte von Hase und Igel, die sich in der Buxtehuder Heide ihr für den Hasen tödliches Rennen lieferten. Gegenüber ist die die Mitte 14. Jh. erbaute *Petrikirche* ein schönes Beispiel norddeutscher Backsteingotik.

Empfehlenswert ist auch ein Besuch der frühbarocken Fachwerkstadt **Stade** (www.stade.de) im Norden des Alten Landes. Dessen malerische Altstadt prägen Handels- und Bürgerhäuser aus dem 17. und frühen 18. Jh. wie das *Bürgermeister-Hintze-Haus* (Wasser West). Das historische *Rathaus* ziert ein schmuckes Barockportal. Hinter ihm lohnt die Kirche *St. Cosmae et Damiani* einen Besuch. Der Gertrudenaltar (15. Jh.) und die Orgel von Arp Schnitger (1668) ragen aus der insgesamt erstklassigen Ausstattung noch hervor. Auch am um 1250 entstandenen Hansehafen an der Schwinge finden sich historische Gebäude. Insbesondere der massige *Schwedenspeicher* (www.son derausstellung-schwedenspeicher.de, Di–Fr 10-17, Sa/So 10–18 Uhr), um 1700 als Proviantlager für die schwedische Garnison errichtet, verdient Beachtung. In

seinem Inneren ist eine Ausstellung zur Regionalgeschichte zu sehen. Aus der Schwedenzeit stammen auch die Wallanlagen, die Stades Altstadt noch heute umgeben und zu ausgedehnten Spaziergängen einladen.

Ahrensburg

Nur wenig nördlich von Hamburg liegt inmitten eines gepflegten Parks **Schloss Ahrensburg** (Lübecker Str. 1, Tel. 04102/42510, www.schloss-ahrensburg.de, März–Okt. Di–Do, Sa/So 11–17 Uhr, Nov.–Febr. Mi, Sa/So) beim gleichnamigen schleswig-holsteinischen Städtchen. Der Däne Peter Rantzau hatte das weiße Renaissance-schlösschen mit seinen drei geschwungenen Ziergiebeln, den achteckigen Ecktürmen und den keck aufsitzenden grünpatinierten Dachhauben um 1585 bauen lassen. Heute gibt in den historisch ausgestatteten stuck- und parkettbestückten Gemächern das *Museum schleswig-holsteinischer Herrenhauskultur* einen Eindruck vom guten Leben vornehmlich im 18. Jh. Wie ärmere Leute damals wohnten zeigen kleine Unterkünfte für Bedürftige, die sog. *Gottesbuden*, die sich seitlich an die spätgotische, später teils barock überbaute **Schlosskirche** (1594–96) mit sehenswerter Kassettendecke ducken.

ℹ Praktische Hinweise

Information

Tourismus Information Hamburg, Tel. 040/3005 1300, www.hamburg-tourism.

Im 18. Jh. bewohnte der Finanzminister Dänemarks Schloss Ahrensburg

de. Filialen: *Hauptbahnhof*, Wandelhalle, Ausgang Kirchenallee; *CCH Konzert-kasse*, Ausgang Dammtorbahnhof/Dag-Hammarsköld-Platz; *St. Pauli-Landungs-brücken* (zw. Brücke 4 und 5); *Flughafen*, Terminal 2, Ankunftsbereich

Hotels

Atlantik Kempinski, An der Alster 72–77, Hamburg, Tel. 040/288 88 17, www.kempinski.com. Umfassend sanierte Nobelherberge mit Tradition (1909 eröffnet). Dazu gehören auch der Blick auf die Alster und das zauberhafte Atrium.

Garden Hotel, Magdalenenstr. 60, Hamburg, Tel. 040/41 40 40, www.garden-hotels.de. Die stilvoll ausgestatteten Gästezimmer des familiären Hotels befinden sich in drei Villen im charmanten Garten.

Restaurants

Au Quai, Große Elbstr. 145 b–d, Hamburg, Tel. 040/38 03 77 30, www.au-quai.com. Club und Gourmetrestaurant direkt an der Elbe. Chefkoch Danny Riewoldt zaubert sterneverdächtige Genüsse.

Jacobs Restaurant, Elbchaussee 404, Hamburg, Tel. 040/82 25 50, www.hotel-jacob.de. Im gediegen ausgestatteten Speisesaal des Hotelrestaurants und auf der Lindenterrasse mit Elbblick bietet das michelinbesternte Haus feine Küche ohne Schnickschnack. Angegliedert ist die Weinwirtschaft ›Kleines Jacob‹.

1530 als Wasserpumpwerk erbaut, heute ein Hotel: der Abtsmühlen-Wasserturm in Lüneburg

2 Lüneburg

Einst Hansestadt und Handelszentrum, heute einladendes Fachwerkstädtchen.

Namenspatronin der Lüneburger Heide ist die an ihrem Nordrand gelegene **Hansestadt** Lüneburg (73 000 Einw.). Sie entstand um die 956 erbaute Burg des sächsischen Herzogs Hermann Billung. Den Reichtum der Stadt begründete der Handel mit Salz, das Sieder aus einer Solequelle am Kalkberg im Westen der Altstadt gewannen. Seit dem 12. Jh. verschifften es die örtlichen Kaufleute über die Ilmenau bis an die Ostsee, wo es die Fischer zum Heringpökeln brauchten. Als Mitte des 16. Jh. erst der Heringfang und in der Folge auch der Salzhandel in die Krise gerieten, begann der wirtschaftliche Niedergang Lüneburgs. Deshalb fiel es in den folgenden Jahrhunderten in eine Art städtebauliche Starre. Während des Zweiten Weltkriegs blieb die Innenstadt zudem von Bombardierungen verschont. So präsentiert sich der Stadtkern heute als Juwel spätmittelalterlicher **Fachwerkarchitektur** mit Bürgerhäusern, Kirchen, Mauertürmen und Lagergebäuden.

Ständig verändern ließen die Stadtväter das im 13. Jh. errichtete **Rathaus** (Führungen Di–Sa 11, 12.30, 14.30 und 16, So 11 und 14 Uhr) am Ochsenmarkt. Daher verbergen sich hinter einer barocken Schaufront (1704–20) z. B. eine Gerichtslaube aus dem 14. Jh., Bleiglasfenster vom Ende des 15. Jh.

und die 1566–84 reich mit Holzschnitzereien gestaltete Große Ratsstube. Gegenüber, jenseits des **Lunabrunnens** mit Bronzefigur der Mondgöttin, befindet sich das **Heinrich-Heine-Haus**, in dem die Eltern des Dichters 1822–26 lebten und das heute das Literaturbüro Lüneburgs beherbergt. Auch das **Herzogliche Stadtschloss** (1693–98, zugänglich während der Dienstzeiten des hiesigen Amtsgerichts) der Herzöge von Braunschweig-Lüneburg steht am Ochsenmarkt.

Folgt man den Überresten der bis zu 12 m breiten Stadtmauer zur Ilmenau hin, sieht man bald die dreischiffige gotische Backsteinbasilika von **St. Nicolai** (www.st-nicolei.eu, Jan.–März tgl. 10–16, April–Dez. 10–18 Uhr) vor sich, die Pfarrkirche des *Wasserviertels* aus dem 15. Jh. Vom einstigen Reichtum der Stadt kündet das benachbarte Fachwerkensemble **Hospital zum Roten Hahn** aus dem 15. Jh. um seinen einladend stillen Innenhof. Reiche Ratsherren finanzierten das wohltätige Haus. An der Ilmenau selbst erinnern am Hafen der stimmungsvolle **Stintmarkt**, auf dem Fischhändler einst ihre Waren feilboten, die Barockfassade des ursprünglich mittelalterlichen **Alten Kaufhauses** (heute Feuerwehr) sowie das rekonstruierte hölzerne Laufrad des **Alten Krans** aus dem 14. Jh. an die wirtschaftliche Blütezeit der Stadt. Auf der anderen Seite der Ilmenau imponiert der Wasserkunstturm der **Abtsmühle** von 1530. Bis in die 1950er-Jahre versorgte er die Bierbrauer Lüneburgs mit Wasser.

Genaueres über die Grundlagen des mittelalterlichen Wohlstands Lüneburgs erfährt man im **Deutschen Salzmuseum** (Sülfmeisterstr. 1, Tel. 04131/450 65, www.salzmuseum.de, Mai–Sept. Mo–Fr 9–17, Sa/So 10–17, Okt.–April tgl. 10–17 Uhr). Passenderweise nutzt es die ehemalige Saline am Fuß des *Kalkbergs* im Südwesten der Altstadt und zeigt stadt- und kulturgeschichtlich interessante Ausstellungen rund um ›Salz‹ und ›Lüneburg‹. Ebenfalls am Fuß des Kalkbergs, aber weiter nördlich, ist von einem früheren Benediktinerinnenkloster einzig die 1376–1434 errichtete ehemalige Klosterkirche **St. Michaelis** (www.sankt-michaelis.de, Mo–Fr 10–16, Sa 14–16 Uhr) mit Kanzel (1602) und mehreren Orgeln erhalten geblieben. Den Beinamen ›Bachkirche des Nordens‹ verdankt sie dem Umstand, dass Johann Sebastian Bach hier in den Jahren 1700–02 Chorknabe war.

1172 erbauten Benediktinerinnen auch das **Kloster Lüne** (Am Domänenhof, Tel. 04131/523 18, www.kloster-luene.de, nur mit Führung, April–Mitte Okt. Di–Sa 10.30, 14.30, 15.30, So 11.30, 14.30, 15.30 Uhr) vor den nördlichen Toren der Stadt. Heute ist hier ein Konvent evangelischer Schwestern zu Hause. Die eindrucksvolle, sorgfältig restaurierte gotische und spätbarocke Anlage des Klosters gruppiert sich um einen lauschigen Innenhof, in dem ein Café zum Verweilen lädt. Das *Textilmuseum* (Di–Sa 10.30–12.30 und 14.30–17, So 11.30–13 und 14.30–17 Uhr) zeigt prächtige Teppiche, Bandlaken, Altardecken und Fastentücher.

Ebstorf

27 km südlich von Lüneburg liegt im Schienautal der Flecken Ebstorf. In seiner Mitte bergen die backsteinroten Mauern des um 1160 gegründeten **Benediktinerinnenkloster Ebstorf** (Kirchplatz 10, www.ebstorf.de, Tel. 058 22/23 04, Führungen April–Mitte Okt. Di–Sa 10–11 und 14–17, So 11.15 und 14–17 Uhr, Mitte–Ende Okt. Di–So 14 Uhr) wertvolle Kunstschätze. Im Kreuzgang etwa sind die *Buntglasfenster* (15. Jh.) bemerkenswert. Weltweit bekannt ist die *Ebstorfer Weltkarte* aus dem 13. Jh. Sie zeigt die damals bekannte Welt als runde Scheibe. Das 13 m^2 große Original verbrannte während des Zweiten Weltkriegs, aber von vier aufwändig auf Pergament gemalten Kopien ist eine im Kloster Ebstorf zu sehen.

i Praktische Hinweise

Information

Tourist Information, Am Markt 1 (Rathaus), 21335 Lüneburg, Tel. 04131/207 66 20, www.luene-info.de

Hotel

Zum Roten Tore, Vor dem Roten Tore 3, Lüneburg, Tel. 04131/430 41, www.zumrotentor.de. Gediegene Gastlichkeit in Hotel und Restaurant vor der Altstadt.

Restaurant

Mälzer Brau- und Tafelhaus, Heiligengeiststr. 43, Lüneburg, Tel. 04131/477 77, www.maelzerbrauhaus.de. Gütbürgerliches im Brauereigasthaus von 1540.

3 Lüneburger Heide

*Erika und Birken tupfen Lila und Weiß
in die braun-grüne Heide.*

Etwa zwischen Bremen, Braunschweig
und Lüneburg erstreckt sich die Lüneburger Heide. Von Anfang August bis
weit in den September hinein verwandelt sie sich in ein Meer lila blühender
Erika. Nur hie und da spenden lichte
Birkenwälder etwas Schatten, mitunter
ragen bronzezeitliche **Hünengräber** aus
der Landschaft empor. Gelegentlich begegnet man auch einer Herde grasender
Heidschnucken samt Schäfer.

In dem beliebten Erholungsgebiet stehen weite Heideflächen unter Naturschutz. Der **Naturpark Südheide** (www.
touristinfo-unterluess.de) um den Lüß-
wald zwischen Uelzen und Celle umfasst
ca. 500 km², der 234 km² große **Naturpark
Lüneburger Heide** (www.naturpark-luene
burger-heide.de, www.verein-naturschutz
park.de) liegt im Zentrum der Region. Autos sind aus den Kerngebieten der beiden
Parks verbannt, man erkundet die Region
auf Wanderungen, Radtouren, Kutschfahrten, Ausritten oder bei einer Eisen-
bahnfahrt mit dem **Heide-Express** (www.
heide-express.de, zu Ostern, Nikolaus und
Mai–Okt. an den Wochenenden, zwischen
Lüneburg und Celle).

In der Mitte des Naturparks Lüneburger Heide erhebt sich nahe dem typischen Heidedorf Wilsede der **Wilseder
Berg**, mit 169 m die höchste Erhebung
der nordwestdeutschen Tiefebene und
ein gern besuchtes Ausflugsziel. Die klassische Heidelandschaft ringsum ist seit
1921 als Naturschutzgebiet ausgewiesen,
woran Pastor Wilhelm Bode (1860–1927)
maßgeblich beteiligt war. Ihm zu Ehren
heißt der 44 km lange Wanderweg durch
die Busch- und Waldheide zwischen Wilsede und Lüneburg **Pastor-Bode-Weg**.

Auch der **Wildpark Lüneburger Heide**
(Nindorf, Tel. 04184/89390, www.wild-
park.de, März–Okt. tgl. 8–19, Nov.–Febr. tgl.
9–16.30 Uhr) am Fuß des Wilseder Berges
steht ganz im Zeichen der Natur, wenn
auch nicht ausschließlich der heimischen. Hier fühlen sich Enoks, Präriehun-
de und Polarwölfe ›pudelwohl‹, durch die
60 ha große Anlage trotten schottische
Hochlandrinder, man sieht Auerhähne
und Nasenbären, Steinböcke und
Schneeleoparden, Heidschnucken und
Zwergesel, insgesamt mehr als 1000 Tiere
aus 120 Arten. Andererseits stehen auch

hier Greifvogel-Flugshows und Streichel-
zoo ganz oben in der Gunst der Besucher.

Nicht weit davon, am Rand der Lüneburger Heide und jeweils gut zu erreichen über die A7, bieten zwei weitere
Tier- und Vergnügungsparks Unterhaltung für die ganze Familie. Bei Falling-
borstel leben in dem nach eigenem Be-
kunden weltgrößten **Weltvogelpark
Walsrode** (Am Rieselbach, Tel. 05161/
60440, www.weltvogelpark.de, Mitte

*Auch Riesentukane bevölkern die Volieren
des Weltvogelparks Walsrode*

Lila blühende Erika macht die Lüneburger Heide im Spätsommer zu einem Sinnenfest

März–Okt. tgl. 9–19 Uhr) in einem 24 ha großen Park mehr als 4000 Vögel aus rund 650 Arten. In Freigehegen, Flugvolieren und Hallen sowie bei Flugshows und Schaufütterungen können Besucher Adler und Kolibris, Pinguine und sogar Harpyien, die größte Greifvogelart der Welt, hautnah erleben.

Der Erlebnispark **Heide-Park Soltau** (Heidenhof, Tel. 0180/5919101, www.heide-park.de, Mitte April–Anf. Nov. tgl. 9–18 Uhr) bietet mehr als 50 Fahrattraktionen, von Achterbahnen und Autoscooter über Gondel- und Wildwasserbahn bis zu Riesenrad und Top Spin Schaukel.

i Praktische Hinweise

Information

Tourismus Lüneburger Heide, Wallstr. 4, 21335 Lüneburg, Tel. 0700/20 99 30 99 (0,06 €/30 Sek. bzw. pro Min., mobil mehr), www.lueneburger-heide.de

Hotel

Romantikhotel Josthof, Am Lindenberg 1, Salzhausen (knapp 20 km westl. von Lüneburg), Tel. 04172/90980, www.josthof.de. Bilderbuchidylle in reetgedecktem Fachwerkensemble im Grünen.

4 Celle

Puppenstubencharme inmitten prächtig verzierter Fachwerk-, Barock- und Renaissancebauten.

Am südlichen Rand der Lüneburger Heide liegt das romantisch-schöne Celle (70000 Einw.) am Zusammenfluss von Fuhse und Aller. Das Zentrum der im Jahr 1292 gegründeten Stadt prägen aus dem 16.–19. Jh. stammende **Fachwerkhäuser**.

1378–1433 residierten in Celle die Herzöge von Sachsen-Wittenberg, anschließend bis 1705 jene von Braunschweig-Lüneburg. Letztere ließen anstelle einer früheren Wehrburg im Westen der Celler Altstadt ein **Schloss** (www.schloss-celle.de, Führungen www.fueh rungen-celle.de Tel. 05141/12454, April–Okt. Di–Fr und So 11, 13 und 15, Sa 11–15 Uhr stdl., Nov.–März Di–Fr 11 und 15, Sa/So 11, 13 und 15 Uhr) inmitten eines Parks errichten. Seit dem Umbau 1665–1705 präsentiert es sich als anmutige giebelreiche barocke Vierflügelanlage mit einigen erhaltenen Renaissancelementen. Im Ostflügel ist das

Residenzmuseum (Di–So 10–17 Uhr) eingerichtet, zu dem neben den Staatsgemächern auch die *Schlossküche*, die vollständig im Stil der Renaissance ausgestattete *Schlosskapelle* und das charmante *Barocktheater* (Tel. 0 51 41/905 08 75, www.schlosstheater-celle.de) gehören. Es wird bis voraussichtl. Sommer 2012 restauriert, in dieser Zeit spielt das Ensemble in der modernen Residenzhalle in der nahen CD-Kaserne.

Schwerpunkt des **Bomann-Museums** (Schlossplatz 7, Tel. 0 51 41/123 72, www.bomann-museum.de, Di–So 10–17 Uhr, bis Frühjahr 2013 einzelne Abtlg. wg. Bauarbeiten geschl.) gleich gegenüber dem Haupteingang zum Schlosspark ist die *Geschichte des Hauses Hannover* und der 1772 nach Celle verbannten Dänenkönigin Caroline Mathilde. Außerdem sind volkskundliche Wohnarrangements, eine umfangreiche Textilsammlung und kunstvolle Miniaturen zu sehen.

Von hier aus sollte man die annähernd rechtwinklig angelegte **Altstadt** mit ihren vielen mal altersschiefen, mal aufwändig bemalten oder mit kunstvollen Schnitzereien verzierten Fachwerkgebäuden erkunden. Inmitten all dieses Fachwerks fallen einige Gebäude stilistisch aus dem Rahmen, allen voran das **Alte Rathaus** am Markt mit seiner Renaissancefassade aus dem 16. Jh. In der barocken Stadtkirche **St. Marien** (www.stadtkirche-celle.de, April–Dez. Di–Sa 10–18, sonst bis 17 Uhr, So jew. ab ca. 11 Uhr) steht die Kreu-

zigungsgruppe, eine mittelalterliche Schnitzarbeit. Der *Bergpredigeraltar* setzt dagegen einen modernen Akzent. Nur im Rahmen von Führungen (Mi/Do 16 und 16.30 Uhr) ist die *Fürstengruft* zugänglich. Außerdem lädt der knapp 75 m hohe *Kirchturm* (April–Okt. Di–Sa 10–11.45 und 14–16.45 Uhr, 235 Stufen) zu einem Ausblick über die Dächer der Stadt ein. Gute Kondition muss der Turmbläser mitbringen, der zweimal täglich (9.30 und 17.30 Uhr) in historischer Gewandung von der Höhe einen Choral trompetet.

Am klassizistischen **Stechinelli-Haus** (1795–98; Großer Plan 14) vorbei erreicht man die von Wassergräben eingerahmten **Französischen Gärten** im Süden der Altstadt. Rene Dahuron legte sie im 17. Jh. für Herzog Georg Wilhelm entlang einer schattigen Lindenallee in barockem Stil an. Seit dem 19. Jh. präsentieren sie sich als englische Landschaftsgarten. Dazu gehört auch der *Bienengarten* (www.bieneninstitut.de, Mo–Do 9–12 und 14–15.30, Fr 9–12 Uhr) des niedersächsischen *Instituts für Bienenkunde* nahe dem Caroline-Mathilde-Denkmal am Osteingang.

Wienhausen

Nur rund 12 km östlich von Celle befindet sich in dem gleichnamigen Dorf das **Kloster Wienhausen** (Tel. 0 51 49/186 60, www.kloster-wienhausen.de, nur mit Führung April–Mitte Okt. werktags 10, 11, 14–17 stdl., So 12–17 Uhr stdl.), ein um 1230 gegründetes Zisterzienserinnenkloster.

Im 19. Jh. verbrachten die Könige von Hannover manchen Sommerurlaub im Celler Schloss

Ein harmonisches Ensemble bilden Rathaus und St. Petri-Dom am Bremer Marktplatz

Seit der Reformation im 16. Jh. führen es evangelische Schwestern fort. Fast alle Gebäude sind original in Fachwerk und norddeutscher Backsteingotik erhalten. Der doppelgeschossige *Kreuzgang* führt in die romanische Kirche und den um 1335 an sie angebauten Pilgersaal mit dem überwältigenden, vollständig ausgemalten gotischen *Nonnenchor*. Im Stockwerk darüber befindet sich ein goldgefasster Schnitzaltar von 1519. Seinen größten Schatz, kostbare gotische *Bildteppiche* (1300–1480) zu christlich-religiösen und weltlichen Erzählungen, stellt das Kloster im *Winterrefektorium* aus.

i Praktische Hinweise

Information

Tourismus Region Celle, Markt 14–16, 29221 Celle, Tel. 051 41/12 12, www.tourist info-celle.de, www.celle-tourismus.de

Restaurant

Historischer Ratskeller, Markt 14, Celle, Tel. 051 41/290 99, www.ratskeller-celle.de. Frische gutbürgerliche Küche im Gewölbe (1368) unter dem Alten Rathaus.

5 Bremen

Die Roland-Statue und ein tierisches Musikquartett machten die Hansestadt weltberühmt.

Eigenständigkeit hat eine lange Tradition in Bremen (548 000 Einw.). Franken gründeten die Stadt im 8. Jh. als Militärposten an einer Furt über die Weser. Spätestens seit 849 spielte Bremen als **Bischofssitz** bei der Christianisierung Skandinaviens eine bedeutende Rolle. Schon im 12. Jh. bestanden die wohlhabenden Kaufleute auf Teilhabe an der Stadtverwaltung und es entstand ein erster Vorgänger der heutigen *Bremer Bürgerschaft*. Ihre stolzen Symbole sind am Marktplatz die übergroße Steinfigur des Roland (1404) und das prächtige Rathaus (1405–10). 1260 trat Bremen der **Hanse** bei, seit 1646 war sie **Freie Reichsstadt**.

Im Gegensatz zu anderen Hansestädten, die in den Jahrhunderten zuvor ihre Bedeutung eingebüßt hatten, beteiligte sich Bremen seit dem Ende des 18. Jh. am Atlantikhandel. Die Industrialisierung im 19. Jh. sorgte für wahre Boomzeiten, *Werften* bauten Schiffe für die ganze Welt, Bremen war bedeutender Waren- und Passagierhafen sowie Sitz zahlreicher Schifffahrtsgesellschaften.

*Gemeinsam sind sie stark: Bremens Stadt-
musikanten und ihre tierische Pyramide*

Die wichtigen Industrie- und Trans-
portanlagen machten Bremen im Zweiten Weltkrieg zu einem bevorzugten Ziel
alliierter Luftangriffe. Nach Kriegsende
entschlossen sich die Stadtväter, nur einen Teil der Schäden nach historischem
Vorbild zu beheben, etwa im einstigen
Fischerviertel Schnoor. Das unzerstört ge-
bliebene **Rathaus** (www.rathaus-bre
men.de, Führungen Mo–Sa 11, 12, 15 und 16,
So 11 und 12 Uhr, Tickets bei der Touristinformation neben dem Rathaus, Start auf
der Domseite) und den Bremer Roland
am Marktplatz erklärte die UNESCO 2004
gar zum **Weltkulturerbe.** Die arkaden-
und giebelgeschmückte Renaissance-
Fassade (1608) des im Kern gotischen
Rathauses im Zentrum der Altstadt zwischen Weser und Stadtgraben ist tatsächlich beeindruckend. In der prachtvoll
ausgestatteten *Oberen Halle* tagte zwischen kostbaren Wandgemälden und
unter von der Decke hängenden Kriegs-
schiff-Modellen jahrhundertelang der
Rat der Stadt. Ganz im Jugendstil präsentiert sich die kleinere *Güldenkammer,*
deren Wände eine delikat gestaltete vergoldete Ledertapete überzieht.

Eine bei Alt und Jung beliebte Attraktion Bremens findet man an der Westseite
des Alten Rathauses, wo seit 1953 die
Bronzefigur der vier **Bremer Stadtmusikanten** eines der bekanntesten Grimm-
schen Hausmärchen thematisiert. Vor allem der Esel, der auf seinem Rücken
Hund, Katze und Hahn trägt, wird viel
getätschelt. Stellenweise ist er schon
ganz glänzend gerieben, denn angeblich

kehrt man nach einer solchen Berührung
nach Bremen zurück. Dasselbe erzählt
man sich freilich auch von den Knien des
Bremer Roland. Diese 5,5 m große (mit
Podest und Baldachin rund 10 m hohe),
1404 aus Sand- und Kalkstein geschaffene
Statue wacht vor dem Rathaus mit blan-
kem Schwert über die bürgerlichen Frei-
heiten und Rechte der Bremer.

Die hohen Doppeltürme im Süden des
Marktplatzes gehören zum **St. Petri-Dom**
(www.stpetridom.de, Mo–Fr 10–17, Sa 10–
14, So 14–17, Juni–Sept. Fr und So jew. bis
18 Uhr). Seine romanische Westkrypta ist
der älteste erhaltene Bau Bremens und
wurde 1066 geweiht. Zunächst lohnt sich
der Aufstieg auf den *Südturm* (Mo–Fr
10–16.30, Sa 10–13.30, So 14–16.30, , Juni–
Sept. Fr und So jew. bis 17.30 Uhr, 265 Stufen), von dem aus man einen weiten
Ausblick genießt. Im Kircheninneren
zeigt am Ende des rechten Querschiffs
das kleine *Dom-Museum* historisches Al-
targerät sowie Fundstücke aus mehreren
Bischofsgräbern des Doms. In einem Anbau zum eigentlichen Dom lädt der *Blei-
keller* (April–Mai Mo–Fr 10–16.45, Sa 10–
13.45, So 12–16.45, Juni–Sept. Fr–So jew. bis
17.45 Uhr) zu gepflegtem Grusel ein, denn
hier ruhen in offenen Särgen die mumifi-
zierten Leichen mehrerer Tiere sowie von
sechs Menschen. Im Westen schließen
der 1966 erbaute Landtag **Haus der Bürgerschaft** und der **Schütting** den Gebäu-
dekranz um den Markt ab. Über dem figurenreichen Renaissanceportal von
1536/37 dieses ältesten Gildehaus der
bremischen Kaufleute prangt in Platt-
deutsch das Motto ›buten un binnen –
wagen un winnen‹ (Draußen und drin-
nen – wagen und gewinnen).

Südlich davon lädt das **Schnoorvier-
tel,** in dem einst Fischer und Händler zu
Hause waren, zu einem Bummel durch
rekonstruierte Wohn- und Packhäuser
des 15. und 16. Jh. ein. Dabei bietet sich ein
Abstecher zur **Kunsthalle** (Am Wall 207,
Tel. 04 21/32 90 80, www.kunsthalle-bre
men.de, Di 10–21, Mi–So 10–18 Uhr) am
Altstadtrand an, die sich seit Sommer 2011
modernisiert und flankiert von zeitgemä-
ßen Erweiterungsbauten präsentiert.
Hinter der überwiegend klassizistischen
Fassade sind hochkarätige Bilder, Skulpturen, Plastiken und Kupferstiche von
15. Jh. bis in die Moderne versammelt.
Oder man schlendert vom Markt durch
die autofreie *Böttcherstraße* auf die lebhafte **Schlachte** (www.schlachte.de) zu.
Im alten Hafen am Ufer der Weser liegen

originalgetreue Kopien historischer Schiffe wie der Hansekogge ›Roland von Bremen‹ neben modernen Gastronomie- und Ausflugsschiffen (*Martinianleger*) sowie einem Theaterschiff (www.theater schiff-bremen.de) vor Anker.

Am Nordende der gegenüberliegenden schmalen Weserinsel präsentiert das **Neue Museum Weserburg** (Teerhof 20, Tel. 04 21/59 83 90, www.weserburg.de, Di–Fr 10–18, Do 10–21, Sa/So 11–18 Uhr) auf 6000 m² seine spannenden Sammlungen zu internationaler Gegenwartskunst, u.a. mit Gemälden von Gerhard Richter, Fotografien von Dorothee von Windheim und Klangskulpturen von Rolf Julius.

Die Völker Ozeaniens, Amerikas und Afrikas stellt das außerhalb der Altstadt beim Bahnhof gelegene **Überseemuseum** (Bahnhofsplatz 13, Tel. 04 21/16 03 81 01, www.uebersee-museum.de, Di–Fr 9–18, Sa/So 10–18, Nov.–April zusätzl. Di bis 21 Uhr, Bremer Schulferien Di–So 10–18 Uhr) vor. Auch Handel und kultureller Austausch zwischen den Kontinenten gehören zum Spektrum des Museums.

ℹ Praktische Hinweise

Information
Bremer Touristik-Zentrale, Filialen: Hauptbahnhof und Obernstraße/Lieb-

Von pazifischer Seefahrertradition zeugt dieses Kanu im Bremer Überseemuseum

frauenkirchhof, 28215 Bremen, Tel. 01 80/ 510 10 30 (0,14 €/Min. aus dt. Festnetz, mobil mehr), www.bremen-tourismus.de

Hotels
Hotel Hanseat, Bahnhofsplatz 8, Bremen, Tel. 04 21/146 88, www.hotel-hanseat.com. Zentral gelegen, gegenüber Hauptbahnhof und Überseemuseum. 33 komfortable Gästezimmer, W-LAN inklusive.

Park Hotel Bremen, Im Bürgerpark, Bremen, Tel. 04 21/340 80, www.park-hotel-bremen.de. Exklusives Wellness- und Tagungshotel nordöstlich der Innenstadt am Hollersee in historischem Park.

Restaurants
Am Deich 68, Am Deich 68, Bremen, Tel. 04 21/597 96 82, www.restaurant-am-deich.de. Kreative deutsche Küche in angenehmem Abendrestaurant (ab 18 Uhr) im Künstlerhaus Bremen (Mo geschl.).

Bremer Ratskeller, Am Markt 1, Bremen, Tel. 04 21/32 16 76, www.ratskeller-bremen.de. Urige Weinstube mit kleinen Gerichten und reicher Weinauswahl im Gewölbekeller des Bremer Rathauses.

6 Bremerhaven

Auswanderer und Kreuzfahrtpassagiere prägten Bremens Hafenstadt an der Wesermündung.

Im 19. Jh. fehlte den erfolgsverwöhnten Bremern allein ein Seehafen. Ihn beschaffte sich die reiche Stadt, indem sie 1827 vom Königreich Hannover Land um die Wesermündung kaufte und darauf **Bremerhaven** gründete. 1847 legte von einem hiesigen Kai der erste Passagierdampfer von Europa nach Amerika ab.

Den Duft der großen weiten Welt kann man sich am **Columbuskaje** um die Nase wehen lassen, einem für Großschiffe geeigneten Kai, der 1925 im Nordwesten der Hafenstadt an der Außenweser angelegt wurde. Im Laufe der nächsten Jahrzehnte brachen von hier mehr als 7 Mio. Auswanderer in ihre neue Heimat Amerika auf, woran das **Auswandererdenkmal** am nahen Weserdeich und das **Deutsche Auswandererhaus** (Columbusstr. 65, Tel. 04 71/90 22 00, www.dah-bremerhaven.de, März–Okt. tgl. 10–18, Nov.–Febr. 10–17 Uhr) am innerstädtischen Alten Hafen erinnern. Es zeichnet den Weg der Auswanderer nach, vom Wartesaal am Kai über die Passage bis zur Ankunft in der Neuen

Das moderne Auswandererhaus erzählt die alte Geschichte der europäischen Emigration

Welt. Auch heutige Migrationsbewegungen kommen zur Sprache.

Weiter geht es über die Keilstraße zum auch architektonisch interessanten **Klimahaus** (http://klimahaus-bremerhaven. de, April–Okt. Mo–Fr 9–19, Sa/So 10–19, Nov.–März tgl. 10–18 Uhr). In seinem Inneren werden für Besucher die Klimazonnen der Erde nachvollziehbar. Im **Deutschen Schiffahrtsmuseum** (Hans-Sharoun-Platz 1, Tel. 04 71/ 48 20 70, www.dsm. museum, April–Okt. tgl. 10–18, Nov.–März Di–So 10–18 Uhr) geht es dagegen um Fischerei, Marine, Entdeckungen, Polarforschung, Sturmfluten, Maschinen, Sport, Navigation, Walfang – was immer mit dem Meer zu tun hat. Und natürlich um Schiffe, die als Modelle und oft auch im Original zu sehen sind. Manche wie die Viermastbark *Seute Deern* oder das *Technikmuseum U-Boot Wilhelm Bauer* liegen im zugehörigen *Museumshafen* (April–Anf. Nov. tgl. 10–18 Uhr).

Teufelsmoor und Worpswede

Etwa auf halbem Weg zwischen Bremen und Bremerhaven liegt das birkenbestandene und von Entwässerungskanälen durchzogene **Teufelsmoor**, das je nach Sonnenstand und Jahreszeit mal düster-bedrohlich, mal heiter wirken kann. Auf einem Moorlehrpfad ab Hüttenbusch bei dem Ort Worpswede kann man das Moor besonders gut erkunden.

Die wechselnden Stimmungen und der weite Himmel über dem Land zogen Ende des 19. Jh. empfindsame Menschen an, die gern in dem nahen **Worpswede** Quartier nahmen. 1889 entstand so in dem Torfstecherdorf am Fuß des *Weyerbergs* eine **Künstlerkolonie**, die bis in die 1930er-Jahre hinein Bestand hatte. Hier lebten u. a. die Maler Fritz Mackensen und Otto Modersohn, der Schriftsteller Edwin Koenemann und auch der Dichter Rainer Maria Rilke kam gern zu Besuch. Die bekannteste ›Worpswederin‹ ist die Malerin Paula Modersohn-Becker (1876–1907). Ihre frühexpressionistischen und naturalistischen Gemälde bilden einen Schwerpunkt der **Großen Kunstschau Worpswede** (Lindenallee 5, Tel. 047 92/13 02, www.grosse-kunstschau.de, tgl. 10–18, Nov.–Mitte März Di–So 10–17 Uhr). In weiteren Museen und Galerien sind Werke der über 130 vor Ort tätigen Künstler und Kunsthandwerker zu sehen.

ℹ️ Praktische Hinweise

Information

Touristinfo Hafeninsel, H.-H.-Meier-Str. 6, 27568 Bremerhaven, Tel. 04 71/94 64 61 20, www.bremerhaven-touristik.de

Das U-Boot Wilhelm Bauer liegt im Deutschen Schiffahrtsmuseum vor Anker

Oldenburgs Stadthafen, 1383 erstmals urkundlich erwähnt, war früher viel betriebsamer

7 Oldenburg

*Einstige großherzogliche
Residenz mit deutsch-dänischer
Vergangenheit.*

Oldenburg (Oldenburg) ist eine geschäftige niedersächsische **Universitätsstadt** (161 000 Einw.) an der Mündung der Haaren in die Hunte. Die erstmals 1108 erwähnte Siedlung entstand um die *Aldenburg.* Aus dem nach der Burg benannten Geschlecht der Oldenburger ging auch eine Linie des dänischen Königshauses hervor, sodass die Stadt 1667–1773 in den Besitz Dänemarks kam. Wirtschaftliche Anstöße gab der durch Oldenburg verlaufende **Küstenkanal** (Gesamtbauzeit 1922–35, Länge rund 70 km) zwischen Ems und Weser.

Zahlreiche Wasserläufe und Kanäle prägen die nach einem Stadtbrand 1676 weitgehend klassizistisch wieder errichtete Altstadt. In ihrem Süden bauten Graf Anton Günther und seine großherzoglichen Nachfolger **Schloss Oldenburg** (Schlossplatz 1, Tel. 04 41/220 73 00, www.landesmuseum-oldenburg.nie dersachsen.de, Di–So 10–18 Uhr) ab 1607 zur Residenz aus und erweiterten es bis zum 19. Jh. zur Dreiflügelanlage. In den teils prächtig ausgestatteten Gemächern wie Marmorsaal und Homer-Zimmer zeigt das *Landesmuseum Oldenburg* regionale Kunst und kulturgeschichtliche Exponate vom Mittelalter bis zur Neuzeit. Das ebenfalls zum Museum gehörende nahe **Augusteum** (Elisabethstr. 1), 1856 im Stil der italienischen Renaissance errichtet, beherbergt die herzogliche Gemäldesammlung. Das **Prinzenpalais** (Damm 1) zeigt Kunst des 19. und 20. Jh. Noch weiter den Damm hinunter beschließt das **Museum Natur und Mensch** (Damm 38–44, www.natur undmensch.de, Di–Fr 9–17, Sa/So 10–17 Uhr) den Ausstellungsreigen. In seinen hellen Räumen stellt es Natur- und Kulturgeschichte, Mensch und Tier in ihren nicht immer unproblematischen Interaktionen dar.

Nun geht es zurück zum von klassizistischen Verwaltungsbauten und Fachwerkhäusern des 18. Jh. gesäumten *Schlossplatz,* über den man den zentralen *Markt* erreicht. Ihm wendet das asymmetrische **Alte Rathaus** seine beiden historisierenden Schauseiten von 1888 zu. **St. Lamberti** (Tel. 04 41/390 11 80, www.st-lamberti-oldenburg.de, Mo–Sa 11–18 Uhr) gegenüber verwandelte sich durch Umbauten 1795–1873 von einer gotischen zu der heute so beeindruckenden klassizistisch-neogotischen kuppelgekrönten Hallenkirche mit Empore.

Weitere sehenswerte Gebäuden in der Altstadt sind etwa das um 1500 errichtete **Degodehaus** (Markt 24) hinter dem Alten Rathaus mit seiner schmucken Giebelfront oder der konisch gedeckte runde **Pulverturm** (Schlosswall) nahe dem

Fünf Jahre nach dem Tod des Künstlers öffnete das Oldenburger Janssen-Museum die Pforten

Schlossteich, der im 16. Jh. zur Stadtbefestigung gehörte. Wahrzeichen der Stadt ist der kaum mehr als wohnhaushohe **Lappan**, wie der 1467 errichtete Turm des Heiliggeistspitals genannt wird. Er liegt etwas im Norden, unweit des **Stadtmuseums** (Am Stadtmuseum 4–8, Tel. 04 41/ 235 28 81, http://stadtmuseum.oldenburg.de, Di–So 10–18 Uhr), das in den Räumen dreier Villen (Jürgenssche, Francksen- und Ballinsche Villa) aus dem 19. Jh. die Stadtgeschichte anhand von Modellen, Einrichtungen und Dokumenten nachvollziehbar macht. Nebenan zeigt das **Horst-Janssen-Museum** (www.horst-janssen-museum.de, Di–So 10– 18 Uhr) Zeichnungen, Radierungen, Holzschnitte und Grafiken sowie persönliche Gegenstände des in Oldenburg aufgewachsenen Künstlers (1929–1995).

Cloppenburg und Visbek

Das 1934 gegründete **Museumsdorf Cloppenburg** (Niedersächsisches Freilichtmuseum, Bether Str. 6, www.museumsdorf. de, Tel. 044 71/948 40, März–Okt. tgl. 9–18, Nov.–Febr. tgl. 9–16.30 Uhr) 40 km südlich von Oldenburg besteht aus mehr als 50 originalen Wohngebäude und Werkstätten, meist Fachwerkbauten, wie sie vom 16.–19. Jh. in Niedersachsen üblich waren. Ein *Niederdeutsches Hallenhaus* von 1793 mit vier Ständerreihen zur Stütze ist ebenso dabei wie eine bis Ende des 18. Jh. verwendete Speicher-Remise oder eine hölzerne Kappenwindmühle (1764).

Nochmals 20 km weiter östlich liegt bei Visbek das archäologisch bedeutende jungsteinzeitliche **Großsteingrab** ›Visbeker Bräutigam‹, das wohl um 3500– 2700 v. Chr. entstand. Man erreicht es, wenn man ab Visbek der Beschilderung ›Steindenkmäler Engelmannsbäke‹ folgt. Es besteht aus heute noch 124 von einst 170 Findlingen, die zu einem Längsoval von 104 m Länge und 8–9 m Breite zusammengesetzt sind. 4 km davon entfernt befindet sich die gleichartige, aber etwas kleinere ›Visbeker Braut‹ aus 80 Monolithen, die oft als steinzeitliche Mond- und Sternwarte gedeutet wird.

i Praktische Hinweise

Information

Tourist-Information, Kleine Kirchenstr. 10, 26122 Oldenburg, Tel. 04 41/36 16 13 66, www.oldenburg-tourist.de

Hotels

Tafelfreuden, Alexanderstr. 23, Oldenburg, Tel. 04 41/832 27, www.tafelfreuden-hotel.de. Sieben individuell gestaltete Gästezimmer und ein Apartment im Norden der Stadt. Ein weiteres Plus ist die schöne Gartenterrasse. Gutes Restaurant im Haus (Di–Sa ab 18 Uhr).

Wieting, Damm 29, Oldenburg, Tel. 04 41/ 92 40 05, www.hotel-wieting.de. Ruhig gelegenes, alteingesessenes Drei-Sterne-Hotel mit 69 Zimmern nahe Schloss und Fußgängerzone.

8 Wilhelmshaven

Marine, Matrosen und Meeresbewohner dominieren Deutschlands einzigen Tiefwasserhafen.

Wilhelmshaven (81000 Einw.) ist eine junge Stadt, sie wurde erst 1869 als ›erster deutscher Kriegshafen‹ gegründet. Noch heute hat die deutsche Marine in hier am Jadebusen ihren größten Standort. Auch mehrere namhafte Meeresforschungsinstitute sind hier ansässig, die Stadt besitzt den einzigen Tiefwasserhafen Deutschlands und ist der wichtigste Erdölumschlaghafen des Landes.

Ganz dem Meer zugewandt ist die 1,6 km lange *Maritime Meile* am Großen Hafen, an der mehrere Attraktionen um die Aufmerksamkeit der Flaneure wetteifern. Etwa das **Küstenmuseum** (Weserstr. 58, Tel. 044 21/40 09 40, www.kuestenmuseum.de, April–Okt. tgl. 10–18, Nov.–März Di–So 10–17 Uhr), das von Kaufleuten und Kaisern, Sturmfluten und Schutzdeichen, Werften, Walen und Windparks erzählt. Oder das nahe **Piratenamüseum** (Ebertstr. 88 a, Tel. 044 21/40 97 79, www.piratenmuseum.de, April–Okt. tgl. 11–17, Nov.–März So 14–18 Uhr), in dem Jung und Alt alles über Seeräuber und Schatzinseln, über Klaus Störtebeker und Jack Sparrow erfahren können. Einen anderen Zugang zum Meer bietet **Oceanis** (Brontekai 63, Tel. 044 21/75 50 55, www.oceanis.de, tgl. 10–18 Uhr). Die virtuelle Unterwasserstation simuliert entlang eines effektvoll beleuchteten unterirdischen Plexiglastunnels das pflanzliche und tierische Leben in 100 m Meerestiefe.

Über die *Kaiser-Wilhelm-Brücke*, die Anfang des 20. Jh. größte Drehbrücke Europas, erreicht man den belebten und beliebten Südstrand. Hier zeichnet das aufgrund des U-Bootes vor seinem Eingang leicht zu findende **Deutsche Marinemuseum** (Südstrand 125, Tel. 044 21/40 08 40, www.marinemuseum.de, April–Okt. tgl. 10–18, Nov.–März 10–17 Uhr) den Werdegang Wilhelmshavens von den Anfängen der kaiserlichen Marine bis ins heutige Industriezeitalter nach. Am östlichen Ende des Südstrandes fühlen sich im **Seewasser-Aquarium** (Südstrand 123, Tel. 044 21/506 64 44, www.aquarium-wilhelmshaven.de, tgl. 10–18 Uhr) nicht nur Seehunde, Kaimane, Haie und viele andere Meeresbewohner heimisch, in weiteren nachempfundenen Naturlebensräumen sind beispielsweise Vögel, Schmet-terlinge und Affen zuhause. Einen Hauch von ›großer Fahrt‹ – auch wenn die eigentlich über ›den großen Teich‹ in die Neue Welt führt – kann jede Landratte im angegliederten *Buddelschiffmuseum* erhaschen. Oder man besteigt am benachbarten **Helgolandkai** ein Ausflugsschiff zur *Hafenrundfahrt* (Mitte April–Okt. tgl. 11, 13 und 15 Uhr, www.reederei-warrings. de) oder ein *Fährschiff* (Tel. 01 80/522 86 61, www.ms-helgoland.de) zu Deutschlands einziger Hochseeinsel.

An Land informiert das **Nationalparkzentrum Wattenmeerhaus** (Südstrand 110 b, Tel. 044 21/91 07 33, April–Okt. tgl. 10–18, Nov.–März Di–So 10–17 Uhr) über das vielfältige Leben im, am und vom Watt an der Küste Ostfrieslands. Gegenüber erzählt das **Deutsche Marinemuseum** (Südstrand 125, Tel. 044 21/40 08 40, www.marinemuseum.de, April–Okt. tgl. 10–18, Nov.–März 10–17 Uhr) anschaulich die Geschichte aller deutschen Marinen.

ℹ️ Praktische Hinweise

Information

Tourist-Information Wilhelmshaven, Bahnhofsplatz 1 (OG NordseePassage), 26382 Wilhelmshaven, Tel. 044 21/91 30 00, www.wilhelmshaven-touristik.de

Restaurant

Jadeport im Gorch-Fock-Haus, Viktoriastr. 15, Wilhelmshaven, Tel. 044 21/418 18, www.gorch-fock-haus.de. Krabbensuppe oder Fondue aus Edelfischen und Krustentieren gehören zu den Spitzenreitern des beliebten Restaurants zwischen Kurpark und Arsenalhafen (Di–Fr ab 17, So 11–16 Uhr, Mo geschl.).

Auch Seehunde und andere Bewohner der Nordsee kann man im Oceanis kennenlernen

9 Ostfriesland

*Rapsfelder, Weiden, Kanäle und
selbstverständlich die Nordsee bestimmen das Bild der Küstenregion.*

Flach und weit – so ist Ostfriesland, die
herbe Küstenlandschaft zwischen dem
Dollart, der Meeresbucht nahe der Ems-
mündung an der niederländischen Grenze, und dem Jadebusen, in den die Flüsse
Jade und Wester münden. Unmittelbar
vor der Küste schützen die Ostfriesischen
Inseln das wattenmeergesäumte grüne
Festland vor der Nordsee. Die Region ist
ländlich geprägt, für Farbtupfer in den
grünen Wiesen und Marschen sorgen im
Sommer weithin gelb leuchtende *Rapsfelder*, unterbrochen von *Mooren* und
Kanälen. Der *Geestrücken*, der sich wenige Meter und deshalb sturmflutsicher
über das umliegende Marschland erhebt,
strukturiert die Landschaft. Auf und an
dieser einzig nennenswerten Anhöhe
Ostfrieslands siedeln seit der frühen
Steinzeit Menschen. Bis heute finden sich
auf der teils sogar bewaldeten Geest die
meisten Städte und Dörfer Ostfrieslands.
Als Baumaterial dominiert der rote Backstein, vor allem bei den traditionellen
einstöckigen *Gulfhöfen*. Höher und auch
trutziger ragen daneben immer wieder
Mühlen auf sowie schon mal aus Granit-
steinen erbaute *Landkirchen* und nicht
zuletzt die überwiegend frisch rot-weiß
bemalten *Leuchttürme* an der Küste.

Aurich

Zentral auf dem Geestrücken liegt **Aurich** (40 000 Einw.), das sich als ›Ostfrieslands heimliche Hauptstadt‹ versteht.
Dieser Anspruch geht auf das 14. Jh. zurück, als die mächtigen Häuptlinge der
Cirksenas die Siedlung zu ihrem Sitz
machten. Den Titel ›Häuptling‹ trugen
die ostfriesischen Herrscher bis in das
15. Jh. Von 1565–1744 residierten sie in
Aurich als Landesfürsten. Das heutige
Auricher Schloss entstand freilich erst
1851–55 im Auftrag König Georgs V. von
Hannover. Er ließ die fensterreiche zweigeschossige Vierflügelanlage mit mar-
kantem oben flachem Viereckturm über
dem Eingangsportal zum repräsentativen Sitz der ostfriesischen Landesverwaltung ausbauen.

Auch wenn Ostfriesland mittlerweile
in mehrere Landkreise unterteilt ist, tagt
die **Ostfriesische Landschaft** (Georgs-
wall 1–5, www.ostfriesischelandschaft.de)
weiterhin in Aurich. Im Mittelalter war sie
die Ständevertretung, heute wird sie von
den ostfriesischen Landkreisen und Emden beschickt. Sie tritt in einem repräsentativen, 1898–1901 im Stil der Neorenaissance erbauten Backsteinkomplex zusammen, dessen historischer Tagungs-
und Ständesaal im Rahmen einer Stadtführung (Tel. 049 41/44 64, www.aurich-

*Seit Mitte des 19. Jh. residieren Aurichs Beam-
te in den Zimmerfluchten des Schlosses*

Am Strand von Norderney hat jeder Strandkorbbesitzer Raum zur freien Entfaltung

tourismus.de) besichtigt werden kann. Mitgestaltung ist auch im **Mach-Mit-Museum** (Burgstr. 25, Tel. 04941/18311, www.miraculum-aurich.de, Di–Fr 13.30–17, Sa/So 11–17, während der niedersächsischen Ferien Di–So 11–17 Uhr) in der Fußgängerzone angesagt. Dort können die größtenteils jungen Besucher alle Inszenierungen und Objekte selbst ausprobieren und eigene naturwissenschaftliche, historische oder soziale Schlüsse ziehen.

Jever

In Zeiten allgegenwärtiger Reklame ist kaum ein Ort in Ostfriesland so bekannt wie die Kreisstadt **Jever** (14000 Einw.), nach der das hier gebraute, ›friesisch-herbe‹ Bier benannt ist. Ein Besuch der 1848 gegründeten Privatbrauerei inklusive Bierprobe ist denn auch für die meisten Besucher des überschaubaren Städtchens ein Muss. Zu den **Brauereiführungen** (Tel. 04461/13711, www.jever.de) durch Küferei, Sudhaus und Gärkeller muss man sich jedoch unbedingt anmelden. Eine weitere althergebrachte Handwerkskunst pflegen die Mitarbeiter der **Blaudruckerei im Kattrepel** (Kattrepel 3, Tel. 04461/71388, www.blaudruckerei.de, Mo–Fr 10–13 und 14–18, Sa 10–14 Uhr). Die historische Textilwerkstatt besitzt und

benutzt mehr als 450 Druckmodelle aus vier Jahrhunderten.

Weiteres zu regionaler Kultur hält das **Schlossmuseum** (Tel. 04461/969350, www.schlossmuseum.de, Di–So 10–18 Uhr, Juli/Aug. auch Mo) bereit. Es ist im zentral gelegenen, von einem Wassergraben umgebenen Schloss Jever aus dem 14.–16. Jh. untergebracht (zzt. abschnittweise Renovierung). Hier erfährt man etwa, dass die Bezeichnung Jevers als ›Marienstadt‹ nicht etwa einen christlichen Hintergrund hat, sondern auf Fräulein Maria (1500–1575) zurückgeht, der letzten unabhängigen Regentin des Jeverlandes. Biertrinkern wird vielleicht der auffällige *Bergfried* (Begehung Mitte April–Mitte Okt. tgl. 10–18, sonst 11–17 Uhr) im kleinen Innenhof des Schlosses bekannt vorkommen, denn der 67 m hohe Turm mit seiner mächtigen Barockhaube ziert als Silhouette die Etiketten der Jever-Flaschen.

Nationalpark Niedersächsisches Wattenmeer und Ostfriesische Inseln

Etwa zur Hälfte besteht der 2777 km² umfassende Nationalpark Niedersächsisches Wattenmeer (www.nationalpark-wattenmeer.niedersachsen.de) aus dem eigentlichen Watt, der Rest entfällt auf freies Meer und Landfläche mit Küsten und Inseln. Der regelmäßige Wechsel von Ebbe und Flut prägt das Watt mit seinen Wasserrinnen und Prielen ebenso wie die pflanzenreichen, oft überfluteten Salzwiesen. So bildet es einen überwältigend vielfältigen Lebensraum, etwa für austernfischer, Seehunde und Garnelen, für unübersehbar viele Muschelarten, Würmer, Krebse, Nesseltiere und Insekten. Nicht zu vergessen die Millionen Zugvögel, die auf ihren jährlichen Migrationsrouten hier rasten.

Eine geführte **Wattwanderung** bei Ebbe gehört zu den Höhepunkte eines jeden Sommerurlaubs in Ostfriesland. Fachkundige Führer vermitteln die Touristeninformationen in jedem Küstenort oder auf jeder der vorgelagerten Inseln.

Diese **Ostfriesischen Inseln** – von West nach Ost sind das Borkum, Juist, Norderney, Baltrum, Langeoog, Spiekeroog und Wangerooge (www.ostfriesische-inseln.de) – liegen nämlich ebenfalls im Watt und wirken wie natürliche Wellenbrecher vor der Küste. Sie alle sind als naturnahes sommerliches Urlaubsziel außerordentlich beliebt, wobei jede Insel ihren eigenen Charme und Charakter besitzt. *Borkum* zum Beispiel ist wegen seines anregenden Hochsee-Reizklimas ein anerkanntes Heilbad; in den weißen Sanddünen von *Norderney* erging sich vor mehr als 160 Jahren bereits der damalige Reichskanzler Bismarck; das lange, schmale *Juist* besitzt den größten Süßwassersee der Inseln und das autofreie *Langeoog* lädt seine Gäste zu ausgedehnten Wanderungen oder Ausritten entlang des 14 km langen Sandstrandes ein.

i Praktische Hinweise

Information

Ostfriesland Tourismus, Ledastr. 10, 26789 Leer, Tel. 04 91/91 96 96 60, www.ostfriesland.de

Hotel

Hotel Pellmühle, Mühlenstr. 55, Jever, Tel. 0 44 61/9 00 00, www.jever-hotel.de. Zentral gelegenes Nichtraucher-Haus mit 19 komfortablen Gästezimmern in hübschem begrüntem Friesenhäuschen.

10 Emden

Kulturelles Zentrum Ostfrieslands mit reich bestückten Museen.

Durchzogen von zahlreichen Grachten und Kanälen liegt Emden (51 000 Einw.) an der Mündung der Ems in die Nordsee. Henri Nannen (1913–1996), Publizist und Gründer des Wochenmagazins ›stern‹, stiftete seiner Heimatstadt im Jahr 1986 einen Großteil seiner Privatsammlung und die architektonisch entsprechende **Kunsthalle Emden** (Hinter dem Rahmen 13, Tel. 0 49 21/97 50 70, www.kunsthalle-emden.de, Di–Fr 10–17, Sa/So 11–17 Uhr) gleich dazu. Sammlung und moderner Ausstellungskomplex am Stadtgraben passen bestens zusammen. Sie rücken die Kunst des 20. Jh., vor allem deutsche Expressionisten und Neue Sachlichkeit, Werke von ›Blauer Reiter‹- und ›Brücke‹-Künstlern ebenso ins rechte Licht wie die der ›Glasnost-Maler‹.

Als schwimmender Leuchtturm wies das Feuerschiff Amrumbank auf Gefahren hin

Weniger um Kunst als um Kommerz geht es am zentralen Wasserweg der Stadt, der *Emder Ratsdelft*. Dort feiert das **Otto Huus** (Große Str. 1, Tel. 049 21/221 21, www.otto-waalkes.com, April–Dez. Mo–Fr 9.30–18, Sa 9.30–14, April–Okt. auch So 10–16 Uhr) das Lebenswerk des vor Nannen berühmtesten Sohns der Stadt. Ottifanten in allen Variationen und Milz-an-Leber-Videos zeugen von Einfallsreichtum und Witz des Blödelbarden Otto Waalkes (*1948).

Wesentlich ernsthafter geht es nicht weit davon im Emdener Rathaus am Delft mit dem **Ostfriesischen Landesmuseum** (Brückstr. 1, Tel. 049 21/87 20 58, www.landesmuseum-emden.de, Di–So 10–18 Uhr) zu. Die Ausstellung beginnt mit der archäologisch belegten Frühzeit der Region und zeigt neben Silber- und Münzkabinett eine bemerkenswert umfangreiche historische Waffensammlung in der Rüstkammer. An der Ratsdelft liegt das **Feuerschiff Amrumbank** (www.amrumbank.de, April–Okt. Mo–Fr 11–16, Sa/So 11–13 Uhr) vor Anker, das auch als schwimmender Leuchtturm diente.

Jüngere Geschichte wird im **Bunkermuseum** (Holzsägerstr. 6, Tel. 049 21/322 25, www.bunkermuseum.de, Ende April–Okt. Di–Fr 10–13 und 15–17, Sa/So 10–13 Uhr) beklemmend erfahrbar. Es widmet sich der Geschichte des Nationalsozialismus sowie der fast vollständigen Zerstörung Emdens im Zweiten Weltkrieg und dem anschließenden Wiederaufbau.

i Praktische Hinweise

Information

Tourist-Information Emden, Alter Markt 2 a, 26721 Emden, Tel. 049 21/974 00, www.emden-touristik.de

Hotel

Großer Kurfürst, Neutorstr. 41, Emden, Tel. 049 21/203 03, www.gut-hotels.de. Unweit nördlich der Kunsthalle gelegenes kleines Hotel garni.

11 Nordfriesland

Weites Wattenmeer und flaches Land hinterm Deich.

Weit und flach ist das Land hier oben im Norden Deutschlands, und stets weht ein frischer Wind über das von schmalen Entwässerungskanälen durchzogene und von Schafen beweidete Marschland.

Im Laufe von Jahrhunderten hat es der Mensch dem Meer abgerungen, und so spielte stets der **Küstenschutz** eine große Rolle. Ob nun friesische Stammesfürsten im Frühmittelalter, Niederländer, die Herzöge von Schleswig oder dänische Könige regierten – stets baute man Deiche, um sich vor der Gewalt des Meeres zu schützen. Trotzdem kam es immer wieder zu Naturkatastrophen wie etwa der **Zweiten Marcellusflut** im Jahr 1362, die so viele Opfer forderte, dass sie als ›Grote Mandränke‹ in die Geschichte einging.

Die offene See mit ihrer Weite und dem anregenden Reizklima macht Nordfries-

land zu einer der beliebtesten innerdeutschen Feriendestinationen. Neben dem Tourismus sind für die Region noch Fischerei und Energiegewinnung durch Windkraft von wirtschaftlicher Bedeutung.

Die gesamte Küste Nordfrieslands ist Teil des **Nationalparks Schleswig-Holsteinisches Wattenmeer** (www.wattenmeer-nationalpark.de). Dazu gehören Marschen, Priele, Dünen, Sandbänke, die offene See – und vor allem das **Watt**, jener einzigartige Lebensraum zwischen Meer und Land, der sich an der Nordseeküste von Dänemark bis zu den Niederlanden hinzieht. In und von jedem Kubikmeter Watt leben rund 1 Mio. Klein- und Kleinstlebewesen, Muscheln, Krebse, Würmer, Larven, Einzeller, Fische und Vögel. Einen Begriff davon macht man sich am besten bei einer geführten **Wattwanderung**, ein Muss und eine Freude für jeden Nordseeurlauber.

ℹ️ Praktische Hinweise

Information
Nordsee-Tourismus-Service, Zingel 5, 25813 Husum, Tel. 04841/897575 oder 0180/5066077 (0,14 €/Min. aus dem dt. Festnetz), www.nordseetourismus.de

Fast unendliche Weite finden Badegäste am Strand von St. Peter-Ording

12 Husum

Nordseehafen mit Schloss und Altstadt, Heimat Theodor Storms.

Für alle, die von Süden her anreisen, ist Husum (22000 Einw.) das **Tor zu Nordfriesland**. Theodor Storm (1817–1888), der berühmteste Sohn der Stadt, verewigte seine Heimat literarisch als ›Graue Stadt am Meer‹. Bereits in der Jungsteinzeit besiedelt, wurde sie unter dem Namen *Husembro* erstmals 1252 urkundlich erwähnt. Dass Husum am Meer liegt bzw. über die Mühlenau schiffbaren Zugang dazu hat, verdankt es der eigentlich schrecklichen *Groten Mandränke* im Jahr 1362, die weite Teile der Küste wegspülte und aus dem unbedeutenden Binnenort eine aufblühende **Hafenstadt** machte.

Den weit in die Stadt hereinragenden **Binnenhafen** säumen stattliche Kaufmanns- und Lagerhäuser des 16./17. Jh., auch reiht sich hier ein vorzügliches Fischlokal an das andere. An seinem Scheitelpunkt steht seit 1989 das für seine Stahlkonstruktion mehrfach preisgekrön-

konservierte Original eines flachen friesischen Transportschiffs aus dem 16. Jh.

In der Gasse hinter dem Binnenhafen wohnte Theodor Storm 1866–80 in einem geräumigen Kaufmannshaus aus dem 18. Jh. In diesem **Theodor-Storm-Haus** (Wasserreihe 31, Tel. 048 41/803 86 30, www. storm-gesellschaft.de, April–Okt. Di–Fr 10–17, Sa 11–17, So/Mo 14–17, Nov.–März Di, Do, Sa 14–17 Uhr) erinnert eine Ausstellung an den Dichter. Sein Wohnzimmer und das ›Poetenstübchen‹ sind großteils original bewahrt.

Storms Geburtshaus ist ebenfalls erhalten. Es befindet sich auf der Nordseite des nahen Marktplatzes (Haus Nr. 9), ebenso wie das **Alte Rathaus** (1601), das trotz Renaissanceportal und Freitreppe zwischen den giebelgeschmückten Bürgerhäusern geradezu unauffällig scheint. Äußerlich auffälliger ist da schon die klassizistische **Marienkirche** (www.st-marien-husum.de) an der Ostseite des Platzes, die 1829–33 der dänische Staatsbaumeister Christian Frederik Hansen errichtete. Aus einem Vorgängerbau stammt das bronzene *Taufbecken* (1643). Jeden Donnerstagvormittag findet vor dem turmbekrönten Kirchenportal um den *Tinebrunnen* ein lebhafter **Wochenmarkt** statt.

te Husumer **Rathaus** (1989). Nebenan zeigt das eher kleine **Schiffahrtsmuseum Nordfriesland** (Zingel 15, Tel. 048 41/52 57, www.schiffahrtsmuseum-nf.de, tgl. 10–17 Uhr) stilvoll im roten Backsteinbau allerlei Interessantes zum Thema. Zu sehen ist etwa der 6000 Jahre alten Querspant aus Rentiergeweih eines Fellbootes oder das

Vom Markt erreicht man über die Süderstraße das historische Ludwig-Nissen-Haus mit dem **NordseeMuseum Husum** (Herzog-Adolph-Str. 25, Tel. 048 41/25 45, www.nissenhaus.de, April–Okt. tgl. 10–17, Nov.–März Di–So 11–17 Uhr). Es ist dem Leben am und auf dem Meer gewidmet

Von wegen ›Graue Stadt am Meer‹: Die Häuser an Husums Hafen erfreuen mit bunten Farben

Abendliche Ruhe liegt über dem tagsüber so belebten Strand von St. Peter Ording

und erzählt von untergegangenen Städten, transatlantischen Schifffahrtsrouten und Volksbräuchen der Region.

Das **Schloss vor Husum** (König-Friedrich-V.-Allee, Tel. 04841/8973130, März–Okt. Di–So 11–17, Nov.–Febr. Sa/So 11–17 Uhr) ließ Herzog Adolf von Schleswig-Holstein-Gottorf 1577–82 in rotem Ziegel im Stil der niederländischen Renaissance erbauen. Wie der Name schon vermuten lässt, befand es sich damals noch außerhalb des Stadtgebiets. Während der dänischen Herrschaft über Nordfriesland im 18. Jh. wurde das Schloss für König Friedrich V. verändert. Damals kamen u.a. die kostbar ausgestatteten barocken Staatsappartements hinzu, die heute zusammen mit Schlosskapelle und Gartensaal besichtigt werden können. Der **Schlossgarten** ist für die *Krokusblüte* ab Mitte März bekannt. Dann bedecken rund 5 Mio. wilde Krokusse den Park mit einem meist lila Blütenteppich. Zu Ehren dieses Ereignisses finden während der *Lila Woche* Mitte März im Rittersaal des Schlosses die *Krokus-Klassik-Konzerte* statt und auf der Empore des Alten Rathauses zeigt sich die frisch gekürte *Krokusblütenkönigin* dem Volk.

Den Rasen in Husums Schlosspark bedecken im Frühjahr ungezählte blühende Krokusse

i Praktische Hinweise

Information

Tourist-Information, Großstr. 27, 25813 Husum, Tel. 04841/89870, www.tourismus-husum.de

Nordsee-Tourismus-Service, Zingel 5, 25813 Husum, Tel. 04841/897575 oder 0180/5066077 (0,14 €/Min. aus dem dt. Festnetz), www.nordseetourismus.de

Hotel

Altes Gymnasium, Süderstr. 2–10, Husum, Tel. 04841/8330, www.altes-gymnasium.de. Elegantes ›Genießer-Hotel‹ mit 72 Zimmern und Suiten in einem imposanten historischen Backstein-Schulbau. Restaurants Eucken und Alte Schule.

13 Halbinsel Eiderstedt

Nordseeumspülter, kirchenreicher Landstreifen, gesäumt von kilometerlangen Sandstränden.

Westlich von Husum ragt die etwa 15 km breite Halbinsel Eiderstedt gut 30 km in die Nordsee. Ursprünglich gab es hier lediglich drei Inseln, um die Siedler seit der ersten Jahrtausendwende systematisch Land eindeichten. So entstand schließlich das zunächst noch ›Dreilande‹ genannte Eiderstedt. Fruchtbares *Ackerland* sorgte für das Auskommen der Bewoh-

ner und für einigen Wohlstand, der sich auch an der stolzen Zahl von 18 *Kirchen* zeigt, die allesamt ihren Ursprung im 12. Jh. haben. So beeindruckt in der teils noch romanischen Kirche St. Martin von 1113 in Osterhever ein feiner Schnitzaltar. Älteste Kirche ist St. Magnus in Tating aus dem Jahr 1103, allerdings stand hier zunächst nur ein Holzbau.

Touristisches Zentrum der Halbinsel ist **St. Peter-Ording** (4000 Einw., www.st.pe ter-ording-nordsee.de) an der Westküste mit seinem grandiosen 12 km langen und bis zu 1 km breiten Sandstrand. Familien und Fitnessfreunde, Sonnenanbeter und Surfer haben hier Platz. Immer wieder rasen bei Ebbe *Strandsegler* und *Kite-buggy-Fahrer* mit teils atemberaubenden Geschwindigkeiten über die Sandbänke. Ruhiger und auf ihre Art ebenfalls vergnüglich sind Solebäder im Gesundheits- und Wellnesscenter der Stadt, nebenan befindet sich die *Dünen-Therme* (www.duenentherme.stpeterording.de).

Die Eider passiert auch den **Luftkurort Tönning** (5000 Einw., www.fremdenver

Die flache Halbinsel Eiderstedt ist ein ideales Revier für ausgedehnte Fahrradtouren

kehrsverein-toenning.de). In der Nähe des Hafens informiert das ambitionierte **Multimar Wattforum** (Am Robbenberg, Tel. 048 61/962 00, www.multimar-watt forum.de, April–Okt. tgl. 9–18, Nov.–März 10–17 Uhr) über den Nationalpark Schleswig-Holsteinisches Wattenmeer. Mit einer umfangreichen Ausstellung über den in der Nordsee heimischen Schweinswal, mehreren Aquarien sowie Experimentier- und Sinnesstationen führt es in die Welt des Watts und der Nordsee ein.

Südlich von Tönning dient das 1973 nach siebenjähriger Bauzeit an der Mündung der Eider in Betrieb genommene **Eidersperrwerk** dem Hochwasserschutz. Die 200 m breite Wallanlage lässt durch fünf Tore die Wasser der Eider ungehindert in die Nordsee fließen bzw. eine reguläre Flut in umgekehrter Richtung. Wenn aber eine Sturmflut droht, schließt sich das Sperrwerk und schützt so die Landstriche dahinter. Nicht nur Technikfreunde zeigen sich von dem gewaltigen Bauwerk beeindruckt.

Ein besonderes Naturerlebnis erschließen auch Wanderwege durch das **Katinger Watt**. Es entstand im Gebiet der einst 5 km breiten und heute durch Deiche auf 200 m verkleinerten Eidermündung. Ein *NABU-Naturschutzzentrum* (Katingsiel 14, Tel. 048 62/80 04, www.schleswig-holstein.nabu.de, April–Okt. tgl. 10–18 Uhr) informiert über die reiche heimische Tier- und insbesondere Vogelwelt. Auch die kuriose Entstehung des Waldes wird erklärt, der sich entlang des die Eider be-

grenzenden *Leitdammes* erstreckt: Er wurde in den 1980er-Jahren angepflanzt, weil laut einer Umfrage süddeutsche Touristen an und in Norddeutschland vor allem Wald vermissten. Zum ebenfalls angedachten Bau einer Kunstschneeanlage und eines Feriendorfes kam es glücklicherweise nicht.

ℹ Praktische Hinweise

Information

Tourismus Zentrale Eiderstedt, Am Markt 26, 25836 Garding, Tel. 048 62/469, www.tz-eiderstedt.de

Hotel

Vier Jahreszeiten, Friedrich-Hebbel-Str. 2, St. Peter-Ording, Tel. 048 63/70 10, www.hotelvierjahreszeiten.de. Gästezimmer und Studios in gediegenem Tagungshotel, vom Strand durch den Kurpark getrennt. Zzt. Hotel garni.

14 Helgoland

Über Steilküsten, Sandstrände, Freihafen und Kurhotels weht stets eine frische Nordseebrise.

Etwa 50 km vor der Festlandsküste brandet und tost die Nordsee gegen die roten Klippen von Helgoland (1100 Einw., www.helgoland.de). Vor der seit dem 7./8. Jh. von Friesen besiedelten Insel geriet der legendäre Viktualienbruder Klaus Störte-

Der Leuchtturm von Westerhever auf der Halbinsel Eiderstedt bietet die perfekte Watt-Kulisse

Helgolands rote Felsen widerstehen seit vielen tausend Jahren den Wellen der Nordsee

beker 1401 in die Gefangenschaft seiner Hamburger Verfolger. Erst 1890 trat Großbritannien Helgoland an Deutschland ab. Seither ist es Freihafen und Deutschlands einzige **Hochseeinsel**. Zollfreie Einkaufsmöglichkeiten ziehen die jährlich etwa 500 000 Tagesausflügler ebenso an wie die frische, klare Luft. Viele Menschen bleiben auch länger, immerhin finden sie hier das jod- und sauerstoffreichste **Seeheilbad** des ganzen Landes – und abends eine herrlich ruhige Insel.

Auf der knapp 1 km² großen Hauptinsel steigen vom flachen *Unterland* aus rötliche Felsen auf bis zu 61 m an, nur um hier im *Oberland* abrupt abzufallen. In sicherem Abstand zur Abbruchkante führt der *Klippenrandweg* entlang, von dessen nördlichstem Punkt aus man einen schönen Blick auf die *Lange Anna* hat, eine 47 m hohe, frei stehende Felsnadel vor der Insel. Auch die kleine **Düneninsel** mit zwei einladenden Sandstränden, die ein etwa 1 km breiter Kanal von der Hauptinsel trennt, ist von hier oben zu sehen.

ℹ️ Praktische Hinweise

Information

Helgoland Touristik, Lung Wai 28 (Rathaus), 27498 Helgoland, Tel. 047 25/ 20 67 99, www.helgoland.de

15 Nordfriesische Inseln

Putzige Seebäder und dünenreiche Sandstrände – Sommerfrische für Finanziers und Familien.

Sylt, Amrum und Föhr sind sog. **Geestkerninseln**. Geeste entstanden während der letzten Eiszeit aus von Gletschern herangeführten Felsbrocken und Sedimenten. Dadurch erheben sich die Inseln einige Meter über den Meeresspiegel und sind dadurch relativ flutsicher. Zur Nordsee hin besitzen die drei Inseln feine helle **Sandstrände**, die jeweils mehr als genug Platz für Einheimische, Urlauber, Möwen, Seehunde und Robben bieten.

Das knapp 100 km² große **Sylt** (www. sylt.de) ist die mondänste der drei Großen Nordfriesischen Inseln, die Hauptstadt *Westerland* bietet ein *Spielkasino* und in beinahe jedem Dorf zelebriert mindestens ein Sternekoch seine Kunst. Schon im 19. Jh. schätzten Kurgäste das gesunde *Reizklima* der Insel und Maler die *Weite* von Meer und Himmel. In den 1970er-Jahren trafen sich dann in den *Kampener Dünen* die Reichen und Schönen zu Champagner und Austern, seitdem hat ›Deutschlands prominentestes Dorf‹ auch einen offiziellen FKK-Strand. Auch das in der Abendsonne oft spektakulär leuchtende *Rote Kliff*, dessen bis zu

30 m hohe Abbrüche sich am *Weststrand* 4,5 km bis nach *Wenningstedt* hinziehen, ist ein Publikumsmagnet. Bei Wenningstedt zeugt das *Ganggrab Denghoog*, eines von mehreren steinzeitlichen Artefakten auf Sylt, von der frühen Besiedlung der Insel. Besonders malerisch ist *Keitum* mit seinen hübschen Friesenhäusern. Das teilweise wild anbrandende Meer zieht auch zahlreiche Surfer nach Sylt, wo vor Westerland jedes Jahr Ende September eine Etappe des *Surf World Cup* ausgetragen wird.

In jedem Fall und selbst bei trübem Wetter empfehlenswert ist eine geführte Wattwanderung, wie man sie auch auf Sylts gut 20 km² großer Nachbarinsel **Amrum** (2300 Einw., www.amrum.de) unternehmen kann. Amrum ist für seinen in Europa einzigartigen *Kniepsand* bekannt, den 15 km langen und bis zu 2 km breiten Sandstrand entlang der Westküste, inseleinwärts gesäumt von bis zu 32 m hohen Dünen.

Inselhauptstadt ist das noch relativ junge Nordseeheilbad *Wittdün*, die typischen Friesenhäuschen sieht man deshalb eher im zentral gelegenen *Nebel*. Dort drehen sich noch immer die Segel der reetverkleideten *Amrumer Windmühle* (Ualjaat 4, Tel. 046 82/872, www.amrumer-windmuehle.de, April–Okt. tgl. 11–16 Uhr) im Wind. Innen befindet sich das Heimatmuseum. In Nebel befindet sich auch das malerische *Öömrang Hüs* (Waaswai 1, Tel. 046 82/10 11, www.oeoemrang-hues.de, Frühjahr–Herbst Mo–Fr 15–17, sonst Mo–Fr 10–12, Sa 15–17 Uhr) von 1736.

Föhr, die 82 km² große ›Dritte im Bunde‹ der Nordfriesischen Inseln, wird wegen ihrer Wiesen, Marschen und der kleinen Wälder gern ›Grüne Insel‹ genannt. Auch sie besitzt im Westen einen schönen, 15 km langen *Sandstrand*, der dank des vorgelagerten Amrums vor den Stürmen der Nordsee geschützt ist. So ist das Klima auf Föhr etwas milder als auf den Nachbarinseln. Inselhauptstadt und Fährhafen ist *Wyk*, das sich seit dem Jahr 1819 *Seebad* nennen darf. Das *Friesenmuseum* (Rebbelstieg 34, Tel. 046 81/25 71, www. friesen-museum.de, März–Okt. Di–So 10–17, Juli/Aug. tgl. 10–17, Nov.–Febr. Di–So 14–17 Uhr) präsentiert die Kulturgeschichte der Insel, zudem ist hier das älteste Haus Föhrs von 1617 zu besichtigen.

Backsteinerne Kapitänsresidenzen und reetgedeckte Friesenhäuschen säumen die kopfsteingepflasterten Gassen des alten Seefahrerdorfs *Nieblum* 6 km westlich von Wyk. Die romanische Pfarrkirche St. Johannis stammt aus dem 12. Jh.

ℹ️ Praktische Hinweise

Information

Sylt Marketing, Stephanstr. 6, 25980 Westerland, Tel. 046 51/820 20, www.sylt.de

Restaurants

Jörg Müller, Süderstr. 8, Westerland/Sylt, Tel. 046 51/277 88, www.hotel-joerg-mueller.de. Exquisite Gaumenfreuden von Meisterhand, seien es Rotwein-Schalotten-Ravioli, getrüffeltes Schwarzfederhuhn oder gebackene Wildaustern.

Karsten Wulff, Museumsweg 4, Keitum/Sylt, Tel. 046 51/303 00, www.karsten-wulff.de. Kochkunst auf höchstem Niveau, bevorzugt Fisch und Meerestiere, aber auch Ente, Lammkarree und Vegetarisches sind delikat (So geschl.).

Auf allen Nordseeinseln wie hier auf Norderney gibt es am Strand Beachvolleyballfelder

Tief ins Landesinnere hinein zieht sich die Kieler Förde und bildet so einen geschützten Hafen

16 Flensburg

Maritime Handelsstadt nahe der dänischen Grenze.

Flensburg (88 000 Einw.), Deutschlands **nördlichste Stadt**, wurde im 11./12. Jh. als Handelsniederlassung gegründet und gehörte bis 1864 zum Königreich Dänemark. Im späten 18. Jh. war es einer der bedeutendsten **Handelshäfen** für die dänischen Westindienflotte. Ihre Schiffe landeten hier reinen Rum aus den Kolonien an, den Distillen vor Ort zum beliebten *Flensburger Rum* weiterverarbeiteten. Heute produziert in Flensburg nur noch *Johannsen Rum* (www.johannsen-rum. de) in der Marienstraße das hochprozentige Getränk.

An die große Vergangenheit erinnert am **Historischen Hafen** (www.historischer-hafen.info) das *Rummuseum* im Keller des **Schiffahrtsmuseum** (www. schiffahrtsmuseum.flensburg.de, bis Ende 2011 wg. Erweiterung geschl., kleine Interimsausstellung im Schauraum im früheren Fährkrog, Schiffbrücke 39, Di–So 10-17 Uhr). Vor dem Museum ankern historische Frachtsegler und Jachten sowie der älteste Salondampfer Deutschlands, die 1908 gebaute *DS Alexandra* (Tel. 04 61/ 21 32, www.dampfer-alexandra.de), die im Sommer noch zu Förde-Rundfahrten ausläuft. Im benachbarten *Flensburger Hafen* legen zudem **Ausflugsschiffe** (zum Beispiel der Reederei Ketelsen, Tel. 04 61/629 45, www.ms-moewe.de) ab, die Glücksburg oder nahe dänische Küstenorte ansteuern.

Am Eingang zu dem kleinen Hafen verweist das backsteinerne **Kompagnietor** mit dem Stadtwappen von 1603 und dem Siegel des dänischen Königs auf die einstige Zugehörigkeit der Stadt. Der kompakte Torbau war ursprünglich 1602–04 als Zunfthaus der Kaufleute und Schiffer erbaut worden und ist nicht zu verwechseln mit dem weiter hafenaufwärts gelegenen ebenfalls backsteinernen **Nordertor** von 1595, das mit seinem Treppengiebel Wahrzeichen Flensburgs ist.

Nur wenige Meter vom Hafen entfernt lohnt in der bereits 1284 errichteten dreischiffigen **Marienkirche** (www.stmarienflensburg.de, Mo 10–16, Di/Do 10–12, Mi/Fr 10–13 Uhr) ein Blick auf die spätmittelalterlichen Deckenmalereien. Auf dem weiteren Weg südwärts ins Altstadtzentrum zeugt der arkaden- und fachwerkumgebene **Nordermarkt**, einer der frühesten Marktplätze Flensburgs, von der großen merkantilen Vergangenheit der Stadt. Gleiches gilt für den 1755 erbauten **Westindienspeicher** in einem Hinterhof zwischen *Großer Straße* und *Speicherlinie*. In der kleinen zweischiffigen **Heiliggeist-**

Dicht drängen sich die Häuser Flensburgs am Ufer der Flensburger Förde

kirche (Helligåndskirken, www.dks.folke kirken.dk) gegenüber feiert die dänische Gemeinde ihre Gottesdienste. Die Kirche stammt aus dem Jahr 1386 und birgt spätmittelalterliche Fresken.

Den **Holm**, die Hauptgeschäftsstraße der Stadt, säumen sorgfältig restaurierte Giebelhäuser des 17.–19. Jh. *Haus Nr. 10* etwa ist ein Stadtpalais von 1853, *Haus Nr. 19/21* ein Handelshof aus der Zeit vor dem Dreißigjährigen Krieg. Noch älter ist die **Delphinapotheke** am malerischen

Südermarkt, die bereits den Stadtbrand im Jahr 1483 überstand. Bei einem Bummel ringsum kann man, z.B. in der **Roten Gasse**, noch viele weitere historische Wohn- und Geschäftshäuser entdecken, die als Gesamtensemble den Reiz dieser charmanten Hafenstadt ausmachen.

Wer sich von oben ein Bild von Flensburg machen will, sollte den kurzen Aufstieg auf den **Museumsberg** auf sich nehmen. Neben der schönen Aussicht lockt hier das in zwei historischen Häu-

Dem Wasserschloss von Glücksburg entstammten drei europäische Königshäuser

sern untergebrachte **Städtische Museum** (Tel. 04 61/852 95 61, www.museums berg.flensburg.de, April–Okt. Di–So 10–17, Nov.–März bis 16, Do jew. bis 20 Uhr) mit regionalgeschichtlichen und volkskundlichen Exponaten, darunter eine bemerkenswerte Bauernstuben-Ausstellung.

Glücksburg

11 km nordöstlich von Flensburg liegt am Übergang der Inneren zur Äußeren Förde die reizende einstige landesfürstliche **Residenzstadt** Glücksburg (www.gluecks burg-ostsee.de). Ihre größte kunst- und kulturhistorische Attraktion ist das 1582–87 erbaute **Wasserschloss Glücksburg** (Große Straße, Tel. 046 31/44 23 30, www. schlossglueksburg.de, Mai–Sept. tgl. 10–18, Okt. Di–So 10–18, Nov.–April Sa/So 10–16 Uhr). Der Leitspruch des Bauherrn Herzog Johann von Schleswig-Holstein-Sonderburg war ›Gott gebe Glück mit Frieden‹, die Anfangslettern GGGMF sind über dem Schlossportal zu lesen. 1825 gingen Schloss und Titel an Herzog Friedrich Wilhelm von Schleswig-Holstein-Sonderburg-Beck. Einer seiner Söhne wurde 1863 als Christian IX. dänischer König. Zudem ist oder war Glücksburg Stammschloss der Königshäuser von Norwegen und Griechenland und gilt deshalb als ›Wiege europäischer Königshäuser‹.

Die strahlend weiße, architektonisch strenge und von Achtecktürmen gesicherte Vierflügelanlage ist innen gefällig im Stil der Renaissance, des Barock und des Rokoko ausgestattet. Die Räume sind als Museum zugänglich, wobei insbesondere die niederländischen *Tapisserien*, die flandrischen *Ledertapeten*, der stuckierte *Rote Saal* und die mit Deckenfresken geschmückte *Schlosskapelle* aus dem 16. Jh. Beachtung verdienen. Ein Spaziergang durch den *Schlosspark* (ab 1733) führt zu einer Orangerie und dem Rosarium.

ℹ **Praktische Hinweise**

Information

Flensburg Fjord Tourismus, Rathausstr. 1 (am ZOB), 24937 Flensburg, Tel. 04 61/909 09 20, www.flensburg-tourismus.de

Restaurant

Eckener Haus, Norder Str. 8, Flensburg, Tel. 04 61/160 16 35, www.eckener-haus. com. Im Patrizierhaus aus dem 18. Jh. kommt ›Kunst auf den Teller‹ – auch geschmacklich, z. B. Trilogie von der Entenleber oder Elsässer Rehrücken.

Schloss Gottorf in Schleswig ist Sitz mehrerer landesgeschichtlicher Museen

17   Schleswig

> *Wikingersiedlung und ehem. Residenzschloss sind Besuchermagneten an der Schlei.*

Zuerst kamen Wikinger an die Schlei und gründeten im 8. Jh. am Südufer, dem heutigen Haddebyer Noor, den Handelsposten *Haithabu* (Ort an der Heide), der bald zum Wirtschaftszentrum ganz Nordeuropas wurde. Als Slawen ihn Anfang des 11. Jh. zerstörten, prosperierte stattdessen eine Neugründung unter dem Namen *Sliaswich* am gegenüberliegenden Nordufer, aus der die heutige **Kreis-** und **Universitätsstadt** Schleswig (24 000 Einw.) erwuchs.

Die Bischöfe der Stadt ließen im 12. Jh. auf einer Insel in der Schlei vor den Westtoren Schleswigs ihre befestigte Residenz errichten. Im 16. Jh. fiel dieses **Schloss Gottorf** (Tel. 046 21/81 30, www. schloss-gottorf.de, April–Okt. tgl. 10–18, Nov.–März Di–Fr 10–16, Sa/So 10–17 Uhr) schließlich nach mehreren Besitzerwechseln, Neu- und Umbauten an die damals regierenden Herzöge von Schleswig-Holstein-Gottorf. Als Schleswig im 18. und 19. Jh. dänisch war, nahm hier der dänische Gouverneur seinen Sitz. Heute beherbergt das prächtige vierflüglige Schloss sowohl das *Archäologische Landesmuseum* als auch das *Landesmuseum für Kunst und Kulturgeschichte*. Hier erzählen Wikingergewänder und mittelalterliche Moorleichen, Rüstungen, Schnitzaltäre und Gemälde des norddeutschen Jugendstils spannend und anschaulich die Geschichte von Stadt und Region. Im barocken Schlossgarten steht das *Globushaus* mit der Rekonstruktion eines 1650 geschaffenen begehbaren Globus.

Vom Schloss sind es etwa 1,5 km in die Altstadt. Sie gruppiert sich im Halbkreis um den **Schleswiger Hafen**. Die Häuser der Stadt überragt der Dom **St. Petri** (www.sankt-petri-dom.de, Mai–Sept. tgl. 9–17, Okt.–April 10–16 Uhr) von 1134. Der mit 112 m auffällig hohe Westturm (Aussichtsplattform in 65 m Höhe) ist neogotisch und kam erst ab 1888 dazu. Von der ursprünglichen romanischen Basilika ist noch das Querschiff erhalten. Ansonsten bietet sich innen das Bild einer wohlproportionierten spätgotischen Hallenkirche. Glanzstück ist der *Bordesholmer Altar* (1514–21) mit seinen fast 400 geschnitzten Eichenholzfiguren. Den nahen Rathausplatz dominiert das klassizistische **Rathaus** von 1794. Es gründet auf den Resten eines Franziskanerklosters von 1234. Mehrere stattliche *Backsteinhäuser* des 16.–19. Jh. komplettieren das Gebäudeensemble um den Platz.

Einen interessanten Kontrast dazu bildet etwas weiter östlich die alte **Fischersiedlung** auf dem Holm. Um einen kreisrunden alten Friedhof gruppieren sich ihre hübsch hergerichteten einstöckigen Häuschen, die meist aus dem 18. und 19. Jh., zum Teil jedoch sogar aus dem 13. Jh. stammen. Das gilt auch für das **St.-Johannis-Kloster** (www.st-johannis-kloster.de) am hiesigen Altstadtrand, das Benediktinerinnen bereits um 1200 bewohnten. Seit der Reformation befindet sich hier ein Damenstift. Die bestens erhaltene Anlage samt Bibelgarten ist frei zugänglich. Refektorium, Kapitelsaal, die romanische Klosterkirche und der friedvolle Kreuzgang sind jedoch nur im Rahmen einer Führung (Tel. 04621/24236) zu besichtigen.

TOP TIPP 4 km südlich liegt an der B 76 das anschaulich aufgebaute **Wikingermuseum Haithabu** (Tel. 04621/813222, www.schloss-gottorf.de/haithabu, April–Okt. tgl. 9 –17, Nov.–März Di–So 10–16 Uhr/Wikingerhäuser geschl.). Im Sommer kann man es auch mit einem *Boot* (Fahrtdauer 20 Min., Tel. 04621/801450) vom Schleswiger Stadthafen aus erreichen. Fundstücke, Rekonstruktionen aus der Schlei geborgener Wikingerschiffe und Modelle sowie der Nachbau einer Wikingersiedlung bringen Besuchern den Alltag der Nordmänner näher. Die waren nämlich nicht nur räuberische Krieger, sondern auch erfolgreiche Händler und Handwerker.

ℹ Praktische Hinweise

Information

Tourist Information, Plessenstr. 7, 24837 Schleswig, Tel. 04621/850056, www.ostseefjordschlei.de

Hotel

Schleiblick, Hafengang 4, Schleswig, Tel. 04621/23468, www.hotel-schleiblick.de. Familiär geführtes Hotel mit nur acht Gästezimmern, direkt an der Schlei gelegen. Restaurant im Haus.

Bekannt ist Schloss Gottorf vor allem für seine Sammlung gut erhaltener Moorleichen

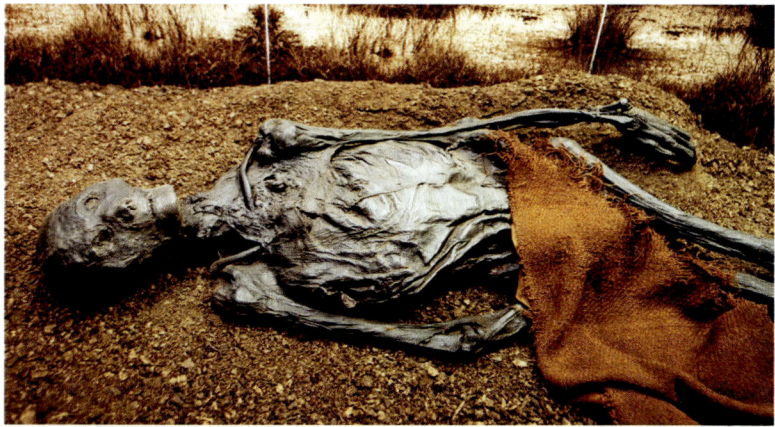

Große Kreuzfahrtschiffe aus allen Regionen Skandinaviens laufen den Kieler Hafen an

18 Kiel

Hafen, Marineehrenmal und Kieler Woche – Schleswig-Holsteins Landeshauptstadt ist ganz dem Meer zugewandt.

Während der **Kieler Woche** [s. S. 57] finden sich alljährlich im Juni Hunderttausende Segler und Schaulustige in Kiel (238 000 Einw.) an der Ostsee ein. Auch sonst hat die Stadt eine große sportliche Tradition: bereits zweimal, 1936 und 1972, maß sich die internationale Seglerelite bei Olympischen Spielen auf dem **Schilksee** im Norden der Stadt.

Die Liebe der Kieler zur See ist verständlich, immerhin hatte Graf Adolf IV. von Holstein-Schauenburg die Stadt unter dem Namen *Holstenstadt tom Kyle*, ›Holsteinstadt an der Förde‹, 1233–42 planmäßig als Hafen anlegen lassen. 1721 verlegten die Gottdorfer Herzöge ihre Residenz vorübergehend von Schleswig nach Kiel. Über dynastische Erbfälle kam die Stadt 1773 an den dänischen König, wo sie bis zum Deutsch-dänischen Krieg 1864 blieb. Anschließend baute das deutsche Kaiserreich Kiel zum **Kriegshafen** für die Ostsee und **Werftstandort** aus, was während des Zweiten Weltkriegs zahlreiche Luftangriffe nach sich zog.

Der **Kieler Hafen** liegt stadteinwärts am Ufer der Förde, wo am *Schwedenkai* Güter aus aller Welt umgeschlagen werden. Am benachbarten *Sartorikai* erzählt in einer umgebauten ehemaligen Fischhalle das **Schifffahrtsmuseum** (Tel. 04 31/ 901 34 28, Mitte April–Mitte Okt. tgl. 10–18, sonst Di–So 10–17 Uhr) mit Galionsfiguren und nautischen Geräten von der maritime Vergangenheit der Stadt.

Schräg gegenüber befand sich einst das herzogliche **Residenzschloss** aus dem späten 16. Jh. Lediglich der Westflügel überstand die Bombardements des Zweiten Weltkriegs und wurde in den 1965 hier errichteten Veranstaltungskomplex (www.kielerschloss.de) einbezogen. Auch in der nahen **Nikolaikirche** (www. st-nikolai-kiel.de, Mo–Sa 10–18 Uhr) aus dem 13. Jh. mischen sich nach schweren Kriegsschäden historische mit modernen Elementen. Der Hochaltar stammt von 1460, das Triumphkreuz von 1490 und die Barockkanzel von 1705. Bemerkenswert ist auch die Ernst-Barlach-Bronze ›Der Geistkämpfer‹ (1927/28) außen am Turm.

Unbeschädigt erhalten sind in diesem Teil Kiels lediglich der Kreuzgang des **Franziskanerklosters** von 1227 und der **Warleberger Hof** (Mitte April–Mitte Okt. tgl. 10–18, Mitte Okt.–Mitte April Di–So 10–17 Uhr), ein bescheidenes Adelspalais aus dem 17. Jh. mit dem *Stadtmuseum*.

Beliebtester Aussichtspunkt der Stadt ist der 107 m hohe Backsteinturm des 1907–11 erbauten **Rathauses** zwischen *Opernhaus* und *St.-Nikolaus-Kirche*. Von

Im Sommer schmücken blühende Rapsfelder die Holsteinische Schweiz wie hier bei Ascheberg

der Aussichtsplattform (Tel. 0431/9010, geöffnet zu Bürozeiten, Treppe oder Aufzug) in 67 m Höhe sieht man weit über die Dächer von Kiel hinweg. An klaren Tagen erkennt man zur Ostsee hin sogar den 72 m hohen, geschwungenen Backsteinturm des **Marineehrenmals Laboe** (Strandstr. 92, www.deutscher-marine bund.de, Mitte April–Mitte Okt. tgl. 9.30–18, sonst 9.30–16 Uhr) an der Außenförde. Auch hier gibt es eine Aussichtsplattform,

Das Marineehrenmal Laboe ist den Toten der Seekriege des 20. Jh. gewidmet

vornehmlich dient das Ehrenmal jedoch dem Gedenken an die Seeleute aller Nationen, die auf dem Meer blieben. Bei seiner Errichtung 1936 war das noch anders, damals standen die gefallenen deutschen Marinesoldaten des Ersten Weltkriegs im Mittelpunkt. Zu Füßen des Turms liegt das U-Boot U-995 als Museumsschiff an Land, unter dem Ehrenhof befindet sich die *Gedenkhalle*.

Holsteinische Schweiz

Keine halbe Autostunde südöstlich von Kiel erstreckt sich die seenreiche **Holsteinische Schweiz** (www.naturpark-holstei nische-schweiz.de), in der es sich friedlich zwischen Rapsfeldern, lichten Laubwäldern und regionaltypischen *Knicks* (Wallhecken) wandern, radeln, reiten und Boot fahren lässt. Im Gegensatz zum sonst brettebenen Schleswig-Holstein ist die Landschaft hier sanft gewellt. Unterwegs grüßen reetgedeckte Bauerngehöfte und backsteinerne Gutshöfe, die freundlichen Städte und Dörfer der Region laden zu mehr als einer kurzen Rast.

Zentrum der ländlichen Erholungsregion ist die frühere Residenzstadt **Eutin** (17 000 Einw., www.eutin.de) am *Großen Eutiner See*. Zu Wasser bietet sich eine Schiffsrundfahrt an, an Land laden Seepark und Uferterrassen zum Flanieren ein, in der Stadt macht das *Schlossmuseum* (Tel. 04521/70950, Ostern–Okt. tgl. 10–16

Uhr) mit der Regionalgeschichte vertraut. Im Juli und August ziehen die Freilichtaufführungen der *Eutiner Festspiele* (http://eutiner-festspiele.de) Opern- und Klassikfreunde aus Nah und Fern an.

Ebenfalls hübsch liegt der Luftkurort **Plön** (13 000 Einw.) zwischen 16 kleineren und größeren Seen. Entsprechend umfangreich ist das Wassersportangebot, das von Angeln über Paddeln und Schwimmen bis Wasserski fahren reicht. Die malerische Kulisse dazu bietet das *Plöner Schloss* (Führungen Tel. 04522/8010) aus dem 17. Jh., das inmitten eines gepflegten baumreichen Parks über der historischen Altstadt thront.

ℹ Praktische Hinweise

Information

Tourist Information, Andreas-Gayk-Str. 31, 24103 Kiel, Tel. 0431/67 91 00, www.kurskiel.de

Restaurant

Parkrestaurant Kieler Kaufmann, Niemannsweg 102, Kiel, Tel. 0431/881 10, www.kieler-kaufmann.de. Neue deutsche Küche, auch vegetarisch, stilvoll im klassischen Herrenhaus (mit Hotel) oder sommers auf der Gartenterrasse. Parkumgeben, im schicken Villenviertel Düsternbrook gelegen.

Mast- und Schotbruch für die Kieler Woche

Es ist ein großartiger Anblick, wenn mehr als 100 Viermaster, Clipper und andere Großsegler aus aller Welt in lang gezogenem Verbund majestätisch auf der **Kieler Förde** dahingleiten, zwischen ihnen Hunderte kleinerer Segler wie schwimmende Möwen auf dem Meer. In der Vergangenheit führte oft die Gorch Fock, das Schulsegelschiff der deutschen Marine, unter vollen Segeln die beeindruckende Parade der Windjammer an, die üblicherweise am **TOP TIPP** letzten Samstag der **Kieler Woche** (www.kieler-woche.de) stattfindet. Insgesamt dauert dieses maritime Großevent neun Tage, vom Freitag des vorletzten bis zum Sonntag des letzten Wochenendes im Juni.

Erstmals fand die berühmte Segelregatta 1882 statt, damals mit 20 Jachten. Heute nehmen in 27 Sportboot-Disziplinen 5000–6000 Segler aus 50 Nationen teil. Das macht die Kieler Woche zum größten Segelsport-Event der Welt. Die meisten **Regatten** spielen sich auf der Innenförde und dem Schilksee ab. Auch das Welcome Race, Auftaktrennen für Seesegler aller Klassen, beginnt im Olympiahafen und endet in Laboe. Daneben wird die traditionell zu Beginn der Kieler Woche übliche Aalregatta von Kiel nach Eckernförde und zurück ausgetragen.

Neben den Attraktionen zu Wasser ist während der neun Festtage auch an Land einiges für die mehr als 3 Mio. Besucher der Kieler Woche geboten. Denn dann findet rund um den Kieler Hafen das größte **Sommerfest** Nordeuropas statt. Die Straßen gehören ganz den gut gelaunten Menschen, die zwischen den dicht stehenden Buden, Ständen und Bühnen flanieren, sich an Fischbrötchen und Gratiskonzerten erfreuen und mit allen Sinnen die Kieler Woche genießen.

Bauvorlage für St. Marien zu Lübeck waren die gotischen Kirchen Frankreichs

19 Lübeck

Prächtige Backsteinbauten prägen die einstige Führerin der Hanse und Thomas Manns Buddenbrook-Stadt.

Perle der Backsteinarchitektur, Stadt der sieben Türme und vor allem **Königin der Hanse** lauten Lübecks (210 000 Einw.) Ehrennamen. Die stolze und prächtige Handelsstadt erstreckt sich am Ufer der Trave, die knapp 20 km weiter nördlich in die Ostsee mündet. Seit dem 8. Jh., als slawische Siedler hier den Ort *Liubice*, ›Die Liebliche‹, gründeten, war **Handel** der wesentliche Wirtschaftsfaktor. Seit dem 13. Jh. dominierte die Stadt als Hauptort der Hanse den Fernhandel im gesamten Ostseeraum, Reichtum und Einfluss der lübschen Kaufmannsfamilien waren ungeheuer. Das blieb auch nach dem Niedergang der Hanse im 17. Jh. so: Auf der Altstadtinsel entstanden weiterhin repräsentative Kirchen, Wohn- und Geschäftsbauten und auch am Sozialgefüge änderte sich bis ins 20. Jh. wenig. Eine akkurate und nicht immer schmeichelhafte Beschreibung seiner Heimat-

stadt Lübeck lieferte der Schriftsteller und spätere Literaturnobelpreisträger **Thomas Mann** (1875–1955) in seinem 1901 erschienen Roman ›Buddenbrooks‹. Das Buch brachte dem ›Nestbeschmutzer‹ wütende Proteste seiner Familie und des gesamten lübschen Bürgertums ein.

1942 gingen große Teile der Altstadt von Lübeck nach britischen Bomberangriffen in Flammen auf. Den engagierten Wiederaufbau nach dem Zweiten Weltkrieg würdigte die UNESCO 1987 mit der Ernennung des mittelalterlichen, von des Wasserwegen *Stadttrave* und *Klungshafen* oval umschlossenen Stadtkerns zum **Weltkulturerbe**.

Vom Bahnhof kommend, betritt man die Altstadt durch das zweifellos berühmteste Bauwerk Lübecks, das **Holstentor** (Tel. 04 51/122 41 29, www.die-luebecker-museen. de, April–Dez. tgl. 10–18, Jan.–März Di–So 11–17 Uhr). Die beiden massigen runden Backsteintürme mit dem zur Stadtseite hin detailfreudig ausgearbeiteten Tormittelbau verstärkten seit ihrer Erbauung 1464–78 die Stadtbefestigung. Innerhalb der bis zu 3,5 m dicken Mauern führt das *Museum Holstentor* in die Geschichte der Stadt ein. Jenseits der Holstenbrücke über die Trave lohnt die romanisch-gotische **Petrikirche** (1227–50 und 1452–1519) einen Besuch. Ihr 108 m hoher Turm besitzt auf 50 m Höhe eine *Besucherplattform* (www.st-petri-lue-beck. de, April–Sept. tgl. 9–21, Okt.–März 10–19 Uhr, Lift).

Im Zentrum der Altstadt an der Breiten Straße steht das um 1230 aus teilweise glasierten Backsteinen erbaute und später immer wieder erweiterte **Rathaus**. Die reichen Lübecker versahen es mit einem extravaganten wappen- und türmchen-geschmückten Schaugiebel. Schräg gegenüber ließ der Rat der Stadt 1252–1350 die Kirche **St. Marien** (www.st-marien-luebeck.de, April–Sept. tgl. 10–18, Okt. tgl. 10–17, Nov.–März tgl. 10–16 Uhr) zu Lübeck errichten, die mit ihren 125 m hohen Zwillingstürmen das Stadtbild beherrscht. Sie ist die drittgrößte Kirche Deutschlands und besitzt mit ihrem 40 m hohen Mittelschiff das höchste Backsteingewölbe der Welt. Es ist in weiten Teilen mit mittelalterlichen Fresken ausgemalt und auch das Tauffass (1337), das bronzene Sakramentshäuschen (1479), das Triumphkreuz (1495) im Hochchor und der spätgotische Marienaltar (1518) in der Marienkapelle sind noch original erhalten. Musikalischen Kunstgenuss bieten die Konzerte auf der gewaltigen Großen Orgel (1968) und der kleineren Totentanzorgel (1986).

Nur wenige Meter entfernt wohnte bis 1891 Familie Mann in einem Kaufmannshaus des 18. Jh., das in Anlehnung an den

Kunst des Mittelalters ist in der einstigen Kirche St. Katharinen zu sehen

Schlüsselroman von Thomas Mann den Namen **Buddenbrookhaus** (Mengstr. 4, Tel. 04 51/122 42 40, www.buddenbrook haus.de, April–Dez. tgl. 10–18, Jan.–März tgl. 11–17 Uhr) trägt. Hinter seiner weißen spätbarocken Fassade erzählt eine Ausstellung vom fortdauernden Ruhm des Buddenbrooks-Romans, eine zweite Schau informiert über die Familie Mann.

Folgt man nun der parallel zur Breiten Straße verlaufenden Königstraße nach Norden zum mittelalterlichen fünfstöckigen **Burgtor** (1200/1444), kommt man an weiteren bemerkenswerten Gebäuden vorbei. Zunächst beeindruckt die turmlose Museumskirche **St. Katharinen** (www.die-luebecker-museen.de, witterungsab-

Aus einer Zeit, in der die Lübecker noch mit Angriffen rechneten, stammt das Holstentor

hängig geöffnet, in der Regel April–Sept. Fr–So 10–17 Uhr) von 1300–70. Ihre prachtvolle Westfassade ist seit dem 20. Jh. mit Heiligenfiguren aus Terrakotta von Ernst Barlach und Gerhard Marcks bestückt. Das museal gestaltete Innere mit seinem gotischen Kreuzrippengewölbe beherbergt zahlreiche Kunstwerke, darunter farbenfreudige Wandmalereien des 14. Jh. und Jacopo Tintorettos Epitaph ›Auferstehung des Lazarus‹ (1578) im südlichen Seitenschiff.

Das großartige **Museum Behnhaus Drägerhaus** (Königstr. 9–11, Tel. 0451/122 42 57, www.behnhaus-draegerhaus.de, April–Dez. Di–So 10–17, Jan.–März Di–So 11–17 Uhr) besteht aus zwei Kaufmannshäusern des 18. Jh. Im Ballsaal im Stil des Rokoko und in der grandiosen Eingangshalle zeigen sich Reichtum und Eleganz der großen lübschen Kaufmannsdynastien. Eine Kunstausstellung mit Skulpturengarten zeigt die klassische Moderne, aber auch Arbeiten des Romantikers Caspar David Friedrich oder des Nazareners Friedrich Overbeck.

Gegenüber erhebt sich die um 1300 erbaute Backsteinkirche **St. Jacobi**, dahinter befindet sich das schmucke backsteinerne Treppengiebelhaus der **Schiffergesellschaft**. Seeleute und Segelmacher hatten es 1535 als Versammlungshalle erbauen lassen, heute nutzt ein Restaurant (s. u.) die historisch ausgestatteten Stuben. Wenige Meter zweigt weiter von der Königstraße nach rechts die Gasse am Koberg ab. Hier befindet sich das 1286 vollendete **Heiligen-Geist-Spital** (April–Sept. Di–So 10–17, Okt.–März 10–16 Uhr, Ende Nov.–Anf. Dez. Kunsthandwerkermarkt). Es dient teils wie zu seiner Entstehungszeit als Pflegeeinrichtung und Altenheim. Die *Kirchenhalle* mit gotischen Wandmalereien, geschnitzten Eichenholztafeln und Skulpturen sowie Altären des 14. und 15. Jh. kann aber besichtig werden.

Am Ende der Königstraße erreicht man die hervorragend erhaltene Anlage des 1229 gegründeten früheren **Burgklosters** (www.die-luebecker-museen.de, April–Dez. Di–So 10–17, Jan.–März 11–17 Uhr), heute *Kulturforum*. In den historischen Räumlichkeiten im alten Beichthaus gewährt nun das *Museum für Archäologie* Einblick in das Leben der Lübecker im Mittelalter. Die übrigen Klostergebäude dienen als Rahmen für wechselnde Ausstellungen.

Lübecks ältestes Gotteshaus ist der im Krieg schwer beschädigte **Dom** (www.domzuluebeck.de, April–Ende Sommerzeit tgl. 10–18, sonst tgl. 10–16 Uhr) am südlichen Altstadtrand. Heinrich der Löwe hatte den Bau 1173 in Auftrag gegeben. Die ursprünglich romanische Basilika mit der prachtvollen spätromanischen Vorhalle, dem *Paradies*, war 1226–1335 zur

Kostbare Instrumente sind im Musikzimmer des Museums Behnhaus Drägerhaus zu sehen

dreischiffigen gotischen Hallenkirche mit Umgangschor und Seitenkapellen am Langhaus umgebaut worden. Die Ausstattung des Doms spannt einen kunsthistorischen Bogen vom 17 m hohen Triumphkreuz (1477) des Bernt Notke über die Renaissancekanzel (1568) mit dem Kanzelgitter der Stecknitzfahrer (1572) bis zum modernen Glasfenster (1963) von Lothar Quinte im Westwerk.

Die beiden Kirchtürme des Doms vervollständigen gemeinsam mit dem nahen **Aegidienkirche** (14./15. Jh.; www.aegidien-kirche-luebeck.de, Di–Sa 10–16 Uhr) die siebentürmige Stadtsilhouette von Lübeck.

Travemünde

An der Mündung der Trave in die Ostsee liegt der Lübecker Stadtteil Travemünde (14 000 Einw., www.travemuende.de), *Lübecks schönste Tochter*. Im 14. Jh. kauften die Lübecker den strategisch günstig an der schmalen Travemündung gelegenen Ort den Holsteinern ab, um einen sicheren Zugang zur Ostsee zu erhalten. Heute ist Travemünde der größte Fährhafen Europas (www.lhg-online.de), den jährlich gut 2 Mio. Passagiere von und nach Skandinavien, Russland und dem Baltikum passieren.

Von der langen maritimen Tradition der Stadt zeugt der 40 m hohe *Alte Leuchtturm* (Tel. 045 02/88 91 80, www.leuchtturm-travemuende.de, Juli/Aug. tgl. 11–16, Nov.–23. Dez. So 13–16, sonst tgl. 13–16 Uhr) von 1539. Dem Ortskern gegenüber bildet die *Priwall-Halbinsel* das anderen Ufer der Trave. Hier liegt die 115 m lange **Viermastbark Passat** (Am Priwall 16 a, Tel. 045 02/52 87, www.ss-passat.com, Mitte April–Okt. tgl. 11–16.30, Mitte Mai–Sept. schon ab 10 Uhr), ein 1911 vom Stapel gelaufener Rahsegler, vor Anker und kann besichtigt werden. Sie gehörte wie die ihre Schwesterschiffe Pangani, Petschili, Pamir, Peking, Priwall und Padua zu den berühmten Flying P-Linern der Hamburger Reederei F. Laeisz.

In Travemünde beginnt auch der bis zu seinem Zielort Flensburg 452 km lange **Ostseeküsten-Radweg**. Da diese Strecke für die meisten etwas zu lang sein dürfte, kann man sich auch mit dem schönen Teilstück von der Travemünder Strandpromenade über die Hermannshöhe auf dem Brodtener Steilufer und das Ostseeheilbad Niendorf zum 12 km entfernten feinen **Timmendorfer Strand** (www.timmendorfer-strand.de) begnügen.

ℹ️ Praktische Hinweise

Information

Welcome Center Lübeck und Travemünde Tourist-Service, Holstentorplatz 1, 23552 Lübeck, Tel. 04 51/889 97 00, www.luebeck.de/tourismus

Hotel

Klassik Altstadthotel, Fischergrube 52, Lübeck, Tel. 04 51/70 29 80, www.klassik-altstadt-hotel.de. Gediegene Gastlichkeit zwischen Breiter Straße und Holsten-Hafen, ob im Franziska-von-Reventlow-Zimmer oder der Thomas-Mann-Suite.

Restaurant

Haus der Schiffergesellschaft, Breite Str. 2, Lübeck, Tel. 04 51/767 76, www.schiffergesellschaft.com. Historische Gaststätte mit regionaler Küche in einem Treppengiebelhaus von 1535, passend mit Nautika ausgestattet, und Garten.

20 Lauenburgische Seen

An den ruhigen Seen waren der Schelm Eulenspiegel und der Bildhauer Ernst Barlach zu Hause.

Nur wenige Kilometer südlich von Lübeck befinden sich **Ratzeburger See** und **Schaalsee**, mit 16 bzw. 24 km² Wasserfläche die beiden größten der Lauenburgischen Seen. In der wald- und wasserreichen, nur leicht gewellten Landschaft sind Schwarzstorch und Seeadler zu Hause, Fischotter und Maränen tummeln sich in vielen der rund 60 Seen, ringsum blühen Wasserschwertlilie und Sumpfsegge. In *Zarrentin* am Ufer des Schaalsees informiert das *Pahlhuus* (Tel. 03 88 51/30 20, www.schalsee.de, März–Okt. Di–So 10–17, sonst Sa/So 10–16 Uhr) über all die Möglichkeiten, wie Wanderer, Radfahrer und Reiter hier die Natur genießen können. In Zarrentin legen auch *Ausflugsboote* (www.schaalseetour.de) zu Fahrten auf dem Schaalsee ab.

Ratzeburg

Besonders die Lage des 1062 erstmals erwähnten Ratzeburg (13 000 Einw.) auf einer von drei Dämmen erschlossenen Insel fasziniert. Den **Marktplatz** der Altstadt umgeben das *Alte Rathaus* (1843), das *Alte Kreishaus* (1726–29, Di 8.30–16, Mi 8.30–13, Do 8.30–18 Uhr), in dem eine schmucke Barocktreppe in die Räume des Stadtarchivs führt, und daneben die *Alte Wache*, ein im 19. Jh. klassizistisch umgebauter Ziegelbau aus den 1720er-Jahren. Zu diesem Backsteinensemble passt am nahen Barlachplatz die Stadtkirche **St. Petri** (Tel. 04541/891765, www.st-petri-ratzeburg.de) von 1787–91. Ihr äußerlich schlichter Ziegelbau birgt einen beeindruckenden Kanzelaltar und einen bis an die Decke reichenden Orgelprospekt (1788–91). Nebenan zeigt das **Ernst-Barlach-Museum** (Tel. 04103/918291, www.ernst-barlach.de, April–Okt. Di–So 11–17 Uhr) zahlreiche Skizzen, Bronzen, Porzellane und Holzskulpturen des Bildhauers Ernst Barlach (1872–1938), der in Ratzeburg einen Teil seiner Jugend verbrachte und auf dem Friedhof an der Seedorfer Straße begraben liegt.

Am Nordende der Altstadt befindet sich Ratzeburgs bedeutendstes Gotteshaus, der spätromanische **Dom** (Tel. 04541/3406, www.ratzeburgerdom.de, Mai–Sept. tgl. 10–18, Okt.–April Di–So 10–16 Uhr), den Heinrich der Löwe (1129–1195) ab 1154 erbauen ließ. Den in seiner Schlichtheit beeindruckenden Innenraum der dreischiffigen Backsteinbasilika zieren Teile des ältesten norddeutschen *Chorgestühls* (um 1200), ein spätromani-

sches *Triumphkreuz* (1260) sowie die steinerne *Passionstafel* (1430) im Weichen Stil im Altarschrein. Spätere Generationen fügten Ausstattungselemente im Knorpelbarock hinzu, etwa den dreigeschossigen *Hochaltar* (1629) im südlichen Querschiff. Im Norden schließt sich ein Kreuzgang an, Überrest eines Klosters aus dem 13./14. Jh. In seiner Mitte befindet sich die Skulptur ›Bettler auf Krücken‹ von Ernst Barlach.

An den Stifter des Doms erinnert auf dem Domvorplatz ein **Bronzelöwe** (1898), Abguss des berühmten *Braunschweiger Löwens*. Das gegenüberliegende **Kreismuseum Herzogtum Lauenburg in Ratzeburg** (Domhof 12, Tel. 04541/86070, www.kmrz.de, Di–So 10–13 und 14–17 Uhr) in einem einstigen Herrenhaus prunkt mit einem schönen Rokokosaal. Krönung der Sammlung ist ein Faksimile des Evangeliars Heinrichs des Löwen mit seiner unvergleichlichen romanischen Buchmalerei des 12. Jh.

Mölln

Vieles in der an drei Seiten von Seen umgebenen **Eulenspiegelstadt** Mölln (18 000 Einw., www.moelln.de) erinnert an den berühmten Schelm Till Eulenspie-

gel, der um das Jahr 1350 im hiesigen Heiliggeist-Hospital starb. Die Geschichte des hintergründigen Narren und seiner Streiche erzählt in einem Bürgerhaus von 1582 am Markt das **Eulenspiegel-Museum** (Tel. 045 42/83 54 62, www.moellner-museum.de, April–Okt. Di–Fr 10–13 und 14–17, Sa/So 11–17, Nov.–März Di–Fr 14–16, Sa/So 11–16 Uhr). Davor sitzt der Schelm keck am nach ihm benannten Brunnen. Zeh und Daumen der 1950 von Karlheinz Goedtke geschaffenen Figur sind schon ganz blank gerieben, denn ihre Berührung soll angeblich Glück bringen.

Die Backsteinbasilika **St. Nicolai** (www.kirche-moelln.de, März–Okt. Di–Sa 11–17, So 10–12 und 14–17, Nov.–Febr. Di–So 10–12 und 14–16 Uhr) oberhalb des Marktes ist der Mittelpunkt der Altstadt. Sie wurde um 1200 und im 15. Jh. erweitert. Zu ihrer wertvollen Innenausstattung gehören ein mannshoher siebenarmiger Leuchter (1436), eine spätgotische Taufgruppe (1509), Triumphkreuz (1507) und Rokoko-kanzel (1743) sowie eine barocke *Orgel* (1558) von Jacob Scherer. Und auch hier trifft man auf Eulenspiegel: In eine Mauernische neben dem Westportal ist der angebliche Grabstein des Schelmen eingelassen. Auf ihm ist Till mit Eule und Spiegel abgebildet. Die Worte ›Diesen Stein soll nieman erhaben. Hier stat Ullenspiegel begraben‹ erinnern daran, dass Eulenspiegel aufrecht beerdigt wurde – sein Sarg war den Trägern ins Grab gerutscht und nicht umgefallen.

St. Nicolai zu Füßen ist das backsteinrote gotische **Historische Rathaus** (www.moellner-museum.de, April–Okt. Di–Fr 10–13 und 14–17, Sa/So 11–17, Nov.–März Di–Fr 13–16, Sa/So 11–16 Uhr) heute der Stadt- und Regionalgeschichte gewidmet. Der Bau des Rathauses begann im Jahr 1373. Beide Schmalseiten tragen hohe Treppengiebel. Naturkundliche Informationen bietet ein Besuch im nahen **Tourismus- und Naturzentrum erlebnisreich** (Hauptstr. 150, www.erlebnisreich-herzogtum-lauenburg.de, Mo–Fr 10–18, Sa/So 10–16/17 Uhr). Es befindet sich im *Stadthauptmannshof,* einem backsteinernen ehemaligen Logierhaus Lübecker Ratsherren am Schulsee. Sein ältester Teil stammt von 1414. Im Innenhof lohnt einen Blick auf die Goedtke-Skulpturen ›Der Hirt‹ (1954) und ›Begegnungen‹ (1974/75).

Am benachbarten Stadtsee legen die **Ausflugsboote** (etwa Eulenspiegellinie, Tel. 04 51/494 66 93, www.eulenspiegelli

Vorbild aller Lausbuben von Michel aus Lönneberga bis Bart Simpson: Till Eulenspiegel

nie.de) zu Fahren auf den Möllner Seen und ins Umland (Ziegelsee, Elbe-Lübeck-Kanal, Donnerschleuse) ab.

ℹ Praktische Hinweise

Information

Ratzeburg Tourist-Information, Unter den Linden 1 (Rathaus), 23909 Ratzeburg, Tel. 045 41/800 08 86, http://inselstadt-ratzeburg.de

Hotel

Der Seehof, Lüneburger Damm 1–3, Ratzeburg, Tel. 045 41/86 01 00, www.der-seehof.de. 50 Gästezimmer, meist mit Blick über das Wasser, da das Vier-Sterne-Hotel am Isthmus zwischen Ratzeburger See und Küchensee gelegen ist.

Restaurant

Zum Weißen Ross, Hauptstr. 131, Mölln, Tel. 045 42/27 72, www.weissesross.com. Heimisches für jeden Geschmack, sei es Karottensuppe, Labskaus oder Kalbsroulade mit Bärlauchfüllung. Dazu idyllischer Blick über den Möllner Stadtsee.

21 Schwerin

Viele Seen und ein Schloss prägen die hübsche Landeshauptstadt von Mecklenburg-Vorpommern.

Auf einer Insel nahe dem Westufer des Schweriner Sees wird Mitte des 10. Jh. erstmals die Burg *Zuarin* der slawischen Obotriten schriftlich erwähnt. Bereits im frühen 11. Jh. befand sich ihr gegenüber am Festland im Westen des Sees eine Siedlung namens *Zwerin*. 1160 eroberte sie Heinrich der Löwe, der Schwerin zum **Bischofssitz** ausbaute. 1358–1756 und, nach einem ›Zwischenspiel‹ im nahen Ludwigslust, nochmals 1837–1918 residierten hier die Herzöge von Mecklenburg.

Sie ließen ab 1500 anstelle der Burg das **Schweriner Schloss** errichten, das noch heute, nach zahlreichen Aus- und Umbauten, das Bild der Stadt bestimmt. Seit 1990 ist hinter seiner detailfreudig gegliederten Neorenaissancefassade im Burggarten- und Burgseeflügel die Landesverwaltung untergebracht. Legendär war einst der opulent ausgestattete Goldene Saal im dritten Obergeschoss des Schlossgartenflügels, der jedoch 1913 ausbrannte. Hier wird zzt. nach Plänen des Münchner Planungsbüros ›Dannheimer & Joos Architekten‹ der neue Plenarsaal des mecklenburg-vorpommerschen Landtags (www.landtag-mv.de) gebaut, der frühestens im Jahr 2015 fertiggestellt sein wird.

Das heutige Erscheinungsbild des Schlosses geht auf eine umfassende Neugestaltung in den Jahren 1843–57 zurück, die Georg Adoph Demmler und Friedrich August Stüler nach dem Vorbild des Loire-Schlosses Chambord planten, wobei sie Bauteile des 16. und 17. Jh. einbezogen. Darauf abgestimmt gestalteten zur selben Zeit Peter Joseph Lenné und der Schweriner Gartendirektor Theodor Klett den umliegenden Burggarten sowie den südlich gelegenen und über eine Brücke erschlossenen Schlossgarten neu. Das so entstandene Gesamtkunstwerk bietet in den Außenanlagen exquisite Gartenkunst. Der öffentlich zugängliche Teil des Schlosses beherbergt zum See hin die Ausstellungen des **Staatlichen Museums Schloss Schwerin** (www.schloss-schwerin.de, Mitte April–Mitte Okt. tgl. 10–18, sonst Di–So 10–17 Uhr). Zu sehen sind in den seeseitigen Flügeln auf drei Etagen großherzogliche Wohn- und Repräsentationsräume. Den Thronsaal zieren erlesene Wandteppiche und in der Ahnengalerie hängen annähernd lebensgroße Ganzkörperporträts der herzoglichen Herrscher Mecklenburg-Vorpommerns des 14.–18. Jh.

Eine Brücke verbindet die Schlossinsel nordwärts mit der Altstadt. Hier finden sich zunächst noch dem Schloss bzw. der Landesverwaltung zugehörige Bauensembles: links das stattliche klassizistische **Kollegiengebäude** von 1834, in dem die Staatskanzlei ihren Sitz hat, und rechts, am Seeufer, der 1843 um einen Innenhof erbaute **Marstall**, der heute Kultus- und Sozialministerium beherbergt. Geradeaus öffnet sich der Platz **Alter Garten**, den optisch das mit Mansardendach und leicht vorspringendem Mittelrisalit teils neobarocke, teils klassizistische Große Haus des renommierten **Mecklenburgischen Staatstheaters Schwerin** (www.theater-schwerin.de) beherrscht. Dies ist geschichtsträchtiger Theaterboden, denn hier gründete Conrad Ekhof (auch Konrad Eckhof, 1720–78), der ›Vater der deutschen Schauspielkunst‹, 1753 die erste deutsche Schauspielakademie.

Nebenan zeigt das **Staatliche Museum Schwerin** (Tel. 0385/59580, www.museum-schwerin.de, Mitte April–Mitte Okt. Di–So 10–18, Do 12–20, Mitte April–Mitte Okt. Di–So 10–17, Do 13–20 Uhr) in seinen Kunstsammlungen vor allem die Kostbarkeiten des Landes, die auf herzogliche Sammlungen zurückgehen. Hier im Galeriegebäude sind in erster Linie Malerei und Plastik versammelt, von mittelalterlichen Glasfenstern über flämische Barockmalerei bis zur Kunst des 19. und 20. Jh. Lucas Cranachs Hochzeitsbilder von Martin Luther und Katharina von Bora sind ebenso vertreten wie Bronzeplastiken von Ernst Barlach.

Weiter nordwärts gelangt man ins Zentrum der **Altstadt**, das sich weltliche und kirchliche Honoratioren seit Jahrhunderten brüderlich teilen. Die Domäne der einen ist am quadratischen Schlachtermarkt das 1835 im Tudorstil erbaute, zinnengekrönte *Altstädtische Rathaus*. Der goldene Reiter auf der Mittelzinne ist als Reverenz an den Stadtgründer Heinrich den Löwen zu verstehen.

Vorbei am säulenreichen frühklassizistischen **Neuen Gebäude**, das 1783–85 als Markthalle errichtet worden war, kommt man nach wenigen Schritten zum 1260–1416 erbauten gotischen **Schweriner Dom** (Tel. 0385/565014, www.dom-schwerin.de, Mo–Sa 11–16, So 12–16 Uhr).

Seine opulente Fassade macht das Schweriner Schloss zu einem Meisterwerk des Historismus

Von einem romanischen Vorgängerbau zeugt noch die heute zugemauerte Paradiespforte an der südlichen Langhausseite. Ferner beeindruckt die dreischiffige Backsteinbasilika mit Chorumgang und Kapellenkranz mit ihrer kostbaren Innenausstattung, zu der ein bronzenes Taufbecken aus dem Jahr 1325, ein Triumphkreuz von 1420, ein gotischer Flügelaltar aus dem 15. Jh. und nicht zuletzt die Ladegastorgel von 1871 gehören. Der 117 m hoch aufragende Kirchturm wurde erst 1889–92 angebaut.

Abschließend lohnt ein Bummel, etwa durch die schön restaurierte **Münzstraße**, nordwärts in das historische Viertel **Schelfstadt** nahe dem Pfaffenteich. Herzog Friedrich Wilhelm hatte die von oft stattlichen barocken Fachwerkhäusern gesäumten breiten Straßenzüge ab 1705 anlegen lassen, um Handwerker und Kaufleute in seine Stadt zu ziehen. Den höchsten Punkt des Viertels nimmt die backsteinerne Schelfkirche **St. Nikolai** in der Puschkinstraße ein. Die Barockkirche wurde 1708–13 über den Resten eines baufälligen, um 1238 gestifteten Gotteshauses erbaut. In ihrer Gruft sind einige Mitglieder der herzoglichen Herrscherfamilie zur letzten Ruhe gebettet, darunter

Sophie Louise (1685–1735), Königin von Preußen (Särge werden bis 2013 nach und nach restauriert).

Ludwigslust

Herzog Christian Ludwig (1683–1756) liebte es, in seinen Wäldern zu jagen. Entsprechend nannten seine Untertanen das knapp 40 km südlich von Schwerin für ihn errichtete Jagdschlösschen ›Ludwigslust‹. Der Name blieb, auch als Ludwigs Sohn Friedrich der Fromme (1717–1785) in den Jahren 1772–76 erst in unmittelbarer Nachbarschaft ein neues, bedeutend größeres Schloss errichten und anschließend das Landdomizil seines Vaters abreißen ließ. Johann Joachim Busch zeichnete für den zunächst barocken, ab 1808 klassizistisch veränderten Neubau verantwortlich, der gleich nach seiner Fertigstellung Schwerin als Residenzstadt der Herzöge von Mecklenburg ablöste (bis 1837).

Zusammen mit dem repräsentativen Schloss Ludwigslust ließ Friedrich auch das dazu passende gleichnamige Städtchen (12 000 Einw., www.region-ludwigslust.de) planmäßig anlegen. Paradestraße ist die 35 m breite, beiderseits symmetrisch bebaute Hauptstraße. Sie beginnt an der klassizistischen, mit Säulenfront und Dreieckgiebel tempelartig anmutenden **Stadtkirche** (April Di–Sa 11–12 und 15–16, Mai–Sept. Di–Sa 11–17, So 12–17, Okt. Di–Sa 11–16, So 12–16 Uhr). Von hier aus führt sie schnurgerade auf **Schloss Ludwigslust** (www.schloss-ludwigslust.de, während der Komplettsanierung 2011–16 sind wechselnde Gebäudeteile zeitweise nicht zugänglich, Mitte April–Mitte Okt. tgl. 10–18, sonst Di–So 10–17 Uhr) zu. Der spätbarocke Repräsentierbau trägt nach seinem französischen Vorbild den Beinamen ›Klein-Versailles des Nordens‹. Seine sandsteinverkleide Fassaden sind mit Pilastern und Friesen, Girlanden und Rosetten verziert. Ringsum posieren über der Attika 40 allegorische Statue wie auf Siegerpodesten. Innen gewährt das Schlossmuseum Einblicke in die herzogliche Hofkultur des 18. und 19. Jh. Dazu gehören u. a. Miniaturenkabinett, Waffen-, Möbel- und Gemäldesammlung.

Doch ist in Ludwigslust ungeachtet der typisch scheinenden Oberflächen bei Weitem nicht alles Marmor, was glänzt. Vielmehr bestehen zahlreiche Zierelemente in den Innenräumen wie auch im 150 ha großen Schlosspark aus dem sogenannten **Ludwigsluster Carton**, einer Art Pappmaschee. Daraus wurden kostengünstig Plastiken, Säulen und sogar Möbel geformt, die dank abschließender Speziallackierung sogar Wind und Wetter trotzten.

ℹ Praktische Hinweise

Information

Tourist-Information, Am Markt 14 (Rathaus), 19055 Schwerin, Tel. 03 85/592 52 12, www.schwerin.com

Hotel

Niederländischer Hof, Karl-Marx-Str. 12–13, Schwerin, Tel. 03 85/59 11 00, www.niederlaendischer-hof.de. Traditionsreiches nobles Hotel, stimmungsvoll am Pfaffenteich gelegen.

Restaurant

Wallenstein, Werderstr. 140, Schwerin, Tel. 03 85/557 77 55, www.restaurant wallenstein.de. Klassisches Ausflugsrestaurant in bester Lage unmittelbar am Wasser, gegenüber der Schlossinsel.

22 Wismar

Zwischen Fürstenhof und Backsteinbasilika wartet die historische Hansestadt auf Entdecker.

Wismar (44 000 Einw.) ist die zweitgrößte **Hafenstadt** Mecklenburg-Vorpommerns und gehörte neben Lübeck, Rostock und Stralsund zu den bedeutenden **Hansestädte** an der deutschen Ostseeküste.

Die reichen Wismarer errichteten weite Teile ihrer Stadt nach einem verhee-

Einmal Sonnenkönig sein: Mecklenburgs Herzöge träumten in Ludwigslust von Frankreich

Einst versorgte die Wasserkunst auf Wismars Marktplatz die ganze Stadt mit kühlem Nass

renden Flächenbrand im Jahr 1267 neu, dazu kamen rege Bautätigkeiten der **mecklenburgischen Fürsten**, die 1257–1358 in Wismar residierten. Die Schweden, die Stadt und Umland 1648–1803 besaßen, waren hauptsächlich am militärischen Ausbau interessiert. Zerstörungen im Zweiten Weltkriegs und die folgenden Vernachlässigungen zu Zeiten der DDR schädigten das historische Stadtbild nicht unwiederbringlich. So zeigt Wismar noch heute das Gesicht einer reichen Hansestadt. Gemeinsam mit dem Zentrum von Stralsund wurde die Altstadt von Wismar deshalb im Jahr 2002 in die Liste der **UNESCO Weltkulturerbestätten** aufgenommen.

Den kopfsteingepflasterten, 100 x 100 m großen **Marktplatz** säumen Gebäude aus den unterschiedlichsten Architekturepochen. Besonders fallen das klassizistische **Rathaus** (1817–19) und das Gasthaus **Alter Schwede** (1380) mit seinem gotischen Backsteinstaffelgiebel auf. Am Rand des Platzes steht der Brunnenpavillon der **Wasserkunst** (1582–1602). Hier kam das kühle Nass zur Versorgung der Stadtbevölkerung aus der immerhin 5 km entfernten Metelsdorfer Quelle an.

Vom Markt führt die Gasse Am Markt zum 82 m hohen **Marien-Kirchturm** mit Uhr und Glockengeläut (12, 15 und 19 Uhr),

der allein von der im Krieg schwer beschädigten und 1960 gesprengten *Marienkirche* aus dem frühen 13. Jh. erhalten blieb.

Folgt man der Straße einige Meter weiter, erreicht man das Bauensemble des **Fürstenhofs**, der einstigen Stadt- und Sommerresidenz der mecklenburgischen Fürsten. Inzwischen ist er Sitz des Amtsgerichts. Es besteht aus dem spätgotischen sog. *Alten Haus* (ab 1512) und dem 1553–56 im Stil der italienischen Renaissance und nach Lübecker Vorbild angebauten *Nordflügel* oder *Neuen Haus*, das mit reichem plastisch-figürlichem Fassadenschmuck begeistert. Sodann kommt man zur dreischiffigen Backsteinbasilika **St. Georgen** (www.kirchgemeinde-wis mar.de, Ostern–Juni und Sept.–Okt. tgl. 10–18, Juli/Aug. tgl. 10–20 Uhr). Sie wurde nach Kriegsschäden seit dem Jahr 1990 weitgehend rekonstruiert und erstrahlt seit 2010 wieder im ursprünglichen Glanz des 13. Jh.

Im Norden teilt die **Frische Grube** die Altstadt, ein schmaler künstlicher Wasserlauf, der seit dem 13. Jh. den Mühlenteich mit der Ostsee verbindet. Hier erhebt sich an der Schweinsbrücke das prächtige **Schabbellhaus** (Nr. 8, Tel. 038 41/28 23 50, www.schabbellhaus.de, wg. Sanierung bis voraussichtl. 2014 geschl.) mit ge-

Freizeitskipper schätzen den belebten Hafen von Kirchdorf auf der Insel Poel

schwungenem Giebel im Stil der niederländischen Renaissance. Baumeister Philipp Brandin hatte es 1569–71 für den damaligen Bürgermeister und Brauer Heinrich Schabbell aus Backsteinen und Sandstein errichten lassen. So bald wie möglich soll in den historischen Räumlichkeiten wieder Interessantes und Wertvolles zu Kultur und Geschichte der Hansestadt Wismar zu sehen sein.

Jenseits der Frischen Grube ragt eindrucksvoll die gotische, stellenweise barock ergänzte Backsteinbasilika **St. Nikolai** auf. Sie war 1381–1487 als Kirche der Seefahrer und Fischer mit Relieffries und Rosettenfenster über dem Portal errichtet worden. Von 1430 stammt der geschnitzte *Krämeraltar* mit einer Madonna im Strahlenkranz. Weitere kunstvolle Ausstattungsstücke in dem mächtigen, im Mittelschiff 37 m hohen Innenraum sind etwa eine *Bronzetaufe* (1325) oder der um das Jahr 1500 entstandene *Thomasaltar*.

Insel Poel

Zwischen Wismarer Bucht und der offenen Ostsee liegt die über einen Damm mit dem Festland verbundene Insel Poel (www.insel-poel.de), ein naturschönes **Ostseebad**. Alleen durchziehen das Land, immer wieder stößt man auf schmucke Gutshäuser. Vor allem Familien genießen den *weißsandigen Strand*, der auf gut 11 km Länge in weitem Halbrund von der Siedlung *Hinter Wangern* im Süden bis *Gollwitz* im Nordosten die Inselküste säumt.

Hier ist die kleine Insel **Langenwerder** als Seevogelschutzgebiet ausgewiesen, über die Tourist Info (Tel. 03 84 25/203 47) kann man von Ende Juli bis Mitte Oktober geführte Ausflüge auf die sonst unzugängliche Insel buchen. Im Hauptort *Kirchdorf* nehmen Kutterkapitäne Angler mit auf See. Eine Augenweide ist die außen noch romanische Pfarrkirche.

ℹ Praktische Hinweise

Information

Tourist-Information Wismar, Am Markt 11, 23966 Wismar, Tel. 0 38 41/194 33, www.wismar.de

Hotel

Bio-Hotel Reingard, Weberstr. 18, Wismar, Tel. 0 38 41/28 49 72, www.hotel-reingard.de. Zwölf individuell eingerichtete Zimmer, mal im Biedermeier, mal gründerzeitlich. Empfehlenswert ist auch das Essen in dem nur auf Anfrage bewirtschafteten hauseigenen Restaurant.

23 Kühlung-Salzhaff

Kurgäste und Badefreunde genießen hier seit Langem die Sommerfrische an der Ostsee.

Sanft wölbt sich das Land zwischen Wismar und Rostock bis an die Mündung der Warne in die Ostsee vor. Kühlung-Salzhaff (www.touren-kuehlung-salzhaff.de) heißt diese **Küstenregion**, an der zwischen grünen *Wiesen* und dem blauen *Meer* eine frische Brise über die Steilküste weht, sich im flachen Salzhaffwasser Seevögel ein Stelldichein geben und Urlauber die Ruhe an feinsandigen Badestränden genießen. Seit dem 19. Jh. empfangen hier kleine Seebäder Erholung suchende Gäste aus Nah und Fern. In **Rerik** etwa reicht das Angebot von Mutter-Kind-Kuren bis zu FKK-Stränden. Geschichtsinteressierte finden in der Umgebung mehrerer Großsteingräber aus der jüngeren Steinzeit (3000–1800 v. Chr.), im östlichen Vorort Neu Gaarz beeindruckt ein noch älterer Urdolmen (ca. 3500 v. Chr.).

Das östlich folgende **Kühlungsborn** lockt mit charmanter Bäderarchitektur des späten 19. Jh. und mit Freilichtkino während des Sommers am Bootshafen. Anschließend kann man **Heiligendamm**, der ›Weißen Stadt am Meer‹ einen Besuch abstatten. 1793 gründete es der Großherzog von Mecklenburg als erstes deutsches Ostseebad. Heute gehören die meisten Gebäude zum 2003 eröffneten Grand Hotel Heiligendamm (www.grandhotel-heiligendamm.de). Wer die Atmosphäre des Hauses genießen will, ohne gleich ein Zimmer zu buchen, sollte eines der Lokale des Hotels, etwa das *Medini's*, besuchen.

Bad Doberan ergänzt das lokale Kurangebot mit *Mooranwendungen*. Außerdem besitzt es ein bemerkenswertes *Münster* (www.doberanermuenster.de), das Zisterzienser in der Backsteingotik des 14. Jh. erbauten. In der Tradition eines Turfs von 1823 lockt seit 1993 wieder eine viel besuchte *Galopprennbahn* (www.ostseerennbahn.de).

ℹ Praktische Hinweise

Information

Tourist-Information, Severinstr. 6, 18209 Bad Doberan, Tel. 03 82 03/621 54, www.bad-doberan.de

24 Rostock

Klöster, Kirchen und Kaufmannshäuser bilden den Kern der traditionsreichen Hansestadt.

Rostock (200 000 Einw.) ›verdankt‹ seine erste urkundliche Erwähnung im 12. Jh. dem Dänenkönig Waldemar I., dessen Heer damals eine slawische Burg am Warnowufer niederbrannte. Um 1200 lie-

Das Kurhaus ist Aushängeschild von Heiligendamm, der ›Weißen Stadt am Meer‹

ßen sich an dieser Stelle deutsche Händler nieder, die 1218 lübisches Stadtrecht erhielten. 1283 war Rostock Gründungsmitglied des *Wendischen Städtebundes*, einer Vorläuferorganisation der Hanse, zu deren bedeutendsten Mitgliedern die Stadt während des Mittelalters zählte. In diese Blütezeit fiel auch die Gründung der Universität im Jahr 1419.

Nicht genug damit, dass die Hanse seit dem 16. Jh. in einem steten Niedergang begriffen war, 1677 verheerte auch noch Feuer die Stadt. Im 18. und 19. Jh. bescherten jedoch *Werften,* Maschinenbau und die chemische Industrie Rostock erheblichen Aufschwung, waren aber auch der Grund für schwere *Bombardements* während des Zweiten Weltkriegs. Nach Kriegsende war Rostock ein wichtiger **Industriestandort** der DDR, deren Regierung hier viel architekturhistorische Substanz dem wirtschaftlichen Fortschritt opferte.

Doch besonders in der Altstadt bewahrte sich Rostock sein ehrwürdiges Antlitz. So stammen die ältesten Bauteile des **Rathauses** am Neuen Markt aus dem 13. Jh. Sichtbar ist aber in erster Linie ein 1727–29 angefügter barocker Vorbau mit Laubengang, hinter dem noch die sieben Türmchen der spätgotischen backsteinernen Schaufassade aufragen. Der barock bedachte Kirchturm schräg gegenüber gehört zu der mehrfach umgebauten **St.-Marien-Kirche** (http://mari

enkirche-rostock.de, Mai–Sept. Mo–Sa 10–18, So 11.15–17, Okt.–April Mo–Sa 10–12.15 und 14–16, So 11–12.15 Uhr) aus dem 13. Jh. Ihr Langhaus erscheint an manchen Stellen durch die schichtweise Verwendung von grün-braun-lasierten und rohen Backsteinen quergestreift. Innen birgt die kreuzförmige Basilika u. a. ein *Taufbecken* von 1290, den um 1530 entstandenen *Rochusaltar* und eine *Astronomische Uhr* von 1472, an der täglich um 12 Uhr der *Apostelgang* zu sehen ist. In den Altstadtgassen westlich dieser Rostocker Hauptkirche findet sich noch so manches weitere Architekturjuwel.

Etwas abseits der zur Fußgängerzone umgestalteten Kröpeliner Straße nutzt das **Kulturhistorische Museum** (Klosterhof 7, www.kulturhistorisches-museumrostock.de, Di–So 10–18 Uhr) die Anlage des Zisterzienserklosters *Zum Heiligen Kreuz* aus dem 13. Jh. mit der angeschlossenen Universitätskirche. Es zeigt so Unterschiedliches wie Niederländische Malerei oder historische Spielwaren. Das Ende der Fußgängerzone markiert das 54 m hohe backsteinerne **Kröpeliner Tor** aus dem 13. und 14. Jh. Aus demselben Material, aber im Stil der niederländischen Renaissance entstand 1574–77 im Süden das reizende wappengeschmückte **Steintor**. Am besten erreicht man es vom Kulturhistorischen Museum aus über die Wallanlagen.

*Das Westwerk der Marienkirche (links) über-
ragt die Bürgerhäuser am Hafen von Rostock*

Galerie des Kunstvereins zu Rostock
(www.kunstverein-rostock.de). An den
sieben Stegen der breiten Uferpromenade legen Fähren zum gegenüber liegenden Gehlsdorfer Ufer der Warnow ab, von
wo man einen schönen Blick auf die Rostocker Hafenfront hat. Außerdem bieten
Ausflugsschiffe (z. B. Tel. 03 81/69 09 53,
www.blaue-flotte, oder Tel. 03 81/66 99 80,
www.gelbe-flotte.de) Fahrten bis zur
knapp 20 km entfernten Mündung der
Warnow in die Ostsee an. Man kann sogar
Boote zum Hochseeangeln chartern. Außerdem finden hier Veranstaltungen der
Hanse Sail (www.hansesail.com) statt, zu
der Rostock und das zugehörige **Seebad
Warnemünde** (www.warnemuende.de)
jedes Jahr am zweiten Augustwochenende mehr als 250 Traditionssegler und
Museumsschiffe aus aller Welt sowie
rund 1 Mio. Zuschauer begrüßen.

ℹ Praktische Hinweise

Information
Tourist-Information, Neuer Markt 3,
18055 Rostock, Tel. 03 81/381 22 22,
www.rostock.de

Hotel
Steigenberger Hotel Sonne, Neuer
Markt 2, Rostock, Tel. 03 81/497 30,
www.rostock.steigenberger.de. 111 große,
mit hanseatischem Understatement eingerichtete Zimmer und Suiten am zentralen Platz der Altstadt.

Im Nordosten der Altstadt liegt der *Alte Markt*, an dem der Turm der gotischen
Petrikirche (13./14. Jh.) mit seiner grünpatinierten Spitzhaube 117 m hoch in den
Himmel aufragt. Nahebei befindet sich
der **Stadthafen** an der Unterwarnow. Ihn
säumt eine ansprechende Kulisse aus
historischen und modernen Bauten, darunter das in eine Pension umgewandel-
te barocke **Alte Hafenhaus** (www.altes-
hafenhaus.de) und das klassizistische
Mönchentor von 1806. Es ist das letzte
von einst zwölf Hafentoren und Sitz der

Die astronomische Uhr in der St.-Marien-Kirche ist ein Meisterwerk der Uhrmacherkunst

Restaurants

Braugasthaus Zum Alten Fritz, Warnow-ufer 65, Rostock, Tel. 03 81/20 87 80, www.alter-fritz.de. Deftig-Kräftiges mit regionaler Note im Stadthafen, von Störtebekers Matjes bis Sauerfleisch im Glas, das Bier wird vor Ort gebraut.

Silo 4, im Hanseatic-Center, Am Strande 3 d, Rostock, Tel. 03 81/458 58 00, www.silo4.de. Cool-sympathisches Abendrestaurant mit Bar im 7. Stock eines ehem. Getreidespeichers mit Stadthafenpanorama. Eigene Speisekreationen am Buffett (Mo geschl., So 10–14 Uhr Brunch).

Gemeinsam waren sie stark: die Geschichte der Hanse

Hansa hieß im Althochdeutschen eine Schar von Kriegern. Und kriegerisch waren auch die Anfänge der Hanse, einer erst losen Zweckgemeinschaft von Kaufleuten, die ihre Waren auch gewaltsam sicherten. Bald nahm das Bündnis formellere Züge an und Städte schlossen sich zusammen. Als Gründungsdatum der **Städtehanse** gilt 1356, die Führung übernahm Lübeck, die mächtige ›Königin der Hanse‹,.

Die Hanse handelte für ihre Mitglieder günstige Handelskonditionen aus und richtete Kontore im gesamten Ostseeraum ein. Aus Russland bezogen die Kaufleute Pelze, Leder, Honig und Wachs, aus den skandinavischen Ländern kamen Fisch und Holz, retour hatten die Hansekoggen Salz, Getreide, Wolle und Tuch geladen. Zur Blütezeit während des 14./15. Jh. zählten rund 70 deutsche Städte und beinahe doppelt so viele Verbündete zum weit verzweigten Netz der Hanse. Neben Meerhäfen wie Bremen an der Nord- und Danzig oder Riga an der Ostsee gehörten zu dem Bund auch Binnenstädte wie Köln oder Krakau, möglichst verkehrsgünstig an großen schiffbaren

Flüssen gelegen. Entscheidungen wurden gemeinsam auf mindestens jährlich stattfindenden **Hansetagen** getroffen. Auf ihnen waren alle Mitglieder vertreten, wenngleich mit unterschiedlichem Stimmrecht.

Der wirtschaftliche und damit auch der politische Einfluss der Hanse war zeitweise so groß, dass das Kaufmannsbündnis selbst mit Königreichen Krieg führte – und gewann. Beispielsweise krönte der 1370 geschlossene **Friede von Stralsund** den Sieg der Hanse über Waldemar IV. von Dänemark. Handelshemmnisse wie Zölle oder Piraten bekämpfte die Hanse durch Blockaden oder Entsendung einer eigenen bewaffneten Flotte. Der berüchtigte **Vitalienbruder** Klaus Störtebeker und seine Kameraden bezahlten ihre Angriffe auf Hanseschiffe und -niederlassungen 1402 auf dem Hamburger Grasbrook mit dem Leben.

Aber auch für die Hanse nahte das Ende, schleichend, doch unaufhaltsam. 1492 hatte Christoph Kolumbus weit im Westen im Auftrag der Spanischen Krone eine **Neue Welt** entdeckt. Von dort strömten bald Gold, Gewürze, Hölzer und weitere exotische, begehrte Handelsgüter nach Europa. Der Handel verlagerte sich vom Ostseeraum in die Häfen Spaniens, Portugals und des Mittelmeerraums. 1494 hatte bereits das Hansekontor in Nowgorod geschlossen, 1598 folgte der hanseatische Stallhof in London. Im 16. Jh. fanden sich immer mehr Hansestädte relativ abgeschieden am Rande der Weltwirtschaft wieder, einst blühende Orte wie Lüneburg oder Wismar verfielen in jahrhundertelangen Dornröschenschlaf. Die Hanse selbst löste sich zwar nie offiziell auf, doch spätestens nach dem Dreißigjährigen Krieg 1618–48 hielten nur noch einzelne Städte wie Lübeck oder Hamburg die verblasste Hanseherrlichkeit hoch.

Hinter der backsteinernen Schaufassade des Stralsunder Rathauses ragt St. Nikolai auf

25 Stralsund

Die Altstadt ist Backstein gewordene Hansegeschichte und als solche UNESCO Weltkulturerbe.

Im Jahr 1234 verlieh Wizlaw I., der slawische Fürst von Rügen, dem gegenüber seiner Insel auf dem Festland gelegenen Stralsund die Stadtrechte nach Lübecker Vorbild. Bereits 1259 gründeten die Stadtväter mit Lübeck, Kiel, Wismar und Rostock den **Wendischen Städtebund**, aus dem später die Hanse hervorging.

Besondere Bedeutung gewann Stralsund (58 000 Einw.) durch seine Nähe zu Dänemark und Schweden. Die beiden Nachbarstaaten halfen der Stadt auch, als die Armee des Albrecht von Wallenstein sie 1628 während des Dreißigjährigen Krieges belagerte. So zogen die katholischen Soldaten unverrichteter Dinge wieder ab. Daran erinnern bis auf den heutigen Tag die **Stralsunder Wallensteintage** (www.wallensteintage.de). An einem Wochenende im Juni verwandelt sich der Alte Markt in ein Lager historisch gekleideter Landsknechte, der Nikolaikirchhof wird zum Freiluftstall und in der ganzen Stadt zeigen Gaukler, Handwerker und Händler ihre Künste und Waren.

Nach dem Dreißigjährigen Krieg regierten die **Schweden** die Region um Stralsund. Ihnen folgten 1815 die **Preußen**, die Stralsunds *Werftindustrie* förderten.

Davon ist heute, nach dem Zweiten Weltkrieg und der Wiedervereinigung der beiden deutschen Staaten, nicht viel geblieben. Wohl aber von der wasserumgebenen mittelalterlichen **Altstadt** zwischen Ostsee, Franken- und Knieperteich, die seit 2002 zum **UNESCO Weltkulturerbe** (www.stralsund-wismar.de) zählt.

Ein herausragendes Beispiel norddeutscher Backsteingotik ist das im 13. Jh. erbaute **Rathaus** am *Alten Markt*, dessen zwei ebenerdige Laubengänge einen schmalen Innenhof bilden. Die hohe sechsgieblige Schaufassade an der Nordseite wurde im 14. Jh. nach Lübecker Vorbild aufgestockt, Renaissancetreppe und Galeriegang kamen im 16. und 17. Jh. dazu. An einer Seite lehnen sich bedeutend kleinere, aber ebenfalls sehr schmucke Bürgerhäuser an das Rathaus, darunter das **Wulflamhaus** (1358) mit dem markanten Treppengiebel.

Dahinter streben die kräftigen, weiß abgesetzten Viereckdoppeltürme der ebenfalls backsteinernen Kirche **St. Nikolai** (www.nikolai-stralsund.de, April–Okt. Mo–Sa 9–18, So 13–17, Juni–Aug. Mo–Sa bis 19, Nov. Mo–Sa 10–17, So 13–17, Dez.–März Mo–Sa 10–16, So 13–16 Uhr) aus dem 13. Jh. gen Himmel. Außen liegende Gurtpfeiler strukturieren den Bau. Der Südturm erreicht die stolze Höhe von 102 m. Zu den bedeutenden Ausstattungsgegenständen zählen die *Astronomische Uhr* (1394) hinter dem Hochaltar und eine vor 1270 entstandene *Anna-Selbdritt-Stuckplastik* im nördlichen Chorumgang. Im südlichen Gegenpart zieren die Chorschranke vier einzigartige, um 1420 gefertigte Relieftafeln aus dem *Gestühl der Rigafahrer*. Die feine Schnitzarbeit in Eichenholz zeigt Szenen aus dem Leben russischer Pelztierjäger, Honig- und Wachssammler sowie den Verkauf ihrer Waren an hanseatische Händler.

St. Jakobi (14./15. Jh.) an der Papenstraße im Stadtzentrum dient mittlerweile als *Kulturkirche* (www.kulturkirche.kdw-hst. de) für Theater, Musik oder Lesungen. Im Westen am *Neuen Markt* steht die nach Teileinsturz 1360–80 neu aus Backsteinen erbaute **Marienkirche** (www.st-marien gemeinde-stralsund.de, April–Okt. Mo–Fr 10–12 und 14–16, Sa/So 10–12 Uhr, sonst eingeschränkte Öffnungszeiten) mit ihrem gewaltigen, 95 m langen und im Mittelschiff 33 m hohen Haupthaus. Das größte Gotteshaus Stralsunds mit der 1653–59 eingebauten *Stellwagenorgel* (www.stellwagen.de) im niederländisch-norddeutschen Stil ein besonderes Kunstwerk. Vom 104 m hohen Kirchturm (366 Stufen) bietet sich ein herrlicher Blick über Stadt, Sund und Rügen.

Nicht weit von der Kirche befinden sich in der Nähe des historischen **Kütertors** (1446) am Knieperteich das Katharinenkloster aus dem 13. Jh. Einst versammelten sich Dominikaner im frühgotischen Kapitelsaal, heute zeigt hier das **Kulturhistorische Museum** (Katharinenberg, Febr.–Okt. tgl. 10–17, Nov.–Jan. Di–So 10–17 Uhr) der Stadt den *Hiddenseer Goldschmuck*. Meist ist eine Kopie ausgestellt, die 16 originalen Einzelteile werden sicher verwahrt. Sie wurden um das Jahr 950 in Jütland gefertigt und verbinden in einmaliger Weise heidnische Symbole der Wikingerzeit mit christlichen Zeichen.

Ebenfalls in Räumen des Katharinenklosters berichtet das **Deutsche Meeresmuseum** (Mönchstraße/Bielkenhagen, www.meeresmuseum.de, Mai–Okt. tgl. 10–18, Nov.–April 10–17 Uhr) vom vielfältigen und häufig unbekannten Leben im Wasser. Auf der Insel **Dänholm** vor Stralsund zeigt ein Ableger des Meeresmuseums, das **Nautineum** (Kleiner Dänholm, Juni–Sept. tgl. 10–18, Mai und Okt. tgl. 10–17 Uhr), Fischereischiffe sowie Exponate zu Schiffbau und Meeresforschung. Als weiterer Dependance führt am Hafen das **Ozeaneum** (www.ozeaneum.de, Juni–Sept. tgl. 9.30–21, Okt.–Mai tgl. 9.30–19 Uhr) in die faszinierende Welt der Ozeane ein und präsentiert unsere Erde als Wasserplaneten.

Im Stralsunder **Hafen** am Strelasund löschen auch Containerschiffe ihre Ladung und im Sommer sorgen an der Nordmole Privatjachten, Flussschiffe, Ausflugsboote und **Fähren** nach *Hiddensee* und *Altefähr* für zusätzlichen Betrieb. Es ist auch der Heimathafen des 1933 vom Stapel gelaufenen ehemaligen Dreimastschulseglers **Gorch Fock I** (www.gorch fock1.de, April–Sept. tgl. 10–18, Okt.–März tgl. 10–16 Uhr), der hier nun vertäut liegt.

Seit 1925 springen beinahe jedes Jahr an einem Tag im frühen Juli die Teilnehmer des **Internationalen Sundschwimmens** (www.sundschwimmen.de) in die noch empfindlich kühlen Fluten (Mindesttemperatur 16°C) des Strelasunds. Die maximal 1000 Wagemutigen überwinden die 2,4 km lange Strecke zwischen Altefähr auf Rügen und dem Stralsunder Seebad aus eigener Kraft.

Übrigens kommen auch **Angelfreunde** am Strelasund und in den Bodden rings um Rügen auf ihre Kosten. In den fisch- und artenreichen Revieren ziehen selbst unerfahrene Petrijünger Aale, Barsche, Hechte, Meerforellen, Schollen und Zander an Land. Benötigt wird ein *Touristen-Fischereischein* (Tel. 03 81/403 06 64, www.mv-maritim.de), den die meisten Tourismusämter vor Ort ausstellen.

Faszinierende Einblicke in das Leben unter Wasser bietet das Meeresmuseum Stralsund

ℹ Praktische Hinweise

Information

Tourismuszentrale der Hansestadt Stralsund, Alter Markt 9, 18439 Stralsund, Tel. 038 31/246 90, www.stralsundtourismus.de

Windflüchter nennt man die reichlich zerstaust wirkenden Bäume auf dem Darß

26 Nationalpark Vorpommersche Boddenlandschaft

Einzigartige Ostsee-Lagunen zwischen Meer und Land.

In Vorpommern und auf den vorgelagerten Inseln liegen zwischen Küste und Meer sog. **Bodden**, flache Lagunen mit einem niedrigeren Salzgehalt als die Ostsee, von der sie durch Landzungen und Nehrungen getrennt sind. Westlich von Stralsund stehen diese **Bodden-** und **Ostseegewässer** (687 km²) sowie Teile der Vorpommerschen **Küste**, der Halbinsel Darß-Zingst, Hiddensees und Rügens (118 km² Land) als Nationalpark Vorpommersche Boddenlandschaft (www.nationalpark-vorpommersche-bodden landschaft.de) unter Naturschutz. Neben den unterschiedlichen Gewässern machen *Windwatten, Wälder, Strände, Steilufer, Röhrichte, Salzgrasland, Dünen, Magerrasen* und *Zwergstrauchheiden* die vielfältige Landschaft aus. Auch viele **Tierarten** sind im Nationalpark zu Hause, von den seltenen *Schweinswalen* im offenen Meer über *Kegelrobben* und *Seehunde*, die Salzwasser und Land zum Überleben brauchen, bis hin zu *Fischottern* in den Seen der Inseln und sogar *Mufflons* in der südlichen Dünenheide von Hiddensee. Vor allem aber leben hier Abertausende **Wasservögel** (163 Brutvogelarten), gar nicht gezählt die Scharen von **Zugvögeln**, die im Herbst und Frühjahr durchziehen. Allein 60 000 Kraniche machen zwischen September und November im Nationalpark Station.

Über sie alle informiert das **Natureum** (Darßer Ort 1–3, Tel. 03 82 33/304, www.meeresmuseum.de, Mai–Okt. tgl. 10–18, Nov.–April Mi–So 11–16 Uhr) in *Darßer Ort* auf **Darß-Zingst** (www.tv-fdz.de), einer westlich von Stralsund der Küste vorgelagerten Insel. Zum Natureum gehört auch das *Ostsee-Aquarium*, wo man einige tierische Bewohner der Ostsee besser beobachten kann als in freier Natur. Vom 35 m hohen Leuchtturm auf dem Gelände sieht man weit über Halbinsel, Watt und See.

Nach Osten hin ist die autofreie Naturinsel **Hiddensee** (www.hiddensee.de) im Blick, die Wanderer, Radfahrer und Reiter ganz für sich haben. Das knapp 20 km² große *Capri von Pommern* steigt im Hochland im Norden auf bis zu 70 m Höhe an. An seiner Küste formten eiszeitliche Moränen das beeindruckende Steilufer des Dornbusches, den am Schluckswiek der 28 m hohe *Hiddenseer Leuchtturm Dornbusch* (Tel. 03 83 00/504 56, Mitte April–Sept. tgl. 10–16 Uhr) überragt.

ℹ Praktische Hinweise

Information

Insel Information Hiddensee, Norderende 162, 18565 Vitte, Tel. 03 83 00/642 26, www.seebad-insel-hiddensee.de

Sehnsuchtsort eines jeden Ostseeromantikers ist der Königsstuhl an Rügens Küste

27 Rügen

Beschauliche Fischerdörfer, feine Sandstrände und Kreidefelsen an malerischen Steilküsten.

Rügen ist Deutschlands größte Insel, besitzt eine Fläche von 926 km² und ist mit dem Festland durch den alten Rügendamm sowie die 2007 eingeweihte Rügenbrücke verbunden. Geologisch gesehen besteht Rügen aus mehreren meist in Steilküsten abfallenden felsigen Inselkernen, die durch Sandnehrungen zu Halbinseln des Zentrallandes um den Ort Bergen (14 000 Einw., www.stadt-bergen-auf-ruegen.de) werden. An Landschaftsformen finden sich Meeresstrand, Felsküste, Heide, Wald und Grasland.

TOP TIPP Besuchermagnet Nr. 1 auf Rügen sind die weißen **Kreidefelsen**. An der Stubbenkammer auf der nordöstlichen *Halbinsel Jasmund* fallen sie, gesäumt von malerischen Buchenwäldern, zum grünblau schimmernden Meer hin ab. Der Maler Caspar David Friedrich hatte hier zu Beginn des 19. Jh. ausgedehnte Wanderungen unternommen, heute tun es ihm jährlich mehr als 300 000 Besucher gleich. Stellenweise besteht jedoch Abbruchgefahr, Warnhinweise sollten daher unbedingt beachtet werden.

Den Erhalt der rund 30 km² Felsküste um die 117 m hohe Kalksteinspitze des Königsstuhls sichert der 3000 ha große **Nationalpark Jasmund** (www.national-park-jasmund.de). Eine schöne Wanderung führt von Sassnitz aus am Hochufer entlang über die Waldhalle zur Stubbenkammer mit dem *Nationalpark-Zentrum* (Tel. 03 83 92/66 17 66, www.koenigsstuhl.com, Ostern–Okt. tgl. 9–19, Nov.–Ostern tgl. 10–17 Uhr). Alternativ verkehren auch Busse von Sassnitz dorthin. Für Autos ist der Park gesperrt.

Allabendlich präsentiert sich die Seebrücke von Sellin in festlicher Beleuchtung

Vom Dorf *Glowe* auf Jasmund führt die 7 km lange waldbestandene Strand-Nehrung *Schaabe* in weitem Bogen nach Nordwesten bis *Juliusruh* auf der Halbinsel Wittow. An ihrer Nordostspitze ragt das felsige und von zwei Leuchttürmen bewachte **Kap Arkona** in die Ostsee. Unweit lohnen die reetgedeckten Häuschen des unter Denkmalschutz stehenden Fischerdorfes **Vitt** einen Besuch.

Südlich von Jasmund führt eine weitere Nehrung, die *Schmale Heide*, zu den bekannten Rügener **Ostseebädern** *Binz*, *Sellin*, *Baabe* und *Göhren*, die sich allesamt durch feine weiße Sandstrände, ansprechende Bäderarchitektur des 19. Jh. und ein umfassendes touristisches Angebot auszeichnen. Gern besucht wird in dieser ›Ecke‹ Rügens auch das mittelalterlich anmutende **Jagdschloss Granitz** (1836–46; www.jagdschloss-granitz.de, Mai–Sept. tgl. 9–18, Okt.–April Di–So 10–16 Uhr) auf dem 109 m hohen Tempelberg erbauen. Vom zentralen, 38 m hohen Mittelturm blickt man weit übers Land. Sogar Rügens südöstlichste Halbinsel **Mönchsgut** ist zu sehen, die Wanderern eine abwechslungsreiche Landschaft mit grünen Hügeln, Steilküsten und dem Sandstrand im Süden bietet.

Das kulturelle Herz Rügens schlägt in der klassizistischen Residenzstadt **Putbus** (4600 Einw.), der ›weißen Perle auf der grünen Insel‹. Fürst Wilhelm Malte I. (1783–1854) ließ das kleine Inselbad ab 1810 planmäßig ausbauen. Mittelpunkt ist die kreisrunde, mit Rosenbeeten und einem Obelisken geschmückte Platzanlage des *Circus*, um den sich die weißen *Kavaliershäuser* reihen. Eine der sternförmig abgehenden Straßen führt direkt zum **Schlosspark**, in dem einst Fürst Maltes Residenz stand. Erhalten sind die schmucken klassizistischen Bauten von *Orangerie* (1824), *Marstall* (1821–24) und *Schlosskirche* (1844–46). Im selben Stil zeigt sich das ehemalige **Residenztheater** (1821–24), heute **Theater Putbus** (Markt 13, www.theater-putbus.de) gegenüber dem Park. Hier finden regelmäßig Gastspiele statt, etwa im Rahmen der alljährlichen **Putbus-Festspiele** (www.theater-vorpommern.de) in der Zeit vor Pfingsten.

ℹ Praktische Hinweise

Information
Tourismuszentrale Rügen, Tel. 038 38/80 77 80, www.ruegen.de. Touristeninformationen in fast allen Orten der Insel.

28 Greifswald

*Hafen, Dom und eine schmucke
Altstadt erinnern an die Glanzzeiten
der einstigen Hansestadt.*

Im 12. Jh. gründeten Zisterzienser auf dem Festland zwischen den Inseln Rügen und Usedom im flachen Mündungsgebiet der Ryck in die Ostsee das **Kloster Eldena**, in dessen Nähe bald die Siedlung *Gripheswaldis* entstand. 1241 gewährten ihr der rügensche Fürst Wizlaw I. und Wartislaw III., Herzog von Pommern-Wolgast, Marktrechte, 1250 avancierte sie bereits zur Stadt und 1254 zum Freihafen. 1278 nennt eine Urkunde Greifswalder Händler als Mitglieder der **Hanse**. Der Wohlstand der Greifswalder Kaufleute drückte sich in stattlichen Handels- und Bürgerhäusern aus, ab 1456 besitzt die Stadt sogar eine Universität. Seit dem Westfälischen Frieden 1648 gehörte Greifswald wie das übrige Vorpommern zu **Schweden**, 1815 ging die Region an **Preußen**. Dem Stadtbild von Greifswald (54 000 Einw.) fügten die Jahre der Vernachlässigung zu DDR-Zeiten größeren Schaden zu als der Zweite Weltkrieg.

Nichtsdestotrotz vermittelt die erhaltene **Altstadt** mit ihren restaurierten Backsteinbauten, drei Kirchen und der großen Ernst-Moritz-Arndt-Universität (www.uni-greifswald.de) das Bild einer lebhaften Handelsstadt, mal mit mittelalterlichem Charme wie im Osten um die **Marienkirche** aus dem 14. Jh., mal neuzeitlicher wie bei der uninahen **Sternwarte** (Tel. 038 34/55 44 53, www.sternwarte-greifswald.de) aus dem 19. Jh. am entgegengesetzten Innenstadtrand.

Das Zentrum dazwischen dominiert der **Dom St. Nikolai** (www.dom-greifswald.de, Mo–Sa 10–18, So ca. 11.30–15 Uhr), eine 1280 erstmals erwähnte und 1823–32 grundlegend umgestaltete dreischiffige Basilika. Das weiß gehaltene Innere birgt nicht weniger als 21 Kapellen sowie interessante Epitaphe und Wandgemälde. Die Kapelle im südlichen Seitenschiff war 1731/33 zur Loge des schwedisch-pommerschen Hofgerichts umgebaut worden. Der fast 100 m hohe Kirchturm mit der barocken Haube gilt als Wahrzeichen der Stadt, eine Aussichtsplattform (262 Stufen) befindet sich in 60 m Höhe.

Von der Kirchenapsis führt eine Gasse zum **Markt**. Unter den umstehenden gotischen Backsteingiebel- und mittelalterlichen Wohnspeicherhäusern fällt das strahlend rote **Rathaus** (Mo–Fr zu den Büroöffnungszeiten) besonders auf, das 1738–50 in barockem Stil errichtet wurde. Der ehem. Sitzungssaal im Obergeschoss

Schmuck herausgeputzt präsentiert sich der Markt von Greifswald, dahinter die Marienkirche

Bereit zum Angeltörn ist dieses Fischerboot am Strand des Seebades Bansin auf Usedom

ist barock stuckiert und mit grisaillebemalten Tapeten (1749) versehen, der Rathauskeller zeigt eine kleine Ausstellung zur Stadtgeschichte.

Die gesamte Region nimmt das **Pommersche Landesmuseum** (Tel. 03834/83120, www.pommersches-landesmuseum.de, Mai–Okt. Di–So 10–18, Nov.–April 10–17 Uhr) in sechs historischen Gebäuden an den alten Wallanlagen an der vom Markt abzweigenden Rakower Straße in den Blick. Auch Gemälde sind hier zu sehen, darunter Werke von *Caspar David Friedrich* (1774–1840), der im damals schwedischen Greifswald geboren wurde. Er malte seine Heimatstadt häufig, sei es den Marktplatz oder die nahe gelegenen romantischen Ruinen von **Kloster Eldena**. Das 1199 erstmals erwähnte Kloster war dem Dreißigjährigen Krieg zum Opfer gefallen. Die Ruine wurde als Steinbruch genutzt, bis Sicherungsmaßnahmen im 19. Jh. das unterbanden. Damals gestaltete Peter Joseph Lenné die Parkanlage ringsum.

ℹ Praktische Hinweise

Information

Greifswald-Information, Rathausarkaden/Markt, 17489 Greifswald, Tel. 03834/521380, www.greifswald-tourismus.de

29 Usedom

Deutsch-polnische Insel, auf der einst gekrönte Häupter das Strandidyll genossen.

Deutschland und Polen teilen sich die insgesamt 445 km² große **Ostseeinsel** Usedom (BRD im Westen 373 km², 31000 Einw./Polen im Osten 72 km², 45000 Einw.), die mit ihrem 42 km langen *Ostseesandstrand* und der gesunden Luft bereits seit Mitte des 19. Jh. als ›**Badewanne Berlins**‹ Sommerfrischler und Erholungsuchende anzieht. Um die Jahrhundertwende beehrte der deutsche Kaiser Wilhelm II. (1859–1941) samt Familie und Hofstaat besonders gern die seitdem als Kaiserbäder bekannten Orte *Bansin, Heringsdorf* und *Ahlbeck* (www.drei-kaiser baeder.de). Sie sind durch eine *Strandpromenade* miteinander verbunden, die oft von charmanten Villen im Stil der sog. *Bäderarchitektur* gesäumt ist, und besitzen auch jeweils eine für Usedomer Orte so typische lange *Seebrücke*. Die von Ostseebad Heringsdorf (www.seebrue ckeheringsdorf.de) ist mit 508 m gar die längste in Deutschland.

Vorbei an weiteren Seebädern wie *Zinnowitz* gelangt man auf dem Küstenweg nordwärts nach *Peenemünde*. Dieser kleine Ort war ab 1936 bis kurz nach der

*Feiner weißer Sand und kühle Ostseewellen
kann man am Strand von Koserow genießen*

Wiedervereinigung militärisches Sperrgebiet. Während des Dritten Reichs arbeitete Wernher von Braun hier für das nationalsozialistische Deutschland an V1- und
V2-Raketen. Das **Historisch-Technische
Informationszentrum** (www.peenemuen
de.de, April–Sept. tgl. 10–18, Okt. tgl. 10–16,
Nov.–März Di–So 10–16 Uhr) im früheren
Kraftwerk der Heeresversuchsanstalt informiert auch über die zumindest frag-
würdigen Methoden, mit denen die Forscher damals ihre Arbeiten vorantrieben.

In den anderen einstigen Militärge-
bäuden sind weitere Museen untergebracht. Technik für Kinder steht im Vor-
dergrund von **Phänomenta** (www.phae
nomenta-peenemuende.de, Mitte März–
Okt. tgl. 10–18, um Weihnachten/Neujahr
tgl. 10–16 Uhr). Im **Maritim Museum**
(www.u-461.de, Juli–Mitte Sept. tgl. 9–21,
Mitte Sept.–Okt. und April–Juni 10–18,
Nov.–März 10–16 Uhr) im Haupthafen
kann man das 86 m lange ›U-461‹ besichtigen, ein U-Boot der Juliett-Klasse, das
einst für die sowjetische Marine durch
die Meere kreuzte.

In Usedoms Süden zwischen Pee-
nestrom und Stettiner Haff sorgen weitere Sehenswürdigkeiten für Abwechslung.
Das zu einem angenehmen Hotel mit
Restaurant umgebaute *Wasserschloss*

*Das Informationszentrum von Peenemünde
erinnert an die Produktion der V2*

(www.wasserschloss-mellenthin.de) lädt
im **Gutsdorf Mellenthin** zum Verweilen
ein. Die örtliche *Kirche* zeichnet sich
durch schöne mittelalterliche Fresken
aus. Maritime Atmosphäre herrscht im
Jacht- und Fischereihafen von **Rankwitz**.
Zwischen Koserow und Zempin befindet
sich das gartenumgebene Wohn-Atelier
Lüttenort (www.atelier-otto-niemeyer-
holstein.de, Neue Galerie und Garten
Mitte April–Mitte Okt. tgl. 10–18, sonst Mi,
So, Sa und So 10–16 Uhr, Wohnhaus und
Atelier nur mit Führung tgl. 11, 12 und 14, Mi
auch 16 Uhr) des Landschaftsmalers Otto
Niemeyer-Holstein (1896–1984). Er steht
stellvertretend für mehrere Künstler, die
von Usedom fasziniert waren.

Denn das eigentliche Kapital Usedoms
ist die wunderbare Landschaft, weshalb
ein Großteil der Insel und seiner Gewässer als Naturpark ausgewiesen ist. Erste
Anlaufstelle für Naturliebhaber ist dessen
Informationszentrum (Bäderstr. 5, www.
naturpark-usedom.de) im alten Bahnhof
von Usedom. Im Binnenland findet man
Dünenkiefern, *Buchen* und *Birken*, bei
Quilitz steigt das Peeneufer zur aussichtsreichen *Steilküste* an, es locken das *Oder-
haff* zwischen Stolpe und Dargen, das
Mümmelkenmoor bei Bansin oder Use-

doms größter See, der 5,6 km² große *Gothensee*. Elf Greifvogelarten brüten auf der Insel, darunter auch Seeadler, es gibt Eisvögel, Weißstörche und Graureiher, aufmerksame Naturbeobachter können Rotbauchunken, Glattnattern und Fischotter entdecken.

ℹ Praktische Hinweise

Information

Usedom Tourismus, Waldstr. 1, 17429 Seebad Bansin, Tel. 03 83 78/47 71 10, www.usedom.de

Hotel

Schlossparkhotel Hohendorf, Am Park 7, Hohendorf, Tel. 03 83 23/25 00, www. schlosshohendorf.com. Elegantes Hotel kurz vor Wolgast, mit 39 Gästezimmern in einem von K. F. Schinkel entworfenen klassizistischen Schloss. Im Restaurant ist ein rustikales ›Rittermahl‹ arrangierbar.

Restaurant

Kulm Eck, Kulmstr. 17, Heringsdorf/Usedom, Tel. 03 83 78/225 60, www.kulm-eck. de. Feine Inselküche mit Thailand-Touch in properer blau-weißer Bäderarchitektur (Di–So ab 18 Uhr).

30 Mecklenburgische Seenplatte

Die weite Seenlandschaft ist wie gemacht für Segler, Surfer, Hausbootbesitzer und Wasserwanderer.

Wer bei **Land der Tausend Seen** allein an Finnland denkt, kennt die Mecklenburgische Seenplatte (www.mecklenburgische-seenplatte.de) nicht. Dort gibt es nämlich weit mehr als eintausend Seen und Teiche, Flüsschen und Kanäle, die alle untereinander verbunden sind und so die Region zwischen Güstrow und Neustrelitz zum größten zusammenhängenden Seengebiet Deutschlands machen. Da die Seenplatte großteils ohne Bootsführerschein befahren werden darf, kann hier jeder zum Kapitän eines **Hausboots** avancieren. An vielen Seen gibt es Campingplätze und Bootsstege, sodass auch *Kanuten* oder *Kajakfahrer* die Seenplatte erkunden können. Inmitten dieser wasserreichen, ländlich geprägten Gegend erstreckt sich die **Müritz**, mit 112 km² der nach dem Bodensee größte deutsche See. Der Name leitet sich vom slawischen ›morcze‹ ab, was ›kleines Meer‹ bedeutet. Hier kann man

baden, tauchen, segeln, surfen, angeln oder Wasserski fahren, je nach Lust und Laune. Östlich schließt sich der **Müritz-Nationalpark** (www.nationalpark-mueritz.de, strenge Regeln für Bootsfahrer etc.) an. Der lockt auf 322 km² mit noch mehr Seen inmitten von naturgeschützten Kiefern- und Buchenauwäldern, ist Heimat von Fischadlern und Störchen und im Herbst Rastplatz unzähliger Kraniche auf ihrem Weg nach Süden. Die bestens ausgeschilderte Route des **Radfernwegs Berlin–Kopenhagen** (www.bike-berlin-copenhagen.com) führt zwischen Neustrelitz und Waren durch die Region, auch der Abschnitt des **Mecklenburgischen Seen-Radwegs** von Plau am See über Waren nach Rechlin bietet schöne Natureindrücke.

Ganz Mecklenburg und insbesondere seine Seenplatte wurden durch die letzte **Eiszeit** vor ca. 25 000 Jahren geformt. Den Veränderungen, die sich damals in der Landschaft vollzogen, kann man auf dem Naturlehrpfad von Hullerbusch zum Hauptmannsberg im findlingsreichen *Naturpark Feldberger Seenlandschaft* (www.eiszeitgeopark.de) auf die Spur kommen. Immer wieder bieten sich dabei schöne Ausblicke auf die glaziale Landschaft und den Carwitzer See. Durch das Lindetal von Burg Stargard nach Neubrandenburg folgt ein Wanderweg ebenfalls den ›Spuren der Eiszeit‹.

Neben den Seen prägen die vielen, stilistisch von Backsteingotik bis Neo-Tudor reichenden **Schlösser** und **Gutshäuser** (www.gutshaeuser.de) das Land. Ein Beispiel ist das frühklassizistische **Schloss Hohenzieritz** (Dorfstr. 37, Tel. 039824/200 20, Di–Fr 10–11 und 14–15, Da/So 14–17 Uhr) zwischen Neubrandenburg und Neustrelitz. Es ist *Louisengedenkstätte* (www.louisen-gedenkstaette.de), denn hier starb 1810 Königin Louise von Preußen. In vielen Schlössern kann man auch übernachten und oft finden kulturelle Veranstaltungen. Besonders schön ist **Schloss Ulrichshusen** (www.gut-ulrichshusen.de) zwischen Teterow und Waren. In seiner Konzertscheune erklingen jedes Jahr von Juni bis September im Rahmen der *Festspiele Mecklenburg-Vorpommern* klassische Musik und später im Jahr Adventskonzerte. Auch in der Kulturscheune des **Gutshofes Woldzegarten** (www.gutshof-woldzegarten.de) südwestlich der Müritz finden Konzerte statt.

Waren (Müritz)

Touristischer Dreh- und Angelpunkt im Zentrum der Mecklenburgischen Seenplatte ist der **Luftkurort** Waren (21 000 Einw., www.waren-mueritz.de) am nördlichen Ufer der Müritz.

Die hübsch hergerichtete **Altstadt** schmücken zahlreiche *Fachwerkbauten* auf dem Isthmus zwischen *Binnenmüritz*

Nahtlos gehen die Seen bei Carpin in der Feldberger Seenlandschaft ineinander über

Moore samt Flora und Fauna des Umlandes vor. Die naturhistorische Sammlung ergänzt ein 3 ha großer *Museumsgarten* und das dahinter am Herrensee gelegene größte *Kaltwasser-Aquarium* für einheimische Süßwasserfische in Norddeutschland.

Im Süden lädt der von historischen Gebäuden gesäumte **Stadt-** und **Jachthafen** zu einem Bummel um das Hafenbecken oder zu einer Fahrt mit einem Ausflugsboot ein. Im Mai, wenn die **Müritz-Sail** (www.mueritzsail.net) stattfindet, strömen Segler und Regattafreunde hierher.

Östlich und westlich von Waren (Müritz)

In dem Dorf **Ankershagen** 23 km östlich von Waren verbrachte der Pfarrerssohn und spätere Archäologe und Troja-Entdecker Heinrich Schliemann (1822–90) seine Kindheit. In seinem Elternhaus lässt heute das kleine *Heinrich-Schliemann-Museum* (www.schliemann-museum.de, April–Okt. Di–So 12–17, Nov.–März Di–Fr 12–16 Uhr) Leben und Werk des Selfmade-Mannes Revue passieren. Es zeigt neben Dokumenten und Besitztümern Schliemanns auch Kopien einiger Stücke aus dem in Troja gefundenen sog. Schatz des

Ohne Umwege geht es für die gerade gefangenen Sprotten in den Räucherofen

und dem bedeutend kleineren *Tiefwarensee*. Einen Überblick verschafft man sich am besten am Ostrand der Innenstadt vom 54 m hohen Westturm der innen klassizistischen **Marienkirche** (Tel. 039 91/613 70, www.stmarien.de). Sein ungewöhnlicher achteckiger Aufbau auf dem viereckigen Grundturm (frühes 14. Jh.) machte ihn zum Wahrzeichen der Stadt. Am zentralen Marktplatz liegen sowohl das *Haus des Gastes* in den repräsentativen Räumen der ehemaligen **Löwenapotheke** (um 1800) als auch das Ende des 18. Jh. im Stil der sog. Tudorgotik erbaute, blockhafte **Neue Rathaus**. In seinem Obergeschoss fand das *Museum für Stadtgeschichte* (Mo–Fr 12–17, Sa/So/Fei 14–17 Uhr) Platz.

In der nach Westen führenden *Kirchenstraße* ist ein kunstvoller **Fachwerkspeicher** aus dem 18. Jh. erhalten, in dem einst Tabak und Getreide lagerten. Die auch ansonsten malerische Straße läuft auf den **Alten Markt** zu, den ältesten Teil Warens, an dem nicht nur das vergleichsweise schlichte **Alte Rathaus** aus dem 14. Jh., sondern auch die Kirche **St. Georgen** (13./14. Jh.) liegt. Die dreischiffige gotische Backsteinbasilika wurde nach einem Brand Mitte des 19. Jh. innen neugotisch gestaltet. Nicht weit davon stellt das **Müritzeum** (Zur Steinmole 1, Tel. 039 91/63 36 80, www.mueritzeum.de, tgl. 10–19 Uhr) anschaulich die Seen, Wälder und

Priamos (Originale heute überwiegend im Puschkin-Museum, Moskau) und im Garten einen Nachbau des hölzernen Trojanischen Pferdes.

Unweit westlich von Waren beginnt die **Nossentiner und Schwinzer Heide** (www.naturpark-nossentiner-schwinzer-heide.de), das moor-, wald- und seenreiche Quellgebiet der Flüsschen Nebel und Mildenitz. Ein *Infozentrum* (Ziegenhorn 1, Karow, Juni–Sept. tgl. 10–17, Okt.–Mai tgl. 10–16 Uhr) befindet sich im sog. Karower Meiler. Dort weist man auch den Weg zu zwei Aussichtstürmen – der eine am Nordufer des Plauer Sees an der B192 zwischen Karow und Alt Schwerin, der andere am Südufer des Krakower Obersees an der B102 zwischen Karow und Krakow bei Glase. Mit etwas Glück erhascht man von ihnen einen Blick auf eine Große Rohrdommel oder gar See- und Fischadler.

Das **Damerower Werder**, eine Halbinsel im Kölpinsee, verwandelte das zuständige Forstamt Jabel in ein Reservat für Wisente (Tel. 03 99 29/767 11, www.wisentinsel.de, Ostern–Sept. tgl. 10–20, Okt.–Ostern 10–17 Uhr). Die Tiere leben frei auf dem 320 ha großen Gelände, kommen aber während der Fütterungszeiten (tgl. 10 und 15 Uhr) im Schaugehege schon mal nah an die überdachten Besuchertribünen heran.

Am Südende des Plauer Sees bietet der **Bärenwald Müritz** (www.baerenwald-mueritz.de, April–Okt. tgl. 9–18, Nov.–März 10–16 Uhr) eine artgerechte Heimat für Braunbären, die aus unterschiedlichen Gründen an Menschen gewöhnt sind und daher in der freien Wildbahn nicht mehr zurecht kommen. Auf rund 13 ha leben zurzeit zehn der mächtigen Tiere. Besucher können sie in geführten Gruppen von gesicherten Wegen aus beobachten.

ℹ️ Praktische Hinweise

Information

Welcome Center Müritzeum, Haus der Tausend Seen, Zur Steinmole 1, 17192 Waren (Müritz), Tel. 039 91/63 36 80, www.region-mecklenburgische-seenplatte.de

Hotels

Radisson Blu Resort Schloss Fleesensee, Schlossstr. 1, Göhren-Lebbin, Tel. 03 99 32/801 00, www.fleesensee.de/radisson.html. Luxushotel im schlossähnlichen Gutshaus der Familie Blücher zwischen Fleesensee und Kölpinsee. Spa im Haus, anbei drei 18-Loch- und zwei 9-Loch-Golfcourses, Tennisplätze und eine Reitanlage.

Schloss Ulrichshusen, Seestr. 14, Ulrichshusen, Tel. 039 99 53/79 00, www.gut-ulrichshusen.de. 18 großzügige und vornehm eingerichtete Gästezimmer im modern restaurierten Schloss sowie in Scheune und Stellmacherei. Ferienwohnungen in der Nähe. Restaurant-Café auf dem Anwesen.

Für Freizeitkapitäne das Höchste: ein Törn auf der Mecklenburgischen Seenplatte

Besonders schmuck sieht das Schloss von Güstrow bei abendlicher Festbeleuchtung aus

31 Güstrow

*Wahlheimat des Bildhauers Ernst
Barlach mit stolzem Renaissance-
schloss.*

Eines der bedeutendsten Schlösser
der Region ist das **Renaissance-
schloss Güstrow** (Tel. 038 43/75 20,
www.schloss-guestrow.de, Mitte April–
Mitte Okt. tgl. 10–18, sonst Di–So 10–17
Uhr) im gleichnamigen Ort am nordwestlichen Rand der Mecklenburgischen Seenplatte. Herzog Ulrich von Mecklenburg
ließ die vierflüglige Anlage ab 1558 erbau-
en, in den prächtig stuckierten Sälen resi-
dierte in den Jahren 1628–30 der katholische Feldmarschall Albrecht von Wallenstein. Heute beherbergen die eindrucks-
vollen Gemächer Kunst der Antike, des
Mittelalters und der Renaissance, insbesondere Majolika, Münzen und eine
hochkarätige Jagdwaffenausstellung.

Im nahen **Dom St. Maria**, **St. Johannes
Evangelista und St. Cäcilia** (www.dom-
guestrow.de, So jew. nach dem Gottesdienst–12 und 14–15/16, Mitte Mai–Mitte
Okt. Mo–Sa 10–17, sonst Di–Sa 10–12 und
14–15/16 Uhr) stößt man schnell auf Werke
von Ernst Barlach (1872–1938). Der Bildhauer lebte und arbeitete 28 Jahre lang in
dem seenumgebenen Städtchen an der
Nebel. Im Nordschiff des Doms ist sein
›Schwebender‹ als Neuguss zu sehen (das
Original von 1927 war 1937 eingeschmol-
zen worden), ebenso ›Der Gekreuzigte‹
(1918) und das Terrakottarelief ›Der Apostel‹ (1925). Ein weiteres beeindruckendes
Ausstattungsstück der 1335 geweihten
Backstein-Kirche am Südwestrand der
Altstadt ist das Wandgrab von Herzog
Ulrich und seinen Gattinnen.

Norddeutsche Backsteingotik prägt
auch die Pfarrkirche **St. Marien** (www.
pfarrgemeinde-guestrow.de, Juni–Sept.
Mo–Sa 10–17, So 14–16, sonst Mo–Sa 10–12
und 14–15/16, So 14–15/16 Uhr) am Markt,
wenngleich ihren wuchtige Ziegelturm
ein zierliches grünpatiniertes Dach krönt.
Die 1308 erstmals erwähnte, heute dreischiffige Hallenkirche ist mit einem *Sterngewölbe* ausgestattet. Den Chor ziert ein
filigraner *Flügelaltar* (1522) von Jan Bor-
mann aus Brüssel, formschön ist die reich
skulptierte Sandsteinkanzel von 1583.
Beim Neubau der Orgel konnte der *Ba-
rock- und Rokoko-Prospekt* (1764/65) erhalten werden.

Einige der ergreifendsten Skulpturen Ernst Barlachs in der Güstrower Gertrudenkapelle

Klassizistisch ist dagegen die Fassade des am gleichen Platz gelegenen **Rathauses**, für das die Stadtväter 1797/98 vier mittelalterliche Giebelhäuser zusammenfassten. Ungewöhnlich ist auch das 1895 im Stil des Historismus erbaute Postamt am Pferdemarkt, vor dessen turm- und erkerverziertem Eckportal der sechseckige **Borwinbrunnen** (1889) an den Domstifter Heinrich Borwin II. erinnert. Die Brunnenfigur schuf Richard Thiele, ein Lehrer Ernst Barlachs. Vom Pferdemarkt ist es nicht weit zur **Gertrudenkapelle** (Gertrudenplatz 1, www.ernst-barlach-stiftung.de, April–Okt. Di–So 10–17 Uhr), die einige der schönsten Holzskulpturen Ernst Barlachs birgt. Im einstigen **Atelier Barlachs** (Heidberg 15) und einem Erweiterungsbau, stadtauswärts beim Inselsee gelegen, präsentiert die *Stiftung Ernst Barlach* weitere Werke des Künstlers.

ℹ Praktische Hinweise

Information
Tourist-Information, Franz-Parr-Platz 10 (Stadtmuseum), 18273 Güstrow, www.guestrow-tourismus.de

Restaurant
Barlach-Stuben, Plauer Str. 7, Güstrow, Tel. 038 43/68 48 81, www.barlach-stuben.de. Es wird fein und international gekocht, aber die mecklenburgischen Spezialitäten wie Lohmener Fischsuppe, Güstrower Sauerfleisch oder Schwarzbrotpudding sind besonders lecker.

32 Neustrelitz

Barockstädtchen vom Reißbrett um ein Herzogsschloss am Seeufer.

Neustrelitz (21 000 Einw., www.neustre litz.de) am Ufer des Zierker Sees kann als Musterbeispiel einer planmäßig angelegten **barocken Residenzstadt** dienen. 1733 erging der Aufruf der Herzöge von Mecklenburg-Strelitz an ihre Untertanen, in die neue Stadt um das 1731 fertig gestellte Residenzschloss zu ziehen.

Zentrum der Altstadt ist der quadratische **Marktplatz**, auf den sternförmig acht Straßen zulaufen. An ihm steht das klassizistische *Rathaus*, ihm *gegenüber* die 1778 geweihte **Stadtkirche** mit dem 1828–31 angefügten Turm im Stil eines viergeschossigen Campanile. Die Mitglieder des Hauses Mecklenburg-Strelitz bevorzugten für den Gottesdienst ihre **Schlosskirche** (nur an einigen Tagen im Jahr geöffnet) südlich am Tiergarten. Der Schinkelschüler Friedrich Wilhelm Buttel entwarf sie 1855–59 in neogotischem Stil über kreuzförmigem Grundriss. Die elegante Saalkirche mit den schmalen Zwillingstürmen beiderseits des hohen lanzettförmigen Portals gehörte einst zum herzoglichen Schloss, das jedoch den Zweiten Weltkrieg nicht überstand. Erhalten blieb zum Zierker See hin der **Schlossgarten**, der als englischer Landschaftsgarten mit Skulpturen, Brunnen, ›Götterallee‹, Pavillons und lauschigen Hainen zum Flanieren einlädt. An die frühere Hausherrin Königin Luise von Preußen (1776–1810), die Gemahlin Friedrich Wilhelms III., erinnert die ihr gewidmete *Gedächtnishalle* (1891/92). Die klassizistische *Orangerie* (1755, Umbau 1840–42) gibt eine ungewöhnliche Kulisse für Operetten und Konzerte der alljährlichen **Schlossgartenfestspiele** (Juni/Juli, www.schlossgartenfestspiele.de) ab.

Von Neustrelitz ist es nicht weit zu den umliegenden Seen, etwa zum Glambecker See, dem Großen Fürstensee, Langen, Krebs- oder Domjüchsee. Vom **Stadthafen** am Zierker See hat man über den bei **Wasserwanderern** beliebten Kammerkanal Verbindung zur Woblitz, von der aus wiederum die Obere Havel-Wasserstraße bis Hamburg oder Berlin führt. Wer nicht ganz so weit will, kann im Neustrelitzer Hafen auch ein *Kanu* oder *Motorboot* mieten bzw. das *Ausflugsangebot* der Fahrgastschiffe nutzen.

Etwas außerhalb der Innenstadt geht es von der barocken Stadt zu den Holzhäusern eines nachgebauten **Slawendorfes** (www.slawendorf-neustrelitz.de, Mai–Sept. tgl. 10–17, April und Okt. Mo–Fr 10–17 Uhr) am Zierker See. Wie vor vielen hundert Jahren ist es von Palisaden und Flechtzäunen umgeben. In Kulthalle und Schmiede, Wollhaus und Drechselstand führen originalgetreu gewandete Menschen ›handgreiflich‹ in die regionale Siedlungsgeschichte des 7.–12. Jh. ein. Sonnwendfest und Herbstmarkt sind zusätzliche Attraktionen.

Beliebt ist auch das **Immergut-Festival** (www.immergutrocken.de), zu dem sich alljährlich am letzten Maiwochenende Bands und ›Freunde des melodiösen Gitarrenrock‹ aus der ganzen Republik am Neustrelitzer Bürgersee einfinden.

ℹ Praktische Hinweise

Information

Touristinformation, Strelitzer Str. 1, 17235 Neustrelitz, Tel. 03981/253119, www.neustrelitz.de. Hier ist auch die *1000SeenCard* für die gesamte Region erhältlich, www.1000seencard.de.

Hotel

ParkHotel Fasanerie, Karbe-Wagner-Str. 59, Neustrelitz, Tel. 03981/48900, www.parkhotel-neustrelitz.de. 4-Sterne-Hotel in stattlichem Gutshof an einem Weiher, mitten im Grünen.

Hebe, der Göttin der Jugend, ist dieser Tempel im Schlosspark von Neustrelitz gewidmet

Ostdeutschland – mehr als Preußen in Potsdam

Von der Weltstadt Berlin bis zu den stillen Mittelgebirgshöhen des Thüringer Waldes, von Görlitz und Dessau an der deutsch-polnischen Grenze bis Quedlinburg am Harz führt die Reise durch den Osten der Republik. Brandenburg, Berlin, Sachsen, Sachsen-Anhalt und Thüringen haben dem Reisenden wahrlich allerhand zu bieten.

Den Auftakt macht die Spreemetropole **Berlin**. Die Stadt mit ihren 3,4 Mio. Einwohnern spiegelt deutsche Geschichte wie kaum eine andere. Der *Reichstag* als Symbol des wiedervereinigten Deutschlands steht in unmittelbarer Nähe zum *Holocaust-Denkmal*, in *Kreuzberg* werden Erinnerungen an studentenrevolutionäre Zeiten wach und auf der *Museumsinsel* unternimmt man gar eine Zeitreise durch fast 5000 Jahre Menschheitsgeschichte. Preußens Glanz und Gloria erlebt man in **Potsdam**, der Hohenzollernresidenz. Besonders König Friedrich der Große ließ hier bauen, *Sanssouci* und *Neues Schloss* atmen bis heute den Geist des aufgeklärten und zugleich kriegerischen Monarchen.

Dresdens prachtvolle Stadtsilhouette erstrahlt seit dem Wiederaufbau der *Frauenkirche* wieder in alter Schönheit. *Zwinger*, *Semperoper*, *Grünes Gewölbe* und *Brühlsche Terrasse* sind nur einige der kulturellen und architektonischen Höhepunkte in der Barockstadt des sächsischen Kurfürsten August des Starken.

Umtriebig und modern präsentiert sich die Messestadt **Leipzig**. Während der Buchmesse im März tummeln sich hier die Leseratten, mit *Mädler-Passage* und *Gewandhaus* zieht Leipzig Shoppingfreunde wie Musikbegeisterte das ganze Jahr über an. Auch jenseits der großen Städte wandelt man auf den Spuren der Geschichte. In der **Lutherstadt Wittenberg** nahm die Reformation ihren Anfang, auf der Eisenacher **Wartburg** übersetzte Luther die Bibel. **Quedlinburg** wiederum war im frühen Mittelalter eine der bedeutendsten Städte des Deutschen Reiches, in der romanischen Stiftskirche auf dem Burgberg feierten die Kaiser damals regelmäßig Ostern.

Ob von Menschenhand geschaffen oder natürlichen Ursprungs – auch die Landschaften dieser Region lohnen eine Entdeckung. Südlich von Berlin durchfließt die Spree, in ungezählte Seitenarme verästelt, die urwüchsige Welt des **Spreewaldes**. Die bizarr geformten Felsen des **Elbsandsteingebirges** begeistern Kletterer aus Nah und Fern, und der *Rennsteig* über den Höhenkamm des **Thüringer Waldes** zählt zu den Traumpfaden vieler Wanderer. Im **Erzgebirge** fasziniert die Mischung aus waldreicher Natur und den Zeugen einer langen Bergbautradition. Geradezu lieblich wirken schließlich die Täler von Saale und Unstrut mit ihren von Weinreben bestandenen Hängen. Vom Schöpfergeist der Gartenbauer schließlich zeugen grandiose Landschaftsparks, etwa das **Gartenreich Dessau-Wörlitz** von Leopold III. oder der **Muskauer Park**, den Hermann Fürst von Pückler gestaltete.

Blick vom Ferdinandstein hinüber zur 1851 erbauten Basteibrücke in der Sächsischen Schweiz

33 Berlin

*Deutschlands Hauptstadt ist
Metropole und Museumshochburg.*

3,5 Mio. Menschen leben in Berlin, der
größten Stadt Deutschlands. Sie ist sowohl ein eigenständiges Bundesland als
auch **Hauptstadt** und Regierungssitz der
Bundesrepublik Deutschland. Große Politik wird hier seit Jahrhunderten gemacht,
war Berlin doch nacheinander Hauptstadt des Kurfürstentums Brandenburg,
des Königreichs Preußen, des Deutschen
Kaiserreichs, der Weimarer Republik, des
Dritten Reiches und der DDR.

Bei so viel Politik mag es nicht überraschen, dass sich der Name ›Berlin‹ vom
slawischen Wort Berl (= Sumpf) ableitet.
Die städtischen Wurzeln sind zweifach:
Zum einen liegen sie im Warenumschlagplatz Cölln am linken Ufer der
Spree, der 1237 zum ersten Mal urkundlich
erwähnt wurde. Zum anderen war ein
schriftlich erstmals 1244 bezeugter Ort
namens Berlin bedeutsam, den die
Brandenburgischen Markgrafen kurz
zuvor am rechten Flussufer gegründet
hatten. Statt sich Konkurrenz zu machen,
agierten sie seit 1307 als Doppelstadt und
schlossen sich 1432 zu einer Gemeinde
zusammen. Sie behielt den Namen Berlin
bei und avancierte 1470 zur Hauptstadt
des Kurfürstentums Mark Brandenburg.
Als solche litt sie freilich während des
Dreißigjährigen Krieges 1618–48 besonders: Etwa ein Drittel der Häuser wurde
damals beschädigt und die Bevölke-
rungszahl schrumpfte von 10 000 auf
6000. Unter dem Großen Kurfürsten
Friedrich Wilhelm (1620–1688) gelang der
Aufstieg Brandenburgs zu einer veritab-
len Regionalmacht. Außerdem zog Friedrich Wilhelm durch das **Toleranzedikt**
von 1685 mehr als 14 000 Neusiedler nach
Berlin. Der Erlass bot Religionsflüchtlin-
gen, in erster Linie Hugenotten aus
Frankreich, Schutz und trug wesentlich
zum weltoffenen Klima der brandenburgischen Hauptstadt bei.

Der nachfolgende Kurfürst Friedrich III.
(1657–1713) begründete das Königreich
Preußen, indem er sich 1701 in Königsberg
als Friedrich I. zum **König in Preußen**
krönte. Nach seinem Tod formte sein
Sohn Friedrich Wilhelm I. (1688–1740), der
Soldatenkönig, den preußischen Militär-

staat. Auf dieser Grundlage machte wiederum dessen Sohn Friedrich II. (1712–
1786), genannt Der Große, das Land zu
einer europäischen Großmacht. Obwohl
er Potsdam als Residenz vorzog, ließ er
Berlin weiter ausbauen.

Im 19. Jh. begann der Aufstieg Berlins
zur bedeutenden Industriestadt, Sitz von
Siemens (1847), Schering (1864) oder der
AEG (1883). Als Berlin 1871 auch noch
Hauptstadt des Deutschen Reiches wurde, gab es kein Halten mehr: Statt 800 000
Einwohnern im Jahr der Reichsgründung
lebten hier 1920 rund 1,9 Mio. Menschen.
Auf die Zäsur des **Ersten Weltkrieges**
und das Ende des Kaiserreiches reagier-
ten die Berliner mit den Goldenen Zwan-
zigerjahren, in denen die Kultur trotz der
darniederliegenden Wirtschaft blühte.

Der Aufstieg der **Nationalsozialisten**
machte dieser Blüte ein Ende, ihre Herr-

*Blick über den Pariser Platz auf die Quadriga
auf dem Brandenburger Tor und Reichstag*

schaft in den Jahren 1933–45 markierte den Tiefpunkt der Stadtgeschichte. Nach der Eroberung Berlins durch sowjetische Truppen hatte Berlin 1945 statt 4,3 Mio. (1939) nur noch 2,8 Mio. Einwohner, jedes dritte Wohnhaus war zerstört. Das Potsdamer Abkommen zwischen den USA, Großbritannien, Frankreich und der Sowjetunion teilte Berlin in vier Zonen.

Mit Gründung der **Deutschen Demokratischen Republik** (DDR) im Jahr 1949 wurde der sowjetische Ostteil Berlins Hauptstadt eines kommunistischen deutschen Staates. 1961 besiegelte der Bau der Berliner Mauer die Teilung der Stadt in die drei Westsektoren und den Ostteil. Der **Mauerfall** 1989 war der Auftakt zur Überwindung der Teilung Deutschlands. Heute ist Berlin neuerlich ein Zentrum von Politik, Medien, Kultur und Wissenschaften.

Einen ersten Eindruck von Berlin erhalten Besucher bequem per Linienbus, denn die Buslinien Nr. 100 und 200 der Berliner Verkehrsgesellschaft (BVG) verkehren entlang vieler innerstädtischer Sehenswürdigkeiten. Beide fahren ab Bahnhof Zoologischer Garten, der Doppeldeckerbus 100 die Route Tiergarten – Schloss Bellevue – Reichstag – Unter den Linden – Alexanderplatz, die Linie 200 über Potsdamer Platz – Unter den Linden – Alexanderplatz – Michelangelostraße/Prenzlauer Berg. Den Reiseführer sollte man nicht vergessen, denn in den Linienbussen werden die touristischen Highlights am Wege nicht erklärt.

Berlins ›neue‹ Mitte

Idealer Ausgangspunkt für eine Stadterkundung zu Fuß ist der **Alexanderplatz** (Alex), ein innerstädtischer Verkehrsknotenpunkt mit ganz eigenem Charme. Die heutige Form erhielt der 1805 nach dem russischen Zaren Alexander I. benannte frühere Marktplatz in den Jahren 1966–70, als die DDR ihn mit *Urania-Weltzeituhr* und dem *Brunnen der Völkerfreundschaft* in der Platzmitte zum Stadtzentrum Ost-Berlins ausbaute. Am westlichen Ende des Alexanderplatzes erhebt sich der 1969 erbaute **Berliner Fernsehturm** (Panoramastr. 1a, www.tv-turm.de, Tel. 030/ 242 33 33, März–Okt. tgl. 9–24, Nov.–Feb. tgl. 10–24 Uhr), mit 368 m das höchste Bauwerk Deutschlands. In einem von drei Aufzügen gelangt man zu der Aussichtsetage in 203 m Höhe. Weitere 4 m darüber kann man im Telecafé, das sich innerhalb von 30 Minuten einmal im Kreis dreht, die grandiose Aussicht über Berlin auch bei Speis und Trank genießen.

Von den Vorkriegsbauten sind um den Alexanderplatz einzig das abgewinkelte *Alexanderhaus* (1930) und das *Berolinahaus* (1929–32) erhalten. Beide repräsentativen Geschäfts- und Bürohäuser entstanden nach Plänen von Peter Behrens.

Spandauer Vorstadt und Scheunenviertel

Im Norden grenzt die **Spandauer Vorstadt** an den Alexanderplatz. Das ausgedehnte Altstadtquartier, dessen gründerzeitliche Häuserkulissen, Galerien und aufregendes Nachtleben die Gegend rund um den **Hackeschen Markt** populär machten. Die viel besuchten *Hackeschen Höfe* (Hackescher Markt 1, www.hacke

sche-hoefe.com) waren 1907 für kleine Handwerksbetriebe und Büros im Jugendstil erbaut worden. Heute finden sich hier Kneipen, ein Kino und allerlei Geschäfte. Eine der angesagtesten Flanierstraßen von Berlin Mitte ist die **Oranienburger Straße**, die vom Monbijouplatz aus Richtung Friedrichstraße führt. Wo kurz nach Ende des Monbijouparks die Spandauer Vorstadt ins Scheunenviertel übergeht, ist zwischen all den Lokalen, Restaurants, Galerien und Boutiquen auf der rechten Straßenseite stets auch eine Reihe von Polizisten postiert. Sie bewachen die **Neue Synagoge** mit **Centrum Judaicum** (Oranienburger Str. 28–30, Tel. 030/88 02 83 00, März–Okt. So/Mo 10–20, Di–Do 10–18, Fr April–Sept. 10–17, März/ Okt. 10–14, Nov.–Feb. So–Do 10–18, Fr 10– 14 Uhr), die 1866 eingeweiht wurde und damals mit 3200 Plätzen das größte jüdische Gotteshaus Deutschlands war. Mit ihrer gut 50 m hohen, goldglänzenden Zentralkuppel und der orientalisch anmutenden Front zählt sie zu den markantesten Sehenswürdigkeiten Berlins.

Nikolaiviertel

Südlich des Alexanderplatzes, zwischen Fernsehturm und Spree, befindet sich das **Rote Rathaus** mit seiner Fassade aus zinnoberfarbenen Klinkern. Seit 1991 ist es Berliner Rathaus, also Sitz des Senats und des Regierenden Bürgermeisters der Stadt. Der imposante Vierflügelbau entstand 1861–69 im Stil des Historismus. Geht man vom Roten Rathaus weiter in

In den Cafés der Hackeschen Höfe kann man geruhsame und anregende Stunden verbringen

Der Große Kurfürst reitet durch die Kuppelhalle des Bode-Museums auf der Museumsinsel

westlicher Richtung, erreicht man das Nikolaiviertel an der Spree. Es ist eine Art Freilichtmuseum, da sämtliche Gebäudeensembles in den 1980er-Jahren entweder rekonstruiert oder aus anderen Teilen Berlins hierher versetzt wurden. Die **Nikolaikirche** (www.stadtmuseum.de, tgl. 10–18 Uhr) entstand um 1230 und ist das älteste erhaltene Bauwerk Berlins. Zwei weitere architektonische Highlights (jew. www.stadtmuseum.de, Di–So 10–18, Mi 12–20 Uhr) befinden sich in der südlich anschließenden Poststraße. Hier führt das 1759–61 erbaute *Knoblauchhaus* nunmehr als Museum in die Wohnwelt des Biedermeier und des 19. Jh. ein. Das Eckhaus auf der gegenüberliegenden Straße mit der Hausnummer 16 ist das *Ephraim-Palais*. Der 1762–66 erbaute Bürgerpalast im Stil des Rokoko beherbergt heute eine Graphische Sammlung und führt in Kunst- und Kulturgeschichte Berlins ein.

Museumsinsel

Westlich des Nikolaiviertels umschließen Spree und Spreekanal die **Museumsinsel** (www.smb.spk-berlin.de, tgl. 10–18, Do 10–22 Uhr), die seit 1999 als Gesamtensemble zum UNESCO Weltkulturerbe gehört. Auf der Insel befindet sich auch der **Berliner Dom**, 1894–1905 als Hauskirche der Hohenzollern in *Wilhelminischem Barock* errichtet. Die klassizistische Gebäudefront in seinem Nordwesten gehört zum **Alten Museum**, das Karl Friedrich Schinkel 1825–28 schuf. Hier zeigt

heute die *Antikensammlung* großartige etruskische, römische und griechische Exponate. Den baulichen Grundstock für das benachbarte **Neue Museum** schuf 1843–55 Friedrich August Schüler, für die architektonische Neukonzeption 2003–09 war David Chipperfield verantwortlich. Die kühl-kühne Rekonstruktion beherbergt das *Ägyptische Museum* mit Papyrussammlung und Publikumsmagneten wie die Porträtbüste der Nofrete. Unter demselben Dach zeigt das *Museum*

Wie ein Schiffsbug schiebt sich die Museumsinsel mit dem Bodemuseum in die Spree

Das Brandenburger Tor zählt zu den markantesten Symbolen Berlins

für Vor- und Frühgeschichte u.a. eine Kopie des *Schatzes des Priamos* aus Troja. In der **Alten Nationalgalerie** (1866–76) jenseits der Bodestraße erwarten den Besucher Werke der europäischen Malerei und Skulpturen des 19. Jh., insbesondere der Romantik, des Realismus und des Postimpressionismus.

Unter dem Dach des benachbarten **Pergamonmuseums** (1910–30, zzt. abschnittweise Restaurierung) sind *Antikensammlung, Vorderasiatisches Museum* und das *Museum für Islamische Kunst* zusammengefasst. Benannt ist das Haus nach einem seiner weltberühmten Prachtstücke, dem monumentale Pergamonaltar aus dem 2. Jh. v. Chr. Wo sich Spree und Spreekanal wieder vereinen, trumpft schließlich an der Inselspitze das markant überkuppelte **Bode-Museum** auf. *Münzkabinett, Skulpturensammlung* und *Museum für Byzantinische Kunst* sind hier versammelt.

Vom Gendarmenmarkt zum Pariser Platz

Von der Museumsinsel aus ist es nur ein Katzensprung zu Berlins Promeniermeile **Unter den Linden**, die sich von der Schlossbrücke über die Spree schnurgerade nach Westen bis zum Pariser Platz hinzieht. Luxusboutiquen und Straßencafés säumen den berühmten Boulevard, Universitätsgebäude, stattliche Repräsentierbauten und Nobelhotels. Bei der Staatsoper lohnt sich ein Abstecher südwärts zum **Gendarmenmarkt**. Einmalig ist hier das in Teilen barocke, stellenweise aber auch klassizistische Ensemble aus *Französischem Dom* (1701–05, Umbau 1905) im Norden und *Deutschem Dom* (1701–08 und 1881/82) im Süden. Beide werden von zwei identischen Kuppeln überragt, die nachträglich 1780–85 aufgesetzt wurden. 1818–21 kam im Westen des

Moderne Architektur prägt die Verwaltungsbauten der Bundesregierung am Spreebogen

Unter der gläsernen Reichstagskuppel von Sir Norman Foster tagt der Deutsche Bundestag

Platzes das klassizistische *Berliner Schauspielhaus* nach Plänen von Karl Friedrich Schinkel hinzu, das heutige Konzerthaus.

Wieder zurück Unter den Linden folgt man der Prachtstraße westwärts, bis zum Pariser Platz. In dessen Mitte bildet das **Brandenburger Tor** (www.stiftung-denkmalschutz-berlin.de) einen unverwechselbaren Blickfang. Bis 1989 symbolisierte es die Teilung Deutschlands, weil es isoliert im Sperrgebiet der Berliner Mauer stand. Carl Gotthard Langhans hatte den sechssäuligen frühklassizistischen Sandsteinbau 1788–91 als Stadttor nach dem Vorbild der Propyläen erbaut. Bekrönt wird dieses Wahrzeichen Berlins von einer kupfernen Quadriga, einem von vier Pferden gezogenen zweirädrigen Wagen, den die Friedensgöttin Eirene, nach anderer Lesart die Siegesgöttin Viktoria lenkt. Das Original der Skulptur stammt von Johann Gottfried Schadow 1793.

Südlich, in unmittelbarer Nähe des Brandenburger Tors, befindet sich das 2005 von Peter Eisenman geschaffene **Holocaust-Mahnmal** (Ebertstr. 20, www.holocaust-mahnmal.de, Stelenfeld jederzeit zugänglich, Ort der Information April–Sept. Di–So 10–20, Okt.–März 10–19 Uhr). 2711 dunkle Beton-Stelen in Rasterreihen bilden das Denkmal für die ermordeten Juden Europas. Die eindringliche Ausstellung im *Ort der Information* unter dem Mahnmal verdeutlicht den Weg ungezählter Juden in die Vernichtung anhand ausgewählter Einzelschicksale.

Regierungsviertel

Hinter dem Brandenburger Tor beginnt die ausgedehnte Parkanlage des **Tiergartens**. Zwischen ihm und dem Spreebogen im Norden liegt das weitläufige sog. Regierungsviertel, in dem zahlreiche Regierungsgebäude versammelt sind.

Sinnbild der *Berliner Republik* ist das **Reichstagsgebäude** (Platz der Republik 1, www.bundestag.de). In dem zweiflügeligen Zentralkuppelbau tagten bereits der Reichstag des deutschen Kaiserreichs, das Parlament der Weimarer Republik und seit dem 19. April 1999 auch die Abgeordneten des Bundestages. Der Reichstag war 1884–94 nach Plänen von Paul Wallot erbaut, jedoch durch den Reichstagsbrand von 1933 beschädigt und während des Zweiten Weltkriegs durch Bomben zerstört worden. Sein heutiges Erscheinungsbild geht auf den Rück- und Umbau 1996–99 unter der Leitung von Sir Norman Foster zurück. Der britische Architekt zeichnet auch für die gläserne *Kuppel* (tgl. 8–24 Uhr nach Anmeldung, letzter Einlass 22 Uhr, Westportal rechter Einlass) über dem Plenarsaal verantwortlich.

Unweit des Reichstags liegt das geometrisch blockhaft in Glas, Metall und Beton gestaltete **Bundeskanzleramt** (2001). In dem wuchtigen Bau der Architekten Axel Schultes und Charlotte Frank sind sechs Abteilungen wichtiger Bundesministerien untergebracht, die jeweils dem hier residierenden Bundeskanzler bzw. der Bundeskanzlerin zuarbeiten. Entlang des Spreebogens reihen sich weitere Regierungsbauten, so am rechten Spreeufer das Marie-Elisabeth-Lüders- und ihm gegenüber das Paul-Löbe-Haus. Unübersehbar ragen im ›Scheitel‹ des Spreebogens, an seinem rechten Ufer, die Glasfassaden des **Berliner Hauptbahnhofs** auf. Architekt Meinhard von Gerkan entwarf die lang gestreckte Glasröhre, in deren offener Hallenkonstruktion S-Bahnen und Züge auf mehreren Etagen übereinander verkehren.

Neues altes Berlin

Wie kaum ein anderes Bauprojekt steht der Ende des 20. Jh. neu bebaute **Potsdamer Platz** im Südosten des Tiergartens für das Berlin des 21. Jh. Hier schlug vor dem Zweiten Weltkrieg das Herz der Stadt. Nach 1945 stand es still: Die Bebauung war zerstört, während des Kalten Krieges trennte hier die Berliner Mauer den Ost- vom Westteil der Stadt. Ausgerechnet an diesem Platz pulsiert heute wieder das großstädtische Leben. Kinos, Theater, Einkaufspassagen, Hotels und Restaurants ziehen Tag und Nacht unzählige Menschen an. Nicht zu vergessen die Architektur, denn hier verwirklichten berühmte Meister ihres Fachs wie Renzo Piano, Arata Isozaki, Hans Kollhoff, Helmut Jahn, José Rafael Moneo und Richard Rogers ihre städtebaulichen Visionen. Am Entwurf des beeindruckenden *Beisheim-Centers* im amerikanischen Art-Decó-Stil der Chicagoer Schule etwa, mit den 18-stöckigen Tower Apartments im Ost- und dem Ritz-Carlton-Luxushotel im Westteil des Komplexes, waren Heinz Hilmer, Christoph Sattler und Thomas Albrecht maßgeblich beteiligt. Doch nirgendwo funkeln 2500 t Stahl und Glas schöner als über dem *Sony Center*, dessen fußballfeldgroßes oval gewölbtes Dach federleicht über den Köpfen der Besucher zu schweben scheint.

Unweit westlich locken auf dem Areal des **Kulturforum** neben der *Philharmonie* das **Kunstgewerbemuseum** (Matthäikirchplatz 1, www.smb.museum/kgm, Di–Fr 10–18, Do 10–22, Sa/So 11–18 Uhr), das goldgetriebene Reliquiare aus dem Welfenschatz zu seinen Exponaten zählt, die

Der Potsdamer Platz ist heute wieder ein großstädtisches Zentrum von Berlin

Von den Meistern lernen: Gelehriger Schüler vor Werken der Renaissance in der Gemäldegalerie

Gemäldegalerie (Stauffenbergstr. 40, www.smb.museum/gg, Di–So 10–18, Do 10–22 Uhr) mit Werken u.a. von Dürer, Rembrandt und Vermeer sowie die **Neue Nationalgalerie** (Potsdamer Str. 50, www.neue-nationalgalerie.de, Di–Fr 10–18, Do 10–22, Sa/So 11–18 Uhr) von Mies van der Rohe mit modernen Meisterwerken von Max Beckmann bis Frank Stella.

Vom Wittenbergplatz zum Kurfürstendamm

1907 hatte der Kaufmann Adolf Jandorf am Wittenbergplatz südlich des Tiergartens in einem mächtigen funktionalen Bau mit glasbogengekröntem Mittelrisalit das Kaufhaus des Westens eröffnet, besser bekannt als **KaDeWe** (www.kadewe.de, Mo–Do 10–20, Fr 10–21, Sa 9.30–20 Uhr). Hertie-Gründer Hermann Tietz kaufte es ihm 1927 ab und erweiterte das Haus 1929/30. Selbst nach der *Arisierung* im Jahr 1940 und schlimmen Kriegszerstörungen im Jahr 1945 hatte das KaDeWe Bestand – und Erfolg. Heute ist es mit 60 000 m² Verkaufsfläche auf sieben Etagen das größte Warenhaus Kontinentaleuropas. Geradezu legendär ist die Feinkostabteilung im sechsten Stock, die von Artischockenherzen bis Zibetkaffee alles bietet, was gut und teuer ist.

Wilhelm II. ließ die **Kaiser-Wilhelm-Gedächtniskirche** (Tauentzienstraße, www.gedaechtniskirche-berlin.de, tgl. 9–19 Uhr) 1891–95 im neoromanischen Stil zur Erinnerung an seinen Großvater, Kaiser Wilhelm I., errichten. Ihr Turm über der Hauptfassade war mit 113 m der höchste der Stadt. Er brannte bei einem Bombenangriff 1943 völlig aus und ist seither ein weithin sichtbares Mahnmal gegen Krieg und Terror. Seit 1961 ersetzt ein teilweise mit blauen Glaswänden versehener Neubau nach Plänen von Egon Eiermann das alte Kirchengebäude. Nur einen Steinwurf entfernt geht die Tauentzienstraße westwärts in den **Kurfürstendamm** über, Berlins berühmteste Shopping- und Flaniermeile mit zahllosen Cafés, Geschäften und Hotels.

ℹ Praktische Hinweise

Information

Berlin infostores: Hauptbahnhof, Europaplatz; Neues Kranzler Eck, Kurfürstendamm 21 (Passage nähe Zoo); Brandenburger Tor, Pariser Platz (südliches Torhaus); Berlin Pavillon am Reichstag, Scheidemannstraße; Tel. 030/25 00 25, www.berlin-tourist-information.de, http://visitberlin.de

Hier (sowie in Hotels, an den Flughäfen, bei DB und BVG) kann man die touristische Vorteilskarte *Berlin WelcomeCard* (gilt auch in Potsdam) mit ÖPNV für 2, 3 oder 5 Tage kaufen, wahlweise zu ergänzen mit *Museumspass SchauLUST* oder *Museumsinselkarte*. Gleich konzipiert ist die *CityTourCard* von BVG und S-Bahn, www.city tourcard.com

Öffentlicher Nahverkehr

Für Bus, Bahn und Tram gibt es Einzelfahrschein, Tageskarte, 7-Tage-Karte und Kleingruppenkarte (bis 5 Personen).

Stadtrundfahrten

Die zentralen Abfahrtsstellen der mindestens stündlich stattfindenden Bus-Sightseeing-Touren sind Kurfürstendamm/Meinekestraße und Tauentzien-/Marburger Straße, weitere Ein- und Ausstiegsstellen entlang der Routen.

Berlin City Tour, Tel. 030/68 30 26 41, www.berlin-city-tour.de

Berliner Bären Stadtrundfahrt, Tel. 030/35 19 52 70, www.bbsberlin.de

Berolina Stadtrundfahrten, Tel. 030/88 56 80 30, www.berolina-berlin.com

Hotels

Fjord Hotel, Bissingzeile 13, Tiergarten, Tel. 030/25 47 20, www.fjordhotel berlin.de. Modernes, ruhig gelegenes Haus nahe dem Potsdamer Platz.

Golden Tulip Hotel Residenz, Meinekestr. 9, Charlottenburg, Tel. 030/88 44 30, www.hotel-residenz.com. Jugendstilhaus mit Flair und gutem Restaurant.

Hotel Am Anhalter Bahnhof, Stresemannstr. 36, Kreuzberg, Tel. 030/258 00 70, www.hotel-anhalter-bahnhof.de. Ordentliches, eher einfaches Haus.

Hotel Q!, Knesebeckstr. 67, Charlottenburg, Tel. 030/810 06 60, www.loock-hotels.com. Luxus-Designhotel am Ku'damm. Für's Spielerische gibt es Nintendo Wii in allen Suiten. Spa und Gym, Restaurant und Bar im Haus.

Märkischer Hof, Linienstr. 133, Mitte, Tel. 030/282 71 55, www.maerkischer-hof-berlin.de. Angenehmes und erschwingliches Hotel mit 20 Gästezimmern im zentral gelegenen Scheunenviertel.

Die Kaiser-Wilhelm-Gedächtniskirche erinnert an den Zweiten Weltkrieg

Restaurants

Altes Zollhaus, Carl-Herz-Ufer 30, Kreuzberg, Tel. 030/692 33 00, www.altes-zoll haus-berlin.de. Im Fachwerkhaus am alten Landwehrkanal genießt man feines Essen, von zeitgemäß-leicht bis regional und raffiniert (So/Mo geschl.).

Café Orange, Oranienburger Str. 32, Mitte, Tel. 030/28 38 52 42. Italienische Küche in kosmopolitischem Ambiente.

Facil, Potsdamer Str. 3, The Mandala Hotel, 5. Etage, Tiergarten, Tel. 030/ 590 05 12 34, www.facil-berlin.de. Hochgelobte moderne Küche, mediterran inspiriert (Sa/So geschl.).

Grill Royal, Friedrichstr. 105 b, Mitte, Tel. 030/28 87 92 88, www.grill royal.com. Steaks und Champagner am Spreeufer (tgl. ab 18 Uhr).

Margaux, Unter den Linden 78 (Eingang Wilhelmstraße), Mitte, Tel. 030/22 65 26 11, www.margaux-berlin.de. Michelin honoriert die hier zelebrierte Cuisine Avantgarde Classique mit einem Stern (Mo–Sa 19–22.30 Uhr).

Maxwell, Bergstr. 22, Mitte, Tel. 030/ 280 71 21, www.mxwl.de. Eines der besten Restaurants der Stadt. Leichte Küche und exzellente Weine in stilvollem Ambiente um schönen Patio (tgl. ab 18 Uhr).

Paris–Moskau, Alt-Moabit 141, Tiergarten, Tel. 030/394 20 81, www.paris-moskau.de. Internationale Küche (tgl. ab 18 Uhr).

Edles Ambiente und riesige Auswahl im Berliner Kaufhaus des Westens

Schinkels Nikolaikirche und das Fortunaportal schmücken Potsdams Alten Markt

34 Potsdam

Die einstige Königsresidenz an der Havel bezaubert mit prächtigen Schlössern und großzügigen Parklandschaften.

Die brandenburgische **Landeshauptstadt** Potsdam (154 000 Einw.) liegt wunderschön am Havelufer. Prunkstück der ehemaligen **Sommerresidenz** der preußischen Könige und deutschen Kaiser mit ihren **Schlössern** und **Gartenlandschaften** ist Schloss Sansoucci. In ihrer Gesamtheit steht die größte Park- und Schlosslandschaft nördlich der Alpen als **Weltkulturerbe** der UNESCO unter besonderem Schutz.

Im Jahr 993 erwähnt eine Schenkungsurkunde Kaiser Ottos III. an die Äbtissin des Stifts Quedlinburg erstmals die slawische Burg *Poztupimi*. Im Verlauf der Jahrhunderte kümmerten sich die jeweiligen Herrscher wenig um die Besitzung und Mitte des 14. Jh. lebten hier nicht einmal 1000 Menschen. Das änderte sich erst, als im Jahr 1660 Friedrich Wilhelm, der *Große Kurfürst*, den Ort neben Berlin zu seiner **Residenz** wählte und eine rege Bautätigkeit entfaltete. Mit dem Regierungsantritt

seines gleichnamigen Enkels, des *Soldatenkönigs* Friedrich Wilhelm, wurde Potsdam 1713 **Garnisonstadt**. In der heutigen Innenstadt zwischen Brandenburger und Nauener Tor wurde damals u.a. die Nikolaikirche im Rahmen der ersten Stadterweiterung erbaut. Eine zweite erfolgte 1733–45 unter Anleitung niederländischer Architekten in barockem Stil und beinhaltete u.a. den Bau der malerischen Reihenhäuser des **Holländischen Viertels**. Auch Kaiser Wilhelm II. (1859–1941) trug zum Reigen der bedeutenden Potsdamer Bauwerke bei, als er 1913–17 am nordöstlichen Stadtrand Schloss Cecilienhof bauen ließ. Hier trafen sich im Sommer 1945 die Staatschefs der Siegermächte des Zweiten Weltkriegs zur **Potsdamer Konferenz**.

Zwar wurde Potsdam während des Zweiten Weltkriegs durch Bombardements schwer beschädigt, doch konnten viele historische Bauten originalgetreu wiederhergestellt werden.

Zentrum von Potsdam ist der **Alte Markt** nahe der Friedensinsel. Hier erhebt sich die protestantische **St. Nikolaikirche** (Tel. 03 31/270 86 02, www.nikolai-potsdam.de, Mo–Sa 9–17/19/21 Uhr, So ab 11.30 Uhr). An dieser Stelle befand sich spätestens seit dem 13. Jh. ein Gotteshaus, der heutige Zentralkuppelbau in Form eines griechischen Kreuzes mit vorgelagertem Säulenportikus wurde 1830–37 nach Entwürfen Karl Friedrich Schinkels errichtet. Die weithin sichtbare Kuppel kam erst 1843–50 dazu.

Vom Alten Markt aus bieten sich Spaziergänge durch die meist rechtwinklig verlaufenden Straßen der klassizistischen Altstadt an. An der Havel entlang geht es südwestwärts zur **Neustädter Havelbucht**. In ihrem Norden fällt inmitten von Wohnblöcken das 1841–43 im Stil einer maurischen Moschee erbaute *Dampfmaschinenhaus* (Breite Str. 28, Mitte Mai–Mitte Okt. Sa/So 10–18 Uhr) auf. Oder man wendet sich von der Nikolaikirche aus nordwärts, wo in der *Brandenburger Straße* oder im putzigen **Holländischen Viertel** Geschäfte, Cafés und Restaurants zum Schauen und Bleiben einladen.

Im Norden der Innenstadt lohnt die **Kolonie Alexandrowka** (Alexandrowka 2, April–voraussichtl. Mitte Nov. Di–So 10–18 Uhr, www.alexandrowka.de) einen Besuch. Das Kunstdorf ließ Friedrich Wilhelm III. 1826/27 zum Gedenken an seinen verstorbenen Freund Zar Alexander I. angelegt. Die von Peter Joseph Lenné entworfene Anlage besitzt weite Grünflächen, denn sie sollte auch als Anschauungsobjekt für mustergültige Obstkultur dienen. Die zwölf Holzhäuser der Siedlung im russischen Stil zieren geschnitzte Fassaden und Giebel, zwei beherbergen ein Café und ein Museum. Vom nördlich anschließenden Kapellenberg grüßt die russisch-orthodoxe **Alexander-Newski-Gedächtniskirche** (1829), die mit Lisenen und Zwiebelturm klassizistische und russische Architektur vereint.

Nicht weit davon liegt am nordöstlichen Stadtrand im Neuen Garten nahe des Heiligensees das 1913–17 für den damaligen Kronprinzen Wilhelm und seine Ehefrau Cecilie von Mecklenburg-Schwerin erbaute **Schloss Cecilienhof** (April–Okt. Di–So 10–18, Nov.–März 10–17 Uhr, Privaträume des Kronprinzenpaares nur mit Führung Di–So 10, 12, 14 und 16 Uhr). Die Anlage im britischen Landhaus-Stil mit Fachwerkfassade besitzt 176 Zimmer und ist um mehrere Innenhöfe errichtet. Das Schloss war im Zweiten Weltkrieg nicht beschädigt worden, daher fand hier vom 17. Juli bis zum 2. August 1945 die *Potsdamer Konferenz* statt. Dabei verständigten sich Winston Churchill (GB), Harry S. Truman (USA) und Josef Stalin (UdSSR) über ihr weiteres Vorgehen in Deutschland. Ein kleines Museum im Zentralbau informiert über das damals geschlossene *Potsdamer Abkommen*.

In Potsdam wurde auch Filmgeschichte geschrieben: Auf dem Gelände des **Filmparks Babelsberg** (August-Bebel-Str. 26–53, www.filmpark-babelsberg.de, Mitte April–Okt. tgl. 10–18, Mai/Sept. Di–So 10–18 Uhr) im Südosten der Stadt drehten berühmte Regisseure von Fritz Lang bis Leander Haußmann, spielten sich Marlene Dietrich, Simone Signoret oder Gojko Mitic in die Herzen des Kino- und Fernsehpublikums. Eine Rundfahrt durch die Medienstadt erlaubt Besuchern einen Blick hinter die Kulissen.

Auch Potsdam hat sein Brandenburger Tor, es steht am Ende der gleichnamigen Straße

Schloss und Park Sanssouci

Potsdams unbestrittene Besuchermagnete aber sind **Schloss und Park Sanssouci** (Maulbeerallee, Tel. 03 31/969 42 02, www.spsg.de, April–Okt. Di–So 10–18, Nov.–März Di–So 10–17 Uhr, Park ab 8.30 Uhr) im Westen der Stadt. Friedrich der Große hatte Park und Schloss in mehreren Abschnitten 1745–1769 gestalten und erbauen lassen. Wesentliche Umbauten und Erweiterungen nahm erst sein Nachfahr Friedrich Wilhelm IV. in den Jahren 1840–42 vor.

Nur wenige Meter hinter dem *Grünen Gitter*, dem Haupteingang zu **Park Sanssouci** (Besucherzentrum in der Historischen Mühle) im Osten des rund 290 ha großen Landschaftsgartens, erhebt sich die **Friedenskirche**. Sie wurde 1845–54 nach Entwürfen Friedrich Wilhelms IV. errichtet, der sich dabei an oberitalienischen Vorbildern orientierte. Das sieht man schon architektonisch am Campanile und dem hohen dreischiffigen Langhaus, aber auch an der Ausstattung im Inneren der Kirche, denn die Apsis schmückt ein Mosaik des 13. Jh. aus San Cipriano bei Venedig. Es zeigt Christus zwischen Maria und Johannes sowie Heilige und Erzengel.

Im Zentrum der Parkanlage steht **Schloss Sanssouci** (Besichtigung nur mit Führung; Damenflügel im Schloss und Normannischer Turm auf dem Ruinenberg dahinter Mai–Okt. Sa/So 10–18 Uhr). Wörtlich übersetzt bedeutet Sanssouci ›Ohne Sorge‹ – wie Friedrich II. sein als Sommerresidenz konzipiertes Lieblingsschloss in Zeit seines Lebens unerfüllter Hoffnung nannte. Georg Wenzeslaus von Knobelsdorff hatte das ›Preußische Versailles‹ nach Plänen des Königs 1745–47 in beschwingtem Rokoko errichtet. Alle seine von Pracht und Eleganz geprägten Räume sind original wie im 18. Jh. ausgestattet, die Wände schmücken Meisterwerke von Watteau (*Fêtes galantes*), Panini und Pesne. Besonders beeindruckend sind der runde Marmorsaal im Zentrum, das reich mit Gold und Stuck geschmückte Musikzimmer sowie das mit naturalistischen Malereien und Reliefs ausgestattete *Voltaire-Zimmer* im Damenflügel.

Nach Osten hin grenzt die 1755–64 entstandene barocke **Bildergalerie** (Mai–Okt Di–So 10–18 Uhr) an den Hauptbau des Schlosses. In ihrem lang gestreckten, goldglänzenden Saal mit überkuppelter Mitte sind Werke niederländischer, italienischer und französischer Barockmalerei versammelt. Westlich von Sanssouci hatte Friedrich der Große 1771 die einstige Orangerie zu den **Neuen Kammern** (April Mi–Mo 10–18, Mai–Okt. Di–So 10–18, Nov.–März Mi–Mo 10–17 Uhr) ausbauen

Auf Schloss Sanssouci wollte Friedrich der Große nach seiner Façon glücklich werden

Mit dem Neuen Schloss wollte Friedrich der Große beweisen, dass mit Preußen zu rechnen war

lassen, die als Gästepalais dienen sollten. Es entstanden prächtige Festsäle wie der Jaspissaal und die Ovidgalerie im späten friderizianischen Rokoko sowie kostbar gestaltete Gästeappartements.

Berühmt ist der Blick von Süden auf Schloss Sanssouci, das sich in dieser Gartenansicht harmonisch über sechs **Weinbergterrassen** erhebt. Von der Großen Fontäne am Fuß des Hangs führt die von Maulbeerbäumen gesäumte Hauptallee 2 km schnurgerade durch den Park westwärts, direkt auf das **Neue Palais** (bis April 2012 geschl., dann April–Okt. Mi–Mo 10–18, Nov.–März 10–17, Königswohnung April–Okt. Mi–Mo nur mit Führung 10, 12, 14 und 16, Pesne-Galerie April–Okt. Sa/So 10–18 Uhr) zu. Friedrich II. ließ den gewaltigen Bau mit der 55 m hohen, grünpatinierten Tambourkuppel ab 1763, unmittelbar nach Ende des Siebenjährigen Krieges, errichten, um die ungebrochene Finanzkraft Preußens zu demonstrieren. Sandsteinstatuen von Göttern und Halbgöttern schauen von der Balustrade herab, im Inneren des Palais öffnen sich reich ausgestattete Festsäle und Galerien. Besonders beeindruckend ist der mit Mineralien, Muscheln und Korallen gestaltete Grottensaal.

Einen reizvollen Blick über Park Sanssouci gewährt der Klausberg im Norden der Hauptallee. Seine Höhe nimmt der kleine zweigeschossige Kuppelrundbau des **Belvedere** (Mai–Okt. Sa/So 10–18 Uhr)

ein. Von hier aus führt ein Nebenweg leicht abwärts zurück nach Sanssouci. Etwa auf halber Höhe liegt das gut 300 m lange **Orangerieschloss** (nur mit Führung April Sa/So 10–18, Mai–Okt. Di–So 10–17 Uhr), das der architekturbegeisterte Friedrich Wilhelm IV. in Auftrag gab. Es wurde 1851–64 nach dem Vorbild italienischer Renaissancevillen erbaut. Das künstlerische Highlight ist der Raffael-Saal mit mehr als 50 Kopien von Werken des namengebenden Florentiner Malers der Hochrenaissance.

Fast gegenüber der Orangerie, wenn auch in einiger Entfernung im südlichen

Alexander von Humboldt wohnte zeitweise im Zeltzimmer auf Schloss Charlottenhof

An ein toskanisches Landhaus erinnern die Römischen Bäder im Park von Sanssouci

Teil des Parks, erbauten Karl Friedrich Schinkel und Ludwig Persius 1826–29 für den damaligen Kronprinzen Friedrich Wilhelm und seine Frau Elisabeth Ludovi-

Von Potsdam an die Seen

Potsdam könnte man auch als Insel bezeichnen, denn die Stadt liegt inmitten der **Havelseen**, die die Havel und ihre Nebenarme ausbilden. Bei stimmungsvollen Bootsfahrten kann man die Potsdamer Kulturlandschaft rings um die Stadt bequem vom Wasser aus erkunden (Weiße Flotte und Havel Dampfschifffahrt, Tel. 0331/ 275 92 10, www.schiffahrt-in-potsdam. de). Zum Beispiel am **Schwielowsee** das kleine Strandbad **Caputh**, das ein vom Großen Kurfürsten erbautes Schloss und das schlichte Haus von Albert Einstein zu bieten hat. Oder **Petzow**, dessen Schloss, Park und Kirche ein bezaubernd ländliches Ensembles aus der ersten Hälfte des 19. Jh. bilden. Per Schiff geht es auch bis **Werder**, das vor allem während der Baumblüte eine Reise wert ist, in **Sacrow** kann man das Gutsschloss und die Heilandskirche besichtigen. Wer lieber selbst aktiv wird, findet zum Angeln, Segeln, Surfen und Paddeln auf und an den Seen rund um Potsdam ebenfalls zahlreiche Möglichkeiten.

ka von Bayern das klassizistische **Schloss Charlottenhof** (Ostertage und Mai–Okt. Di–So 10–18 Uhr). Das weiße Schlösschen liegt inmitten eines von Peter Joseph Lenné liebevoll gestalteten Gartens. Im Schlossinneren kann man original erhaltene Räume wie die Schreibkabinette des Kronprinzenpaares und das mit Leinwandbahnen ausgeschlagene Zeltzimmer besichtigen. Der Besuch des malerischen Gebäudeensembles der nahen **Römischen Bäder** (Mai–Okt Di–So 10–18 Uhr) ist ebenfalls ein Muss. Die lauschige Anlage an einem Teich entstand ab 1829 und ist im Kern einem italienischen Landhaus des 15. Jh. nachgebildet. Daran schließen sich auf der einen Seite ein Pavillon in Gestalt eines griechischen Tempels an, auf der anderen der Nachbau einer römischen Villa, die u. a. den namengebende Baderaum beherbergt.

Ein Abstecher zum **Chinesischen Teehaus** (Mai–Okt. Di–So 10–18 Uhr) im Rehgarten rundet den Besuch von Sanssouci ab. Friedrich II. hatte den kleinen Gartenpavillon 1755–64 erbauen lassen. Damals wie heute zieren vergoldete Säulen und Sandsteinfiguren Tee trinkender, geselliger Menschen die kleeblattförmig ausgreifenden Veranden um den kreisrunden Zentralbau. Auf dem Dachtambour thront unübersehbar die ebenfalls vergoldete Sitzstatue eines Chinesen mit aufgespanntem Schirm. Innen birgt der Rokokopavillon Meißener und ostasiatisches Porzellan.

ℹ️ Praktische Hinweise

Information

Tourist-Information Potsdam, Brandenburger Str. 3 (Am Brandenburger Tor),
14467 Potsdam, Tel. 03 31/27 55 80,
www.potsdam.de

Hotel

Zum Hofmaler, Gutenbergstr. 73, Potsdam, Tel. 03 31/73 07 60, www.hofmaler-
hotel-potsdam.de. Das Hotel in einem
typischen Backsteinhaus inmitten des
Holländischen Viertels bietet 17 Zimmer
und Suiten, funktional eingerichtet, aber
auch mit barocken Anklängen.

Restaurants

Friedrich-Wilhelm, Im Wildpark 1 (im
Hotel Bayerisches Haus), Potsdam, Tel.
03 31/550 50, www.bayerisches-haus.de.
Die sterngekrönte Gourmetküche im
Potsdamer Wildpark bietet von lackier-
tem Steinbutt über Champagnerkutteln
bis Erbsenfagottini etwas für jeden – erlesenen – Geschmack (Di–Sa ab 18 Uhr).

*Ein goldiges Kerlchen ist der Chinese auf dem
Dach des Chinesischen Teehauses*

Meierei-Brauhaus, Im Neuen Garten 10,
Potsdam, Tel. 03 31/704 32 11, www.meie
rei-potsdam.de. Brandenburger Küche
am Jungfernsee (Nov.–März geschl.).

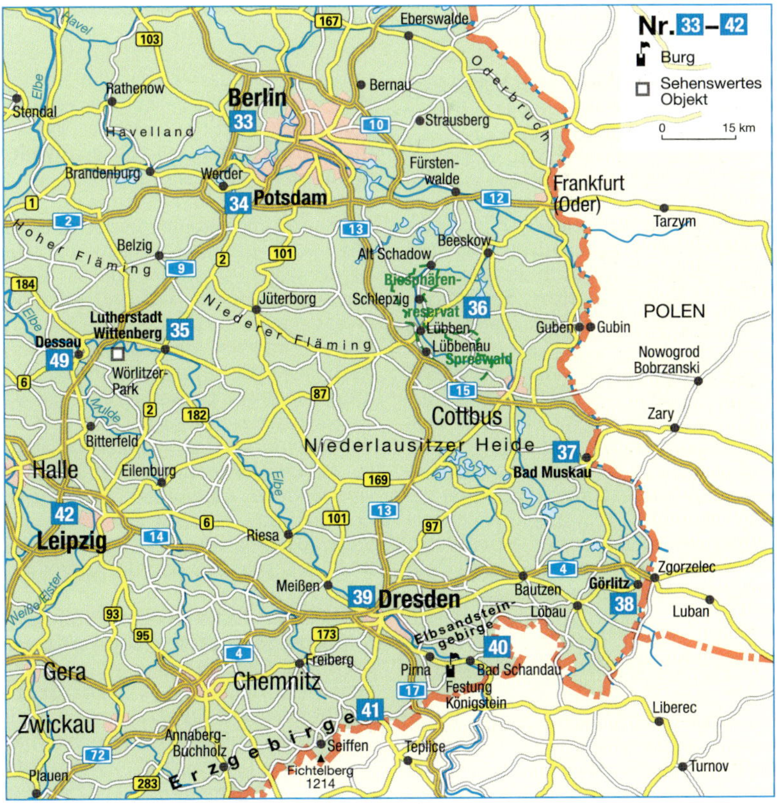

Schmucke Bürgerhäuser und das Rathaus rahmen den Wittenberger Markt, den die Statuen der Reformatoren Martin Luther und Philipp Melanchthon überblicken

35 Lutherstadt Wittenberg

In dem früheren kurfürstlichen Residenzstädtchen ist der Reformator Martin Luther allgegenwärtig.

Wittenberg (49 000 Einw.) an der Elbe wurde 1180 erstmals urkundlich erwähnt, blühte aber erst im 16. Jh. als **Residenzstadt** Kurfürst Friedrichs des Weisen (1463–1525) auf. Er gründete hier 1502 die *Universität Leucorea*, rief 1504 die Augustiner-Eremiten in die Stadt und holte 1505 Lucas Cranach d. Ä. (1472–1553) als Hofmaler nach Wittenberg. Vor allem aber hielt er – auch um seinem Widersacher, Kaiser Karl V., zu schaden – seine Hand schützend über **Martin Luther** (1483–1546), der 1508 noch als Augustinermönch sein Theologiestudium an der Wittenberger Universität aufgenommen hatte und seitdem hier lebte. Dem ernsthaften Priestermönch schienen Ablasshandel und andere Praktiken der römischen Kirche wenig gottgefällig. So verfasste Luther **95 Thesen**, die er – geschichtlich nicht verbürgt – am 31. Oktober 1517 an das nördliche Hauptportal der Schlosskirche zu Wittenberg geschlagen haben soll. Noch heute weht durch die kopfsteingepflas-

terten Altstadtgassen der Lutherstadt Wittenberg das Flair von Renaissance und Reformation, umso mehr, als die **Luthergedenkstätten** seit 1996 zum **Weltkulturerbe** der UNESCO gehören.

Begraben liegt der Reformator unter der Kanzel der Wittenberger **Schlosskirche** (www.schlosskirche-wittenberg.de, So ab 11.30, Ostern–Okt. Mo–Sa 10–18, Nov.–Ostern Mo–Sa 10–16 Uhr). Während an das eigentliche Schloss nur eine preußische Zitadelle von 1814–19 erinnert, blieb die Kirche erhalten. Der Innenraum zeigt seit seiner Umgestaltung 1884–92 die Formen des Historismus. Ebenfalls im 19. Jh. wurde das Thesenportal eingefügt. In der **Zitadelle** am Schlossplatz sind verschiedene städtische Sammlungen untergebracht. So zeigt das *Natur- und Völkerkundemuseum* (Tel. 034 91/43 34 96, Di–So 9–17 Uhr) Exponate der Sammlung Julius Riemer, darunter auch ein Modell des Urvogels Archaeopteryx.

Von der Schlosskirche führt die Coswiger Straße zum Markt, den das repräsentative *Renaissancerathaus* und einige relativ bescheidene Bürgerhäuser säumen. Die dahinter aufragenden Doppeltürme gehören zu Luthers frühgotischer Predigtkirche **St. Marien** (www.stadtkirchen

gemeinde-wittenberg.de, So ab 11.30, Ostern–Okt. Mo–Sa 10–18, Nov.–Ostern 10–16
Uhr) empor. Auf ihrem *Reformationsaltar*
(1547) versuchte Lucas Cranach d. Ä., die
katholische durch eine protestantische
Ikonografie zu ersetzten, indem er Luther,
Melanchthon und sich selbst abbildete.

Die Collegienstraße führt vorbei am
Melanchthonhaus (Tel. 034 91/40 32 79,
www.martinluther.de, April–Okt. tgl. 10–
18, Nov.–März Di–So 10–17 Uhr), das an
den zweiten großen Reformator der Stadt
erinnert. Das Anwesen Collegienstr. 54 war
einst das Kloster der Augustiner-Eremiten.
Friedrich der Weise schenkte es Luther, der
hier 1524–44 lebte. Heute macht dieses **Lutherhaus** (Tel. 034 91/420 30,
www.martinluther.de, April–Okt.
tgl. 9–18, Nov.–März Di–So 10–17 Uhr) mit
der Biografie des Reformators vom Blitz-
erlebnis bis zu seinem Tod vertraut, die
Lutherstube ist sogar noch mit Origi-
nalmöbeln eingerichtet. Besonders sehenswert ist das *Katharinenportal* aus
Sandstein mit Lutherrose, das Katharina
von Bora ihrem Ehemann Martin 1540
geschenkt haben soll.

TOP TIPP

*König Friedrich Wilhelm IV. stiftete das The-
senportal der Wittenberger Schlosskirche*

ℹ Praktische Hinweise

Information

Wittenberg Information, Schlossplatz 2,
06886 Wittenberg, Tel. 034 91/49 86 10,
www.lutherstadt-wittenberg.de

*Eine Pilgerstätte nicht nur deutscher Protes-
tanten ist die Schlosskirche von Wittenberg*

Hotel

Schwarzer Bär, Schlossstr. 2, Lutherstadt
Wittenberg, Tel. 034 91/420 43 44,
www.stadthotel-wittenberg.de. Indivi-
duell eingerichtete Gästezimmer in Drei-
Sterne-Haus in bester Lage zwischen
Schloss und Marktplatz.

Von Lübbenau aus kann man die weit verzweigten Fließe der Spree auf Holzkähnen erkunden

36 Spreewald

Das wasserreiche Land der Sorben ist wie geschaffen für Kahnfahrten unter grünem Blätterdach.

Etwa 100 km südöstlich von Berlin verzweigt sich die Spree samt den beiden Zuflüssen Malxe und Berste auf etwa 75 km Länge und bis zu 16 km Breite in ein fein verästeltes Netz von sog. *Fließen* und fast stehenden Gewässern. Die uralten Auenwälder des **Spreewaldes** säumen dieses insgesamt rund 1500 km umfassende *Fließsystem,* das es den Menschen von jeher schwer machte, an seinen sumpfigen Ufern Platz für Ackerbau oder Viehzucht zu finden. Umso ungestörter gedieh hier eine reiche Pflanzen- und Tierwelt, und noch heute stoßen aufmerksame Besucher zwischen Sumpfdotterblumen und Hahnenfuß auf Bekassine, Rotbauchunke oder die seltene Libellenart der Grünen Mosaikjungfer. Auch Fischotter, hier Wassermarder genannt, fühlen sich im Spreewald wohl. So bedeutend ist diese Naturlandschaft, dass sie 1991 als **Biosphärenreservat** (Infozentrum Alte Mühle / Naturwacht Unterspreewald, Dorfstr. 52, Schlepzig, Tel. 03 54 72/648 98) unter den besonderen Schutz der UNESCO gestellt wurde.

Im 5. Jh. besiedelte der slawische Stamm der **Sorben** (Wenden) die Region. Noch heute leben etwa 60 000 Angehörige dieses als nationale Minderheit anerkannten Volkes in der Lausitz. Sie kultivierten das wasserreiche Land, bauten Blockhäuser und Brücken und vernetzten viele Gewässerarme mit Kanälen, um sich in ihrer wasserreichen Heimat besser fortbewegen zu können.

Deshalb reist man auch auf sorbischen Spuren, wenn man den Spreewald vom Wasser aus erkundet, entweder im **Paddelboot** oder mit einem der regionaltypischen flachen, kiellosen **Holzkähne,** die mit dem *Rudel*, einer bis zu 4 m langen Stange, gestakt werden. Daneben gibt es auch ausreichend festes Land, sodass Wanderer, Radfahrer und Reiter ebenfalls auf ihre Kosten kommen. Um angesichts der gerade im Sommer allgegenwärtigen Mücken nicht die Freude am Spreewald zu verlieren, sollte man mit Insektenspray gut versorgt sein.

Schlepzig

Im **Unterspreewald** mit seinen ausgedehnten, oft naturbelassenen Erlen- und Buchenwäldern liegt Schlepzig (700 Einw., www.schlepzig.com). Der Name des von der Spree und einigen Fließen durchzogenen Fachwerk-Dorfes kommt vom sorbischen Wort ›Sloupisti‹ für ›Pfahl‹, denn die ersten Häuser in der ursprünglich sumpfigen Gegend wurden auf Holzpfählen errichtet. Vom kleinen **Fährhafen** in der Dorfmitte starten die Spreewaldkähne zu Fahrten durch die Kanäle des Unterspreewalds. In einem nahen Fachwerkhaus von 1818 zeigt das **Bauernmuseum** (Dorfstr. 26, Tel. 03 54 72/ 225, www.bauernmuseum-schlepzig.de, April–Okt. Di–So 10–16, Nov.–März Di–Fr 10–16 Uhr) landwirtschaftliche Gerätschaften und häusliches Zubehör der Spreewaldbewohner.

Lübbenau

Das sorbische *Lubnjow* (17 000 Einw., www.luebbenau.de) ist der Geburtsort des Spreewald-Tourismus. Schon 1882 hatte ein findiger Lübbenauer erstmals **Kahnfahrten** für Ausflügler aus Berlin angeboten. Eine der schönsten, mit einer Dauer von ca. acht Stunden auch längsten Routen führt vom kleinen Lübbenauer Hafen in den Hochwald, in dem mächtige Erlen die Gewässer flankieren.

In Lübbenau selbst rahmen freundliche Bürgerhäuser den idyllischen **Marktplatz** ein, auf dem eine *Postmeilensäule* von 1740 Ziele in Sachsen anzeigt. Das *Torhaus* am *Topfmarkt* beherbergt das **Spreewaldmuseum** (Tel. 035 42/24 72, www.museums-entdecker.de, April–Okt. Di–So 10–18, Nov.–März 12–16 Uhr) mit Exponaten zu slawischer und sorbischer Kultur. Auch Zeugnisse regionaler Handwerkskunst sind zu sehen.

Etwa 2 km von Lübbenau entfernt steuert das **Freilandmuseum Lehde** (April–Sept. tgl. 10–18, Okt. 10–17 Uhr) dem Museumsverbund des Landkreises drei vollständig erhaltene altwendische Bauernhöfe bei. Hier kann man beim Bau eines Spreewaldkahnes zusehen oder im Kräutergarten Heilpflanzen studieren. Man erreicht die Anlage entweder durch den hübschen Schlosspark von Lübbenau – das klassizistische Schloss selbst beherbergt mittlerweile ein Hotel –, auf einer Kahnfahrt von Lübbenau aus oder ganz prosaisch mit dem Auto.

ℹ️ Praktische Hinweise

Information
Spreewald-Touristinformation, Ehm-Welk-Str. 15, 03222 Lübbenau/ Spreewald, Tel. 035 42/36 68, www.spreewald-online.de

Haus für Mensch und Natur Lübbenau, Informationszentrum Biosphärenreservat, Schulstr. 9, 03222 Lübbenau, Tel. 035 42/892 10

Restaurant
Landgasthof zum Grünen Strand der Spree, Dorfstr. 53/56, Schlepzig, Tel. 035 472/66 20, www.spreewald brauerei.de. Verfeinerte Spreewälder Küche mit Schwerpunkt auf Fisch- und Wildspezialitäten. Anbei lädt das zugehörige ruhige Hotel an der Spree zum Verweilen ein.

37 Bad Muskau

Ein Park als Vermächtnis – im Tal der Neiße schuf Fürst Pückler-Muskau eine grüne Ideallandschaft.

Bad Muskau (4000 Einw.) an der Lausitzer Neiße nahe der Grenze zu Polen war im 18. Jh. Kern der größten Standesherrschaft des Reiches. So standen dem Landesherrn Fürst **Hermann von Pückler-Muskau** (1785–1871) erhebliche Mittel zur Verfügung, um seine hochfliegenden Park-Pläne zu verwirklichen. Der Exzentriker, Abenteurer, Frauenliebhaber, Offizier, Schriftsteller und Landschaftsarchitekt wollte Muskau ›durch einen herrlichen und großen Garten verschönern‹. Deshalb ließ er nach intensiven Studien in England ab 1815 den Lauf der Neiße ver-

Mit der Waldeisenbahn durch die Lausitz

Die Waldeisenbahn Muskau (www. waldeisenbahn.de) ist eine 600 mm-**Schmalspurbahn**, die ab 1895 im Umland der Städte Bad Muskau und Weißwasser gebaut wurde, um die dortigen Industrien mit Holz, Braunkohle und Ton zu versorgen. Von dem einst mehr als 50 km umfassenden Schienennetz war jedoch bei Stilllegung der Strecke 1979 nur noch die 12 km lange Betriebsstrecke der Ziegelei Weißwasser geblieben. 1992 wurde die Strecke Weißwasser-Kromlau als Freizeitvergnügen in Betrieb genommen, zwei Jahre später dampfte zum Vergnügen von Einheimischen und Gästen auch zwischen Weißwasser und Bad Muskau wieder eine historische Lok.

ändern, Dörfer verlegen, Bäume pflanzen und Hügel aufschütten. Das Ergebnis war zum einen der **Muskauer Park** (www.muskauer-park.de), mit 830 ha größter Landschaftspark Deutschlands, zum anderen der Bankrott Pücklers, der 1845 seine Standesherrschaft verkaufen musste, um seine enormen Schulden bezahlen zu können.

Seit die Neiße die Grenze zwischen Deutschland und Polen bildet, liegt der Park zu einem Drittel auf deutschem, zu zwei Dritteln auf polnischem Gebiet. Dank einer Fußgängerbrücke kann man aber problemlos zwischen den beiden Teilen wechseln. Der gesamte Park zählt seit 2004 zum UNESCO Weltkulturerbe. Großen Schaden nahm er jedoch beim Neißehochwasser im August 2010. Die Parkgebäude waren damals durch Dämme aus Sandsäcken geschützt worden.

So blieb am Eingang zum Park das aus dem 14. Jh. stammende und 1965 wiederaufgebaute **Alte Schloss** erhalten, wohl eher ein erweiterter früherer Torbau. Ein echter Palast ist das **Neue Schloss** (Schlossstraße, Besucherinformation im Schlossvorwerk, Tel. 03 57 71/631 00, April–Okt. tgl. 10–18, Nov.–März 10–17 Uhr) nahebei. Im Südflügel des prächtig restaurierten Renaissancebaus von 1520 dokumentiert eine Ausstellung das Leben Fürst Pücklers. Auch **Bade-** und **Bergpark**, mit *Kavaliershaus* und der in maurischem Stil erbauten Orangerie, befinden sich auf der deutschen Seite der Neiße. Östlich der Neiße liegen **Unterpark**, **Arboretum** und die **Braunsdorfer Felder**.

Der rührige Fürst Pückler-Muskau nutzte noch weitere natürliche Ressourcen, um aus seiner Stadt etwas Besonderes zu machen, nämlich eine **Heilquelle** und die **Moorvorkommen** der Region. Mit beiden ließ er hier die ersten Kuren durchführen. Seit 2001 wird zudem **Thermalsole** aus 1600 m Tiefe gefördert. Die Sole hat eine Austrittstemperatur von 44 °C und 24 % Salzgehalt, ein wahrer Jungbrunnen für die menschliche Haut.

 Praktische Hinweise

Information
Bad Muskau Touristik, Schlossstr. 6 (Altes Schloss), 02953 Bad Muskau, Tel. 03 57 71/504 92, www.badmuskau.info

Hotel
Parkstadthotel, Schulstr. 45, Bad Muskau, OT Köbeln, Tel. 03 57 71/68 60, www.park stadthotel.de. Nettes kleines Hotel mit 16 Gästezimmern am Waldrand. Massivholzmöbel, Kaminzimmer, Ferienhäuser.

38 Görlitz

Renaissancearchitektur macht die Stadt an der Neiße zum Juwel.

Das sächsische Görlitz (56 000 Einw.) liegt in der Oberlausitz an der Neiße und ist die **östlichste Stadt Deutschlands**. Der Geburtsort des Fußballspielers Michael Ballack (*1976) verzaubert Besucher mit seiner von Bauten aus Spätmittelalter

Das Neue Schloss im Park von Muskau ließ Graf Pückler nach seinen Vorstellungen umbauen

Blick vom polnischen Zgorzelec hinüber nach Görlitz, der östlichsten Stadt Deutschlands

und Renaissance geprägten **Altstadt**, die zu den schönsten Mitteleuropas zählt.

Im Jahr 1071 fand Görlitz erstmals Erwähnung in einer Urkunde Kaiser Heinrichs IV., der die Siedlung an das Bistum Meißen übereignete. 1303 erwarb das am Handelsweg zwischen Krakau und Leipzig gelegene Görliz das Stadtrecht. Insbesondere der Handel mit Tuch und dem aus der Waid-Pflanze gewonnenen blauen Farbstoff sorgten im Mittelalter für Wohlstand. Während der Industrialisierung im 19. Jh., die Görlitz einen enormen Aufschwung brachte, dehnte sich die Stadt auch auf die andere Seite der Neiße aus. Der Zweite Weltkrieg machte Görlitz zur geteilten Stadt, da der Fluss nun die Grenze zwischen Deutschland und Polen markierte. Seither heißen die polnischen Ortsteile östlich des Flusses *Zgorzelec*. Zwei Brücken verbinden die Schwesterstädte diesseits und jenseits der Neiße.

Die Kirche zu **St. Peter und Paul**, kurz **Peterskirche** genannt, dominiert die Altstadt. Das zunächst spätromanische Gotteshaus avancierte 1372 zur Hauptkirche, weshalb man sie 1423–97 in gotischem Stil fünfschiffig ausbaute. Die zwei erst 1891 angefügten neogotischen Kirchtürme überragen das grünpatinierte Dach des mächtigen Haupthauses nur wenig. Nach einem Brand 1691 ließ die Gemeinde das Kircheninnere barockisieren und die gewaltige Sonnenorgel einbauen (neu 1995–2006).

Über die Peterstraße kommt man zum **Untermarkt**, dem Herzstück der alten Stadt, umringt von bedeutenden Patrizierhäusern. In der *Börse*, einem früheren Kaufhaus von 1706 in der Platzmitte, kann man mittlerweile stilvoll nächtigen. Die gesamte Westseite beherrscht die imposante Fassade des 1369 erstmals erwähnten **Rathauses**. Auffällig ist neben einer seitlichen Freitreppe die sogenannte *Verkündkanzel* (1537/38), vor der seit 1591 die Säulenskulptur der *Justitia* den Sitz des Ratsgerichts markiert. Am Rathausturm zeigen gleich zwei Uhren die Zeit an. Die untere Stundenuhr wurde im Jahr 1584 mit der älteren Mondphasenuhr darüber verbunden.

An der Nordostecke des Platzes sieht man eine ähnliche Doppelung, hier sind zwei Sonnenuhren in die Renaissancefassade (1558) der **Ratsapotheke** integriert. Nicht weit davon befindet sich das wundervoll restaurierte **Barockhaus** (Neißstr. 30, www.museum-goerlitz.de, Di–So 10–17 Uhr) aus dem 18. Jh. Neben der hier beheimateten Abteilung des Kulturhistorischen Museums Görlitz ist im ersten Obergeschoss zudem die Bibliothek der Oberlausitzischen Gesellschaft der Wissenschaften (www.olgdw. de) untergebracht. Die Büchersammlung ist ein kulturhistorisches Zeugnis ersten Ranges, denn die Werke spiegeln die Geisteswelt ihrer Entstehungszeit, des späten 18. Jh.

Im Görlitzer Schönhof ist das sehenswerte Schlesische Museum zu Hause

Völlig zu Recht trägt das Haus am Untermarkt, in dem das **Schlesische Museum** (Brüderstr. 8, Tel. 03581/879 10, www. schlesisches-museum.de, Di–So 10–17 Uhr) seine Schätze zeigt, den Namen *Schönhof*. In den Ausstellungsräumen des auch kulturgeschichtlich bedeutenden Renaissancebaus von 1526 begibt sich der Besucher auf eine Reise durch die Geschichte Schlesiens, dessen wechselnde Herrscher – Habsburger, Preußen, Polen – in Politik, Kunst und Kultur ihre Spuren hinterließen.

An ihrem westlichen Ende mündet die Brüderstraße in den lang gezogenen **Obermarkt**, in dessen Mitte der **Georgsbrunnen** von 1590 mit dem steinernen Abbild eines ›Görlitzer Stadtknechts‹ steht. Nicht weit davon birgt die **Dreifaltigkeitskirche** (13.–16. Jh.) hinter ihrer hohen gelb-weißen Fassade u. a. einen barocken Prunkaltar. Das schöne Barockhaus mit der Hausnummer 29 heißt **Napoleon-Haus**, weil von seinem Balkon aus Napoleon Bonaparte anno 1813 seine Truppen inspizierte.

Zur Zeit Napoleons hatte die 1490 erbaute *Große Pastey am Reichenbacher Tore* am heutigen Platz des 17. Juni längst ihre Verteidigungsfunktion eingebüßt. Ihren Namen **Kaisertrutz** (Tel. 03581/ 671355, www.museum-goerlitz.de, Sa–Do 10–18, Fr 10–20 Uhr) erhielt die mächtige runde Bastion 1641, als die Stadt im Dreißigjährigen Krieg den kaiserlichen Truppen trotzte. Ihre beiden durch Arkaden verbundenen Vierecktürme kamen beim Umbau zur Hauptwache der preußischen Garnison ab 1848 hinzu. Für die Sächsische Landesausstellung 2011 war der Bau grundlegend saniert worden. Nach der Sonderschau soll auf seinen fünf Stockwerken bis 2013 nach und nach wieder die reiche regional- und stadtgeschichtliche Sammlung des Kulturhistorischen Museums Görlitz Platz finden.

Weiter südlich ist das 1912–13 erbaute **Görlitzer Warenhaus** (An der Frauenkirche 5–7) eines der wenigen erhaltenen Kaufhaus-Gebäude aus der Zeit des Jugendstil in Skelettkonstruktion. Architekt Carl Schmans hatte sich am Berliner Kaufhaus Wertheim orientiert. Außen- und

Triumphbögen des Wissens – Bibliothek der Wissenschaften im Barockhaus von Görlitz

Das Volk der Sorben

Die ›Gesellschaft für bedrohte Völker‹ vertritt religiöse und ethnische Minderheiten auf der ganzen Welt: am Amazonas, am Tigris – und auch an der Lausitzer Neiße, dem Grenzfluss zwischen Deutschland und Polen. Zwar sind die Sorben (Wenden) längst keinen Verfolgungen mehr ausgesetzt wie unter preußischer Herrschaft und während des Dritten Reichs, als die sorbische Sprache verboten und sorbische Bräuche wie das Osterreiten untersagt waren. Vielmehr sind sie in Deutschland als nationale Minderheit anerkannt, in Lübbenau/Lubinjow oder Weißwasser/Běła Woda findet man sogar zweisprachige Orts- und Straßenschilder in Sorbisch und Deutsch. Doch die Mehrheitskultur übt quasi unterschwellig einen erheblichen Assimilationsdruck aus, sodass sorbische Sport- und Musikvereine trotz regen Zulaufs Mühe haben, die alten Traditionen zu bewahren.

60 000–70 000 Sorben leben heute in Brandenburg und Sachsen, die meisten von ihnen im Spreewald und in der Lausitz. Um das 5. Jh. kam der Stamm vom Schwarzen Meer her ins heutige Deutschland. Die Sorben besitzen mit dem Nieder- und Obersorbisch eine eigene, dem Polnischen bzw. dem Tschechischen verwandte Sprache. Von den althergebrachten wendischen Trachten sind vor allem die aufwändigen Frauengewänder mit spitzenbesetzten Schürzenbändern, bunten Tüchern und hohem Kopfschmuck bekannt. Zur sorbischen Kultur gehören auch zahlreiche Legenden und Sagen, die das Leben in den wald- und wasserreichen Niederungen zwischen den Städtchen Lübben und Bautzen wiederspiegeln.

Eine sehr gut ausgestattete und liebevoll präsentierte Einführung in Geschichte und Kultur der Sorben bietet das **Sorbische Museum** (Tel. 035 91/ 270 87 00, www.museum.sorben.com, April–Okt. Mo–Fr 10–17, Sa/So 10–18, sonst Mo–Fr 10–16, Sa/So 10–17 Uhr) im Salzhaus auf der Bautzener Ortenburg. Ebenfalls in Bautzen ist der **Bund Lausitzer Sorben** zu Hause, der sich selbst *Domowina* (www.domowina.sorben. com) nennt, ›Heimat‹. Im **Haus der Sorben** (www.ski.sorben.com) organisiert er regelmäßig Kulturveranstaltungen.

Innenarchitektur sind weitgehend im ursprünglichen Stil erhalten. Insbesondere beeindrucken der Lichthof mit ornamentiertem Glasdach, in dem frei hängende Treppen die emporeartig angeordneten Verkaufsbereiche erschließen. Bis Juli 2009 war hier ein Hertie-Kaufhaus untergebracht, seitdem sucht die Stadt nach einer neuen Nutzungsmöglichkeit.

Oberlausitzer Heide

Im Norden von Görlitz fließen Spree und Schwarzer Schöps durch die meist flache Oberlausitzer Heide (www.oberlausitz-heide.de). Moore, ausgedehnte Misch- und Dünenwälder sowie viele kleine, von Menschenhand geschaffene *Gewässer* prägen die dünn besiedelte Landschaft. Insgesamt sollen es mehr als 1000 Teiche und Seen sein, die die Menschen hier im Laufe der Jahrhunderte zur Fischzucht anlegten. Seit 1994 stehen etwa 30 km^2 zwischen Wartha und Petershain als **Biosphärenreservat Oberlausitzer Heide- und Teichlandschaft** (www.biosphae renreservat-oberlausitz.de) unter besonderem Schutz. Einen guten Eindruck gewinnt man bei einem Spaziergang auf dem 8 km langen **Naturerlebnispfad** um die *Guttauer Teiche* und den *Olbasee* nordöstlich von Bautzen. Im Gegensatz zu den meisten anderen Seen der Region entstand der Olbasee nicht zur Fischzucht, sondern bei der Flutung eines in Brand geratenen Braunkohlebergwerks.

Im Norden schließt sich die **Muskauer Heide** an, ein ausgedehntes *Binnendünengebiet*, das in weiten Teilen von Kie-

fern, Birken und mitunter auch Eichen bestanden ist. Zugleich zeugen immer wieder tiefe Gruben vom Braunkohleabbau, etwa bei Nochten. Ende des 20. Jh. wanderten hier mehrere Wolfsrudel von Polen her ein. Auf ihre Spuren kann man sich bei geführten Touren (Luzica – Naturerlebnis Lausitz, Hammer 3, Neustadt, Tel. 03 57 27/500 37, www.luzica.de) begeben – begegnen wird man den scheuen Tieren aber wohl nicht.

ℹ️ Praktische Hinweise

Information
Görlitz Information & Tourist Service, Obermarkt 32, 02826 Görlitz, Tel. 035 81/ 475 70, www.goerlitz.de

Hotel
Romantik-Hotel Tuchmacher, Peterstr. 8, Görlitz, Tel. 035 81/473 10, www. tuchmacher.de. Familiengeführtes Stadthotel in einem modern umgebauten Renaissance-Bürgerhaus von 1528 mit hübschem Innenhof. Zwei Restaurants.

39 Dresden

Dresdens prachtbarocke Altstadt an der Elbe ist weltberühmt.

Die Bezeichnung **Elbflorenz** für die sächsische **Landeshauptstadt** Dresden (523 000 Einw.) prägte Johann Gottfried Herder in seiner 1802 erschienen Beschreibung der ›Kunstsammlungen in Dresden‹. Dazu inspirierte den Dichter die malerische Lage Dresdens inmitten des hier breiten Elbtals, die sanft hügelige Landschaft an beiden Ufern und die **barocke Hofarchitektur** der Stadt, die für Herder ›gleichsam Stein gewordene Musik‹ war.

Den Grundstein dazu legten im beginnenden 13. Jh. die **Meißener Markgrafen**. Sie bauten damals auf einer Erhöhung am Elbufer zum Schutz einer viel benutzten Furt nahe des sorbischen Dorfes *Drezdany* eine Burg, um die sich bald Händler niederließen. Im Jahre 1485 erkoren die **Wettiner** Dresden zu ihrer **Residenz**. In der Folge erlebte die Stadt eine

Historische Dampfschiffe paradieren auf der Elbe in Dresden

Der **Zweite Weltkrieg** setzte dem Gedeihen Dresdens ein jähes Ende. In den Nächten des 13.–15. Februar 1945 bombardierten *Fliegerverbände der Alliierten* die Stadt und zerstörten das Zentrum und weite Teile der Vorstädte fast vollständig. Mindestens 25 000 Menschen verloren dabei ihr Leben. Bis in die Gegenwart sind die Folgen dieses **Bombardements** in der Stadt sichtbar, wenngleich eine gewaltige Renovierungsanstrengung die Mehrzahl der historischen Gebäude wiedererstehen ließ. Höhepunkt der **Rekonstruktion** der Silhouette Dresdens war die Weihe der wiederaufgebauten Frauenkirche am 30. Oktober 2005. Bereits 2004 hatte die UNESCO die historische *Innenstadt* mit ihren kunstvollen Barockbauten und Parks sowie das 18 km lange Teilstück des *Elbtals* zwischen Schloss Pillnitz im Osten und Schloss Übigau mit seiner im 18./19. Jh. geschaffenen Kulturlandschaft zum **Weltkulturerbe** erklärt. Dieser Titel wurde aber im Jahr 2009 wieder aberkannt, da Dresden auf dem Bau der viel kritisierten vierspurigen Waldschlösschenbrücke an der breitesten Stelle der innerstädtischen Elbtalauen bestand.

Desungeachtet prangt Dresdens Silhouette in neuem alten Glanz, dominiert von der markanten glockenförmigen Kuppel der **Dresdner Frauenkirche** (Tel. 03 51/65 60 61 00, www.frauenkirche-dresden.de, Mo–Fr 10–12 und 13–18, Sa meist 10–12 und 13–16, So meist 12.30–13.30 und 20–21.30 Uhr) am *Neumarkt*. Das zum ersten Mal 1726–43 errichtete, 1945 völlig zerstörte und 1994–2005 detailgetreu wieder aufgebaute barocke Gotteshaus steht heute als eindrucksvolles Symbol für das Überwinden von Gewalt und Zerstörung sowie als Mahnmal für Frieden und Völkerverständigung. Die dunkleren Sandsteine im Mauerwerk stammen noch vom Originalbau. Mit dem 95 m hohen monumentalen Zentralbau über quadratischem Grundriss war Ratszimmermann George Bähr ein Meisterwerk barocker Sakralbaukunst gelungen, sowohl im äußeren *Gesamtbild* als auch in der *Innenraumgestaltung* mit der zentralen Anordnung von Kanzel, Taufstein, Altar und Orgel. Es lohnt sich auch zur 67 m hoch gelegenen *Aussichtsplattform* um die Kuppel (Eingang G, März–Okt. Mo–Sa 10–18, So 12.30–18, Nov.–Febr. jew. bis 16 Uhr) emporzu-

erste Blüte, zumal die Fürsten 60 Jahre später die Kurwürde erhielten und der Hof die Entwicklung der Künste nachhaltig förderte. Bereits 1548 regte Moritz von Sachsen die Gründung der *Hofcantorey* an, eines Vorläufers der Staatskapelle und der höfischen Kunstsammlungen. Trotz schlimmer Verheerungen im Dreißigjährigen Krieg wuchs Dresden auch in den folgenden Jahrzehnten weiter und erlangte im ausgehenden 17. Jh. unter Kurfürst **Friedrich August I.** (1670–1733), genannt *August der Starke*, den Rang einer europaweit bedeutenden Hauptstadt. Damals entstanden unter Leitung von Baumeister Matthäus Daniel Pöppelmann (1662–1736) der *Dresdner Zwinger* (1711), das *Taschenbergpalais* (1711), das *Japanische Palais* (1715) sowie die *Pillnitzer Anlagen* (1721), 1734 war die *Frauenkirche*, 1755 die *Kathedrale* fertig gestellt. August baute die großen Sammlungen der *Gemäldegalerie* und des *Grünen Gewölbes* auf und richtete in Dresden die erste europäische *Porzellanmanufaktur* ein (späterer Umzug nach Meißen).

Gottesdienste und Konzerte in der Dresdner Frauenkirche sind ein Genuss für alle Sinne

steigen. Hinauf führt der sog. Eselsgang, ein stufenloser Wendelgang mit 14 % Steigung. Lohn der Mühe ist der fantastische Blick, der sich oben weit hin über Dresden und die Elbe öffnet.

Östlich des Neumarkts erhebt sich das Ende des 19. Jh. im Stil der italienischen Hochrenaissance erbaute und nach der Elbflut von 2002 grundlegend modernisierte und erweiterte **Albertinum** (www.skd.museum, Di–So 10–18 Uhr). Es ist Heimat der umfangreichen *Skulpturensammlung* und der *Gemäldegalerie Neuer Meister* mit Werken deutscher und französischer Impressionisten, Romantiker und zeitgenössischer Künstler.

Am Albertinum entlang verläuft parallel zum südlichen Elbufer die Straße *Brühlscher Garten*. Überquert man sie zur Elbe hin, erreicht man die Anlegestellen der **Weißen Flotte** (Tel. 03 51/86 60 90, www.saechsische-dampfschifffahrt.de), an denen die Dresdner Ausflugsschiffe, darunter neun historische Raddampfer, zu ›Welterbetour‹ und ›Schlösserfahrt‹ ablegen.

Oberhalb der Anlegestelle sind Teile der vormaligen **Festung Dresden** (Georg-Treu-Platz, Tel. 03 51/438 37 03 20, www.schloesser-dresden.de, April–Okt. tgl. 10–18, Nov.–März tgl. 10–17 Uhr) zugänglich, darunter Kanonenhöfe und Kasematten. Der Weg führt über die alte Stadtgrabenbrücke und durch ein Renaissance-Tor.

An der *Jungfernbastion* am nordöstlichen Ende der ehemaligen Festungs-

mauer zeigt seit 1555 das Steinrelief des **Moritzmonuments** die beiden kurfürstlichen Brüder August und Moritz. Weiter westlich, in Sichtweite der Augustusbrücke, verläuft die Uferpromenade durch die **Brühlsche Terrasse** (Altstädter Elbufer, www.schloesser-dresden.de). Ab 1739 ließ der sächsische Minister Heinrich von Brühl auf dem abgetreppten Areal einen barocken Lustgarten nebst Palais, Galerie und mehreren Belvedere anlegen. Vom Schlossplatz aus führt eine imposante Freitreppe, flankiert von den Figuren der ›Vier Tageszeiten‹ (Morgen, Tag, Abend, Nacht), auf diesen ›Balkon Europas‹, wie Besucher im 19. Jh. den lieblichen Terrassenpark euphorisch nannten.

Stadteinwärts der Brühlschen Terrasse erreicht man nach wenigen Schritten die Augustusstraße. Sie führt entlang der 102 m langen Nordwand des 1586–88 erbauten **Stallhofes**, die durchgängig mit dem friesartig gestalteten Porzellankachelbild des **Fürstenzuges** geschmückt ist. Es bedeckt 957 m² und ist damit das weltweit größte seiner Art. Hoch zu Ross sind darauf überlebensgroß 35 sächsische Herrscher des Hauses Wettin sowie 58 weitere Personen, Könige wie Bürger, des 12.–20. Jh. zu sehen. Der Maler Wilhelm Walter hatte das Werk zunächst 1868 als Wandbild in Sgraffitotechnik gemalt, das jedoch sehr schnell verwitterte. Also übertrug man das monumentale Schwarz-Weiß-Bild 1904–07 auf 25 000 fugenlos gesetzte, 20,5 x 20,5 cm große Meißener Porzellankacheln. Im arkaden-gesäumten Inneren des Stallhofes, vor der Kulisse des *Kanzleihauses*, verfolgte der Hof einst Ritterspiele.

Der Stallhof gehört zum **Residenz-schloss** der wettinischen Fürsten. Es entstand in mehreren Bauabschnitten seit dem 15. Jh. Hinter seiner 1889–1901 überaus aufwändig gestalteten, turm- und giebelreichen Neorenaissance-Fassade findet sich eine der reichsten Schatzkammern Europas, das **Grüne Gewölbe** (Taschenberg 2, Tel. 03 51/49 14 85 99, www.skd.museum). Der Name geht auf die malachitgrünen Wände des einstigen Tresorraums zurück, in dem der kunstsinnige Landesherr August der Starke seine unermesslich wertvollen Schätze verwahrte. Sie sind heute aufgeteilt in die beiden Sammlungen **Historisches Grünes Gewölbe** (Mi–Mo 10–19 Uhr, Eintritt nur für ein festgelegtes Zeitfenster, da max. 120 Besucher pro Stunde eingelassen werden) und **Neues Grünes Gewölbe** (Mi–Mo 10–18 Uhr, Ticket gilt auch für Türckische Cammer, Kupferstich-Kabinett und Hausmannsturm). In den neun historischen Sälen und den zehn modernen Ausstellungsräumen sind insgesamt etwa 7000 Unikate der Goldschmiede-, Juwelier- und Emaillierkunst versammelt, darunter das Bernsteinkabinett, die Skulptur ›Mohr mit Smaragdstufe‹, der gold- und edelsteinglänzende Tischaufsatz ›Hofstaat zu Delhi‹ (1701–08) oder der Kirschkern, in den angeblich 185, in Wirklichkeit aber ›nur‹ etwa 110 menschliche Gesichter geschnitzt sind.

Ein Aufenthalt in Dresden wäre nicht komplett ohne einen Besuch im nahen **Zwinger** (www.der-dresdner-zwinger.de, Außengelände und Innenhof frei, tgl. 5–22 Uhr). Die militärische Bezeichnung Zwinger rührt von der ursprünglichen Lage zwischen äußerer und innerer Festungsmauer her. Beeinflusst von barocken Vorbildern schuf Matthäus Pöppelmann hier ab 1709 im Auftrag Augusts des Starken ein verspieltes, bis in die Details harmonisiertes Bauwerk für höfische Festlichkeiten. Mehrere von Galerien verbundene Pavillons umschließen den Innenhof, auf den von Westen her das zweigeschossige *Kronentor* führt, das August anlässlich seiner Krönung zum polnischen König gestalten ließ. Sehenswert ist auch das *Nymphenbad* (Sonderausstellungen) mit seinem verspielten Figurenreigen im Norden der Anlage.

In den Seitengalerien befinden sich **Museen** (Tel. 03 51/49 14 20 00, www.skd.museum, Di–So 10–18 Uhr). Die *Porzellan-sammlung* (Glockenspielpavillon) mit ihren erlesenen Stücken aus Meissener, chinesischer oder japanischer Produktion lohnt unbedingt den Besuch. Der *Mathematisch-Physikalische Salon* (zzt. geschl.) zeigt historische Uhren und wissenschaftliche Geräte. Die zunächst offene Südseite des Zwingers schloss 1855 Gottfried Semper mit einem nach ihm benannten Museumsbau im Stil der italienischen Renaissance für die *Gemäldegalerie Alte Meister*. Sie enthält Werke u.a. von Dürer, Rembrandt und Rubens. Das berühmteste Gemälde ist die ›Sixtinische Madonna‹ von Raffael. Im gleichen Gebäude haben

Packende Duelle liefern sich die Ritter beim Mittelalterfest im Stallhof der Dresdner Residenz

die Waffen und Harnische der *Rüstkammer* ihren Platz gefunden.

Die Ostseite des Zwingers wendet sich dem Theaterplatz mit der **Semperoper** (Theaterplatz 2, www.semperoper.de, Tel. 03 51/49 11 7 05) zu, dem ›Ruhmestempel‹ der sächsischen Kunst. Das dreistufig aufsteigende Opernhaus (1871–78) mit der bronzenen *Pantherquadriga* über der oberen Arkade des Portals entwarf Gottfried Semper im Stil der italienischen Renaissance. Es ersetzte einen abgebrannten Vorgängerbau, fiel jedoch den Luftangriffen des Zweiten Weltkriegs zum Opfer. Die Oper wurde 1977–85 originalgetreu und inklusive ihrer überaus reichen Innenausstattung wieder aufgebaut. Mit ihrer Architektur und Akustik bietet die Semperoper Kunstgenuss in jeder Hinsicht.

Auch außerhalb der engeren Altstadt können Besucher viel Besonderes entdecken, etwa den **Altmarkt** jenseits der verkehrsreichen Wilsdruffer Straße. Seit dem Mittelalter finden auf dem großen rechteckigen Platz Feste, Turniere und Märkte statt, etwa der **Dresdner Striezelmarkt** (1. Advent–24. Dez., www.dresden.de/striezelmarkt), einer der traditionsreichsten Weihnachtsmärkte Deutschlands. Er trägt seinen Namen nach dem Striezel, einem Hefezopf, aus dem sich der *Dresdner Christstollen* entwickelt hat.

Am südöstlichen Ende des Altmarkts ragt der 92 m hohe Turm der barocken **Kreuzkirche** (www.dresdner-kreuzkirche.de, Mo–Sa 10–18, So ca. 12–18 Uhr) gen Himmel. Er trägt auf 54 m Höhe eine Aus-

sichtsplattform (Tel. 03 51/439 39 23, Mo–Fr 10–17.30, Sa 10–15.30/16.30, So ca. 12–17.30 Uhr, längere Öffnungszeiten während des Striezelmarktes), zu der 256 Stufen führen. Die Mühe des Treppensteigens belohnt oben ein herrlicher Blick über die Stadt. Außerdem besitzt die Kreuzkirche mit ihren fünf großen, zusammen 28,4 t schweren Bronzeglocken das zweitgrößte Geläut in Deutschland. Wesentlich feinere Töne stimmt der seit fast 700 Jahren bestehende *Dresdner Kreuzchor* (Kruzianer singen Sa zur Vesper, So zum Gottesdienst, www.kreuzchor.de) an, der renommierte Knabenchor der Kirche.

Nur wenig weiter außerhalb liegt am Lingnerplatz das **Deutsche Hygiene-Museum** (Lingnerplatz 1, Tel. 03 51/484 60, www.dhmd.de, Di–So 10–18 Uhr). In seiner vorzüglichen Dauerausstellung geht es nicht in erster Linie um Reinlichkeit, wie der Name vermuten lässt, sondern um den Menschen in all seinen Facetten, von der DNS bis zum Gedächtnis, vom Bewegungsapparat bis zum Geschmackssinn.

Pillnitz

Im 18. Jh. nutzte der sächsische Hof **Park und Schloss Pillnitz** (August-Böckstiegel-Str. 2, www.schloesser-dresden.de) im Elbtal südlich von Dresden als Sommerresidenz. Matthäus Daniel Pöppelmann hatte 1720–22 *Wasserpalais* (Mai–Okt. Mi–Mo 10–18 Uhr) mit Freitreppe zur Elbe und das baugleiche *Bergpalais* (Mai–Okt. Di–So 10–18 Uhr) auf der anderen Seite des Lustgartens erbaut. In ihnen zeigt das **Kunstgewerbe-**

Schon der Eingangsbereich der Semperoper stimmt auf kulturellen Genuss ein

August der Starke veranstaltete ausschweifende Sommerfeste auf Schloss Pillnitz an der Elbe

museum (Tel. 0351/2613201, www.skd.museum) Arbeiten aus den kurfüstlichen Hofwerkstätten, Silbertische, Lackmöbel und edle Textilien. Seit 1830 begrenzt das *Neue Palais* (mit **Schlossmuseum**, April–Okt. Di–So 10–17 Uhr) den Lustgarten nach Süden hin. gegenüber führt eine Allee in den ab 1780 angelegten **Englischen Landschaftspark** (tgl. 5 Uhr–Dämmerung) mit Palmenhaus (während der Kamelienblüte Febr.–April tgl. 10–17, Mai–Okt. Di–So 10–17, Nov.–Febr. 10–16 Uhr). Unter den vielen seltenen Bäumen ist die über 200 Jahre alte japanische *Kamelie* eine besondere Attraktion.

Radebeul

Wer kennt nicht Winnetou und Old Shatterhand, Kara Ben Nemsi und Hadschi Halef Omar, die berühmten Romanhelden des Abenteuerschriftstellers Karl May (1842–1912). In Radebeul, seinem Heimatort 5 km nordwestlich von Dresden, zeigt das **Karl-May-Museum** (Karl-May-Str. 5, Tel. 0351/8373010, www.karl-may-museum.de, März–Okt. Di–So 9–18, Nov.–Febr. Di–So 10–16 Uhr) in ›Villa Bärenfett‹ und ›Villa Shatterhand‹ eine kleine Sammlung über den Autor, seine literarischen Figuren sowie zu Geschichte und Kultur der Indianer Nordamerikas.

Zum literarischen kommt in Radebeul der geschmackliche Genuss: Das Sächsische Staatsweingut **Schloss Wackerbarth** (Wackerbarthstr. 1, Tel. 0351/89550, www.schloss-wackerbarth.de, April–Dez. tgl. 9.30 –20, Jan.–März 10–18 Uhr, Verkostungen mgl.) informiert über die lange Geschichte des Weinbaus in Sachsen.

ℹ️ Praktische Hinweise

Information

Tourist-Information, Theaterplatz 2 (Schinkelwache) und Prager Str. 3 (nahe Hauptbahnhof), 01067 Dresden, Tel. 0351/5016 0160, www.dresden.de

Hier kann man auch *Dresden-City-Card* und *Dresden-Regio-Card* kaufen, die freie Fahrt mit dem ÖPNV, Museumseintritte und Ermäßigungen beinhalten.

Hotel

Hotel Am Terrassenufer, Terrassenufer 12, Dresden, Tel. 0351/440 95 00, www.hotel-terrassenufer.de. Architektonisch ist das kastenförmige 4-Sterne-Hotel mit den 195 Zimmern kein Juwel, aber dafür sind Aussicht und Lage über der Brühlschen Terrasse zwischen Residenzschloss und Elbe bestens.

Restaurant

Alte Meister, Theaterplatz 1a, Dresden, Tel. 0351/481 04 26, www.altemeister.net. Das Café-Restaurant der Galerie Alte Meister im großzügigen ehemaligen Bildhaueratelier serviert mediterran inspirierte Speisen, keine neuen Geschmackskreationen, aber frisch und gut.

Weit schweift der Blick von der Bastei über das Elbtal zu den imposanten Tafelbergen

40 Elbsandsteingebirge

Fantastisches Felsdorado für Naturfreunde und Kletterer.

Sächsische Schweiz (www.saechsische-schweiz.de) wird der zu Deutschland gehörende 360 km² große Teil des Elbsandsteingebirges nur wenige Kilometer südöstlich von Dresden genannt, das sich nach Osten bis in die Tschechische Republik erstreckt und dort den Namen *Böhmische Schweiz* trägt. Da die Elbe das Gebirge durchfließt, sind viele Orte von Dresden aus bequem per S-Bahn oder Schiff zu erreichen. Um die Schönheit dieser in Deutschland einmaligen Naturlandschaft zu bewahren, richtete die letzte DDR-Regierung 1990 den **Nationalpark Sächsische Schweiz** (www.nationalpark-saechsische-schweiz.de) ein.

Das bizarr verwitterte **Felsengebirge** war in der Kreidezeit, vor rund 100 Mio. Jahren, aus zu Sandstein verdichteten und durch vulkanische Aktivitäten aufgeworfenen Meeressedimentschichten entstanden. Der Überlieferung nach sollen die Schweizer Maler Adrian Zingg und Anton Graff die Bezeichnung ›Sächsische Schweiz‹ geprägt haben, als sie im 18. Jh. durch die zauberhafte Bergwelt wanderten und sie in ihren Skizzenblöcken verewigten.

Sicherlich kamen die beiden Schweizer auch zur 305 m hohen **Bastei**, die seit dem 19. Jh. mit einer Aussichtsplattform ausgestattet ist. Von ihr aus genießt man einen wunderschönen Blick auf das von bewaldeten Felshängen gesäumte Tal der Elbe und den 194 m tiefer an ihrem Ufer liegenden Luftkurort *Rathen* (www.kurort-rathen.de). Ein schöner Weg führt von der S-Bahn-Station in Wehlen, wo eine Fährverbindung über die Elbe besteht, hinauf zur 76,5 m langen *Basteibrücke*. Ihre sieben Bögen verbinden über die 40 m tiefe Schlucht *Mardertelle* hinweg die Bastei mit den vorgelagerten Felsen *Steinschleuder* und *Neurathener Felsentor*.

Elbaufwärts liegt erhöht am linken Ufer des Flusses die Stadt *Königstein* (www.koenigstein-sachsen.de), über der auf einem Tafelberg die monumentale **Festung Königstein** (Tel. 03 50 21/646 07, www.festung-koenigstein.de, April–Okt. tgl. 9–18, Nov.–März 9–17 Uhr) thront. Die Anlage war erstmals im 13. Jh. erwähnt worden. In unruhigen Zeiten zogen sich die sächsischen Kurfürsten mit ihren Schätzen auf den Königstein zurück. Ihre Vertrauen bewährte sich, die Festung konnte niemals erobert oder zerstört werden. Später diente sie lange Zeit als Staatsgefängnis, heute ist die gewaltige Anlage mit 9,5 ha und einem 2,2 km langen Mauerring eines der größten wehrgeschichtlichen *Freilichtmuseen* Europas. Von der Außenmauer der Festung bietet sich den Besuchern ein atemberaubender Blick auf die Elbbogen.

Das *NationalparkZentrum* (Dresdner Str. 2 b, www.lanu.de, April–Okt. tgl. 9–18,

Nov.–März Di–So 9–17 Uhr) in **Bad Schandau** informiert ausführlich über Entstehung, Tier- und Pflanzenwelt des Elbsandsteingebirges. Der Kneippkurort selbst ist mit seinem historischen *Markt* und der *Johanniskirche* von 1679 hübsch anzusehen. Die Kirche besitzt einen markanten achteckigen Westturm mit hoher Haube. Ihren wertvollen zweigeschossigen Renaissancealtar aus Sandstein schuf der Bildhauer Hans Walther ursprünglich für die Dresdner Kreuzkirche.

Im Stadtpark in Bad Schandau beginnt die Fahrt mit der schnuckeligen **Kirnitzschtalbahn** (Tel. 03 50 22/54 80, www.kirnitzschtalbahn.de, Ostern–Herbst). Die 8 km lange Überlandstraßenbahn in Meterspur wurde im Jahr 1898 von vornherein als touristische Bahn angelegt. Sie erschließt die hintere Sächsische Schweiz bis zum *Lichtenhainer Wasserfall* und fährt dabei durch das namensgebende, von Wald, Wasser und Felsen geprägte Kirnitzschtal. Von allen sieben Unterwegsstationen aus führen schöne Wanderwege in die Berge.

Der höchste Gipfel des Sandsteingebirges auf deutscher Seite ist der *Große Zschirnstein* nahe der tschechischen Grenze mit einer Höhe von 562 m. Diesen **Aussichtsberg** erreicht man von Reinhardtsdorf aus auf einer etwa vierstündigen Wanderung, die durch den malerischen Zschirnsteinwald führt. Insgesamt bringen es die **Wanderwege** in der Sächsischen Schweiz auf eine Länge von etwa 1200 km. Pedalritter nutzen gern den am Fluss entlang führenden **Elberadweg** (www.elberadweg.de). Außerdem ist das Elbsandsteingebirge ein Mekka für **Felskletterer** und **Bergsteiger** (Sächsischer Bergsteigerbund, Könneritzstr. 33, Dresden, Tel. 03 51/494 14 15, www.bergsteigerbund.de), denn etwa 1100 Gipfel, Felsnadeln und Steilwände sind zur Besteigung freigegeben. Auch das Übernachten in freier Natur, das **Boofen**, hat hier Tradition, wenngleich zum Schutz von Mensch und Umwelt mittlerweile einige Auflagen zu beachten sind.

ℹ️ Praktische Hinweise

Information

Zentrale Tourist-Info, Bahnhofstr. 1, 08124 Königstein, Tel. 03 50 21/59 96 99, www.tourismusverein-elbsandsteingebirge.de

Hotel

Lindenhof, Gohrischer Str. 2, Königstein, Tel. 03 50 21/682 43, www.lindenhof-koenigstein.de. 33 Gästezimmer in villenartigem Hotelbau am Elbhang gegenüber dem Tafelberg Lindenstein.

Restaurant

Gasthaus Ziegelscheune, Elbweg 22, Bad Schandau-Krippen, Tel. 03 50 28/804 37, www.ziegelscheune-krippen.de. Regionale Küche in einem direkt an der Elbe gelegenen historischen Fachwerkhaus von 1780. Gästezimmer im Haus; Fahrradverleih und Boots-Charter.

Buntes Herbstlaub setzt Farbakzente um die Felsen der Bastei nahe des Kurorts Rathen

Vor der Kulisse des Fichtelberghauses übt der Vater mit dem Sohn die Kunst des Skifahrens

41 Erzgebirge

*Bekannt für Silberbergbau,
Holzspielzeug und Skivergnügen.*

Das etwa 130 km lange und 35 km breite Erzgebirge bildet die natürliche Grenze zwischen Sachsen und Böhmen. Die höchsten Erhebungen des dicht bewaldeten Mittelgebirges sind auf deutscher Seite der *Fichtelberg* (1215 m), auf tschechischer der *Keilberg* (Klínovec, 1244 m).

Wie der Name schon andeutet, war der wirtschaftliche Motor im Erzgebirge jahrhundertelang die **Erzgewinnung**, die 1168 mit Silbererzfunden in der Umgebung der heutigen Stadt Freiberg begann. Im 15. Jh. stießen Prospektoren auf weitere Vorkommen um Schneeberg, Annaberg und St. Joachimsthal, damals planmäßig errichtete Bergstädte sind beispielsweise *Marienberg* oder *Oberwiesenthal*. In den folgenden Jahrhunderten begründete das aus dem Boden geförderte Silber den Reichtum der sächsischen Kurfürsten. Allerdings kam der Bergbau im 17. Jh., besonders nach dem Dreißigjährigen Krieg, weitgehend zum Erliegen, woraufhin sich die Erzgebirgler, vor allem im Osten um *Seiffen*, auf die **Holzwaren- und Spielzeugherstellung** verlegten.

Eine neue Zeit brach an, als im 19. Jh. mehrere Erzgebirgspässe für den Individualverkehr ausgebaut und selbst das obere Erzgebirge durch eine Eisenbahn erschlossen wurde. So konnte sich der **Fremdenverkehr** entwickeln, vielerorts eröffneten Berggasthäuser und Aussichtstürme und **Skisportler** entdeckten schon damals die schneesicheren Kammlagen.

Die **Silberstraße** führt von Dresden durch das Erzgebirge nach Zwickau. Entlang dieser Ferienstraße findet man Besucherbergwerke, Bergbaulehrpfade, technische und heimatkundliche Museen sowie alte **Bergbaustädte** mit mittelalterlichen Stadtzentren und bedeutenden Kirchen. In **Freiberg** (41 000 Einw.) etwa, wo im 12. Jh. die Silberförderung im Erzgebirge begann, überrascht der ab 1180 erbaute *Dom St. Marien* (www.freibergerdom.de, Mai–Okt. Mo–Sa 10–12.30 und 13.30–17, So ca. 11.30–12.45 und 13.45–17 Uhr, Nov.–April jew. ab 11 und bis 16 Uhr). Schon seine Goldene Pforte von 1230 ist mit dem Figurenschmuck im Tympanon ein Kunstwerk ersten Ranges ist. Und der frei stehende Tulpenaltar im Inneren verzaubert mit seinem vegetabilen Dekor. Über die regionale Bergbaugeschichte informiert das *Besucherbergwerk Freiberg* (Fuchsmühlenweg 9, Tel. 03731/39 45 71, Bandansage zu Öffnungszeiten Tel. 03731/39 45 92, www.besucherbergwerk-freiberg.de) mit einem Untertagelehrpfad und Erlebnisführungen in den Schächten Reiche Zeche und Alte Elisabeth. Schätze der Erde zeigt auch die ebenso interessante wie farbenprächtige Ausstellung *Terra Mineralia* (Tel. 03731/

39 46 54, www.terra-mineralia.de, tgl. 9–18 Uhr) der TU Bergakademie Freiberg im Freiberger Schloss.

In der Bergbaustadt **Annaberg-Buchholz** (23 000 Einw.) im Westerzgebirge lebte einst der Rechenmeister *Adam Ries* (ca. 1491–1559). Seine Verdienste um die Mathematik würdigt das *Adam Ries-Museum* (Johannisgasse 23, Tel. 037 33/221 86, www.adam-ries-museum.de, Di–So 10–16 Uhr). Wahrzeichen des Städtchens ist die im wörtlichen Sinne überragende *St. Annenkirche* (www.annenkirche.de, April–Dez. Mo–Sa 10–17, So 12–17, Jan.–März Mo–Sa 11–16, So 12–16 Uhr) in seinem Zentrum. Die 1499–1525 erbaute spätgotische Hallenkirche birgt in ihrem hohen, hellen Innenraum den *Annaberger Bergaltar*, dessen Rückseite ein Bergbau-Gemälde aus dem 16. Jh. ziert. Das *Erzgebirgsmuseum* (Große Kirchgasse 16, Tel. 037 33/234 97, tgl. 10–17 Uhr) gegenüber der Kirche präsentiert nicht nur eine schmucke Ausstellung zu Stadtgeschichte und regionalem Kunsthandwerk, man kann dort auch in ein erst 1992 wiederentdecktes *Silberbergwerk* einsteigen.

Der **Frohnauer Hammer** (Sehmatalstr. 3, Tel. 037 33/220 00, Mai–Okt. tgl. 9–12 und 13–16.30, Nov.–April bis 16 Uhr) im gleichnamigen Ortsteil wurde 1436 erbaut und diente zunächst als Getreidemühle, später als Münze und Werkzeugschmiede.

Noch immer sind alle Gerätschaften voll funktionsfähig, sodass Museumsbesucher neben Volkskunstgalerie und Bergbau-Exponaten auch das historische Hammerwerk in Aktion besichtigen können. Im benachbarten Herrenhaus von 1697 zeigt eine Klöpplerin die traditionelle Technik des *Spitzenklöppelns*.

Wanderer und *Freeclimber* schätzen die bizarren **Greifensteine** bei Ehrenfriedersdorf unweit nördlich an der B 95.

Zehn Kilometer südlich von Frohnau befindet sich in *Cranzahl* der Heimatbahnhof der dampflokgezogenen **Fichtelbergbahn** (Bahnhofstr. 7, Tel. 037 33/15 10, www.fichtelbergbahn.de). Mit ihr kann man 17 km nach Oberwiesenthal fahren und dabei 238 Höhenmeter, fünf Brücken und ein Viadukt überwinden. Man sagt, dass am 1884 begonnenen Bau der Schmalspurbahn auch ein Norweger namens Olsen beteiligt gewesen sei. Er habe aus seiner Heimat die ersten Schneeschuhe mitgebracht und so dem Skilauf im Erzgebirge den Weg geebnet.

Oberwiesenthal (2500 Einw.) am Fuße des Fichtelberges ist Wintersportzentrum, Kurort und die mit 914 m höchstgelegene Stadt Deutschlands. Die idyllisch in waldreiche Höhen eingebettete Bergstadt bietet sich als Ausgangspunkt für Wanderer und Skitourengeher an. Den 1215 m hohen **Fichtelberg** müssen Besu-

Obwohl es kaum noch Zechen gibt halten die Bergleute ihre Traditionen hoch

Tiefschürfende Unternehmen

Jahrhundertelang wurde im Erzgebirge Bergbau betrieben. Doch heute sind fast alle Bergwerke geschlossen und wo einst tiefe Stollen ins Erdinnere führten und hohe Halden in den Himmel ragten entstehen nun im Rahmen von Renaturierungsprojekten vielfach Erholungsgebiete. Zudem geben einige **Schaubergwerke** Einblick in die mühevolle und gefährliche Arbeit unter Tage. Die größten sind: **Bergbaumuseum Oelsnitz** (Tel. 037 98/939 40, www.bergbaumuseum-oelsnitz.de, Di–So 10–17 Uhr), **Frisch Glück ›Glöckl‹** (Johanngeorgenstadt, Tel. 037 73/88 21 40, www.frisch-glueck.de, Di–So Führungen), **Zinngrube Ehrenfriedersdorf** mit Mineralogischem Museum und Edelsteinschleifen (Ehrenfriedersdorf, Tel. 037 41/25 57, www.zinngrube.de, Di–So Führungen), **Dorothea Stolln / Himmlisch Heer** (Cunersdorf, Tel. 037 33/662 18, www.dorotheastolln.de, Mo–Fr 7–14, Sa 10–14 Uhr), **Andreas-Gegentrum-Stolln** (Jöhstadt, Tel. 037 43/805 10, www.andreas-gegentrum-stolln.de, Mo–Fr 9–15, Sa/So 10–16 Uhr) sowie **Vereinigt Zwitterfeld zu Zinnwald** (Zinnwald-Georgenfeld, Tel. 035 056/313 44, www.besucherbergwerk-zinnwald.de, Di–So 10–15 Uhr).

cher nicht unbedingt zu Fuß erklimmen. Bei entsprechendem Wetter führt von Oberwiesenthal das ganze Jahr über die **Fichtelberg Schwebebahn** (Vierenstr. 16, Tel. 03 73 48/15 80, www.fichtelberg-schwebebahn.de, tgl. 9–17 Uhr) hinauf. Im Sommer locken oben mehrere *Wanderwege* und auch der 132 km nordwärts Richtung Döbeln verlaufende romantische *Zschopautal-Radweg* beginnt hier. Im Winter erstreckt sich ringsum das größte *alpine Skigebiet* Sachsens und für Langlauf-Fans sind ausgedehnte *Loipen* und *Skiwanderrouten* gespurt.

Die Geschichte des Kurortes **Seiffen** (2500 Einw.) ist durch die Holzverarbeitung bestimmt. Die osterzgebirgische Stadt war bereits Mitte des 17. Jh. für ihre Drechsler bekannt. Mittlerweile stellen die Familienbetriebe vor Ort statt Möbel vor allem **Holzspielzeug** her, darunter die typischen Figuren der erzgebirgischen Weihnacht wie Bergmann und Engel. Einen umfassenden Überblick über historisches Spielzeug und weihnachtliche Volkskunst bietet das *Erzgebirgische Spielzeugmuseum Seiffen* (Hauptstr. 73, Tel. 03 73 62/82 39, www.spielzeugmuseum-seiffen.de, tgl. 10–17 Uhr).

ℹ Praktische Hinweise

Information

Tourismusverband Erzgebirge, Adam-Ries-Str. 16, 09456 Annaberg-Buchholz, Tel. 03733/18 80 00, www.erzgebirge-tourismus.de

Hotels

Landhotel & Gasthof Forsthaus Annaberg, Schneeberger Str. 22, Annaberg-Buchholz, Tel. 037 33/690 10, www.forsthaus-annaberg.de. Ruhige Unterkunft im stattlichen ehemaligen Forsthaus am Buchholzer Stangenwald (E 11).

Landhotel zu Heidelberg, Hauptstr. 196, Kurort Seiffen, Tel. 03 73 62/87 50, www.landhotel-zu-heidelberg.de. Gediegenes Haus mit 34 Gästezimmern, zwei Suiten und Restaurant. Radler willkommen.

Restaurant

Ratskeller Thum, Markt 3, Thum, Tel. 03 72 97/23 75, www.ratskeller-thum.de. Gaststätte und Hotel. Nahe der Greifensteine, daher kehren hier hungrige Wanderer und Kletterfreunde gern auf Buttermilchgetzen oder Erzgebirgische Klitscher (Kartoffelpuffer) ein.

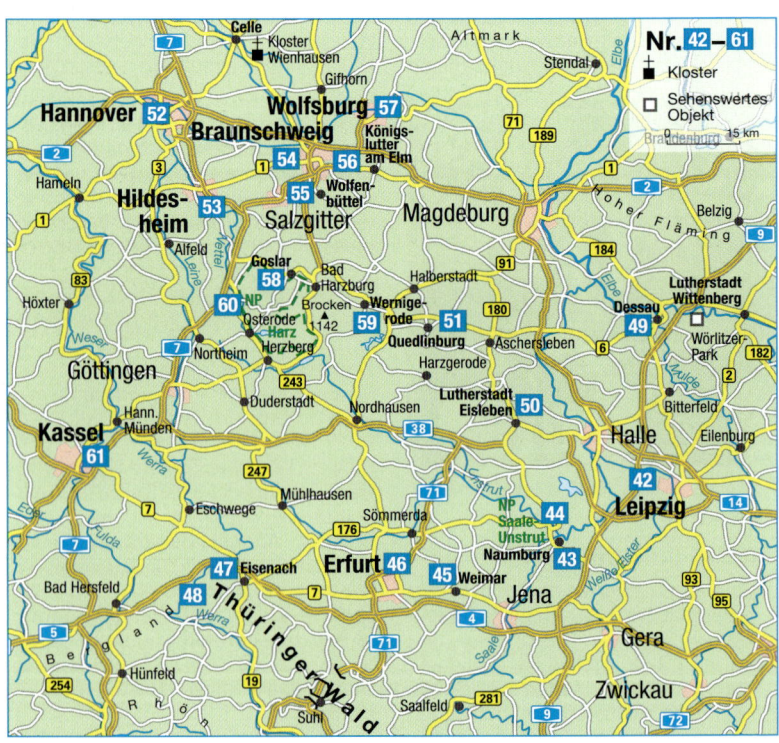

Den Nikolaikirchhof ziert eine Palmenkapitellsäule, die das Innere der Nikolaikirche (s.u.) zitiert

42 Leipzig

*Die Sachsenmetropole ist Messe-
stadt, Bachstadt, Buchstadt.*

Die mit über 523 000 Einwohnern bevöl-
kerungsreichste Stadt Sachsens war und
ist **Handels- und Verkehrsknotenpunkt**,
ihre Tradition als Messestandort geht bis
ins 12. Jh. zurück. Zudem gehört Leipzig
zu den ältesten **Universitätsstädten**
Deutschlands, bestätigte Papst Alexander V. der *Alma Mater Lipsiensis* doch
schon 1409 die Berechtigung zum Angebot des *Studium Generale*. Außerdem war
das vermögende und weltoffene Leipziger Bürgertum seit jeher den **schönen
Künsten** zugetan, vor allem der Musik:
Johann Sebastian Bach lebte und arbeitete hier, ebenso Georg Philipp Tele-
mann, Felix Mendelssohn Bartholdy, Robert Schumann, Edvard Grieg und Gustav
Mahler, Richard Wagner kam in Leipzig
zur Welt, später wirkte hier Kurt Masur.
Noch heute ist die Stadt berühmt für ihren *Thomanerchor* und das *Gewandhausorchester*.

In die Geschichte gingen auch die
Leipziger Montagsdemonstrationen seit
September 1989 ein, als sich jeden Mon-
tag Leipziger in der **Nikolaikirche** (www.
nikolaikirche-leipzig.de, Di–Sa 10–18 Uhr)
zu Friedensgebeten trafen. Zu der an-
fangs kleinen Gruppe gesellten sich im
Laufe der Zeit immer mehr Menschen,
die für Basisdemokratie und gesellschaft-
lichen Fortschritt demonstrierten. So
ging von den Leipziger Demonstranten
ein wesentlicher Impuls zum Fall der innerdeutschen Mauer aus.

Das Gotteshaus selbst wurde um 1165,
dem Jahr der Stadterhebung, gegründet
und St. Nikolaus, dem Schutzheiligen der

*Klassizistisch-erhaben wirkt das Innere der
Nikolaikirche in Leipzig*

Die Architekten des Neuen Rathauses mischten Renaissance und Gotik munter durcheinander

Kaufleute, geweiht. Mit ihren 63 m Länge und 46 m Breite ist die dreischiffige Hallenkirche das größte Gotteshaus Leipzigs und weist eine ungewöhnliche bauliche Mischung aus Romanik, Gotik und Klassizismus auf. Der rege Baumeister Hieronymus Lotter (1497–1580) fügte 1555 drei Türmerstübchen hinzu, die um 1731 barocke Hauben erhielten. Das klassizistische Interieur der Nikolaikirche datiert aus dem späten 18. Jh., die imposante Orgel ist ein 1902 erweitertes Instrument von Friedrich Ladegast aus dem Jahr 1862.

Die zweite bedeutende Kirche Leipzigs ist die **Thomaskirche** (www.thomaskirche.org, tgl. 9–18 Uhr) am Westrand der Altstadt. Die gotische Hallenkirche entstand 1482–96. Dem Geschmack der Zeit entsprechend wurde sie im 18. Jh. im Stil des Barock umgestaltet und Ende des 19. Jh. regotisiert. So können sich Besucher heute nicht mehr vorstellen, in welchem Umfeld Johann Sebastian Bach (1685–1750) hier 1723–50 als Kantor wirkte. Der Komponist und Orgelvirtuose leitete damals den weltberühmten *Thomanerchor* (Messgesang Fr 18, Sa 15 Uhr, mitunter So zum Frühgottesdienst), der erstmals 1254 belegt ist. Die Ausstellung im **Bachmuseum** (Thomaskirchhof 15/16, Tel. 03 41/9 13 72 02, www.bach-leipzig.de, Di–

So 10–18 Uhr) ist ganz dem großen Tonkünstler gewidmet.

Zwischen den beiden Kirchen bildet der viereckige Rathausplatz das Zentrum der Altstadt. An seiner Ostseite wuchs 1557 in nur neun Monaten das **Alte Rathaus** von Baumeister Hieronymus Lotter empor, in dem heute das **Stadtgeschichtliche Museum** (Tel. 03 41/9 65 13 20, www.stadtgeschichtliches-museum-leipzig.de, Di–So 10–18 Uhr) seine reiche Sammlung zeigt. Es zählt zu den ältesten – sowie mit seinem Arkadengang, den Giebeln und dem uhrtragenden Mittelturm auch zu den schönsten – Renaissance-Rathäusern in Deutschland. Die prächtigen Innenräume, darunter der 43 x 11 m große Festsaal (früher Gerichtssaal), Ratsstube, Mendelssohn-Zimmer, spätbarockes Landschaftszimmer, Rüstkammer, Kramerraum und Schatzkammer stehen dem Äußeren nicht nach. Die Ausstellung dokumentiert vor allem die enorme wirtschaftliche und kulturelle Blüte Leipzigs im 17.–19. Jh.

Leipzig ist berühmt für seine ganze Häuserblocks einnehmenden innerstädtischen Einkaufspassagen, deren wohl eleganteste die **Mädler-Passage** (Grimmaische Str. 3–4, Neumarkt 11, www.maedler-passage-leipzig.de) mit ihrer gläsernen Decke ist. Kaufmann Anton Mädler hatte sie 1912–14 als Messehaus nach dem Vorbild der Mailänder Galleria Vittorio Emanuele erbauen lassen. Heute säumen exquisite Modeboutiquen und Luxusläden den rechtwinklig verlaufenden, 7 m breiten Durchgang. In der Mädler-Passage befinden sich zudem die Räumlichkeiten von **Auerbachs Keller** (Grimmaische Str. 2–4, www.auerbachs-keller-leipzig.de, großer Keller tgl. 11.30–24, hist. Weinstuben Mo–Sa 18–24 Uhr), die auf einen Weinausschank aus dem Jahr 1525 zurückgehen. Goethe (1749–1832) machte das Lokal durch seine Erwähnung in ›Faust‹ berühmt. Der junge Dichter hatte 1765–68 in Leipzig studiert und kannte die Wirtschaft wohl aus eigener Anschauung.

Flanieren und schauen, gut essen und trinken lässt es sich – nomen est omen – auch auf dem **Naschmarkt**. Den kleinen Platz dominiert ein Denkmal des jungen Goethe vor der frühbarocken **Alten Börse**. Der heiter wirkende, zweigeschossige pavillonartige Bau mit der aufgesetzten Sandsteinbalustrade entstand 1678–87 und ist Leipzigs ältestes Versammlungsgebäude der Kaufmannschaft. Das Obergeschoss nimmt der ehemalige *Börsensaal* ein, der heute für Vorträge, Lesungen und Konzerte genutzt wird.

Einen Block hinter der Alten Börse befindet sich das **Museum der Bildenden Künste** (Katharinenstr. 10, Tel. 03 41/21 69 90, www.mdbk.de, Di–So 10–18, Mi 12–20 Uhr), das die Leipziger schlicht ›Bildermuseum‹ nennen. Der Museumsbau der Archi

tekten Hufnagel, Pütz & Rafaelian von 2004 besteht aus einem klaren Glas-Beton-Kubus im Zentrum, den vier L–förmige Bauten umrahmen. Die heutige Sammlung gründet in Schenkungen vermögender Leipziger Bürger im 19. Jh. Zu ihren Höhepunkten zählt eine ausgezeichnete Cranach-Sammlung, Alte Meister der Niederlande sowie eine beispielhafte Kollektion deutscher Malerei des 19. Jh. Wechselausstellungen und im Untergeschoss repräsentative Werke der ›Leipziger Schule‹ um Willi Sitte, Bernhard Heisig, Werner Tübke und Wolfgang Mattheuer runden die Ausstellung ab.

Eine weitere Berühmtheit Leipzigs ist das **Gewandhaus** (Augustusplatz 8, Tel. 03 41/127 02 80, www.gewandhaus.de) mit seinem **Gewandhausorchester**. Das große und großartige Sinfonieorchester von internationalem Rang geht auf den *Leipziger Orchesterverein* zurück, den ortsansässige Kaufleute 1743 ins Leben riefen. Felix Mendelssohn Bartholdy (1862–1925) war 1835–47 *Gewandhauskapellmeister*, nicht minder berühmt ist sein neuzeitlicher Nachfolger Kurt Masur (*1927), der das Amt 1970–97 innehatte. Heimstatt des traditionsreichen Ensembles ist heute ein massiver Betonbau mit großer Glasfassade am Augustusplatz, der am 8. Oktober 1981 zum 200. Geburtstag des Gewandhausorchesters sein Einweihungskonzert erlebte. Über die Schillerstraße kann man nun nach Westen zum **Neuen Rathaus** flanieren, das allerdings eher nach einer Raubritterburg als nach einem Ort des Bürgersinns aussieht. Leipzigs Stadtbau

Dr. Faust reitet, als Skulptur verewigt, in Leipzig auf einem Weinfass durch Auerbachs Keller

rat Hugo Licht entwarf den 1905 eingeweihten Bau.

Wer kann, sollte mit der Bahn nach
Leipzig reisen, denn der 1902–15 erbaute **Leipziger Hauptbahnhof** am Willy-
Brandt-Platz im Norden der Altstadt ist
ein echtes Erlebnis. Über den 26 Gleisen
wölbt sich eine kühne Stahlkonstruktion,
rechtwinklig dazu verläuft der 270 m lange, 30 m breite und 27 m hohe Querbahn-
steig. Zur Stadt hin misst die sandsteiner-
ne Bahnhofsfront samt den beiden seitlich vorspringenden Eingangshallen
298 m. Das imposante Gebäude ist damit
der größte Kopfbahnhof Europas. Seit der
Renovierung in den 1990er-Jahren be-
herbert er auch ein attraktives dreige-
schossiges Einkaufszentrum (www.pro
menaden-hauptbahnhof-leipzig.de, tgl.
meist 9.30–22 Uhr).

Vom Hauptbahnhof bringt die Tram 15
Besucher zum **Völkerschlachtdenkmal**
(wird bis voraussichtl. Okt. 2013 saniert,
Tel. 0341/878 04 71, www.stadtgeschicht
liches-museum-leipzig.de) in die Prager
Straße. Es wurde auf Betreiben des Deutschen Patriotenbundes erbaut und wurde im Jahr 1913 eingeweiht, 100 Jahre
nach der *Völkerschlacht* von Leipzig zwischen den Heeren Napoleons und der
siegreichen Koalition um Preußen und
Großbritannien. Bruno Schmitz, der auch
das Kyffhäuserdenkmal entworfen hatte,
gestaltete das Mahnmal als 91 m hohen,
weithin sichtbaren Kuppelbau aus dunk-
lem Granitporphyr mit 124 m Seitenlänge.
In die Vorderfront ist ein 60 m langes
Schlachtrelief eingemeißelt. Im Inneren
des Denkmals erinnert die Krypta mit
darüber umlaufender Ruhmeshalle an

die Gefallenen der Völkerschlacht. Ringsum wachen acht 10 m hohe Kolossalfigu-
ren (ein Zeh ist beispielsweise 70 cm
groß) martialisch anmutender Krieger.
Freier atmet es sich auf der *Aussichtsplattform* der Kuppel, zu der eine Wendeltreppe mit 364 Stufen führt. Die wunderbare Sicht auf Leipzig und bei schönem Wetter sogar bis ins Erzgebirge ent-
schädigt für die Anstrengung. Der burg-
ähnliche, neoromanische Bau unterhalb
des Völkerschlachtdenkmals ist übrigens
das Zentralgebäude des Südfriedhofs.

ℹ Praktische Hinweise

Information

Leipzig Information, Katharinenstr. 8,
04109 Leipzig, Tel. 0341/710 42 60,
www.leipzig.de

Hier gibt es auch die *Leipzig Card*, die
freie Fahrt mit öffentlichen Verkehrsmitteln beinhaltet sowie diverse Vergünstigungen, etwa für Konzertkarten,
Museumseintritte oder Bootsfahrten
über den Cospudener See.

Hotel

Michaelis, Paul-Gruner-Str. 44, Leipzig,
Tel. 0341/267 80, www.hotel-michaelis.de.
Klassizistisches Bürgerhaus in der studentischen Südvorstadt. Moderne Zimmer, ausgezeichnetes Hotelrestaurant.

Restaurant

Stelzenhaus, Weißenfelser Str. 65, Leip-
zig-Plagwitz, Tel. 0341/22 492 44 45, www.
stelzenhaus-restaurant.de. Frische klassische internationale Crossover Cuisine in
Restaurant-Bistro am Karl-Heine-Kanal.

Vor Leipzigs Alter Börse blickt Dichterfürst Goethe über die Speisenden am Naschmarkt

Anmutig erhebt sich der viertürmige Dom St. Peter und Paul über die Dächer Naumburgs

43 Naumburg

*Im Naumburger Dom trifft man
die schönste Frau des Mittelalters.*

In Deutschlands nördlichstem **Weinbaugebiet Saale-Unstrut** liegt Naumburg (34 000 Einw.), entstanden um die heute nicht mehr bestehenden *Nuwenburg*, die Ekkehard I., Markgraf von Meißen, 1021 hier an der Mündung der Unstrut in die Saale errichten ließ. Im Mittelalter war der damalige *Bischofssitz* (1028–1568) auch als *Handelsstadt* bedeutend, büßte durch die Verheerungen des Dreißigjährigen Krieges aber seine weit reichenden Handelsbeziehungen ein.

Nach dem Feuer von 1517, das fast die gesamte Stadt in Schutt und Asche legte, bauten die Naumburger ihre Häuser, die bis dahin meist aus Holz bestanden, aus Stein wieder auf. So präsentiert sich der *Markt* bis auf den heutigen Tag als geschlossenes Ensemble spätmittelalterlicher Baukunst. Hier steht das gotische **Rathaus** (1517–28), ebenso die ehemalige **Residenz** (1652/53) der Herzöge von Sachsen-Zeitz (heute Amtsgericht). Direkt daneben erhebt sich die im 15. Jh. erbaute **Wenzelskirche** (tgl. 10–11 und 14–17 Uhr) mit einer Hildebrandorgel von 1746. Im Wenzelsturm lebte immerhin bis 1975 die Witwe des letzten Naumburger Türmers, der die Bürger vor aufflackernden Bränden warnen sollte. Ebenfalls am Markt zeigt das **Stadtmuseum Hohe Lilie** (Markt 18, Tel. 034 45/70 35 03, www.museumnaumburg.de, tgl. 10–17 Uhr) in einem über 750 Jahre alten Haus Exponate zur Geschichte des Naumburger Bürgertums.

TOP TIPP

Unmittelbar im Nordosten des Marktes imponiert der Naumburger **Dom St. Peter und Paul** (www.vereinig tedomstifter.de, März–Okt. Mo–Sa 9–18, So/Fei 12–18, Nov.–Febr. Mo–Sa 10–16, So/Fei 12–16 Uhr, Turmführungen März–Okt. tgl. 15 Uhr), ein hoch emporstrebender Kirchenbau, ein Juwel der späten Romanik und frühen Gotik. Die 1242 geweihte *Bündelpfeilerbasilika* mit Ostquerschiff wurde ab 1210 auf einem Vorgängerbau aus dem 11. Jh. errichtet, dessen frühromanische *Hallenkrypta* erhalten blieb. Um 1250 begannen die Arbeiten am Westchor. Damals schuf der sog. *Naumburger Meister* auch die zwölf anrührend lebensecht wirkenden *Stifterfiguren*. In der Mitte stehen anmutig Markgräfin Reglindis neben ihrem Gemahl Hermann sowie das Markgrafenpaar Ekkehard und Uta von Ballenstedt. Letztere gilt manchem als ›schönste Frau des Mittelalters‹. Neben diesen großartigen Zeugnissen menschlichen Kunstschaffens birgt der Dom weitere Kostbarkeiten: Altäre, Grabmäler des 13.–15. Jh., der spätromanische *Kreuzgang* im Süden

Ein unbekannter Meister verewigte die Domstifterin Uta von Ballenstedt (rechts)

und die spätgotische *Dreikönigskapelle* im Osten. Wunderbare Kunstwerke birgt auch das *Domschatzgewölbe* unter dem Westflügel der Klausur, etwa einem Altarflügel Lucas Cranachs, von dem die hl. Maria Magdalena und der Apostel Jakobus auf den Betrachter blicken. Besondere Aufmerksamkeit wird meist auch der *Elisabeth-Kapelle* zuteil, zumindest seit in ihr Neo Rauch, prominenter Vertreter der Neuen Leipziger Schule, drei wenn auch kleine (1,5 x 0,5 m), überwiegend in rubinrot gehaltene Kirchenfenster gestaltete.

ℹ **Praktische Hinweise**

Information

Tourist-Information, Markt 12, 06618 Naumburg, Tel. 03445/273124, www.naumburg-tourismus.de

Hotel

Stadt Naumburg, Friedensstr. 6, Naumburg, Tel. 03445/7390, www.hotel-stadt-naumburg.de. Genehme Zimmer und Ferienwohnungen in modernem Vier-Sterne-Hotel im Süden der Altstadt.

Restaurant

Carolus Magnus, Markt 11 (im Hotel Stadt Aachen), Naumburg, Tel. 03445/261060, www.hotel-stadt-aachen.de. Im historischen Bürgerhaus genießt man stimmungsvoll feine, nicht nur heimische Weine und ebensolche Küche.

44 Saale-Unstrut

Lieblich schlängelt sich die Saale durch das nördlichste Weinbaugebiet Deutschlands.

Naumburg ist ein vorzüglicher Ausgangspunkt für Ausflüge in die Täler von Saale und Unstrut. Von Burgen bekrönte Weinberge, Streuobstwiesen und weitgehend naturbelassene Flussauen sorgen für ein malerisches Landschaftsbild.

Das nördlich von Naumburg gelegene **Freyburg**, dessen Altstadt eine fast vollständig erhaltene Stadtmauer einfasst, zählt zu den Weinbau-Zentren der Region. Hier befindet sich der Stammsitz der bekannten Sektkellerei *Rotkäppchen* (Sektkellereistr. 5, Tel. 034464/340, www.rotkaeppchen.de, Führungen tgl. 11 und 14 Uhr, Sa/So 11, 12.30, 14, 15.30 Uhr). Im *Herzoglichen Weinberg* (Mühlstraße, Tel. 034461/66431, www.herzoglicher-weinberg.de)

Schloss Neuenburg wacht über die Weinberge an den Hängen über Freyburg

stehen kundige Weinbauern Rede und Antwort, bei der *Winzervereinigung Frey-burg* (Querfurter Str. 10, Tel. 03 44 64/306 23, www.winzervereinigung-freyburg.de) kann man lokalen Rebensaft im größten Holzfasskeller Deutschlands verkosten. Über der Stadt erhebt sich *Schloss Neuen-burg* (www.schloss-neuenburg.de, April–Okt. tgl. 10–18, Nov.–März Di–So 10–17 Uhr) mit einer romanische Kapelle von 1180.

Herrliche Ausblicke genießt man auch von der **Rudelsburg** (12. Jh.; www.rudels burg.com, April–Dez. tgl. 10–18, Jan.–März Di–Fr 10–17, Sa/So 10–18 Uhr) bei Bad Kö-sen westlich von Naumburg. Ebenfalls auf Entdeckung wartet das dreiflügelige **Schloss Neu-Augustusburg** (www.mu seum-weissenfels.de, April–Sept. Di–So 10–17, Okt.–März bis 16 Uhr) in Weißenfels. Die frühbarocke einstige Herzogsresidenz lockt mit entzückender Kirche und unge-wöhnlicher Schuhausstellung.

Nur wenige Kilometer westlich wacht **Schloss Goseck** (www.schlossgoseck.de, Tel. 0 34 43/28 44 88, März–Okt. Di–So 10–18 Uhr) von einem Steilhang über die Saale. Das einstige Kloster baute die Familie von Pöllnitz nach der Reformation zur heuti-gen Renaissanceanlage um. Im Sommer finden hier Konzerte statt. Eine Besonder-heit ist das *Gosecker Sonnenobservatori-um*, eine nach archäologischen Vorgaben rekonstruierte prähistorische Kreisgra-benanlage, wie sie hier bereits einmal vor rund 7000 Jahren für Himmelsbeobach-tungen errichtet worden war.

Nebra, 33 km nördlich von Naumburg an der Unstrut gelegen, wurde durch die Sicherstellung der 1999 von Raubgräbern entdeckten *Himmelsscheibe von Nebra* berühmt. Mittlerweile informiert hier die *Arche Nebra* (An der Steinklöbe 16, Wan-gen, Tel. 03 44 61/255 20, www.himmels scheibe-erleben.de, April–Okt. Di–So 10–18, Nov.–März Di–So 10–16 Uhr) über das bronzezeitliche Kunstwerk. Das Original ist im Landesmuseum Halle zu sehen.

Futuristische Architektur für ein Kunstwerk aus ferner Vergangenheit: die Arche Nebra

Der Marktplatz mit dem neogotischen Rathaus ist die gute Stube Weimars

45 Weimar

Mit der deutschen Klassik auf Tuchfühlung.

Die **Universitätsstadt** Weimar (64 000 Einw.), südöstlich des Ettersberges (478 m) im Thüringer Becken gelegen, ist eigentlich eine Kleinstadt – und doch prägt sie als **Wiege der deutschen Klassik** und als **Geburtsort des Bauhauses** die Kulturgeschichte Deutschlands wie kaum ein zweiter Ort.

Eine Siedlung gab es hier am Ufer der Ilm bereits im späten 9. Jh., doch rückte sie erst 1552 ins Licht der Geschichte, als Herzog Johann Friedrich der Großmütige sie zur Hauptstadt des Herzogtums Sachsen-Weimar wählte, was sie bis 1918 blieb. Die Landesherren ließen in Weimar vor allem im 16. Jh. zahlreiche repräsentative Bauten errichten. Ihre politische Bedeutungslosigkeit machten sie besonders im späten 18. und frühen 19. Jh. durch Kulturbeflissenheit wett. Die aufgeschlossene **Herzogin Anna Amalia** (1739–1807) und vor allem ihr Sohn **Carl August** (1757–1828) lockten zahlreiche Künstler und Intellektuelle in die Stadt. Damals lebten und arbeiteten in der ›geistigen Hauptstadt Deutschlands‹ Größen wie Johann Wolfgang von Goethe, Friedrich Schiller und Johann Gottfried Herder, was den Ruhm der **Weimarer Klassik** begründete. In dieser Tradition trafen sich in der zweiten Hälfte des 19. Jh. Musiker wie Franz Liszt und Richard Wagner in der Residenzstadt, an der 1860 gegründeten Weimarer Malerschule lehrten u. a. Arnold Böcklin und Franz Lenbach.

1919 tagten in Weimar die Mitglieder der deutschen Nationalversammlung und gaben dem Land erstmals eine demokratische Verfassung – die **Weimarer Republik** (1919–33) war geboren. Das Bedürfnis nach Veränderung zeigte sich auch in künstlerischer Hinsicht, als im April 1919 durch Zusammenschluss der *Kunstschule Weimar* und der 1907 von Henry van de Velde gegründeten *Großherzoglich Sächsischen Kunstgewerbeschule* das **Staatliche Bauhaus** entstand. Erster Direktor der neuen Schule war Walter Gropius, der Künstler wie Lyonel Feininger, Wassily Kandinsky und Paul Klee gewinnen konnte. Wegen ungenügender Finanzierung und reaktionärer werdender Stimmung zog das Institut jedoch 1925 nach Dessau [Nr. 49] um. 1998 nahm die UNESCO das ›Bauhaus und seine Stätten in Weimar und Dessau‹ sowie das ›Klassische Weimar‹ in ihre **Weltkulturerbeliste** auf. Die meisten von Weimars Baudenkmälern, Museen und historischen Parkanlagen werden heute unter dem gemeinsamen Dach der **Klassik Stiftung Weimar** (Tel. 036 43/54 53 50, www.klassik-stiftung.de) verwaltet.

Wahrzeichen der Stadt ist das **Goethe-Schiller-Denkmal** am Theaterplatz. Das 1857 enthüllte Standbild des Dresdner Bildhauers Ernst Rietschel zeigt die beiden großen Dichter Seite an Seite vor dem klassizistischen **Deutschen Nationaltheater** (Theaterplatz 2, Tel. 036 43/75 53 34, www.nationaltheater-weimar.de) von 1807. Nebenan zeugt das 1767–69 erbaute barocke **Wittumspalais** (April–Okt. Di–So 10–18, Nov.–März Di–So 10–16 Uhr), die einstige Stadtwohnung der Herzogin Anna Amalia, noch heute vom erlesenen Geschmack der Fürstin. Gegenüber zeigt das **Bauhaus-Museum** (April–Okt. Di–So 10–18, Nov.–März 10–16 Uhr) rund 500 Skulpturen, Gemälde und Grafiken von Lehrern und Schülern der berühmten Kunstschule.

Vom Theaterplatz zweigt die heutige Schillerstraße ab, in der *Friedrich von Schiller* (1759–1805) seit 1787 mit seiner Frau Charlotte und ihren vier Kindern wohnte. Das Arbeitszimmer in **Schillers Wohnhaus** (Schillerstr. 12, April–Sept. Mi–Mo 9–18, Sa 9–19, Okt. Mi–Mo 9–18, Nov.–März Mi–Mo 9–16 Uhr) ist eingerichtet wie zu Lebzeiten des Dichters, eine Ausstellung gibt Einblicke in sein Leben, Werk und Wirken. Weitaus feudaler als sein weniger arrivierter Kollege wohnte

der Dichter und Staatsmann *Johann Wolfgang von Goethe* (1749–1832). Sein barockes Stadthaus am Frauenplan beherbergt das **Goethe-Nationalmuseum** (April–Sept. Di–Fr/So 9–18, Sa 9–19, Okt. Di–So 9–18, Nov.–März Di–So 9–16 Uhr) mit einer Ausstellung zur Weimarer Klassik von 1759–1832. Im Jahr 2012 kommt auf zwei Etagen ein Überblick zu Leben und Werk des großen Dichterfürsten hinzu. Goethe hatte in diesem Haus von 1782 bis zu seinem Tod 1832 gewohnt.

Ein Abstecher führt nun nach Westen zur **Bauhaus-Universität Weimar** (Geschwister-Scholl-Straße, www.uni-weimar.de) im *Henry-Van-de-Velde-Bau* von 1904. Die Hochschule bildet junge Leute zu Architekten, Bauingenieuren, Gestaltern und Medienwissenschaftlern aus.

Geht man statt dessen vom Frauenplan zur Marienstraße, gelangt man in musikalische Gefilde. Denn dort ist dem Komponisten *Friedrich Liszt* in einer kleinen Villa, die er in den Sommermonaten der Jahre 1869–86 bewohnte, das **Liszt-Haus** (April–Okt. Di–So 10–18 Uhr) gewidmet. Zu Goethes Zeiten beherbergte dieser Bau die Hofgärtnerei, von dort wurde also auch der hier beginnende **Park an der Ilm** verwaltet, der 1778–1828 angelegt worden war und dessen Gestaltung Goethe maßgeblich beeinflusste. Über den 48 ha großen Landschaftspark verteilt entdeckt man gartenarchitektonische Kunstwerke wie das *Römische Haus* oder die *Parkhöhle*. Eine Wallfahrtsstätte für Verehrer des Universalgenies ist **Goethes Gartenhaus** (Corona-Schröter-Weg, April–Okt. Mi–Mo

TOP TIPP

Ob Goethe sich auch zum Picknick auf der Wiese vor seinem Gartenhaus an der Ilm niederließ?

Kostbar ist der Rote Salon im Stadtschloss Weimar ausgestattet

schem Treppenhaus, Festsaal, Rotem Salon und Lucas-Cranach-Galerie. Die

TOP TIPP **Herzogin Anna Amalia Bibliothek** (Platz der Demokratie, Di–So 9.30–14.30 Uhr, limitierter Zugang, Karten daher unter Tel. 036 43/54 54 01 oder www. klassik-stiftung.de) bildet wenig südwärts einen architektonischen Kontrapunkt. Ihr Herz, der Rokokosaal (Di–So 10–15 Uhr), ist fraglos einer der schönsten Bibliothekssäle Deutschlands.

Das bürgerliche Weimar, gar nicht klassisch, aber dafür umso gemütlicher, erlebt man am nahen **Marktplatz**. Hier steht das neogotische Rathaus, hier kommen die Bürger und Bauern aus der Umgebung an Markttagen zusammen.

10–18, sonst bis 16 Uhr) jenseits der Ilm. Am nördlichen Parkrand, wieder auf der anderen Seite des Flusses, liegt das außen teils barocke, innen klassizistische **Stadtschloss** (April–Okt. Di–So 10–18, Nov.– März 10–16 Uhr) mit sehenswertem Gentz-

ℹ️ Praktische Hinweise

Information

Tourist-Information, Markt 10, und im Welcome-Center, Friedensstr. 1, 99423 Weimar, Tel. 036 43/74 50, www.weimar.de

Terror vor den Toren Weimars

›Jedem das Seine‹ steht zynisch in schmiedeeisernen Lettern über dem Tor des **Konzentrationslagers Buchenwald** auf dem Ettersberg, keine 10 km nordwestlich von Weimar. Um die Nähe zur Stadt der deutschen Klassik zu verbergen und ihren guten Ruf zu bewahren, bestand die NS-Kulturgemeinde Weimar auf dem unbestimmten Namen ›Buchenwald‹ anstelle des ursprünglichen Titels ›K.L. Ettersberg‹.

Regimegegner, Vorbestrafte oder ›Arbeitsscheue‹ hielt die SS hier ab 1937 gefangen. Rasch begann die Eskalation des Terrors: Die tägliche Wasserration für Häftlinge wurde radikal reduziert, das Mittagessen willkürlich für alle Lagerinsassen gestrichen. Mitte 1938 kamen die ersten 1000 Juden in das Lager.

Mit Kriegsbeginn 1939 begann endgültig das hemmungslose Morden: In einem Drahtverhau am Appellplatz ließ die SS über 100 Polen verhungern, Roma und Sinti wurden durch Giftinjektionen ermordet, Nahrungsentzug für mehrere Tage für das gesamte Lager wurde zur Regel. 1941 begannen die systematischen Erschießungen sowjetischer Gefangener, 1942 die Impfstofftests, an denen viele Opfer qualvoll starben. Anfang 1945 war die Zahl der

Gefangenen in Buchenwald und den Außenlagern auf 112 000 Menschen angestiegen. Falls überhaupt noch eine Steigerung des Schreckens möglich war, so kam sie, als die deutsche Niederlage offensichtlich wurde: Lagerwachen ermordeten systematisch die Gehunfähigen und richteten auf den folgenden ›Evakuierungsmärschen‹ viele Tausend weitere Gefangene zu Grunde. Insgesamt waren in Buchenwald in der NS-Zeit etwa 250 000 Menschen aus fast 50 Nationen gefangen, 56 000 von ihnen wurden hier ermordet oder starben bei der Zwangsarbeit in einem der 136 Außenkommandos.

Nach dem Krieg nutzte die sowjetische Besatzungsmacht das Areal ebenfalls als Lager, hauptsächlich zur Internierung von NS-Verbrechern. Doch auch Oppositionelle und andere Unschuldige wurden bis zur Schließung 1950 hier gefangen gehalten.

Die **Gedenkstätte Buchenwald** (www.buchenwald.de Besucherinformation April–Okt. Di–Fr 9–17, Sa/So/Fei 9–18, bis 16 bzw. 16.20 Uhr, Museen April–Okt. tgl. 10–18, sonst bis 16 Uhr, Gelände und Mahnmal tgl. bis Einbruch der Dunkelheit) informiert eingehend über beide Epochen des Lagers.

Einmalig ist das Nebeneinander von Mariendom (links) und St. Severi in Erfurt

Die günstige *WeimarCard* bietet freie Fahrt mit den Stadtbussen sowie freien Eintritt in oder Vergünstigungen für Ausstellungen, Museen und Stadtführungen.

Hotel

Hotel Anna Amalia, Geleitstr. 8–12, Weimar, Tel. 036 43/495 60, www.hotel-anna-amalia.de. Franz Kafka und Max Brod logierten schon in dem traditionsreichen Altstadt-Hotel, das moderne Zimmer, Suiten und FeWos bietet.

Restaurant

Anna Amalia, Markt 19 (im Hotel Sheraton Elephant), Weimar, Tel. 036 43/80 20, www.hotelelephantweimar.com. Preisgekrönte Gourmet-Küche, erschwinglich bei Tages- und 7-Gänge-Abendmenü.

46 Erfurt

Das ›Thüringische Rom‹ prunkt mit zahlreichen Kirchen.

Um das Jahr 725 errichtete der hl. Bonifatius in einer Flussschleife der Gera eine kleine Kirche auf dem späteren Domhügel. Zu diesem Zeitpunkt existierte bereits ein fränkischer Verwaltungssitz auf dem nahen Petersberg. 741 erhob Bonifatius Erfurt zum Bistum, nahm dem Ort diesen Titel aber schon 747 wieder ab. Dennoch: *Thüringisches Rom* nannte man die Stadt im Mittelalter, weil innerhalb ihrer Mauern so viele Kirchen und Klöster versammelt waren.

In dem durch Handel schnell aufblühenden Verkehrsknotenpunkt öffnete bereits 1392 eine Universität ihre Pforten, die drittälteste in Deutschland. Martin Luther studierte hier 1501–05 Philosophie und predigte danach noch bis 1511 in Erfurt. Zu Luthers Zeiten zählte die Stadt mit ca. 18 000 Einwohnern (heute 200 000) zu den größten Orten des Deutschen Reichs. Der Dreißigjährige Krieg führte im 17. Jh. zum Niedergang der Stadt. Erst im 19. Jh. sorgte die Industrialisierung mit Lokomotivbau und Waffenproduktion für neuen Aufschwung.

Seit Bonifatius' Zeiten existieren auf dem Domberg (Mai–Okt. Mo–Sa 9–18, So 13–18, Nov.–April Mo–Sa 10–17, So 13–17 Uhr) zwei Kirchen nebeneinander. Einmal ist da der gotische **Marien-dom** (Tel. 03 61/646 12 65, www.dom-erfurt.de). Als Nebensitz der Mainzer Bischöfe wurde er im 13. Jh. prächtig ausgebaut. Die Kirche **St. Severi** nebenan war zunächst Klosterkirche und dann Pfarrkirche Erfurts. In ihrer heutigen Gestalt entstand sie ab 1278. Gemeinsam beherrschen die Türme der beiden Gotteshäuser die facettenreiche Erfurter Altstadt, die sich vom großen *Domplatz* über das neugotische Rathaus am Marktplatz und die mit Häuschen bebaute *Krämerbrücke* aus dem 14. Jh. bis zur barocken *Schottenkirche* jenseits der Gera erstreckt. Unter all den liebevoll restaurierten Gebäuden sei hier stellvertretend auf das **Haus zum Schwarzen Horn** in der von hohen Speicherhäusern aus dem 16. und 17. Jh. gesäumten Michaelisstraße (Haus Nr. 48) hingewiesen. 1518–25 gehörte es dem Buchdrucker Mathes Maler, der hier das erste Rechenbuch ›Rechnung uff der Linie‹ (1522) von Adam Ries und auch Martin Luthers Reformationsschriften druckte.

Der schönste Ausblick über die Stadt bietet sich von der **Zitadelle Petersberg** (April–Okt. tgl. 11–18.30, Nov.–Dez. tgl. 11–16 Uhr) aus. Auf der Anhöhe befand sich eine erste Siedlung aus fränkischer Zeit, um 1060 ein Chorherrenstift, und die romanische *Peterskirche* wurde 1103–47 errichtet. Die in stetem Zwist mit den Bürgern Erfurts herrschenden Kurmainzer Bischöfe bauten den Petersberg ab 1665 zu einer mächtigen Festung nach französischem

Vorbild aus, die das noch bis 1803 bestehende Kloster umschloss. Sehr interessant ist eine Führung durch die *Horchgänge* (Mai–Okt.) in den zyklopischen Mauern, in denen einst Wachmänner nach potenziellen Angreifern lauschten.

47 Eisenach

Kleine Stadt ganz groß – dank Elisabeth, Luther und Wartburg.

Im Jahr 1067 ließ Ludwig der Springer die Wartburg zum Schutz der Via Regia von Krakau über Leipzig ins Rheinland errichten. Als Standort wählte er ein Felsplateau am nordwestlichen Rand des *Thüringer Waldes*, etwa 400 m über der **Werra** und ihrem Zufluss **Hörsel**. Zu ihren Füßen blühte bald das Städtchen Eisenach auf, das von 1596–1751 gar Residenz der Fürsten von Sachsen-Eisenach war. Berühmtester Sohn der Stadt ist der 1685 hier geborene Musiker Johann Sebastian Bach († 1750).

1817 feierten Angehörige der Allgemeinen Deutschen Burschenschaft das **Wartburgfest**, mit dem sie gegen die Weigerung der deutschen Fürsten protestierten, Demokratie und Pressefreiheit zuzulassen. 1896 gründete der Unternehmer

Im Mittelalter verkauften Händler in den Geschäften auf der Krämerbrücke ihre Waren

Schmucke Fachwerkhäuser und die Statue des hl. Georg prägen Erfurts Marktplatz

Heinrich Ehrhardt rund 50 Jahre später das **Automobilwerk Eisenach**, aus dem sowohl BMW (West) als auch Wartburg (Ost) hervorgingen. Mittlerweile stellt *Opel* hier in einem neuen Werk den Corsa her. Der automobilen Tradition Eisenachs ist im Norden der Innenstadt die **Automobile Welt Eisenach** samt **Automobilbau Museum Eisenach** (Friedrich-Naumann-Str. 10, Tel. 036 91/772 12, www.ame.eisenachonline.de, Di–So 11–17 Uhr) gewidmet. Sie befindet sich auf dem Gelände der historischen Automobilwerke Eisenach, wo zu DDR-Zeiten der volkseigene Betrieb ›VEB IFA Automobilfabrik EMW Eisenach‹ produzierte, u. a. mehr als 1 Mio. Autos vom Typ Wartburg.

Um den Markt in der Altstadt von Eisenach (43 000 Einw.) mit der Georgsstatue gruppieren sich die bedeutendsten Gebäude der Stadt. Die Nordseite dominiert das **Stadtschloss**, das Herzog Ernst August von Sachsen-Weimar-Eisenach ab 1742 erbauen ließ. In den barocken Räumlichkeiten zeigt heute das *Thüringer Museum* (Tel. 036 91/67 04 50, Di–So 11–17 Uhr) Porzellane, Fayencen, Gläser, Grafiken und Malerei der 2. Hälfte des 19. Jh., volkskundliche Exponate sowie Gemälde des expressiven Realismus. Rechts vom Schloss steht das **Renaissance-Rathaus** aus dem 17. Jh. mit seinem markanten Turm. In der **Georgenkirche** gegenüber dem Schloss heiratete die später heilig gesprochene Elisabeth von Thüringen im Jahr 1221 den Landgrafen Ludwig IV.

Im August steht der Markt ganz im Zeichen des Historienspektakels **Luther – Das Fest** (www.lutherverein.de) mit Theater, Markttreiben und historisch gewandeten Mönchen, Kaufleuten, Ablasshändlern, Kräuterweiblein, Bauern und Rittern. Historische Fakten über den Reformator bietet das **Lutherhaus** (Lutherplatz 8, Tel. 036 91/298 30, tgl. 10–17 Uhr), in dem der junge Martin wahrscheinlich während seiner Schulzeit wohnte. Ebenfalls nicht gesichert ist, ob Johann Sebastian Bach tatsächlich 1685 im **Bachhaus** (Frauenplan 21, Tel. 036 91/793 40, www.bachhaus.de, tgl. 10–18 Uhr) geboren wurde. Hier werden im Instrumentensaal oft Bach'sche Kompositionen auf Originalinstrumenten interpretiert und im Haus machen ausgeklügelte Klanginstallationen Bachs Kunst verständlicher.

Im Osten des Marktes stößt man am Karlsplatz neben dem *Nikolaitor* (1200) auf die romanische **Nikolaikirche**, eine um 1172–90 erbaue dreischiffige Basilika. Lange Zeit war sie zugleich Pfarrkirche und Klosterkirche eines in der Reformation aufgelösten Benediktinerinnenklosters. Das einfache Kircheninnere stützen romanische Säulen und im Chorraum steht ein um 1520 entstandener Schnitzaltar mit Reliefs zur Grablegung Jesu.

Auf dem Weg zur Wartburg (vom Stadtzentrum ca. 3,5 km) durch das Helltal kommt man an der weißen Neorenaissance-Villa (1860–68) vorbei. Das Anwesen des 1874 hier verstorbenen Schrift-

stellers Fritz Reuter (*1810) beherbergt das **Reuter-Wagner-Museum** (Reuterweg 2, Tel. 036 91/74 32 93, Di–So 11–17 Uhr). Nur in Bayreuth findet man eine ähnlich umfangreiche Richard-Wagner-Sammlung aus Bildern, Büsten, Briefen und Schriften, Theaterzetteln und einer Bibliothek mit etwa 5000 Bänden zu dem Komponisten, den die Wartburg 1842 zu seiner Oper ›Tannhäuser‹ inspirierte.

Wartburg

Kurz nach dem Abzweig zu diesem Museum erreicht man den Besucherparkplatz der **Wartburg** (Tel. 036 91/25 00, www.wartburg.de, April–Okt. tgl. 8.30–17, Schließung des Burgtors 20 Uhr, Nov.–März tgl. 9–15.30, Torschluss 17 Uhr), die für die deutsche Geschichte so wichtig und baulich so gut erhalten ist, dass sie die UNESCO 1999 zum **Weltkulturerbe** der Menschheit ernannte. Ende des 12. Jh. hatten die Landgrafen von Thüringen die Feste zu ihrer Residenz bestimmt. Als eine der bekanntesten Mitglieder der gräflichen Familie lebte hier 1211–27/28? die kurz nach ihrem Tod heilig gesprochene **Elisabeth von Thüringen** (1207–1231). 300 Jahre später, 1521/22, versteckte der sächsische Kurfürst Friedrich der Weise **Martin Luther** (1483–

1546) auf der Wartburg vor päpstlichem Bann und kaiserlicher Acht. Während seiner Schutzhaft schrieb Luther im wahrsten Sinne des Wortes Geschichte, als er in nur zehn Wochen das Neue Testament aus dem Griechischen ins Deutsche übersetzte. **Johann Wolfgang von Goethe** besuchte 1777 die geschichtsträchtige, aber seit zwei Jahrhunderten verfallende Burg und überlieferte seinen Eindruck in zahlreichen Zeichnungen.

Das heutige Erscheinungsbild unterscheidet sich davon, denn 1838 veranlasste der kunstsinnige **Erbgroßherzog Carl Alexander** die bis 1890 andauernde Umgestaltung des Thüringer Stammschlosses seiner Familie im Stil des romantischen Historismus. Damals schuf Moritz von Schwind die *Freskenzyklen* im ersten Palas-Obergeschoss. Im *Sängersaal* etwa griff er die Erzählung vom ›Sängerkrieg auf der Wartburg‹ auf, nach der 1206 sechs Dichter um die Gunst des Herzogs gebuhlt haben sollen, der das schlechteste Lied mit dem Tod des Sängers bestrafen wollte. Auch das *Landgrafenzimmer* im Stockwerk darunter trägt Schwinds Handschrift bzw. Pinselstrich, wogegen die Gewölbedecke der *Elisabethkemenate* Mosaike des frühen 20. Jh. schmücken. Hier und in der Dirnitz zeigt das **Museum**

Plan S. 124

Hoch auf ihrem bewaldeten Bergrücken wacht die Wartburg über Eisenach

fen haben. Den dadurch an der Wand entstandenen Tintenfleck haben freilich abertausende neugierig tastende Besucherhände längst verwischt.

Den Weg vom Parkplatz zur Burg müssen übrigens die meisten Touristen zu Fuß bewältigen, für ältere oder gehbehinderte Leute steht am Fuß des Felsens aber ein *Busshuttle* zur Verfügung – und Kinder können im Sommer auf einem *Esel* (Tel. 036 91/21 04 04) hinaufreiten.

ℹ️ Praktische Hinweise

Information

Tourist Information, Markt 24 (im Stadtschloss), 99817 Eisenach, Tel. 036 91/972 30, www.eisenach.info

Hotel

Schlosshotel, Markt 10, Eisenach, Tel. 036 91/70 20 00, www.schlosshotel-eisenach.de. Komfortabel nächtigt man im modern umgebauten ehemaligen Franziskanerkloster von 1280.

Restaurant

Lutherstuben, Katharinenstr. 11–13 (im Hotel Eisenacher Hof), Eisenach, Tel. 036 91/293 90, www.eisenacherhof.de. Schankmägde und Becherknechte warten den Gästen beim mittelalterinspirierten ›Luthermahl‹ auf – aber das Essen ist heute vermutlich besser als damals.

der Wartburg hoch- und spätmittelalterliche Kunstschätze, darunter Bildteppiche, Gemälde und eine außergewöhnliche Bestecksammlung. Ein überdachter Wehrgang führt von dort in die schlichte **Lutherstube** in der Vogtei. In ihr arbeitete Luther an seiner epochalen Übersetzung und hier soll er dem lockenden Teufel ein Tintenfass an den Kopf gewor-

Farbenfroh ausgestaltet ist das Kreuzrippengewölbe der Elisabethkemenate auf der Wartburg

Das malerische Schwarzburg im Thüringer Wald schmiegt sich in das Tal der Schwarza

48 Thüringer Wald

Wanderer zieht es zum Rennsteig, dem ›Vater aller deutschen Fernwanderwege‹.

Nur ein Katzensprung ist es von Eisenach zum Thüringer Wald, der sich südöstlich der Stadt auf ca. 150 km Länge nach

Der Rennsteig gehört zu den bekanntesten Wanderwegen Deutschlands

Osten hinzieht. Dieses schmale, waldreiche deutsche Mittelgebirge steigt auf dem **Großen Beerberg** bei Suhl auf 982 m, am **Schneekopf** auf 978 m und dem **Großen Inselsberg** auf 916 m an. Seine Höhenlagen machen den Thüringer Wald bei **Skisportlern** und **Wanderern** sehr beliebt. Im Winter frönen Abfahrer, Snowboarder und Langläufer etwa in der *Skiarena Steinach* dem weißen Vergnügen. Der nahe Luftkurort *Oberhof* (www.oberhof.de) ist traditionell eine feste Station im Biathlon-Weltcup, so auch wieder im Januar 2012. Vom Frühling bis in den Herbst hinein genießen Fußgänger und Radwanderer die Naturschönheiten und einladenden Bergstädtchen im Thüringer Wald, letztere mit langer Tradition in Spielzeugherstellung und Glasbläserei. Die ›Königsroute‹ ist der über den Gebirgskamm verlaufende **Rennsteig** (www.rennsteig.de), der schon im 9. Jh. ein Handelsweg zwischen Thüringen und Franken war. Zu empfehlenswerten Abstechern locken unterwegs etwa das lauschige *Schwarzatal*, die felsenreiche *Fehrenbacher Schweiz*, das liebliche *UNESCO Biosphärenreservat Vessertal* (www.biosphaerenreservatvesser tal.de) oder der romantische *Goethewanderweg* über den Kickelhahn (861 m) bei Ilmenau.

49 Dessau

Das Bauhaus brachte Geradlinigkeit und Klarheit, der Natur huldigt ein üppiges Gartenreich.

Dessau an der Mündung der Mulde in die Elbe, das 2007 mit der Nachbarstadt Roßlau zur Doppelstadt **Dessau-Roßlau** (87 000 Einw.) zusammengefasst wurde, war ab 1471 **Residenz** der Fürsten von Anhalt und später der Herzöge von Sachsen-Anhalt. Sie gestalteten ihren Fürstensitz in der zweiten Hälfte des 18. Jh. im Stil des Klassizismus und machten Dessau zu einem *Zentrum der deutschen Aufklärung.* Das von Fürst Leopold III. Friedrich Franz angelegte *Gartenreich Dessau-Wörlitz* versinnbildlichte diesen Geist der Aufklärung. So lag es nahe, dass die Meister des Bauhauses 1925 ihre berühmte Hochschule für Gestaltung mitsamt ihren Werkstätten von Weimar nach Dessau verlegten. Heute zählen ihre Bauten vor Ort, sofern sie die schlimmen Bombardierungen des Zweiten Weltkriegs überstanden bzw. danach wiederaufgebaut wurden, zu den wichtigsten Sehenswürdigkeiten in der einstigen Industriestadt Dessau und seit 1996 auch zum **Weltkulturerbe** der UNESCO.

Ein Meilenstein der Architekturgeschichte ist das 1926 von Walter Gropius entworfene **Bauhausgebäude** (www.bauhaus-dessau.de, Gropiusallee 38, tgl. 10–18 Uhr). Dass sich hier in den 1920er-Jahren tatsächlich die ›Werkstatt der Moderne‹ befand, macht die gleichnamige Ausstellung zu Unterricht und Arbeitsweise der Lehrenden und Lernenden am Bauhaus deutlich. Im gleichen Gebäude denken heute die Mitarbeiter der *Stiftung Bauhaus Dessau* über die Zukunft der menschlichen Lebensumwelt nach.

Für die Lehrer des Bauhauses entwarf Walter Gropius 1925 die **Meisterhäuser** (Ebertallee 59–71, wwww.meisterhaeuser.de, Mitte Febr.–Okt. Di–So 10–18, Nov.–Mitte Febr. 10–17 Uhr) unweit nördlich des Hauptgebäudes. In den Doppelhaushälften lebten Moholy-Nagy, Kandinsky und Klee, Muche und Schlemmer sowie Gropius selbst. Während die Häuser von Gropius und Moholy-Nagy im Zweiten Weltkrieg völlig zerstört wurden, konnten die übrigen Gebäude seit den 1990er-Jahren originalgetreu rekonstruiert werden. Drei von ihnen stehen zur Besichtigung offen, darunter in der Ebertallee 63

Ganz der Moderne zugewandt ist das von Gropius entworfene Bauhausgebäude

Der Beginn der Klassischen Moderne

Seit seiner Gründung 1919 und auch nach dem Umzug nach Dessau hatte der Architekt **Walter Gropius** (1883–1969) das Bauhaus geleitet, doch 1928 gab er, zermürbt von beständigen Anfeindungen und Kämpfen um Mittel, sein Amt als Direktor auf. Er hatte noch die Orientierung der avantgardistischen Schule für Gestaltung hin zu **industriellem Design** und **Massenproduktion** eingeleitet, die auch sein Nachfolger **Hannes Meyer** (1889–1954) fortführte. Schnörkellose funktionalen Entwürfe von Innenräumen und Gebrauchsgegenständen sollten weiten Teilen der Bevölkerung ein modernes gesundes Leben ermöglichen. 1930 kündigte der Dessauer Stadtrat dem marxistisch engagierten Meyer, doch auch der nachrückende **Ludwig Mies van der Rohe** (1886–1969) konnte die Hochschule nur noch bis 1932 gegen den Ungeist der Zeit in Dessau halten. Dann zog das Bauhaus nach Berlin um, wo sich die wegbereitende Kunst- und Designschule im Jahr 1933 auf Druck der Nationalsozialisten auflöste.

Von Menschenhand ›perfektionierte‹ Natur erlebt man im Gartenreich Dessau-Wörlitz

das *Feininger-Haus*, benannt nach dem Maler und Leiter der Bauhaus-Druckwerkstätten Lyonel Feininger (1871–1956). Hier zeigt nun das **Kurt-Weill-Zentrum** (www.kurt-weill.de) eine kleine Ausstellung über den 1900 in Dessau geborenen Komponisten (†1950). Ebenfalls zugänglich sind das **Klee-Kandinsky-** und das **Muche-Schlemmer-Haus.**

Neben diesen Architekturikonen lohnt die klassizistisch geprägte Innenstadt Dessaus den Besuch. Hier wurde die spätgotische **Marienkirche** am Ufer der Mulde nach dem Zweiten Weltkrieg wieder aufgebaut. Das strahlend gelb gestrichene **Palais Dietrich** (Zerbster Str. 35), 1747 von Leopold I. von Anhalt-Dessau 1747 für seinen Sohn erbaut, und das **Palais Waldersee** (Haus Nr. 10) beherbergen heute jeweils Teile der *Anhaltinischen Landesbibliothek Dessau* (Mo/Di, Do/Fr 10–18 Uhr).

Bemerkenswert ist auch das 1780 unter Prinz Johann Georg von Anhalt-Dessau begonnene und 1893 erweiterte *Schloss Georgium* mit der **Anhaltinischen Gemäldegalerie** (Puschkinallee 100, Tel. 0340/613874, www.georgium.de, Di–So 10–17 Uhr). Ihre Raumfluchten zieren altdeutsche, holländische und flämische Gemälde. Ringsum erstreckt sich der 20 ha große *Georgengarten*, ein Landschaftspark in englischem Stil aus der zweiten Hälfte des 18. Jh. Er geht langsam in die Auwaldreste des bis zur Elbe reichenden Beckerbruchs über. Das stadtnahe Areal gehört bereits zum **Gartenreich Dessau-Wörlitz** (www.gartenreich.com), das mit seinen Schlössern und Pavillons, Wiesen und Wäldern, Seen und Flüssen seit 2000 **UNESCO Weltkulturerbe** ist. Ein guter Ausgangspunkt für Erkundungen dieses kunstvoll gestalteten Landschaftsparks ist der Parkplatz an der *Rousseau-Insel* in **Wörlitz.** Hier starten auch Kutschfahrten (Tel. 034905/20048) durch die Elbauen (nicht durch den Park!). Die *Wörlitzer Anlagen* sind nur ein Teil des riesigen Parks, den Fürst Leopold III. Franz Friedrich von Sachsen-Anhalt im späten 18. Jh. anlegen ließ.

Rasch ist vom Parkplatz aus das in klassizistischen Formen schwelgende *Schloss Wörlitz* (Mai–Sept. Di–So 10–18, April/Okt. bis 17 Uhr) erreicht. Das angegliederte *Gotische Haus* huldigt mit seiner ungewöhnlichen neogotischen Innenausstattung und der Glasgemälde-Sammlung des 15.–17. Jh. dem Mittelalter.

22 km von Wörlitz entfernt und westlich von Dessau liegt das sehenswerte kleine *Rokokoschloss Mosigkau* (Knobelsdorffallee 2/2, Tel. 0340/5025 5721, April Sa/So und Okt. Di–So 10–17, Mai–Sept. Di–So 10–18 Uhr) mit Hecken-Irrgarten.

ℹ Praktische Hinweise

Information

Tourist-Information, Zerbster Str. 4 (Rathaus), 06844 Dessau-Roßlau, Tel. 03 40/204 14 42, www.dessau-tourismus.de

Wörlitz-Information, Förstergasse 26, 06786 Wörlitz, Tel. 03 4405/310 09, www.woerlitz-information.de

Restaurant

Kornhaus, Kornhausstr. 146, Dessau, Tel. 03 40/640 41 41, www.kornhaus.de. Beliebtes Ausflugsrestaurant von 1929/30 am Elbufer im Bauhaus-Stil (Do geschl.).

50 Lutherstadt Eisleben

Wo Martins Luthers Wiege und Bahre standen – Spurensuche in der ehemaligen Bergmannssiedlung.

Eisleben (24 000 Einw.) gut 110 km südwestlich von Wittenberg ist **Luthers Heimatort**. Zu den hiesigen Luthergedenkstätten, die zum UNESCO Weltkulturerbe zählen, gehört im Ortskern das **Geburtshaus** (Lutherstr. 15, Tel. 034 75/714 78 14, www.martinluther.de, April–Okt. tgl. 10–18, Nov.–März Di–So 10–17 Uhr) des Reformators. Hier wurde Martin Luther 1483 als Sohn der Eheleute Hans und Margarethe Luder geboren. Im Haus und dem gegenüberliegenden Besucherzentrum erklärt eine Ausstellung die spätmittelalterliche Welt Luthers und seiner Zeitgenossen. Nicht weit davon wird Luthers vermeintliches **Sterbehaus** (Andreaskirchplatz 7, Tel. 034 75/60 22 85) zurzeit umfassend umgebaut und soll im Herbst 2012 wieder

öffnen. Vis-à-vis ist in der spätgotischen Marktkirche **St. Andreas** (www.kirche-in-eisleben.de, Mo–Fr 10–12 und 14–16, So 11–13 Uhr) noch die Kanzel zu sehen, von der Martin Luther zum letzten Mal predigte. Etwa 400 m weiter südöstlich wurde unter dem Netzgewölbe der ebenfalls spätgotischen Kirche **St. Petri-Pauli** (unregelmäßig geöffnet) wurde der kleine Martin am 11. November 1483, einen Tag nach seiner Geburt, getauft.

Außerdem ist Eisleben für die kunsthistorisch einmalige *Eisleber Steinbilderbibel* (1585) aus 29 Sandstein-Relieftafeln in der **St. Annenkirche** (www.st-annen-eisleben.de, Mai–Okt. Mo–Sa 10–16, So ab ca. 11.30 Uhr) bekannt, einer Bergmannskirche im westlichen Ortsteil Neustadt. Im historischen **Zisterzienserinnenkloster Helfta** (Lindenstr. 36, Tel. 034 75/71 15 00, www.kloster-helfta.de) im gleichnamigen südöstlichen Vorort finden vielfältige Kulturveranstaltungen statt.

ℹ Praktische Hinweise

Information

Tourist-Information, Hallesche Str. 4, 06295 Lutherstadt Eisleben, Tel. 034 75/60 21 24, www.eisleben-tourist.de

Hotel

Hotel Graf von Mansfeld, Markt 56, Lutherstadt Eisleben, Tel. 034 75/663 00, www.hotel-eisleben.de. Komfortables, zentral gelegenes Hotel in einem historischen Stadthaus von 1501, Zimmer mit romanischen Stilelementen.

Eislebens Luthergedenkstätten erinnern auch an Luthers geniale Bibelübersetzung

Schon die ottonischen Kaiser begingen in Quedlinburgs Stiftskirche bedeutende Kirchenfeste

51 Quedlinburg

Gesamtkunstwerk aus Fachwerk, gekrönt von der romanischen Stiftskirche.

In den verwinkelten Gassen Quedlinburgs (21000 Einw.) wandelt man auf 1000 Jahre altem Kopfsteinpflaster, Besucher entdecken auf Schritt und Tritt lauschige Ecken und romantische Hinterhöfe. Der sächsische Herzog und spätere König Heinrich I. richtete hier um 919 eine Reichspfalz ein, seine Frau Mathilde gründete nach seinem Tod ein Reichsstift auf dem Burgberg. Da bevorzugt Damen aus sächsischen Adelshäusern das Stift leiteten, wurde es in den folgenden Jahrhunderten zu einem Schlosss umgestaltet. Auch die Bürgerstadt unter dem Schloss profitierte vom Stift. So schön ist das gesamte Stadtbild, dass die UNESCO 1994 ganz Quedlinburg zum **Weltkulturerbe** (www.weltkulturerbe-quedlinburg.de) erhob.

Bei einem Bummel durch die **Altstadt** fallen besonders die figuren- und ornamentgeschmückten Fachwerkbalken auf, die im sog. *Quedlinburger Sonderstil* mit aufwendigen Schnitzereien verziert sind. Genauer kann man sich darüber im **Fachwerkmuseum** (Wordgasse 3, Tel. 039 46/ 38 28, April–Okt. Fr–Mi 10–17, Nov.–März Fr–Mi 10–16 Uhr) informieren. Es ist stilecht im ältesten Fachwerkhaus der Stadt

untergebracht, einem um 1400 erbauten *Hochständerbau*. Rasch ist von hier der propere Marktplatz erreicht, wo ein Blick auf das efeuüberwachsene **Alte Rathaus** von 1310 mit der 1619 vorgeblendeten Renaissance-Fassade lohnt. Über dem Portal schüttet Abudantia, die römische Göttin des Wohlstands, ihr Füllhorn aus. Neben dem Rathaus symbolisiert eine 2,75 m hohe schwertbewehrte Roland-Statue aus Buntsandstein seit 1406 die Stadt- und Marktrechte Quedlinburgs.

Schlendert man durch die malerischen Gassen in Richtung Schlossberg, kommt man zum *Finkenherd*, dem Ort, an dem der Sachsenherzog Heinrich im Jahr 919 die Nachricht seiner Königswahl erhalten haben soll. Hier überrascht das einzige monografische Museum zum Werk des

Rund um Quedlinburgs Marktplatz laden Cafés und Restaurants zum Verweilen ein

Bauhauslehrers Lyonel Feininger (1871–1956). Diese **Feininger-Galerie** (Finkenherd 5 a, Tel. 039 46/689 59 30, www.feininger-galerie.de, April–Okt. Di–So/Fei 10–18, Nov.–März Di–So 10–17 Uhr) mit zahlreichen, meist frühen Lithografien, Radierungen und Holzschnitten basiert auf der Sammlung des Quedlinburgers Hermann Klumpp, der 1929–32 am Dessauer Bauhaus studierte. Etwas weiter bergauf befindet sich das repräsentative Bürgerhaus im niedersächsischen Fachwerkstil, das 1702–1817 der Familie Klopstock gehörte. In diesem **Klopstockhaus** (Schlossberg 12, Tel. 03 946/26 10, April–Okt. Mi–So 10–17, Nov.–März Mi–So 10–16 Uhr) wurde der nachmalige Dichter **Friedrich Gottlieb Klopstock** (1724–1803) geboren, heute dient es seinem Gedenken.

Nun beginnt schon der letzte Aufstieg zum **Schlossberg**, auf dem König Heinrich I. zu Beginn des 10. Jh. eine Pfalz errichten ließ. Dass sie eines der Machtzentren des Reiches war, bezeugt auch der romanische **Dom St. Servatii** (Tel. 039 46/70 99 00, www.domschatzquedlinburg.de, April–Okt. Di –Sa 10–18, So 12–18, sonst jew. bis 16 Uhr, während des Quedlinburger Musiksommers Mitte Juni–Mitte Sept. Sa meist nur bis 16 Uhr). In seiner freskengeschmückten Hallenkrypta sind Heinrich und seine Gemahlin Mathilde begraben. Bei ihrer Weihe im Jahr 1129 gehörte die dreischiffige Basilika mit dem weithin sichtbaren Vierecksturmpaar zum Quedlinburger Damenstift, das 1802 aufgelöst wurde. Unbedingt sehenswert sind die *Schatzkammern* im Hohen Chor der Kirche, in dem der *Quedlinburger Domschatz* sakrale Gegenstände und die kostbarsten

Geschenke des Ottonischen Herrscherhauses an das ›Kaiserlich freie weltliche Reichsstift Quedlinburg‹ bewahrt. Gegenüber der Kirche wohnte einst die Äbtissin des Stifts im **Schloss** (April–Okt. tgl. 10–18, Nov.–März Sa–Do 10–16 Uhr), einem dreiflügeligen Renaissancebau des 16./17. Jh. mit edel eingerichteten historischen Repräsentationsräumen.

In der westlichen Verlängerung des Schlossberges drängen sich auf dem **Münzenberg** in einem verwinkelten Häuserkomplex etwa 60 kleine Fachwerkbauten. Ende des 16. Jh. lebten hier Spielleute, Schausteller, Kesselflicker, Tagelöhner und Scherenschleifer, heute streifen Touristen durch das malerische Quartier.

ℹ Praktische Hinweise

Information

Tourismus-Information, Markt 2, 06484 Quedlinburg, Tel. 039 46/90 56 24, www.quedlinburg.de

Hotel

Zum Bär, Markt 8, Quedlinburg, Tel. 039 46/77 70, www.hotelzumbaer.de. Seit 1748 übernachten Gäste bequem in dem Traditionshotel am Marktplatz komfortable Übernachtungsmöglichkeiten, heutigentags mit 3-Sterne-Komfort.

Restaurant

Weinkeller Theophano, Markt 13–14, Quedlinburg, Tel. 039 46/963 00, www.hoteltheophano.de. Feines Restaurant im gleichnamigen, aus fünf Fachwerkhäusern bestehenden Hotel, sommers lauschiger Hof (So/Mo geschl.).

Mitteldeutschland –
Vielfalt zwischen Harz und Hannover

In der Mitte Deutschlands mit den Bundesländern Niedersachsen, Thüringen, Sachsen-Anhalt und Hessen kann man die ganze Vielfalt der Bundesrepublik genießen. Schon **Hannover**, die Hauptstadt Niedersachsens, mag manchen überraschen: Einerseits gibt sich der bedeutendste *Messeplatz* Deutschlands geschäftig und modern, andererseits beeindruckt er mit dem neogotischen Rathaus, einem wahren Palast der Bürgerschaft, und den zauberhaften *Herrenhäuser Gärten* der Kurfürsten und Könige von Hannover.

Geradezu futuristisch präsentiert sich die *Autostadt* in **Wolfsburg**, mit der der VW-Konzern sich und seinen Automobilen ein imposantes Denkmal setzte. Immer am Puls der Zeit ist man auch in **Kassel**. Alle fünf Jahre pilgert die internationale Kunstszene zur dortigen *documenta*, der bedeutendsten Schau moderner Kunst in Deutschland. Auch in den Jahren zwischen diesen Ausstellungshöhepunkten bemüht sich die Stadt um Aufsehen erregende Kunstereignisse.

Wer beschauliche Fachwerkidylle bewundern will, ist in den Städten Mitteldeutschlands ebenfalls richtig. In **Hildesheim** ließen die Stadtväter den gesamten im Zweiten Weltkrieg zerstörten Marktplatz nach historischen Vorbildern wieder aufbauen, in **Wernigerode** erstrahlt die nach der Wiedervereinigung vorbildlich sanierte Altstadt in neuem altem Glanz. Auch in **Goslar**, das dank des ertragreichen Bergbaus am Rammelsberg schon früh aufblühte, lebt die mittelalterliche Pracht einer alten Reichsstadt fort. Rund um den Marktplatz vermitteln Rathaus, Kaiserworth oder das Haus Brusttuch einen Eindruck vom damaligen Wohlstand. Ein Muss für jeden Besucher der Region ist das *Schaubergwerk Rammelsberg* über der Stadt, das faszinierende Einblicke in die Geschichte des hier mehr als 1000 Jahre alten Bergbaus gewährt.

Von der großen Bedeutung dieser Region im Mittelalter zeugen die **Kaiserpfalzen** in Goslar und Braunschweig ebenso wie die vortrefflich erhaltenen romanischen Gotteshäuser in Hildesheim oder Königslutter am Elm. In **Braunschweig** wurde zu Beginn des 21. Jh. mit der weitgehenden Rekonstruktion des einst abgerissenen *Stadtschlosses* in der Innenstadt die Vergangenheitsbeschwörung gar auf die Spitze getrieben.

Auch urwüchsige Natur kann man in Mitteldeutschland finden. Vor allem im **Nationalpark Harz**, heute wieder Heimat von Auerhuhn und Luchs, laden schattige Wälder und lichte Höhen zu ausgedehnten Wanderungen ein. Hier erhebt sich auch der legendäre *Brocken*, einer der meistbesuchten Berge Deutschlands. Ähnlich legendär ist der **Teutoburger Wald** nahe Osnabrück, wo der Cheruskerfürst Arminius (dt. Hermann) die Legionen Roms besiegte. Heute geht es hier bedeutend friedvoller zu, und so kann man auf dem *Hermannsweg* entlang des Kamms des Mittelgebirges in aller Ruhe dahinwandern.

Schon in der Steinzeit besuchten Menschen die Externsteine im Teutoburger Wald

Sieht aus wie ein Schloss, ist aber ein Rathaus: Hier treffen sich die Ratsherren Hannovers

52 Hannover

Kurfürsten und Könige schmückten ihre Residenzstadt an der Leine mit Palästen und Gärten.

Wo das norddeutsche Flachland allmählich in die deutschen Mittelgebirge übergeht, liegt an der Mündung der Ihme in die Leine die **niedersächsische Landeshauptstadt** Hannover (520 000 Einw.).

1241 verlieh der Welfenherzog Otto das Kind dem Ort *Hanovere* das Stadtprivileg. 1636 verlegte der Welfenherzog Georg von Calenberg seine Residenz angesichts marodierender Söldnertruppen während des Dreißigjährigen Krieges ins gut befestigte Hannover. Vor allem **Kurfürst Ernst August** (1629–1698), gleichzeitig auch Herzog zu Braunschweig-Lüneburg und Fürstbischof von Osnabrück, ließ diesen Regierungssitz prachtvoll ausbauen. Dank glücklicher dynastischer Fügungen konnte sein Sohn Georg I. Ludwig (1660–1727) im Jahr 1714 als George I. den englischen Königsthron besteigen. Bis zum Jahr 1837 regierten Mitglieder des *House of Hanover* das britische Empire und Hannover in Personalunion.

Leider zerstörten die Bombardements des Zweiten Weltkriegs viele der einst so repräsentativen Schlossanlagen und Wohnpaläste Hannovers, weshalb das Stadtbild heute vorwiegend nüchterne Nachkriegsarchitektur zeigt. Jedoch blieben die meisten der ausgedehnten Gärten und Parks erhalten, die Hannover zur ›Großstadt im Grünen‹ machen.

Viel Grün findet sich etwa im Süden der Innenstadt, wo sich am Ufer des gern von Joggern umkreisten **Maschteichs** das palastartige **Neue Rathaus** (Trammplatz 2, Tel. 05 11/16 80, Mo–Fr 8–18, Sa 10–18 Uhr) erhebt. Der barockisierende Zentralkuppelbau mit dreigiebligem Mittelrisalit und eleganten seitlichen Vierecktürmen wurde 1901–13 errichtet und innen im Stil der Neugotik und des Jugendstils ausgeschmückt. Berühmt ist in einem der Sitzungssäle Ferdinand Hodlers monumentales Gemälde ›Einmütigkeit‹, das die Reformation in Hannover zum Thema hat. Außerdem lockt die fast 100 m hohe Kuppel mit einer per Lift erreichbaren Aussichtsplattform.

Ebenfalls am Trammplatz liegt das **Kestner-Museum** (Nr. 3, www.kestner-museum.de, Tel. 05 11/16 84 21 20, Di–So 11–18, Mi bis 20 Uhr) für Angewandte Kunst und Antike, u.a. mit einem bedeutenden Münzkabinett. Nach dessen Besuch kann man durch den Maschpark zum **Niedersächsischen Landesmuseum** (Willy-Brandt-Allee 5, Tel. 05 11/98 07 6 86,

www.landesmuseum-hannover.nieder
sachsen.de, Di–So 10–17, Do bis 19 Uhr)
spazieren, das urgeschichtliche, natur-
und völkerkundliche Exponate sowie
Gemälde deutscher und niederländischer Meister und eine umfangreiche
Sammlung deutscher und französischer
Impressionisten zeigt.

Nicht weit ist es zum **Sprengel-Mu-
seum** (Kurt-Schwitters-Platz, Tel. 05 11/
16 84 38 75, www.sprengel-museum.de, Di
10–20, Mi–So 10–18 Uhr). Es spannt einen
künstlerischen Bogen vom Expressionismus über Kubismus und Nouveau Réalis-
me bis zu Informel, Konzept- und Gegenwartskunst. Bekannteste Stücke sind
wohl die *Nanas* von Niki de Saint Phalle.
Ein Höhepunkt der Sammlung ist Kurt
Schwitters *Merzbau*: Anhand von Fotografien wurde die im Zweiten Weltkrieg
zerstörte Wohnung des Künstlers rekonstruiert, die er mit unterschiedlichsten Ma-
terialien zu einem eigentümlichen Gesamtkunstwerk gestaltet hatte.

Zu den Sehenswürdigkeiten der Innenstadt zwischen Hauptbahnhof und
Leineufer führt der 4,2 km lange **Rote
Faden** (www.roterfaden-hannover.de),
eine auf das Pflaster gemalte rote Linie.
Als ›Einstieg‹ eignet sich gut der zentrale
Marktplatz (genannt *Kröpke*), den restaurierte *Backsteinarchitektur* des 15./16. Jh.,
die gotische Marktkirche **St. Georg und
St. Jakob** (14. Jh.) und das bis auf das Jahr
1410 zurückgehende **Alte Rathaus** umgeben. Wer dem Roten Faden folgt, kommt
beispielsweise am 1852 eröffneten klassizistischen **Opernhaus** ebenso vorbei wie
am zehnstöckigen **Anzeigerhochhaus**
(1927/28) aus rotem Klinker und mit grün-
patinierter Kupferkuppel. Auch zum rekonstruierten **Fachwerk-Ballhof** (1649–
64) oder dem später klassizistisch umgebauten **Leineschloss** aus dem 17. Jh., hinter dessen Säulenportal (1826) heute der
niedersächsische Landtag zusammen-
tritt, führt der Weg.

Nur wenig außerhalb liegen im Nordwesten Hannovers auf insgesamt
135 ha die berühmten **Herrenhäuser Gärten** (www.hannover.de/her
renhausen), die die Kurfürsten und Könige von Hannover vom 17. bis ins 19. Jh.
anlegen ließen. Am *Informationspavillon*
(Herrenhäuser Str. 4, Tel. 05 11/16 84 77 43,
tgl. Mai–Aug. 9–20, Sept. 9–19, Okt./März
9–18, Nov.–Jan. 9–16.30, Febr. 9–17.30 Uhr)
sind Eintrittskarten für Berggarten und
Großen Garten erhältlich. Der 50 ha große barocke *Große Garten* ist das Kernstück der Anlage, ein streng geometrisch
angelegtes Gesamtkunstwerk mit 80 m
hoher Wasserfontäne (April–Okt. Mo–Fr
11–12 und 15–17, Sa/So 11–12 und 14–17 Uhr)
und einer von Niki de Saint Phalle neu
gestalteten Grotte (tgl. Mai–Okt. 9–19.30,
Sept. 9–18.30, Okt. 9–17.30, Nov.–März 9–16
Uhr). *Georgen-* und *Welfengarten* sind frei
zugänglich. In letzterem liegt die Universität, die eigentlich als Schloss der Welfen

TOP
TIPP

Üppige Blumenbeete, edle Statuen und malerische Fontänen in den Herrenhäuser Gärten

Das Steinhuder Meer bei Hannover bietet Platz für ausgedehnte Segeltörns

geplant war. Dazu kam es aber nicht, weil Preußen 1866 Hannover annektierte und die hiesige Königsfamilie absetzte.

Steinhuder Meer

Im Westen Hannovers liegt der größte Binnensee Niedersachsens, dessen Fläche von 32 km² den Namen Steinhuder Meer wohl rechtfertigt. Der von Dünen, Feuchtwiesen und Mooren umgebene See bietet zahlreichen Pflanzen- und Tierarten ein geschütztes Zuhause. Vor allem Vogelbeobachter sind begeistert von der Artenvielfalt. Wassersportler schätzen die über einen Steg mit dem Festland verbundene *Badeinsel* vor dem Ort *Steinhude*. Dort, am Alten Winkel, legen auch die Ausflugsschiffe zu Rundfahrten auf dem See ab.

Abwechslung vom Baden, Segeln, Surfen und Kiten bietet ein Besuch der **Inselfestung Wilhelmstein** (www.wilhelm stein.de, April–Mitte Okt. tgl. 9–18 Uhr, ab Steinhude), die Graf Wilhelm zu Schaumburg-Lippe 1765–67 im Steinhuder Meer anlegen ließ. Statt der ursprünglichen Militärakademie beherbergt sie heute ein kleines Militärmuseum, dessen interessantestes Exponat, der hölzerne ›Steinhuder Hecht‹ ist, angeblich das erste U-Boot der Welt. Ob es tatsächlich im Steinhuder Meer anno 1772 erprobt wurde, ist allerdings bis heute unbewiesen.

ⓘ Praktische Hinweise

Information

Tourist Information, Ernst-August-Platz 8 (gegenüber Hbf), 30159 Hannover, Tel. 05 11/123 45 11, www.hannover.de. Hier gibt es u.a. die in mehreren Varianten erhältliche *Hannover Card*.

Tourismusverband Hannover Region e.V., Prinzenstr. 12, 30159 Hannover, Tel. 05 11/366 19 81, www.tourismus-hannover-region.de

Tourist-Info Steinhude, Meerstr. 2, 31515 Wunstorf/Steinhude, Tel. 050 33/950 10, www.steinhuder-meer.de

Hotels

Avalon, Ferdinand-Wallbrechtstr. 10, Hannover, Tel. 05 11/62 62 63 38, www.avalon-hannover.de. Hotel und Pension mit individuell gestalteten Zimmern in hübschem Jugendstilhaus am nördlichen Stadtrand.

Grand Hotel Mussmann, Ernst-August-Platz 7, Hannover, Tel. 05 11/365 60, www.grandhotel.de. Das gediegene 4-Sterne-Haus im Zentrum Hannovers gegenüber dem Hauptbahnhof bietet ruhige komfortable Zimmer, u.a. mit übergroßen Betten.

Restaurants

Atrium im Alten Rathaus, Karmarschstr. 42, Hannover, Tel. 05 11/300 80 40, www.altes-rathaus-hannover.de. Ob Culatello, Rückensteak vom Schwarzflecken-

schwein oder King Klip mit Meeresalgen – im nobel restaurierten Alten Rathaus mundet alles (So geschl.).

Steuerndieb, Steuerndieb 1, Hannover-Buchholz, Tel. 05 11/90 99 60, www. steuerndieb.de. Hier im Stadtwald Eilenriede genießt man heimische Kochkunst, z. B. Hirschkalbsrücken mit Haselnusskruste und Heidelbeerküchlein mit Heidehonigparfait. Gästezimmer im Haus (So abend und Mo geschl.).

Das Knochenhauerhaus (zweites von links) ziert den schönen Hildesheimer Marktplatz

53 Hildesheim

Romanische Weltkulturerbe-Kirchen und für manche ›der schönste Markt-platz der Welt‹.

Als Kaiser Ludwig der Fromme sich An-fang des 9. Jh. in der Gegend des heuti-gen Hildesheim (103 000 Einw.) auf die Suche nach einem passenden Standort für einen Bischofssitz machte, soll er sich hoffnungslos in den Wäldern verirrt ha-ben. An einen kleinen Rosenstrauch hängte er ein Reliquiar, betete um Ret-tung – und fand prompt aus dem Wald heraus, vergaß jedoch das Reliquiar. Am nächsten Tag, als man es holen wollte, ließ es sich nicht mehr vom Ast lösen. Das deutete der Kaiser als göttliches Zeichen und gründete an dieser Stelle im Jahr 815 einen **Bischofssitz**. In den folgenden Jahrhunderten entwickelte sich Hildes-heim zu einer prosperierenden **Handels-stadt**, die 1367 gar der Hanse beitrat. Das Fürstbistum Hildesheim existierte bis zur Säkularisierung im Jahr 1802. 1945 fiel fast die gesamte Altstadt einem verheeren-den Bombenangriff alliierter Flieger zum Opfer. Der gelunge Wiederaufbau in der Nachkriegszeit machte die niedersächsi-sche Kreisstadt jedoch wieder zu einem Muss für jeden Kunstfreund. Es spricht für die Qualität der Rekonstruktionen und ihre baugeschichtliche Bedeutung, dass die UNESCO den *Dom* und die *Michaelis-kirche* bereits 1985 als **Weltkulturerbe** auszeichnete.

Bei der romanischen Kirche **St. Micha-elis** (www.michaelis-gemeinde.de, April–Sept. Mo, Mi–Sa 8–18, Di 10–18, So 11.30–18, Okt.–März Mo, Mi–Sa 9-16, Di 10–16, So 11.30–16 Uhr), deren sechs Türme auf einer Anhöhe am Nordrand der Innenstadt aufragen, konnten die Restauratoren im-merhin auf einige bauliche Überreste zurückgreifen. So ist die dreischiffige Ba-silika mit den zwei Chören heute wieder das schlichte Paradebeispiel ottonischer Baukunst, als das sie 1010–22 von Bischof Bernward, dessen Grablege sich in der Krypta befindet, errichtet worden war. Herausragend schön ist innen die flache Holzdecke, die eine vielfarbige, um das Jahr 1200 gemalte ›Wurzel Jesse‹ ziert, der Stammbaum Jesu.

Der benachbarte **Dom St. Mariae** (www.bistum-hildesheim.de, www.welt erbe-hildesheim.de, bis voraussichtl. Aug.

2014 wg. Renovierung geschl., www.dom sanierung.de, Tel. 05121/344 10) wurde nach 1945 von Grund auf neu im romanischen Stil des 11. Jh. errichtet, wie er sich wohl am Ende seiner ersten Bauzeit (872–1061) darbot. Kunsthistorische Wunder warten in Gestalt vieler originaler Ausstattungsstücke im Inneren der Kirche auf den Besucher. Dazu gehören die beiden vom hl. Bernward gestifteten *Bronzetüren* (1015), die 3,80 m hohe reliefgeschmückte *Christussäule* (1020) und der 1061 aufgezogene *Hezilo-Leuchter* mit 6 m Durchmesser und einer umlaufenden Silhouette des himmlischen Jerusalems aus Goldblech. Auch die beiden aus Gold getriebene Reliquienschreine (12. Jh.) und ein wiederum aus Bronze gegossenes *Taufbecken* aus dem 13. Jh. mit figürlichen Allegorien der vier Paradiesströme sind bemerkenswert. Im Kreuzgang (April–Okt. Mo–Sa 9.30-17, So 12–17, Nov.–März Mo–Sa 10–16.30, So 12–17 Uhr) rankt außen an der Apsis der Legende nach noch immer der gleiche Rosenstock empor, an dem einst Ludwig der Fromme sein Marienreliquiar vergaß. Dieses und weitere sakrale Schätze werde im benachbarten **Dom-Museum** (www.dommuseum-hildesheim.de, bis voraussichtl. Aug. 2014 wg. Umbau geschl.) aufbewahrt.

Eine weitere berühmte Kirche Hildesheims ist die gotische **St.-Andreas-Kirche** (www.andreaskirche.com, April–Sept. Mo–Fr 9–18, Sa 9–16, So 11.30–16, Okt.–März Mo–Sa 10–16, So 11.30–16 Uhr) mit ihrem steilen, 27 m hohen Chor (14. Jh.), den modernen *Fenstern* in der Taufkapelle und dem mit knapp 115 m höchsten *Kirchturm* (Aufstieg 364 Stufen, Küster Tel. 05121/148 11, Mai–Okt. Mo–Sa 11–16, So/Fei 12–16 Uhr) Niedersachsens.

Von Wilhelm von Humboldt (1767–1835) wird berichtet, er habe Hildesheim den ›schönsten **Marktplatz** der Welt‹ attestiert. Seine ganze Schönheit entfaltet er, wenn man in seiner Mitte steht und die zahlreichen Fachwerk- und Bürgerhäuser ringsum in ihrer Geschlossenheit auf sich wirken lässt. Da fällt das *Rathaus* (13.–15. Jh.) mit seiner gotischen Fassade auf, der bildergeschmückte dreigieblige Renaissance-Fachwerkbau des *Wedekindhauses* (1598) und das zierliche *Rokokohaus* von 1757. Unbestrittener Star aber ist das 26 m hohe und im Spitzgiebel stark vorkragende **Knochenhauer-Amtshaus** mit reich geschnitzter Fachwerkfassade. Humboldt bezeichnete es als ›das schönste Fachwerkhaus der Welt‹. Es wurde 1529 als Zunfthaus der Fleischergilde erbaut, im Krieg zerstört und in den 1980er-Jahren wieder aufgebaut. Mittlerweile beherbergt es ein Restaurant sowie in fünf der acht Stockwerke das **Stadtmuseum** (Markt 7, Zugang durch Gaststube, Tel. 05121/30 11 63, www.stadtmuseum-hildesheim.de, Di–So 10–18 Uhr). Hier kann man sich anhand einer spätmittelal-

Die Basilika St. Michaelis zählt zu den bedeutendsten Bauwerken der deutschen Romanik

terlichen Badestube oder eines prunkvollen fürstbischöflichen Tafelsilberservices aus dem 18. Jh. ein Bild vom Hildesheimer Alltag früherer Tage machen.

Berühmt unter Hildesheims Museen ist das jenseits des Doms gelegene **Roemer- und Pelizaeus-Museum** (Am Steine 1–2, Tel. 05121/936 90, www.rpmuseum.de, Di–So 10–18 Uhr) mit seiner Alt-Ägypten-Sammlung. Daneben sind auch die ethnologisch-historischen Exponate zu Alt-Peru und China, Exponate im Zusammenhang mit Voodoo sowie die paläontologischen Stücke sehr sehenswert.

ℹ️ Praktische Hinweise

Information

tourist-information, Rathausstr. 20 (Tempelhaus am Marktplatz), 31134 Hildesheim, Tel. 05121/179 80, www.hildesheim.de

Hotels

Bürgermeisterkapelle, Rathausstr. 8, Hildesheim, Tel. 05121/17 92 90, www.hotelbuergermeisterkapelle.de. Ordentliches kleines Stadthotel in der Altstadt. Restaurant im Haus.

Stadtresidenz, Steingrube 4, Hildesheim, Tel. 05121/697 98 92, www.hotel-stadtresidenz.de. Das Vier-Sterne-Hotel garni bietet 14 Zimmer und neun Suiten am Rand der Innenstadt. Ein ruhiger Innenhof lädt zum Erholen ein.

Shopping hinter Schlossfassade in Braunschweigs wieder aufgebauter Welfenresidenz

Restaurants

Gaststube im Knochenhauer-Amtshaus, Markt 7, Hildesheim, Tel. 05121/288 99 09, www.knochenhaueramtshaus.com. Im historischen Zunfthaus wird von den Kellergewölben bis zum Festsaal im zweiten Stock in rustikaler Atmosphäre gutbürgerliche Küche serviert.

Noah, Hohnsen 28, Hildesheim, Tel. 05121/69 15 30, www.noah-cafe.de. Café, Bar und das etwas feinere Restaurant mit sehr guter, immer etwas ausgefallenerer Küche im Süden Hildesheims am schönen Hohnsensee.

54 Braunschweig

Herzogsitz und Hansestadt, vor allem aber Residenz Heinrichs des Löwen.

Braunschweig (242 000 Einw.) hieß noch *Brunswiek* als der Welfenherzog **Heinrich der Löwe** (1129–95) die kleine, von der Oker umflossene befestigte Siedlung im Jahr 1142 zu seiner Residenz wählte. Mit dem Aufstieg der Welfen entwickelte sich Braunschweig zu einem bedeutenden Warenumschlagplatz und war zu Beginn des 14. Jh. auch Mitglied der **Hanse**. Nach den Bombardements des Zweiten Weltkriegs und einer verkehrsorientierten Stadtplanung blieben allerdings kaum Bauten aus dieser Blütezeit erhalten.

Lediglich die wichtigsten historischen Gebäude wurden nach dem Krieg wieder aufgebaut, allen voran die bereits zuvor mehrfach rekonstruierte **Burg Dankwarderode** (Burgplatz 4) inmitten der Altstadt. Heinrich der Löwe hatte sie 1150–75 als Residenz errichten lassen, der heutige ansehnliche Palas im neoromanischen Stil mit Mittelrisalit und Außentreppe geht auf eine 1885–1906 erbaute historisierende Version zurück. Der *Knappensaal* im Untergeschoss beherbergt die Mittelaltersammlung des kunstgeschichtlichen Herzog-Anton-Ulrich-Museums (Tel. 0531/12 15 26 18, www.haum.niedersachsen.de, Di/Do–So 10–17, Mi 13–20 Uhr). Eines ihrer vielen Glanzstücke ist das Original des bronzenen Braunschweiger Löwen, den Heinrich der Löwe 1166 als Zeichen seiner Herrschaft vor der Burg aufstellen ließ. Ebenfalls sehenswert ist der *Rittersaal* (bis Mitte 2012 Sonderausstellung des wg. Umbau geschl. Herzog-Anton-Ulrich-Museums) im Obergeschoss mit seinen kostbaren Wandteppichen und -bemalungen.

Mittelalter, wie man es im 19. Jh. nachbaute: Burg Dankwarderode in Braunschweig

Der stolze schwarz-weiße Fachwerkbau neben der Burg ist das **Hunneborstelsche Haus**, Sitz der Handwerkskammer. Wiederum daneben zeigt im ehemaligen, 1800–04 errichteten klassizistischen Viewegschen Verlagshaus das **Braunschweigische Landesmuseum** (Burgplatz 1, Tel. 05 31/121 50, www.landesmuseum-bs.de, Mo–So 10–18, Do bis 20 Uhr) seine landesgeschichtlichen Exponate.

Der Braunschweiger Löwe (Kopie) vor Burg Dankwarderode blickt hinüber zum teils romanischen, teils gotischen **Dom St. Blasii** (www.braunschweigerdom.de, Jan.–Mitte März tgl. 10–13 und 15–17, sonst 10–17 Uhr). Heinrich der Löwe, Herzog von Sachsen und Bayern und seinerzeit mächtigster Fürst des Deutschen Reiches, stiftete ihn 1173 als grandioses Symbol seiner Macht. Sowohl der Herzog als auch seine Gemahlin Mathilde von England (1155–1189) fanden hier ihre letzten Ruhestätten. Im Mittelschiff der Kirche sind neben ihrer *Grabplatte* auch ein um 1160 entstandenes *Kruzifix* und der 1188 geschaffene Marienaltar mit fünf Bronzesäulen sowie die *Krypta* mit rekonstruierten Wandmalereien aus dem 13. Jh. sehenswert.

Wer sich Braunschweig und seine fünf ›Traditionsinseln‹ (Burgplatz, Altstadtmarkt, Magniviertel, Michaelis, Aegidien) einmal von oben ansehen will, wende sich vom Dom aus nach Osten. Das dortige, Raum greifende Gebäudegeviert mit Maßwerkfenstern und allegorischen Fassadenfiguren um den Eingangsbereich ist das **Altstadt-Rathaus**. Es geht im Kern auf das 13. Jh. zurück und ist damit eines der ältesten Rathäuser Deutschlands. Sein nach flandrischem Vorbild entworfener, 61 m hoher *Eckturm* (Besteigung Mo–Fr 9–15 Uhr, beim Pförtner melden) bietet eine schöne Aussicht über Stadt und Umland. Hinter dem Rathaus, auf der anderen Seite des dicht befahrenen Bohlweges, erhebt sich seit dem Jahr 2007 wieder die klassizistische Fassade des **Residenzschlosses** der Braunschweigischen Herzöge. Den Wiederaufbau des kriegszerstörten Schlosses von 1841 bezahlte ein Shoppingcenterbetreiber, darum beherbergen die Mauern heute eine Mischung aus Einkaufszentrum und Kultureinrichtung.

ℹ️ Praktische Hinweise

Information

Touristinfo, Vor der Burg 1, 38100 Braunschweig, Tel. 05 31/470 20 40, www.braunschweig.de

Wolfenbüttels Welfenschloss ist heute ein schickes Museum zu Wohn- und Esskultur

Hotels

Frühlings-Hotel, Bankplatz 7, Braunschweig, Tel. 05 31/24 32 10, www.fruehlingshotel.de. Traditionsreiches Hotel mit 55 Zimmern und drei Suiten in ansprechendem Eckgebäude aus der Gründerzeit in der südwestlichen Altstadt. Café-Bar Vielharmonie im Haus.

StadtPalais, Hinter Liebfrauen 1 A, Braunschweig, Tel. 05 31/24 10 24, www.palais-braunschweig-bestwestern.de. Das Vier-Sterne-Hotel bietet 45 Gästezimmer und liegt zentral und doch ruhig in unmittelbarer Nähe zu Dom und Burgplatz.

Restaurants

Gandhi, Schöppenstedter Str. 32, Braunschweig, Tel. 05 31/481 15 74, www.restaurant-gandhi-braunschweig.de. Sehr gute bengalisch-indische Küche. Pakora, Tikka-Gerichte, Vindaloos und Curries werden wahlweise authentisch oder dem europäischen Geschmack angepasst serviert (Mo geschl.).

Gewandhaus-Gastronomie, Altstadtmarkt 1, Braunschweig, Tel. 05 31/24 27 77, www.gewandhaus-bs.de. Gleich zwei Restaurants, Gewandhaus Restaurant und Stechinellis Bistro, haben in dem ältesten historischen Kellerge-

wölbe Niedersachsens (1303) Platz gefunden. In beiden wird bodenständige Kost, teils mit italienischem Einschlag, geboten, von Nudelomelett bis Kalbsragout.

55 Wolfenbüttel

Stille Größe – in der hiesigen Bibliothek arbeitete einst Lessing.

Etwa 12 km südlich von Braunschweig liegt die im 10. Jh. an einer Furt der Oker gegründete Wolfenbüttel (54 000 Einw.). 1432 erhoben die **Herzöge von Braunschweig-Wolfenbüttel** sie zu ihrer Residenz, was die **Renaissancestadt** bis 1753 blieb, als der Herzog nach Braunschweig zog.

Kulturelles Aushängeschild Wolfenbüttels ist die bereits 1572 gegründete **Herzog August Bibliothek** (Lessingplatz 1, www.hab.de, Biblioteca Augusta und Lessinghaus Di–So 10–17 Uhr). 1770–81 fungierte Gotthold Ephraim Lessing als herzoglicher Bibliothekar. In dieser Zeit verfasste er seinen ›Nathan der Weise‹. 1887 konnte die Sammlung ein eigenes Gebäude im Stil eines florentinischen Palazzo inmitten eines kleinen Parks beziehen. In der *Schatzkammer* sind bibliophile Kostbarkeiten zu sehen, etwa ein Faksimile des mittelalterlichen Evangeliars von Heinrich dem Löwen. Das Original war 1983 in London für umgerechnet 17 Mio. € ersteigert worden. Auch ein *Globenkabinett* gibt es hier.

Die herzoglichen Landesherren residierten im **Welfenschloss von Wolfenbüttel** (Schlossplatz 13, Tel. 053 31/924 60, www.schloss-wf.de, Di–So 10–17 Uhr), einer weitläufigen Vierflügelanlage, die auf ein früheres Wasserschloss zurückgeht. Die fürstlich ausgestatteten Staatsgemächer waren wie die standesgemäße Prunkfassade des Schlosses 1690–1740 hochbarock gestaltet worden. Sie gehören heute zum Schlossmuseum, das in opulentem Ambiente anschaulich vor allem adlige, aber auch bürgerliche Wohn- und Tafelkultur seit dem 16. Jh. vorstellt.

ℹ️ Praktische Hinweise

Information

Tourist Information, Stadtmarkt 7, 38300 Wolfenbüttel, Tel. 053 31/862 80, www.wolfenbuettel-tourismus.de

56 Königslutter am Elm

Beeindruckender Kaiserdom in einem kleinen Ort auf dem Land.

Der Elm ist ein überwiegend mit Buchenwald bestandener Höhenzug inmitten des Braunschweiger Landes. Wanderer und Radfahrer können ihn auf gut markierten Wegen erkunden, unter seinem grünen Blätterdach stößt man auf steinzeitliche Megalithsetzungen. Am Nordrand des Waldes liegt **Königslutter** (16 000 Einw., www.koenigslutter.de). Im Jahr 1135 stiftete Kaiser Lothar III. (1075–1137) dem damaligen Marktflecken eine Benediktinerabtei samt Kirche St. Peter und Paul, heute bekannt als **Kaiserdom** (www.koenigslutter-kaiserdom.de, April–Okt. tgl. 9–18, sonst bis 17 Uhr). Die Gebete der Mönche in dem 1170 vollendeten Dom sollten der *Memoria*, dem Gedenken an den Kaiser, dienen.

Die kreuzförmige dreischiffige Pfeilerbasilika wurde 2010 nach mehrjähriger Renovierung feierlich wiedereröffnet. Er präsentiert sich als beeindruckender romanisch-gotischer Bau mit drei Türmen und fünf Apsiden, in deren mittlere außen ein figuren- und symbolreiches Jagdfries gemeißelt ist. Norditalienische Steinmetzen schufen das außergewöhnliche Löwenportal an der Nordseite sowie den filigran verzierten, teils zweischiffigen Kreuzgang im Süden der Kirche. Innen birgt der Dom u.a. die 1708 barock nachgestaltete Grablege Kaiser Lothars III., nach dem übrigens auch die knorrige jahrhundertealte Linde vor dem Dom benannt ist.

Auch irdische Genüsse hat Königslutter zu bieten, wurde doch im Ort schon seit dem frühen Mittelalter – seinerzeit in nicht weniger als 73 Brauhäusern – und bis 1903 das weizenperlige **Ducksteinbier** gebraut. Einheimische und Besucher sprechen ihm noch heute gerne zu, vor allem beim alljährlichen **Ducksteinfest** im Juli.

Ausflüge

Der jüngeren Geschichte Deutschlands kann man etwas weiter östlich an der ehemaligen innerdeutschen Grenze in der Gedenkstätte **Deutsche Teilung Marienborn** (Autobahnraststätte Marienborn an der A 2, Tel. 03 94 06/920 90, www.grenzdenkmaeler.de, Di–So 10–17 Uhr) nachspüren. Die Bauten an diesem einstigen Grenzübergang vermitteln noch die bedrohliche Atmosphäre, die hier einst herrschte. Das *Zonengrenz-Museum* (Südertor 6, Tel. 053 51/121 11 33, Di/Fr 15–17, Mi 10–12 und 15–17, Do 15–18.30, Sa/So 10–17 Uhr) in **Helmstedt**. In dem Ort befand sich bis 1989 der größte europäische Ost-West-Grenzübergang. Die Ausstellung

Eingebettet in die Buchenwälder des Elm liegt der Kaiserdom von Königslutter

informiert über Schießbefehl, Fluchtversuche und die vielfältigen menschlichen, wirtschaftlichen und politischen Auswirkungen der Teilung Deutschlands.

ℹ Praktische Hinweise

Information

Tourist-Information, Am Markt 2, 38154 Königslutter am Elm, Tel. 053 53/ 91 21 29, www.koenigslutter.de

57 Wolfsburg

Die ›Autostadt‹ wandelt sich zum Kulturzentrum der Region.

Lange Zeit litt Wolfsburg (122 000 Einw.) am ›Makel seiner Geburt‹, war es doch 1938 auf Geheiß Adolf Hitlers als Produktionsstätte für den Volkswagen, damals KdF-(›Kraft durch Freude‹) Wagen, gegründet worden. Der heutige VW-Firmensitz wurde zu Füßen von **Schloss Wolfsburg** (Tel. 053 61/82 85 40, www. schloss-wolfsburg.de, Di–Fr 10–17, Sa 13– 18, So 11–18 Uhr) auf der Nordseite des Mittellandkanals aus dem Boden gestampft. Nach dem Adelssitz aus dem frühen 14. Jh. wurde die neue Stadt später benannt. Seit einem Umbau im späten 16. Jh. präsentiert er sich im opulenten Stil der Weserrenaissance. Im *Antoniensaal* finden Konzerte statt, die *Städtische Galerie* zeigt Kunst des 20. Jh. und das *Stadtmuseum* in der ehemaligen Remise unterhaltsam über Regionalgeschichte und Ritterburgen, Grafensitze und Gespenstermärchen.

Wie zur Zeit seiner Gründung lebt Wolfsburg noch heute von VW. Eine der Hauptattraktionen ist denn auch die **Autostadt Wolfsburg** (Stadtbrücke, Tel. 08 00/ 288 67 82 38, www.autostadt.de, sommers tgl. 9–18 Uhr) beim VW-Werk, ein spannend gestalteter, in Teilen futuristisch anmutender Themen- und Erlebnispark zu ›Auto, Technik und Mobilität‹. Bei den Fahr- und Tourangeboten von Kinderführerschein bis Oldtimer-Zeithaus kommen Jung und Alt auf ihre Kosten. Eine Besichtigung des VW-Werks (Mo–Fr 9.15–16.45 Uhr) sollten sich Besucher der Autostadt ebenfalls nicht entgehen lassen.

Am gegenüberliegenden Südufer des Mittellandkanals dominiert das **Science-Center phæno** (Willy-Brandt-Platz 1, Tel. 01 80/106 06 00, www.phaeno.de, Di–Fr 9–17, Sa/So 10–18 Uhr, während der niedersächs. Schulferien tgl.). Schon äußerlich erregt der schnittige, wie auf Stelzen stehende Museumsbau von Zaha Hadid aus dem Jahr 2005 Aufmerksamkeit. Innen überrascht eine annähernd 7000 m^2 große ›Experimentierlandschaft‹, in der rund 250 naturwissenschaftlich und technisch ausgerichtete *Mitmachstationen* zum selbstständigen Forschen einladen. Wer lieber zuschauen möchte, wird bei *Science-Shows* gut unterhalten.

Nun kann man noch durch Wolfsburgs Innenstadt bummeln, wenngleich die Haupteinkaufsmeile, die Porschestraße, ihrem mondänen Namen nicht ganz gerecht wird. Sie führt zum Marktplatz, wo Alvar Aalto in den 1960er-Jahren das **Alvar-Aalto-Kulturhaus** (heute Stadtbibliothek und -verwaltung) schuf. Er konzipierte es als Gesamtkunstwerk, komplett mit Türgriffen und Innenausstattung. Unweit südlich entstand nach Plänen von Hans Scharoun das 1973 eingeweihte **Stadttheater**.

Fallersleben

Das bereits im 10. Jh. gegründete Fallersleben ist heute ein Vorort im Westen von Wolfsburg mit einer reizenden **Fachwerk-Altstadt**. Der Dichter August Heinrich Hoffmann (1798–1874), bekannt als Hoffmann von Fallersleben, kam hier als Gastwirtssohn zur Welt. Er schrieb 1841 zu einer Melodie von Haydn den Text der späteren deutschen Nationalhymne, schuf aber auch viele Kinderlieder-Klassiker wie ›Alle Vögel sind schon da‹ oder ›Ein Männlein steht im Walde‹. **Hoffmanns Geburtshaus** (Westerstr. 4, www. hoffmannhaus.de) ist noch heute ein Wirtshaus.

Näheres zu Leben und Werk des nationalliberalen Gelehrten erfährt man im Hoffmann-von-Fallersleben-Museum auf **Schloss Fallersleben** (Tel. 053 62/ 526 23, Di–Fr 10–17, Sa 13–17, So 11–17 Uhr). Das 1520–51 erbaute, fein restaurierte Wasserschloss der Herzöge von Braunschweig und Lüneburg zeigt eine umfangreiche Memorabilia-Sammlung.

Gifhorn

Wer nun eine Fahrt ins Grüne unternehmen möchte, sollte weiter westwärts durch die weite, baumgesprenkelte Moor- und beginnende Heidelandschaft fahren. Bald schon lohnt in der einladenden **Fachwerkstadt** Gifhorn ein prächtiges **Weserrenaissance-Schloss** (Schlossplatz

Die Autostadt dokumentiert die enge Beziehung zwischen Wolfsburg und VW

1, Tel. 05371/8242225, Di–Fr 14–17, Sa/So 11–17 Uhr) den Besuch. Es wurde 1525 für Herzog Franz von Braunschweig und Lüneburg errichtet. Im früheren *Kommandantenhaus* dokumentiert eine kleine Ausstellung die Schlossgeschichte.

Im **Internationalen Wind- und Wassermühlenmuseum** (Bromer Str. 2, Tel. 05371/55466, www.muehlenmuseum.de, Mitte März–Okt. tgl. 10–18, Nov. auf Anfrage) drehen sich auf 10 ha Fläche die Flügel bzw. Räder von etwa 60 originalen oder im Modell nachgebauten Mühlen aus der ganzen Welt. Die deutsche *Bockwindmühle Viktoria* (1816) ist ebenso darunter wie eine zwölfflüglige *griechische Mühle*, eine iranische *Ölmühle* oder eine koreanische *Wassermühle*.

Wenige Kilometer nördlich kann man im **Otterzentrum Hankensbüttel** (Sudendorfallee 1, Tel. 05832/980820, www.otterzentrum.de, Sommerzeit tgl. 9.30–18, sonst bis 17 Uhr, Dez./Jan. geschl.) die wendigen Wassermarder in ihrem natürlichen Lebensraum beobachten.

ℹ️ Praktische Hinweise

Information

Tourist-Information, Willy-Brandt-Platz 3 (Bhf.), 38440 Wolfsburg, Tel. 05361/899930, www.mpunkt-wolfsburg.de

Hotels

Alter Wolf, Schlossstr. 21, Wolfsburg, Tel. 05361/86560, www.alter-wolf.de. Historischer Gasthof in denkmalgeschützten Fachwerkhaus neben dem Wolfsburger Schloss. Helle Gästezimmer und moderner Komfort. Restaurant und Bar, im Sommer Gartenterrasse.

Ludwig im Park, Gifhorner Str. 25, Wolfsburg-Fallersleben, Tel. 05362/9400, www.ludwig-im-park.de. Elegantes 4-Sterne-Hotel im Fallerslebener Schwefelpark mit 43 gediegen ausgestatteten Gästezimmern. Das Restaurant ›La Fontaine‹ im Haus lockt mit Gourmetküche.

The Ritz-Carlton, Stadtbrücke, Wolfsburg, Tel. 05361/607000, www.restaurant-aqua.de. Auffälliger, halbkreisförmiger Neubau mit futuristischem Ambiente in der Autostadt gegenüber dem phæno. Die 174 Zimmer und 19 Suiten erfüllen höchste Erwartungen. Sven Elverfeld erkochte im hauseigenen Restaurant ›Aqua‹ drei Michelin-Sterne.

Restaurants

Brackstedter Mühle, Zum kühlen Grunde 2, Wolfsburg-Brackstedt, Tel. 05366/900, www.brackstedter-muehle.de. Gute regionale Küche in familiär geführtem Hotelrestaurant in einer umgebauten historischen Mühle. Leger sitzt man in der rustikalen Bierdiele.

Brauhaus Fallersleben, Schlossplatz, Wolfsburg-Fallersleben, Tel. 05362/3140, www.brauhaus-fallersleben.de. Hier isst man bodenständig, z.B. Mälzertafel, Scheiterhaufen oder California-Steak.

58 Goslar

Erzbergwerk und ottonische Kaiserpfalz am Rammelsberg.

›Tochter des Berges‹ wird Goslar (41000 Einw.) am nordwestlichen Rand des Harzes auch genannt. Tatsächlich verdankt die 922 erstmals erwähnte, spätere Freie Reichs- und Hansestadt dem **Rammelsberg**, zu dessen Füßen sie liegt, Reichtum und Ruhm. Reichtum, weil Bergleute im Jahr 968 in dem 635 m hohen Berg auf eine ergiebige Kupfererzader stießen, Ruhm, weil Kaiser Heinrich III. 1039–56 bei den für ihn so wichtigen Minen eine **Pfalz** anlegen ließ, die bald zur bedeutendsten des ostfränkischen Reiches avancierte.

Während Goslars Blütezeit im 15. Jh. bauten die Bürger ihre Stadt zu einem wahren Fachwerk-Schmuckstück bürgerlichen Wohlstands und Ständestolzes aus. Gemeinsam mit dem Schaubergwerk am Rammelsberg (s.u.) erhob die UNESCO Goslar 1992 zur **Weltkulturerbestätte**. 2010 kam das *Oberharzer Wasserregal* aus dem 16.–19. Jh. dazu.

Einige der schönsten Häuser Goslars umstehen den malerischen **Marktplatz**, dessen schwarz-rote Pflasterstrahlen auf den adlerbekrönten *Bronzeschalenbrunnen* in seiner Mitte zulaufen. Daneben erhebt sich das stolze, 1450 erbaute **Rathaus** mit Laubengängen und einer Freitreppe in den ersten Stock. Dort sollte man unbedingt den überreich ausgemalten spätgotischen *Huldigungssaal* (Ende März–Okt. und Dez. Mo–Fr 11–15, Sa/So 11–16 Uhr, sonst im Rahmen von Stadtführungen, Tel. 05321/78060) besichtigen. Das ebenfalls auf Arkaden ruhende rote Eckhaus im Gebäudekarree auf der anderen Seite des Brunnens wurde 1494 als Zunft-

Im Haus Kaiserworth (links) trafen sich die Tuchmacher, im Rathaus (rechts) der Rat

ein 1521–26 errichtetes Patrizierhaus (heute Hotel und Restaurant) mit kunstvoller Fachwerkfassade, die im ersten Stock figurenreiche Schnitzereien zeigt. Eine von ihnen stellt die *Butterhanne* dar, eine stadtbekannte Schönheit, die dem ebenfalls geschnitzt anwesenden Teufel unterschrocken ihr nacktes Hinterteil zeigt. Der Name des Hauses bezieht sich auf seinen Grundriss, der der Form eines Damen-Brusttuches aus der Entstehungszeit ähnelt.

Nur wenige Meter sind es zur Königsstraße, in der das **Goslarer Museum** (Tel. 0 53 21/4 33 94, April–Okt. Di–So 10–17, sonst bis 16 Uhr) im vergleichsweise bescheidenen einstigen Haus der *Stiftskurie* (1514) seine stadt- und kunsthistorischen Schätze zeigt: etwa den *Krodo-Altar* aus dem frühen 12. Jh., in Goslar geprägte Münzen aus mehr als 1000 Jahren und vor allem das kostbar illustrierte *Goslarer Evangeliar* (ca. 1240).

Auf dem Weg zur Kaiserpfalz kommt man nun an der heute freistehenden **Domvorhalle** vorbei. Sie ist der einzig erhaltene Teil jenes Gotteshauses, das Heinrich III. ab 1047 für das Kollegiatsstift St. Simon und Judas errichten ließ, das 1820 wegen Baufälligkeit abgerissen wurde. In ihrem Inneren steht der Thron Kaiser Heinrichs.

Westlich davon befindet sich die **Kaiserpfalz** (Kaiserbleek 6, Tel. 0 53 21/311 96 93, April–Okt. tgl. 10–17, sonst 10–16 Uhr), die größte salische Pfalzanlage. Kaiser Hein-

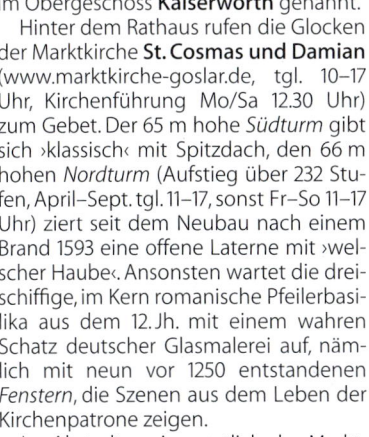

haus der Gewandschneider errichtet, wird aber wegen der acht hölzernen Kaiserfiguren aus dem 17. Jh. an der Fassade im Obergeschoss **Kaiserworth** genannt.

Hinter dem Rathaus rufen die Glocken der Marktkirche **St. Cosmas und Damian** (www.marktkirche-goslar.de, tgl. 10–17 Uhr, Kirchenführung Mo/Sa 12.30 Uhr) zum Gebet. Der 65 m hohe *Südturm* gibt sich ›klassisch‹ mit Spitzdach, den 66 m hohen *Nordturm* (Aufstieg über 232 Stufen, April–Sept. tgl. 11–17, sonst Fr–So 11–17 Uhr) ziert seit dem Neubau nach einem Brand 1593 eine offene Laterne mit ›welscher Haube‹. Ansonsten wartet die dreischiffige, im Kern romanische Pfeilerbasilika aus dem 12. Jh. mit einem wahren Schatz deutscher Glasmalerei auf, nämlich mit neun vor 1250 entstandenen *Fenstern*, die Szenen aus dem Leben der Kirchenpatrone zeigen.

Im Altstadtgewirr westlich der Marktkirche finden sich weitere bauliche Zeugnisse bürgerlichen Wohlstands. In unmittelbarer Nähe etwa das sog. **Brusttuch**,

Der Krodo-Altar im Goslarer Museum zierte einst die Stiftskirche St. Simon und Judas

Die Gemälde der Kaiserpfalz sollten deren Bedeutung als Nationaldenkmal betonen

rich III. ließ sie im 11. Jh. am unteren Hang des Rammelsbergs anlegen. Sie war Schauplatz von 23 Reichstagen und ist einer der großartigsten romanischen Profanbauten Deutschlands. Einträchtig blicken die Reiterstandbilder von Kaiser Friedrich Barbarossa (1122–1190) und Wilhelm II. (1859–1941) über den Vorplatz des zentralen Palas, dessen gesamtes Obergeschoss der gewaltige *Reichs-* oder *Kaisersaal* einnimmt. Die Historiengemälde mit epochalen Ereignissen aus der deutschen Geschichte an seinen Wänden schuf Hermann Wislicenus Ende des 19. Jh. Die Kaiserpfalz ist mit der südlich gelegenen, doppelgeschossigen *Pfalzkapelle St. Ulrich* (um 1125) verbunden. Hier ist unter einer plastisch gearbeiteten Grabplatte in einer goldenen Kapsel das Herz des 1056 gestorbenen Kaisers Heinrich III. bestattet.

Das Bergwerk im **Rammelsberg** (Bergtal 19, ca. 2,5 km von der Innenstadt entfernt, ab Goslar Hauptbahnhof Bus 808, Tel. 05321/7500, www.rammelsberg.de, tgl. 9–18 Uhr) war über 1000 Jahre lang in Betrieb. 1988 wurde es stillgelegt, hält aber als *Besucherbergwerk* nach wie vor die Pforten geöffnet. Seine kilometerlangen Stollen, die beeindruckende Aufbereitungsanlage, Wasserräder und Grubenbahnen machen es zu einem der wichtigsten Industriedenkmäler Deutschlands. Ein *Museum über Tage* liefert interessante Hintergrundinformationen.

Okertal und Bad Harzburg

Wer die Schönheiten des Harzes weniger im Inneren als vielmehr auf den Höhen der Berge sucht, wird im zu Goslar gehörenden landschaftlich schönen **Okertal**

fündig. Vom Hotel Waldhaus (Okertal 13 a) aus führt ein ansprechender Wanderweg entlang des Flusses zum Wasserfall **Romkerhall**. Ein guter Ausgangspunkt für Touren in die Berge ist auch **Bad Harzburg**, mondän mit Spielbank und Galopprennbahn. Nach einem Besuch im *Haus der Natur* (www.haus-der-natur-harz.de, Di–So 10–17 Uhr) im Kurpark lockt eine Wanderung über die Harzburg oberhalb der Stadt zum malerischen **Radauwasserfall**.

ℹ️ Praktische Hinweise

Information

Tourist-Information, Markt 7, 38640 Goslar, Tel. 05321/78060, www.goslar.de. Hier kann man auch die *HarzCard* (www.harzcard.info) kaufen, die zwei oder vier Tage lang freien oder ermäßigten Eintritt zu mehr als 100 Angeboten im Harz ermöglicht.

Hotels

Goldene Krone, Breite Str. 46, Goslar, Tel. 05321/34490, www.goldene-krone-goslar.de. Familienhotel seit 1733 mit solidem 3-Sterne-Komfort.

Kaiserworth, Markt 3, Goslar, Tel. 05321/7090, www.kaiserworth.de. Zentraler

Blick über die Harzwälder von der Rabenklippe bei Bad Harzburg bis zum Brocken

kann man in Goslar kaum wohnen. Da darf die Zimmerausstattung schon etwas nostalgisch sein.

Restaurant

Altdeutsche Stuben, im Hotel Der Achtermann, Rosentorstr. 20, Goslar, Tel. 05321/700 00, www.hotel-der-achtermann.de. ›Fine Dining‹ in umgebauter historischer Burganlage. Unter den hohen Holzdecken wird selbst Steckrübencremesuppe zum Genuss.

Kaiser und Braunschweiger Löwen wachen in Bronze vor Goslars Kaiserpfalz

59 Wernigerode

An Fachwerk reiche ›bunte Stadt am Harz‹.

Sehr lohnend ist ein Besuch des romantischen **Fachwerkstädtchens** Wernigerode (35 000 Einw.). Als Rodungssiedlung entstanden, entwickelte es sich im Mittelalter zu einer wohlhabenden Handelsstadt. Schutz bot die um 1100 auf dem 350 m hohen *Agnesberg* erbaute Burg, die später mehrfach erweitert wurde. Seit ihrem grundlegenden Umbau 1862–83 durch Bismarcks Vizekanzler Otto Graf zu Stolberg-Wernigerode präsentiert sich **Schloss Wernigerode** (Tel. 03943/553030, www.schloss-wernigerode.de, Mai–Okt. tgl. 10–18, sonst Di–Fr 10–16, Sa/So/Fei 10–18 Uhr) mit hochragendem Bergfried, erkergeschmückten Türmen und einer Schlosskirche im Stil französischer Gotik. 250, oft im Stil des späten 19. Jh. ausgestattete Räume zeugen vom Stilwillen des Grafen. Neben dem zum Mahl geschmückten *Festsaal* oder dem kaminbeheizten *Rauchsalon* sollte man auch den *Schlosspark* mit barocker Orangerie (18. Jh.) würdigen.

Auch Wernigerode selbst ist mit seinen schmuck herausgeputzten Fachwerkbauten des 14.–18. Jh. sehr pittoresk.

Ein besonderes Schmuckstück ist am malerischen Marktplatz das schiefergedeckte **Rathaus**, mit dessen Bau im späten 15. Jh. begonnen wurde. Zwei hohe schlanke Erkertürme und 33 geschnitzte Holzfiguren im ersten Stock der Fachwerkfassade gliedern das Haus.

Am **Wohltäterbrunnen** vor dem Rathaus, hergestellt 1848 in der Stolberger Hütte in Ilsenburg, erinnern Plaketten an Menschen, die sich um Wernigerode verdient machten. Eine von ihnen ehrt den Wehrmachtoberst Gustav Petri, der sich im April 1945 weigerte, den militärisch sinnlosen Befehl zur Verteidigung Wernigerodes bis zum Letzten durchzuführen. Petri rettete damit vielen Wernigerodern das Leben und der Stadt ihr schönes Fachwerkantlitz, er selbst wurde als Befehlsverweigerer erschossen.

Mehr zur geologischen und volkskundlichen Geschichte des Harzes erfährt man im **Harzmuseum** (Klint 10, Tel. 03943/654454, Mo–Sa 10–17 Uhr) am vom Marktplatz abzweigenden Klint, das Mineralien, Fossilien und Handwerksstücke zeigt. Eine eigene Abteilung erklärt, wie die Fachwerkhäuser der Region gebaut wurden und werden.

Auch das 1774 fertiggestellte, 2,95 m breite und bis unters Dach 4,2 m hohe **Kleinste Haus** (Kochstr. 43, April–Okt./

Dez./Febr. in den Ferien tgl. 10–16 Uhr, sonst nur Sa/So) ist sehenswert. Hier wohnte im frühen 20. Jh. ein Schaffner mit Ehefrau und acht Kindern. Wesentlich repräsentativer lebte es sich im **Krummel'schen Haus** (Breite Str. 72), dessen Fassade reich mit holzgeschnitzten Masken und allegorischen Darstellungen, u. a. der vier Erdteile, geschmückt ist.

Wer mehr für's Praktische ist, sollte mit der **Brockenbahn** oder der **Harzquerbahn** (Tel. 039 43/55 80, www.hsb-wr.de) in die Berge fahren. Seit 1899 bringt der traditionsreiche Dampfzug Wanderer und Naturfreunde vom Bahnhof Wernigerode zu dem 1125 m hoch gelegenen Brockenbahnhof, dem höchsten in Deutschland. Unterwegs macht die Brockenbahn an einigen der reizvollsten Orte des Harzes Halt, die zu Wanderungen in die Umgebung einladen. Von der Station *Steinerne Renne* etwa geht es am Flüsschen Holtemme entlang durch grünen Lerchenwald zur Wodansklippe.

ℹ Praktische Hinweise

Information

Wernigerode Tourismus, Marktplatz 10, 38855 Wernigerode, Tel. 039 43/553 78 23, www.wernigerode-tourismus.de. *Harz-Card* (s. S. 162).

Links: *Wernigerodes Rathaus ist ein Paradebeispiel mitteldeutscher Fachwerkarchitektur*
Rechts: *Die Kirche St. Pantaleon und Anna ist ein Schmuckstück von Schloss Wernigerode*

Hotels

Gothisches Haus, Marktplatz 2, Wernigerode, Tel. 039 43/67 50, www.travel charme.com/gothisches-haus. Hinter der denkmalgeschützten Fachwerkfassade verbirgt sich ein Vier-Sterne-Hotel mit Wellnessbereich und zwei Restaurants.

Schlosspalais Fischer, Johann-Sebastian-Bach-Str. 11, Wernigerode, Tel. 039 43/63 05 40, www.schlosspalais-fischer.de. Das Fachwerkhaus am Rand der Altstadt bietet mit italienischen Stilmöbeln eingerichtete Zimmer und vier Apartments.

Restaurants

Café Wien, Breite Str. 4, Wernigerode, Tel. 039 43/63 24 09, http://cafewien-wer nigerode.de. Österreichische Kaffeehauskultur am Rande des Harzes.

Fürsten-Grotte, im Schlossberg-Hotel, Burgberg 9 a, Wernigerode, Tel. 039 43/545 90, www.schlossberg-hotel-wernige rode.de. Harzer Spezialitäten im Hotelrestaurant im Kellergewölbe, oben Terrassencafé und Biergarten mit schöner Aussicht.

60 Nationalpark Harz

Wo angeblich Hexen über Harzhöhen tanzen.

Der **Brocken** ist mit 1141 m der höchste Berg ganz Nord- und Mitteldeutschlands, ein Wind und Wetter ausgesetztes Granitplateau, das durchschnittlich 300 Tage im Jahr nebelverhüllt und dementsprechend sagenumwoben ist. Allseits bekannt sind die Geschichten von gottlosen Hexentänzen und unheimlichen Walpurgisnachtfeiern auf dem Plateau, die von Goethes ›Faust‹ bis zu Donnellys ›Bibi Blocksberg‹ immer wieder literarisch verarbeitet werden. Auch Heinrich Heine erklomm 1824 bei seiner ›Harzreise‹ den kargen Gipfel, wovon er ebenso ausdrucksstark wie humorig berichtet: ›Viele Steine, müde Beine, Aussicht keine, Heinrich Heine‹. Der Pfad, den er wählte, ist dennoch sehr empfehlenswert, führt er doch von **Ilsenburg** durch das liebliche Tal der Ilse bergan. Der nach dem Dichter benannte Heinrich-Heine-Weg ist einfach 13 km lang.

Der mit rund 8 km kürzeste Wanderweg zum Brocken ist der **Eckerlochstieg**. Er beginnt am Parkplatz bei der Kalten Bode am Ortsausgang von Schierke. Für den Rückweg kann man die **Brockenbahn** (www.hsb-wr.de) nehmen, die gemächlich talwärts gen Schierke schnauft.

Auf dem Gipfel informiert das **Brockenhaus** (Tel. 03 94 55/500 05, www.nationalpark-brockenhaus.de, tgl. 9.30–17 Uhr) über Tier- und Pflanzenwelt des höchsten Harzberges, aber auch über seine militärische Nutzung zu Zeiten des Kalten Krieges und über Klimawandel.

Wie weite Waldgebiete ringsum gehört der Brocken zum **Nationalpark Harz**.

Zurück zur Natur: Im Nationalpark Harz bleiben umgestürzte Bäume einfach liegen

Hoch hinaus im Harz: Der Brocken ist das beliebteste Ausflugsziel im Mittelgebirge

Laub-, Misch- und Nadelwälder, Fels-schluchten, Bergbäche, Moore und Kräuterwiesen prägen seine Landschaft. Künftig soll hier sogar wieder (fast) echter Urwald entstehen. Insgesamt umfasst der Nationalpark bundesländerübergreifend in Niedersachsen und Sachsen-Anhalt 247 km². In seinem Schutz wachsen unzählige Arten von Bäumen, Sträuchern, Pilzen, Moosen und Flechten. Alpenspitzmäuse, Hermeline, Wildkatzen und Füchse sind hier zu Hause, ebenso anderswo selten gewordene Tiere wie Schwarzstörche, Schwarzspechte, Wanderfalken, Waldkauze und seit Kurzem auch wieder Luchse. Letztere können mit etwas Glück in einem Gehege bei der *Waldgaststätte Rabenklippe* (www.rabenklippe.de, Di–So 10–18 Uhr) nahe Bad Harzburg beobachtet werden. Sieben weitere Waldgaststätten bieten sich in der Region als Ausflugsziele an.

ℹ Praktische Hinweise

Information

Nationalparkverwaltung Harz, Lindenallee 35, 38855 Wernigerode, Tel. 039 43/550 20, www.nationalpark-harz.de

Unterkunft

Brockenherberge, Brockenplateau, Tel. 03 94 55/120, www.brockenherberge.de. Bei gutem Wetter überblickt man vom Hotelfenster der einzigen Übernachtungsmöglichkeit im Nationalpark den ganzen Harz – bei schlechtem sieht man dafür gar nichts.

Restaurant

Forellenstube, im Landhaus ›Zu den Rothen Forellen‹, Marktplatz 2, Ilsenburg, Tel. 03 94 52/93 93, www.rotheforellen.de. Das Restaurant des Fünf-Sterne-Relais & Château-Landhauses bietet hauben- und sternegekrönte französische Gourmetküche. Die umfangreiche Weinkarte listet 600 feine Tropfen.

Auch vor Kassels Orangerie präsentieren
Künstler während der documenta ihre Werke

61 Kassel

Heimat der Gebrüder Grimm und
kurfürstliches Schloss im tiefen Wald.

Eingebettet in die baumgrünen Hügel des *Habichtswaldes* liegt Kassel (192 000 Einw.) zu beiden Seiten der Fulda. Die einstige Residenzstadt der Landgrafen von Hessen wurde im Zweiten Weltkrieg starkt zerstört. Daher dominieren zweckmäßige Nachkriegsbauten, etwa um den zentralen Königsplatz. Von hier sind die innerstädtischen Sehenswürdigkeiten bequem zu Fuß zu erreichen.

Bemerkenswerte Überbleibsel der Vergangenheit sind etwa der Renaissancebau des **Naturkundemuseums** (Steinweg 2, Tel. 05 61/787 40 66, www.naturkundemuseum-kassel.de, Di–So 10–17, Mi 10–20 Uhr) mit seinen geschwungenen Giebelvoluten aus dem 17. Jh., die gegenüber liegende frühklassizistische **Kunsthalle Fridericianum** (Friedrichsplatz 18, Tel. 05 61/707 27 20, www.fridericianum-kassel. de, Wechselausstellungen meist Di, Do–So 11–18 Uhr) sowie im Park *Karlsaue* am Ufer der Fulda das barocke Ensemble der lang gestreckten leuchtend-gelben **Orangerie** (heute *Astronomisch-Physikalisches Kabinett* und *Planetarium*, Tel. 05 61/31 68 05 00, www.museum-kassel. de, Di–So 10–17 Uhr).

Hier beginnt bereits das Gelände der **documenta**, jener 1955 ins Leben gerufenen, jeweils 100 Tage dauernden ›Leistungsschau‹ zeitgenössischer Kunst, die nun alle fünf Jahre stattfindet (etwa 2012, www.documenta13.de). Zentraler Veranstaltungsort ist die gläserne **documenta-Halle** (www.documentahalle.de).

In den Jahren dazwischen werden dann auch die zahlreichen kleineren Museen Kassels wieder verstärkt gewürdigt. Etwa die **Caricatura Galerie für Komische Kunst** (Tel. 05 61/77 64 99, www.caricatura.de, Do/Fr 14–20, Sa/So/Fei 12–20 Uhr) im KulturBahnhof im Norden der Innenstadt oder das stellenweise morbidcharmante **Museum für Sepulkralkultur** (Weinbergstr. 25–27, Tel. 05 61/918 93 0, www.sepulkralmuseum.de, Di–So 10–17, Mi bis 20 Uhr) mit Särgen, Trauerschmuck und ähnlichen Exponaten. Einen besonderen Bezug zur Stadt hat das **Brüder-Grimm-Museum** (Schöne Aussicht 2, Tel.

05 61/10 32 35, www.grimms.de, Di–So 10–17, Mi bis 20 Uhr) im nahen *Palais Bellevue*. Die beiden Sprachforscher Jakob und Wilhelm Grimm verdanken ihren Ruhm zwar der Herausgabe der ›Grimm'schen Kinder- und Hausmärchen‹, waren aber auch einflussreiche Politiker und Wissenschaftler. Sie hatten ab 1798 mehr als 30 Jahre lang in Kassel gelebt, das sich heute daher ›Hauptstadt der Deutschen Märchenstraße‹ nennt.

Höhepunkt eines Kasselbesuchs ist **Schloss Wilhelmshöhe** (Schlosspark 3, Tel. 05 61/31 68 01 23, www.wilhelmshoehe. de, Di–So 10–17 Uhr) im heutigen Stadtteil Bad Wilhelmshöhe, das im 18. und 19. Jh. als kurfürstliche Residenz erbaut wurde und heute in stilvollem Rahmen des Weißensteinflügels mehrere städtische und staatliche Sammlungen beherbergt, darunter die *Gemäldegalerie Alte Meister* (16.–18. Jh.). Ringsum erstreckt sich der **Bergpark Wilhelmshöhe**, ein ausgedehnter Landschaftsgarten in englischem Stil, in dem zahlreiche Sehenswürdigkeiten versammelt sind. Dazu gehören die turmreiche Fantasie-Ruine der *Löwenburg*, ausgeklügelte *Wasserspiele* und auf dem höchsten Punkt des Areals die insgesamt 72 m hohe Monumentalbronze des auf seine Keule gestützten *Herkules* (9,20 m), das Wahrzeichen Kassels. Das dortige Besucherzentrum wird derzeit, wie viele weitere Attraktionen der Stadt, im Hinblick auf die **1100-Jahr-Feier** von Kassel im Jahr 2013 modernisiert.

TOP TIPP

Es war einmal ...

Was haben das mittelalterliche *Alsfeld* am Vogelberg und *Witzenhausen* im Werratal gemeinsam? Wie rund 60 weitere Orte sind sie Stationen auf der **Deutschen Märchenstraße** (www.deutsche-maerchenstrasse.de), die den Spuren der Brüder *Jacob* (1785–1863) und *Wilhelm* (1786–1859) *Grimm* folgt: Auf rund 600 km führt sie von deren Geburtsort, dem hessischen Hanau, über ihre langjährige Wirkungsstätte Kassel bis ins niedersächsische Verden. Unterwegs bieten Erzähltage und Märchenschlösser, Festivals und Themenparks Abwechslung für Jung und Alt, ganz zu schweigen von der Chance auf ungewöhnliche Begegnungen: In Hameln beispielsweise kann man den *Rattenfänger* treffen, in Schwalmstadt das *Rotkäppchen* in lokaler Tracht und Bremen ist für seine *Stadtmusikanten* weithin bekannt – allesamt Figuren aus den ›Kinder- und Hausmärchen‹, die die sprachforschenden Brüder Grimm zusammengetragen und 1812/1815 veröffentlicht hatten. In mehr als 160 Sprachen wurde ihr Werk übersetzt und seit dem Jahr 2005 zählt die UNESCO die Kasseler Grimm'schen Originalexemplare sogar zum **Weltdokumentenerbe der Vereinten Nationen**, nichts Geringeres also als ein ›Teil des Weltgedächtnisses‹.

Waldecker Land

Eine knappe halbe Autostunde westlich und südwestlich von Kassel liegt das grüne Waldecker Land (www.waldecker-land.de). Das beliebte Naherholungsgebiet der Kasseler war früher ein Fürstentum, benannt nach dem burggartigen **Schloss Waldeck** (www.schloss-waldeck.de, heute Tagungshotel und kleines Museum) oberhalb des gleichnamigen Ortes und des **Edersees**, im Sommer beliebter Treff von Seglern, Surfern und Schwimmern.

Der *Urwaldsteig Edersee* (Tel. 05623/99980, www.urwaldsteig-edersee.de) führt auf 68 km rund um den See, besonders schön ist das 24 km lange Teilstück zwischen Hemfurth bis Kirchlotheim. Es führt durch die ausgedehnten, in ihrer Art einzigartigen Buchenwälder des **Nationalparks Kellerwald-Edersee** (www.nationalpark-kellerwald-edersee.de), der sich am Nordufer des Stausees ausbreitet. Er wird aus Naturschutzgründen sich selbst überlassen. Das in Architektur und Ausstattung moderne *Nationalparkzentrum* (an der B 252 bei Herzhausen, www.nationalparkzentrum-kellerwald.de, Tel. 05635/992781, April–Okt. tgl. 9–18, Nov.–März Di–So 10–16.30 Uhr) macht mit dem dort entstehenden Urwald vertraut.

Weitere gern besuchte Ausflugsziele in den ausgedehnten stillen Wäldern der Region sind das pittoreske Fachwerkdorf **Frankenberg**, das stolz ist auf seine fantasievoll geschnitzte *Rathausfassade* und seine gotische *Liebfrauenkirche* (13. Jh.), sowie der beliebte und ebenfalls an stattlichen Fachwerkhäusern reiche Kurort **Bad Wildungen**.

Auch die Dom- und Kaiserstadt **Fritzlar** im burgenreichen *Edertal* ist Teil des Waldecker Landes. Prunkstück der mittelalterlichen Stadtmauer ist der *Graue Turm* (13. Jh.), der größte erhaltene Wehrturm Deutschlands. Genau an der Stelle, an der sich heute die romanisch-gotische Stiftskirche *St. Peter* (12.–14. Jh., www.basilika-dom-fritzlar.de) erhebt, soll der Überlieferung nach der hl. Bonifatius im Jahr 723 eine den Franken und Sachsen heilige Donar-Eiche gefällt und damit die *Christianisierung* Mittel- und Norddeutschlands in die Wege geleitet haben. Außerdem fand in Fritzlar im Jahr 919 der Reichstag statt, auf dem Heinrich I. zum König der Deutschen gewählt wurde und mithin gewissermaßen das Deutsche Reich begründet wurde.

ℹ Praktische Hinweise

Information

Tourist-Information im Rathaus, Obere Königsstr. 8, 34117 Kassel, Tel. 05 61/70 77 07

Tourist- & Kurinformation, Willy-Brandt-Platz 1 (Bhf. Wilhelmshöhe), 34131 Kassel, Tel. 05 61/340 54, www.kassel-tourist.de

Hier ist u. a. die *KasselCard* erhältlich, die für 2 bzw. 4 Personen 24 oder 72 Stunden gilt (freie Fahrt in allen öffentlichen Verkehrsmitteln des KasselPlus-Gebiets, Ermäßigungen bei Führungen, Stadtrundfahrten und Museen, Vergünstigungen bei Partnerorganisationen).

Hotel

Grand City Hotel Domus, Erzberger Str. 1–5, Kassel, Tel. 05 61/70 33 30, www.markhoteldomus.de. 56 Gästezimmer hinter roter Jugendstil-Klinkerfassade. Ungewöhnlich ist das Spielezimmer, u. a. mit Billardtisch und Großbild-TV.

Restaurant

Gutshof, Wilhelmshöher Allee 347 a (im Gebäude des Hessischen Rundfunks), Kassel, Tel. 05 61/325 25, www.restaurant-gutshof.de. Von wegen Kantine: Beim Bergpark Kassel Wilhelmshöhe, unweit des Schlosses, bereitet Fernsehkoch Jens Richter vorzügliche Speisen.

62 Teutoburger Wald

Hermannsdenkmal und Externsteine sind beliebte Ausflugsziele im ›deutschen‹ Wald.

Zu ›Teutoburger Wald‹ fällt vielen sofort die berühmte Schlacht in demselben ein, bei der 9 n. Chr. Germanen unter dem *Cheruskerfürsten Hermann* (lat. Arminius) drei römische Legionen samt Begleittruppen, zusammen rund 10 000 Mann, des *Publius Quinctilius Varus* vernichtend schlugen. Varus stürzte sich anschließend in sein Schwert und Kaiser Augustus

Auf dem höchsten Punkt des stadtmauerumgebenen Fritzlar erhebt sich die Stiftskirche

Mythenumrankt sind die bizarr geformten Externsteine im Teutoburger Wald

weinte in Rom: ›Varus, gib mir meine Legionen zurück!‹. Nach dieser für Rom so verheerenden **Varusschlacht** zog sich die damalige Weltmacht aus Germanien zurück, was die weitere sozio-kulturelle Entwicklung (Nord-)Europas entscheidend beeinflusste.

Wie vor rund 2000 Jahren prägt noch heute dichter **Mischwald** die sanften Hügel des Mittelgebirges, dessen mit 446 m höchster Berg der *Barnacken* im *Lipper Wald* ist. Von der Weser im Osten aus ist die Region zwar nur 7–15 km breit, erstreckt sich aber der Länge nach vom Sauerland im Süden bis nach Osnabrück und Minden im Norden über gut 110 km.

Als Ausgangspunkt für die Erkundung des südlichen Teutoburger Waldes bietet sich die einstige Residenzstadt **Detmold** (www.detmold.de) an. Sie war 1468–1918 Sitz der Fürsten zu Lippe und ist für ihre lauschige *Fachwerk-Altstadt* und das *Residenzschloss* (Mitte 16. Jh.) bekannt. Letzteres ist mit seinen vielen Giebeln und dem reichen Fassadenschmuck ein Prachtbeispiel der Weserrenaissance. Ihm gegenüber vereint das *Lippische Landesmuseum Detmold* (Ameide 4, Tel. 05231/99250, www.lippisches-landesmuseum. de, Di–Fr 10–18, Sa/So 11–18 Uhr) Ausstellungen zu Ur- und Frühgeschichte, Völkerkunde und Kunsthandwerk unter seinem Dach.

Nicht weit von Detmold befinden sich bei Horn-Bad Meinberg (www.horn-bad meinberg.de) die **Externsteine**, eines der meistbesuchten Ausflugsziele des Teutoburger Waldes im gleichnamigen Natur-

Tolle Wanderwege im Teutoburger Wald

Gleich zwei empfehlenswerte Höhenwege führen Wanderer zum Hermannsdenkmal. Von Süden nähert sich der zum Europäischen Fernwanderweg E1 zählende **Eggeweg** (www. eggeweg.de), der bei den nahen Externsteinen beginnt und über den Kamm des Eggegebirges insgesamt 70 km ins Sauerland führt. Aus Norden gelangt man auf dem aussichtsreichen **Hermannsweg** (www.hermannsweg.de) über den Kamm des Teutoburger Waldes zum Denkmal. Der 156 km lange Weg beginnt in Rheine und endet am steinigen *Lippischen Velmerstot*, dem mit 441 m höchsten ›Gipfel‹ des Eggegebirges. Eine Besonderheit ist der **Hermannslauf** (www.hermannslauf.de), der die Teilnehmer am letzten Sonntag im April etwas mehr als 31 km vom Hermannsdenkmal bis zur Sparrenburg nahe Bielefeld führt.

Gottessuche im Wald

Einblicke in früheres klösterliches Leben und seine Geisteswelt bietet das **Landesmuseum für Klosterkultur** (April–Okt. Di–So 10–18 Uhr) in dem schön gelegenen ehem. *Augustinerinnenkloster Dalheim* (www.klosterdalheim.de) bei Lichtenau südlich von Paderborn. In die Abgeschiedenheit locken Ruhe, eine bereits im 12. Jh. gegründete, heute überwiegend barocke und vortrefflich restaurierte Anlage, rekonstruierte barocke Konventgärten im französischen Stil sowie eine eigene Klosterbrauerei.

schutzgebiet. Es handelt sich um eine Reihe von 13 frei stehenden Sandsteinfelsnadeln, die bis zu 35 m hoch aufragen. Sie gehören zu einem stetig abflachenden Höhenzug, der sich im Verlauf von ca. 100 m schließlich im Wald verliert. Ein Landschaftspark mit Teich erstreckt sich

Siegesgewiss reckt Hermann der Cherusker im Teutoburger Wald sein Schwert empor

rings um die vorderen Felsen. Eine in den Stein geschlagene Treppe führt hinauf, die nach Nordosten hin aussichtsreichen Felsplateaus sind untereinander teils mit Brücken verbunden. Doch um die zwei christlichen *Felskapellen* (um 1000) in zwei der Externsteine und das in den Fels eines dritten geschlagene *Relief* (um 1130) mit der Kreuzabnahme Christi zu sehen, muss man auf dem Boden bleiben.

Nur rund 8 km nordöstlich erhebt sich im Wald der *Teutberg* (386 m). Auf seiner Kuppe ragt inmitten der Mauerreste der vorrömischen Ringwallanlage *Groteburg* das **Hermannsdenkmal** (www.hermanns denkmal.de, Tel. 0170/9512937, März–Okt. tgl. 9–18, Nov.–Febr. 9.30–16 Uhr) auf. Es war 1838–75 nach Plänen Ernst von Bandels in Erinnerung an die Varusschlacht und als politisches Memento für die Einheit der Deutschen errichtet worden. Seine 53 m Höhe verteilen sich zu etwa gleichen Teilen auf den wuchtigen runden Sandsteinsockel (mit unvollendeter Ruhmeshalle und Aussichtsplattform) und die darauf platzierte bronzene Standfigur des siegreichen Hermann, der sein Schwert (7 m lang) triumphierend in die Höhe reckt.

Wie bei vielen Großereignissen der Geschichte streiten mehrere Orte um die Ehre, ihr Schauplatz gewesen zu sein. So auch im Fall der Varusschlacht: Der Ort Bramsche-Kalkriese im Osnabrücker Land am Rande des Wiehengebirges folgert aus archäologischen Fundstücken, Ort des Schlachtens gewesen zu sein. Um diesen Anspruch zu untermauern, bereiten hier das **Museum und Park Kalkriese** (Venner Str. 69, Tel. 05468/9204200, www.kalkriese-varusschlacht.de, April–Okt. tgl. 10–18, Nov.–März Di–So 10–17 Uhr) die historischen Ereignisse auf. Zudem kann man von einem nachgebauten römischen Wachturm aus über das Grabungsgelände blicken.

ℹ Praktische Hinweise

Information

Teutoburger Wald Tourismus, Jahnplatz 5, 33602 Bielefeld, Tel. 0521/9673325, www.teutoburgerwald.de

Restaurant

Landhaus Hirschsprung, Paderborner Str. 212, Detmold-Berlebeck, Tel. 05231/878 50 00, www.landhaus-hirschsprung.de. Frische regionale Küche, urig in der Försterstube, elegant im Kaminzimmer.

Über Osnabrücks Altstadt und seine Bürger wacht der Turm von St. Katharinen

63 Osnabrück

*Mitglied der Hanse mit stolzer
Tradition als ›Friedensstadt‹.*

Zwar reicht der Teutoburger Wald im
Osten bis jenseits der Weser ins Schaum-
burgische Bückeburg, doch erkunden
Naturliebhaber seine bewaldeten Höhen
gern von Osnabrück (160 000 Einw.) aus.
Es wurde im Jahr 780 von Karl dem Großen als Bischofssitz gegründet und gehörte noch bis ins 17. Jh. zur Hanse. Mit
Stolz nennt sich Osnabrück **Friedensstadt**, seit in seinen Mauern 1648 der
Westfälische Friede beschlossen wurde,
der den seit 1618 wütenden Dreißigjährigen Krieg in Europa beendete. Außerdem
ist Osnabrück Geburtsort des Schrift-
stellers Erich Maria Remarque (1898–1970,
›Im Westen nichts Neues‹).

In Gedenken an Osnabrücks historische Bedeutung wählte die *Deutsche
Stiftung Friedensforschung* (www.bundes
stiftung-friedensforschung.de) die Stadt
zu ihrem Sitz. Sie residiert im Süden der
Altstadt im **Steinwerk Ledenhof** (Am
Ledenhof 3–5), einem einstigen Patrizier-
hof aus dem 14.–16. Jh. Original erhalten
sind der siebengeschossige Speicher aus
Bruchsteinmauerwerk mit Satteldach,
der auffällig farbig verputzte und giebel-
verzierte Palas sowie ein Treppenturm.
Der barocke Vierflügelbau mit der ocker-

Krieg und Frieden in Europa

Es war ein Krieg, wie ihn die Welt noch nicht erlebt hatte: Nie zuvor hatte das Töten so lange gedauert und hatte so viele Opfer gefordert, nie waren so viele Länder an einem Krieg beteiligt gewesen, und erstmals hatten die Feldherren das Morden an eigentlich unbeteiligten Bürgern zum Teil ihrer Strategie gemacht. Als der **Dreißigjährige Krieg** (1618–48) endlich endete, lebte in Nordost-, Mittel- und Südwestdeutschland nur noch ein Drittel der ursprünglichen Bevölkerung, waren ungezählte Städte verwüstet und das Deutsche Reich endgültig in eine Vielzahl unterschiedlicher Kleinstaaten zersplittert.

Die Ursprünge des Dreißigjährigen Krieges lagen in den **konfessionellen Gegensätzen** zwischen den protestantischen und katholischen Staaten des Deutschen Reiches. Zwar hatte der 1555 geschlossene **Augsburger Religionsfriede** mit seinem Grundsatz ›Cuius regio, eius religio‹ (Wessen Land, dessen Religion) dem Reich die längste Friedensperiode seiner Geschichte beschert. Doch sobald die Möglichkeit bestand, ein Fürst könnte ein der jeweils anderen Konfession Land erwerben und so die Religion der Bewohner verändern, geriet das Gleichgewicht ins Wanken. Immer wieder hatte es kleinere Konflikte dieser Art gegeben, die meist friedlich beigelegt worden waren, das Misstrauen zwischen den Parteien aber stetig erhöht hatten.

Und so reichte das Verbot eines nach Prag einberufenen Protestantentages durch den katholischen König Ferdinand von Habsburg, Neffe von Kaiser Matthias, und der anschließende **Prager Fenstersturz** (1618), bei dem die Böhmen zwei kaiserliche Statthalter aus dem Fenster der Prager Burg in den Graben darunter warfen, um das ganze Reich in Brand zu setzen. Die Böhmen erklärten den **protestantischen Kurfürsten der Pfalz**, Friedrich V., zu ihrem König, gegen den die **Katholische Liga** um den Kaiser in den Krieg zog. Nach und nach wurden alle Großmächte Europas von Spanien über Frankreich bis Schweden auf der einen oder anderen Seite in den Krieg hineingezogen. Jede Niederlage wurde mit noch größeren Kraftanstrengungen, noch brutalerem Vorgehen beantwortet. Die **Zerstörung Magdeburgs** durch kaiserliche Truppen unter Tilly im Jahr 1631 – von 30 000 Einwohnern vor dem Krieg lebten 1639 noch 450 in den Ruinen der Stadt – blieb bis zu den Weltkriegen des 20. Jh. unerreicht. Auf evangelischer Seite stand Schwedenkönig Gustav Adolph, später zum Retter der deutschen Protestanten stilisiert, den Kaiserlichen in Sachen Skrupellosigkeit nicht nach.

Und doch konnte keine der Krieg führenden Parteien einen entscheidenden militärischen Vorteil erringen. Erst die allgemeine Erschöpfung und Kriegsmüdigkeit führte die Feinde schließlich an den Verhandlungstisch. 1643 trafen sich Abordnungen aus ganz Europa in den norddeutschen Städten Münster und Osnabrück, wo sie fünf Jahre lang verhandelten. Am 24. Oktober 1648 unterzeichneten die Unterhändler schließlich in den Ratshäusern beider Städte die Verträge zum **Westfälischen Frieden**, der dem 30 Jahre andauernden Töten ein Ende bereitete.

Die Zerstörung Magdeburgs durch kaiserliche Truppen 1631 forderte 20 000 Menschenleben

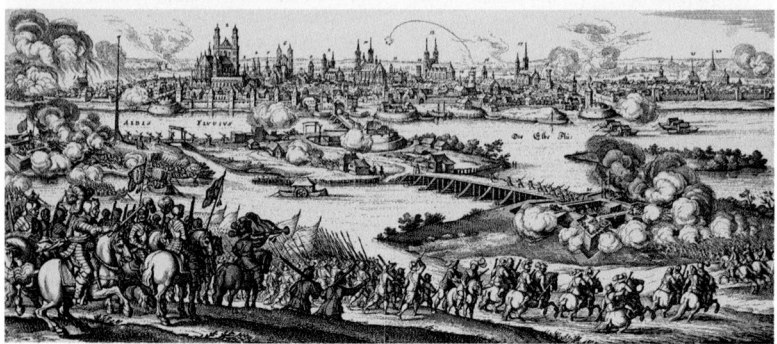

gelben Fassade schräg gegenüber ist das **Osnabrücker Schloss**. Der evangelische Fürstbischof Ernst August I. von Braunschweig-Lüneburg und seine Gemahlin Sophie von der Pfalz hatten es 1667–75 als Residenz erbauen lassen. Heute nutzt die Verwaltung der umliegenden Universität die Zimmerfluchten.

Neben dem Ledenhof weist der 103,5 m hohe Turm der **St.-Katharinen-Kirche** (14./15. Jh., www.katharinen.net) unübersehbar den Weg in die Altstadt. Kunsthistorisch bedeutender ist freilich der von Karl dem Großen gestifteten **Dom St. Peter** (www.bistum-osnabrueck. de, tgl. 7–19 Uhr). Der heutige Bau mit seinem eleganten romanischen Nordwestturm entstand 1218–77. Der massigere spätgotische zweite Turm kam erst im 15. Jh. dazu. Optisch dominiert das Innere der gewaltigen Pfeilerhalle ein übergroßes Triumphkreuz (1230) über dem Altar, doch auch die acht Apostelfiguren aus Sandstein zu beiden Seiten des Langhauses und das bronzene Taufbecken von 1225 verdienen Beachtung.

Ein weiteres wichtiges Gotteshaus der Stadt ist am nahen Marktplatz die symmetrisch gebaute Pfarr- und Marktkirche **St. Marien** (www.marien-osnabrueck.de, April–Sept. tgl. 10–17, Okt.–März 10.30–16.30 Uhr, Turm So 11.30–13 Uhr) aus dem 12. Jh. Gleich vier Portale führen hinein, darunter im Süden das bekannte *Brautportal* mit Sandsteinreliefs der klugen und der törichten Jungfrauen sowie einer Marienkrönung im Tympanon. Die gotische Hallenkirche mit dreischiffigem Langhaus diente bis in die Neuzeit verdienten Osnabrücker Familien als Grablege, wovon zahlreiche Epitaphe im Chorumgang zeugen. Das zweite stadtgeschichtlich bedeutende Bauwerk am Marktplatz ist das ab 1500 erbaute **Rathaus** (Mo–Fr 8–18, Sa 9–16, So 10–16 Uhr), hinter dessen spätgotischer Fassade die Delegationen der Reichsstände, des Kaisers und Schwedens im 17. Jh. den *Westfälischen Friedensvertrag* zur Beendigung des Dreißigjährigen Krieges aushandelten. Eine Kopie ist in der hiesigen *Schatzkammer* zu sehen, daneben im *Friedenssaal* 42 Porträts von Herrschern und Mächtigen jener Zeit.

Am westlichen Rand der Altstadt, jenseits des Natruper-Tor-Walls, erweiterte der Stararchitekt Daniel Libeskind das **Felix-Nussbaum-Haus** (Lotter Str. 2, Tel. 05 41/323 22 07, Di–Fr 11–18, Do 11–20, Sa/So 10–18 Uhr). In dem nunmehr stark frag-

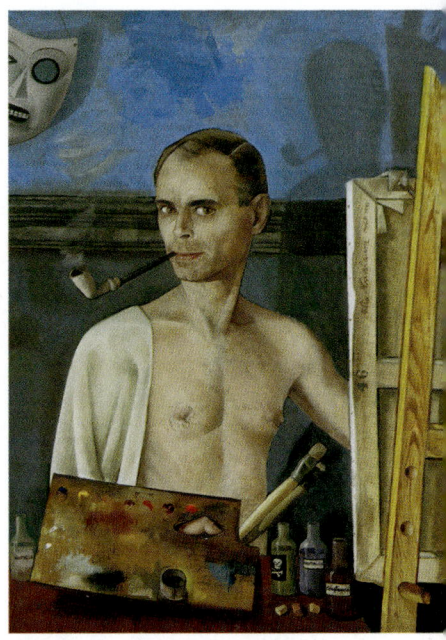

Lange waren die Werke Felix Nussbaums verschollen, nun sind sie in Osnabrück zu sehen

mentiert wirkenden Bauwerk und nebenan in der Villa Schlikker sind Werke des in Auschwitz ermordeten Maler Felix Nussbaum (1904–1944) zu sehen.

ℹ Praktische Hinweise

Information

Rathausinformation, Bierstr. 28, 49074 Osnabrück, Tel. 05 41/323 21 52, www.osnabrueck.de

Hotel

Romantik Hotel Walhalla, Bierstr. 24, Osnabrück, Tel. 05 41/349 10, www.hotel-walhalla.de. Reizendes Fachwerkhaus (1690) mit 66 modern ausgestatteten Zimmern gegenüber dem Rathaus. Hier logierten schon der Dalai Lama und Königin Sylvia von Schweden.

Restaurant

La Vie, Krahnstr. 1–2, Osnabrück, Tel. 05 41/33 11 50, www.restaurant-lavie.de. Gault Millau und Michelin zeichneten das Restaurant in dem klassizistischen Kaufmannspalais und die dort zelebrierten kulinarischen Genüsse wie Tomatenschaum an weißer Olivensahne, Bisontatar oder getrüffelte Rotbarben-Becherpastete aus (Mo/Di geschl.).

Westdeutschland – Rheinromantik und Industriekultur

Vater Rhein ist es, der Antlitz und Geschichte Westdeutschlands prägt. Die Bundesländer Nordrhein-Westfalen und Rheinland-Pfalz tragen ihn sogar im Namen. Für das **Ruhrgebiet** ist der Fluss vor allem ein wichtiger Transportweg. Vom Duisburger Hafen werden all die hier produzierten Waren nach Süden oder Norden verschifft. Er liegt an der *Route der Industriekultur*, die zu den wichtigsten Zeugen der wirtschaftlichen Glanzzeit des Ruhrgebietes führt. Einer ihrer Höhepunkt ist die *Zeche Zollverein* in **Essen**, dem einst größten Stahlwerk der Region und mittlerweile Heimat mehrerer spannender Ausstellungen und Museen. Ebenfalls in Essen kann man in der *Villa Hügel* erleben, wie die Fabrikantenfamilie Krupp im 19. Jh. auf dem Höhepunkt ihres Erfolges Reichtum und Macht zur Schau stellte.

Rheinaufwärts finden in der nordrhein-westfälischen Landeshauptstadt **Düsseldorf** Shopping-Begeisterte ihr Glück, denn auf der Kö, einer der mondänsten Einkaufsstraßen Deutschlands, reihen sich die exklusiven Modedesigner dicht an dicht. Dank *Kunstsammlung, Museum Kunst Palast* und der *Kunstakademie* ist in Düsseldorf auch die künstlerische Avantgarde zu Hause.

Düsseldorfs Nachbarin am Rhein, und gerade deshalb die ewige Rivalin der Stadt, ist **Köln**. Wer feiert den fröhlicheren *Karneval*, wo gibt es die besseren Museen, welche Fußballmannschaft ist erfolgreicher – das sind die Fragen, die die Menschen hier beschäftigen. Nur eines ist sicher: Der *Kölner Dom* ist ohne Zweifel das imposanteste Gotteshaus Deutschlands.

Auch sonst sind die Städte Westdeutschlands reich an Superlativen: Die höchsten Bankentürme gibt es in **Frankfurt**, die älteste Stadt ist **Trier**, in **Heidelberg** fühlen sich die Studenten am wohlsten und **Mannheim** ist die quadratischste Stadt des Landes.

Romantik pur kann man im **Oberen Mittelrheintal** erleben. Zwischen Koblenz und Rüdesheim wachen zahlreiche Burgen über den Fluss, etwa *Stolzenfels* oder *Marksburg*, und die *Loreley* verzaubert von ihrem Felsen über *St. Goarshausen* seit jeher die Schiffer auf dem Rhein. Ähnlich schön ist es an der **Mosel**, an deren Ufern sich ein malerisches Winzerdörfchen ans andere reiht. Auch hier faszinieren mit der *Reichsburg Cochem* und *Burg Eltz* wahre Märchenschlösser.

Man muss nicht lange suchen, um im Westen Deutschlands weitere Naturschönheiten zu finden. Dichte Wälder bedecken die **Eifel**, das Mittelgebirge vulkanischen Ursprungs an der Grenze zu Belgien. Herrlich ist eine Wanderung durch die liebliche Weinbauregion des *Ahrtals* am Rand des Gebirges. Auch der **Odenwald** lädt zu ausgedehnten Wanderungen über waldbedeckte Höhen und der **Pfälzerwald** lockt mit Burgerkundungen und Felsklettereien im deutsch-französischen Grenzland.

Der Kölner Dom zählt fraglos zu den imposantesten Gotteshäusern Deutschlands

*Münsters Prinzipalmarkt führt direkt auf den
neogotischen Kirchturm von St. Lamberti zu*

64 Münster

*Westfälische Friedensstadt, reich
an Kirchen und Studenten.*

Flach breitet sich die Westfälische Tief-
landbucht zwischen Ems und Lippe aus.
Etwa in ihrem Zentrum liegt die traditionsreiche **Bischofsstadt** Münster
(280 000 Einw.) an der Münsterschen Aa
bzw. am Dortmund-Ems-Kanal. Der Ursprung der Stadt und ihres Namens liegt
in einem Kloster (lat. *Monasterium*), das
der friesische Missionar Liudger hier im
Jahr 793 gründete. Nach seiner Bischofs-
erhebung gab er zu Beginn des 9. Jh. den
Bau des ersten Münsteraner Doms in
Auftrag. Das Gemeinwesen blühte, 1170
erhielt Münster das Stadtrecht und war
1358–1454 auch Mitglied der Hanse. Vom
Wohlstand zeugten neben stattlichen
Repräsentationsbauten auch eine Vielzahl an Kirchen, die gläubige Patrizier
großzügig bezuschussten.

In den 1530er-Jahren fielen die Ideen
der **Wiedertäufer**, einer radikalen christlichen Glaubensrichtung, hier auf frucht-
baren Boden. Ihr Anführer Jan van Ley-
den hatte 1534 mit seinen Anhängern die
Stadt übernommen und sie zum *Königreich Zion* ausgerufen. Neun Monate
später schlug Bischof Franz von Waldeck
die Bewegung blutig nieder und ließ ihre
Anführer erst foltern, dann hinrichten
und zur Abschreckung in drei Gitterkör-
ben an die Fassade der Lambertikirche
hängen – wo die eisernen Gefängnisse
noch heute vor Ketzerei warnen.

1648 wurde dann in Münster ein Teilvertrag des **Westfälischen Friedens** unterzeichnet (s. u.). Während des Zweiten
Weltkrieges zerstörten die Luftangriffe
der Alliierten etwa 90 % der Altstadt. Doch
dank des am historischen Vorbild orien-
tierten Wiederaufbaus präsentiert sich
zumindest das Zentrum heute wieder als
nahezu intaktes Idealbild einer historisch
gewachsenen Stadt.

Prächtige Kirchen, Arkaden- und Giebelhäuser des 12.–19. Jh. säumen den
Prinzipalmarkt, die lang gezogene
Haupteinkaufsstraße von Münster. Ein
besonderes Schmuckstück ist das **Rathaus**, das im Original Mitte des 14. Jh. als
gotisches Bogenhaus mit hohem Treppengiebel erbaut wurde. In seinem Erdgeschoss befindet sich die holzvertäfelte,

reich mit Schnitzereien und Honoratio-
renporträts geschmückte ehem. Rats-
kammer. Sie ist heute besser bekannt als
Friedenssaal (Di–Fr 10–17, Sa/So/Fei 10–16
Uhr), denn hier besiegelten am 15. Mai
1648 die Delegationen Spaniens, Hol-
lands, Frankreichs und des Heiligen Römischen Reiches Deutscher Nation nach
einem fünfjährigen Verhandlungsmara-
thon den Münsteraner Teilvertrag des
Westfälischen Friedens zur Beendigung
des Dreißigjährigen Krieges in Europa.

Am Nordende des Prinzipalmarktes
erhebt sich 90,5 m hoch der neogotische,
im steilen Dachspitz fein durchbrochene
Westturm von **St. Lamberti** (www.st-lam
berti.de, Mo–Sa 7.30–19, So ab 9.30 Uhr). Er
wurde 1898 als Ersatz für den 1881 abgerissenen alten Turm angebaut. Über der
Turmuhr an der Südseite fanden erneut
die drei Eisenkäfige Platz, in denen im
Jahr 1536 die toten Anführer der Münsteraner Wiedertäufer zur Schau gestellt
worden waren. Das Gotteshaus selbst
geht auf das 12. Jh. zurück und ist ein
Paradebeispiel westfälischer Spätgotik.
Neben ihren reich skulptierten Portalen –

den Haupteingang etwa ziert eine *Wurzel Jesse* – haben auch im Inneren der dreischiffigen Hallenkirche mehrere Kunstschätze den Bildersturm der Wiedertäufer und die Zerstörungen des Zweiten Weltkriegs überdauert: als ältester Kirchenschmuck etwa die gotische Madonna von 1380 am Pfeiler zwischen den beiden Chorräumen, die Kreuzigungsgruppe (1550) am nördlichen Turmpfeiler oder das heute wieder im Chor zu bewundernde Silberexpositorium von 1782.

Von St. Lamberti aus kann man rechts über den Roggenmarkt weiter durch die ansprechende Altstadt schlendern. Geradeaus öffnet sich das große Rund des Domplatzes. Hier thront auf der Höhe einer Bodenwelle, vor Ort stolz Horsteberg genannt, der stadtdominierende **Dom St. Paulus** (www.paulusdom.de, Mo–Sa 6.30–19, So bis 19.30 Uhr), der romanische und gotische Formen harmonisch vereint. Er entstand in dieser Gestalt mit den beiden einfachen Vierecktürmen, den Arkadengängen und 16 Rundfenstern der Westfassade sowie dem südwestlichen Kirchenvorraum, dem sog. *Paradies,* in

den Jahren 1225–64. Letzteres birgt zehn lebhaft gestaltete mittelalterliche Apostelskulpturen des 13. Jh., wobei der Rankenfries zu Füßen der Figuren mit reliefierten Musikanten, pflügenden Bauern, einer Hofgesellschaft auf der Jagd, mit Weinlese und Bestiarium beinahe noch sehenswerter ist. Rechts am Choreingang in 8 m Höhe befindet sich die *Astronomische Uhr* von 1542. Ein ›Tutemännchen‹ mit Frau verkündet jede volle Stunde, Figuren von Chronos und dem Tod gar jede Viertelstunde. Pünktlich um 12 Uhr mittags ertönt Mo–Sa (So/Fei 12.30 Uhr) das Glockenspiel, komplett mit Umlauf lebensnah gestalteter Münsteraner Bürger und der Hll. Drei Könige. Über den nördlich an das Langhaus angebauten Kreuzgang erreicht man die **Domkammer** (Domplatz 28, Di–So 11–16 Uhr). Das wohl herausragendste Stück der hier gezeigten Goldschmiede- und Textilkunst ist eine Reliquienbüste des hl. Paulus aus dem 11. Jh., 22,8 cm hoch und vielfach mit wertvollen farbigen Steinen besetzt.

Einen weiteren Schatz besitzt Münster in seinen nahezu 48 000 Studenten, die hier an der **Westfälischen Wilhelms-Universität** studieren. Sie wurde 1780 gegründet, ist heute eine der größten deutschen Hochschulen und nutzt das barocke ehemals fürstbischöfliche Residenzschloss (1767–87) im Westen der Altsadt als Hauptgebäude. Während des Semesters bestimmen die jungen Leute das Stadtbild, insbesondere gilt das für das alte **Hafenviertel** östlich des Hauptbahnhofs. Hier sind Wohnungen vergleichsweise günstig und an stillgelegten Industriekais des 19. Jh. laden Kneipen, Kinos, Musikklubs und Galerien zu allerlei Freizeitvergnügen.

ℹ Praktische Hinweise

Information
Münster Information, Heinrich-Brüning-Str. 9 (Ladenzeile Stadthaus 1), 48143 Münster, Tel. 02 51/492 27 10; Historisches Rathaus, Prinzipalmarkt, 48143 Münster, Tel. 02 51/492 27 24, www.muenster.de

Hotel
Überwasserhof, Überwasserstr. 3, Münster, Tel. 02 51/417 70, www.ueberwasser hof.de. Gediegene Gastlichkeit hinter Backsteinmauern, zentral zwischen Universität und Dom in der Altstadt gelegen. Restaurant ›Jedermann‹ im Haus.

Restaurant
Großer Kiepenkerl, Spiekerhof 45, Münster, Tel. 02 51/403 35, www.grosser-kiepenkerl.de. Feine gutbürgerliche Küche und westfälische Spezialitäten wie Münsterländer Hochzeitssuppe oder Westfälisches Krüstchen in der Altstadt unweit nördlich des Doms.

65 Essen

Überraschungen statt Bergbau: Weltkulturerbe Zeche Zollverein, Domschatz und Badeseen.

Essen (575 000 Einw.), Bischofssitz, Universitäts- und Industriestadt, ist seit dem Jahr 2001 mit der **Zeche Zollverein XII** (Gelsenkirchener Str. 181, Tel. 02 01/830 36 20, April–Okt. tgl. 10–19, Nov.–März Sa–Do 10–17, Fr 10–19 Uhr) auch auf der Liste der **UNESCO Weltkulturerbestätten** vertreten. Die 1932 in Betrieb genommene Anlage gilt als Paradebeispiel moderner, vom Bauhaus inspirierter Industriearchitektur. In den 1930er-

Wo die Schlote rauchten

Kohlebergbau und die rauchenden Schlote der Stahlwerke prägten rund 150 Jahre lang das Gesicht des Ruhrgebiets. Im Gefolge der Industrialisierung entstand ein Ballungsraum, in dem heute rund 5,5 Mio. Menschen leben. **Metropole Ruhr** nennt sich das Ruhrgebiet heute – und versteht sich als regionales Ganzes, ein neuartiges Konglomerat aus 53 Einzelstädten. Von Essen nach Bochum sind es lediglich 20 km, nach Dortmund 40, nach Duisburg 24 km und nach Gelsenkirchen gar nur 9 km.

Wo bis ins frühe 19. Jh. Hirten ihre Schafe weideten, begann in den 1830er-Jahren ein **Boom** sondergleichen: Mit der Erfindung der Dampfmaschine wurde es möglich, die tief in der Erde verborgene Kohle zu Tage zu fördern. Kohle war Voraussetzung für die Verhüttungswerke, die nun überall aus dem Boden schossen. Schon 1811 hatte *Friedrich Krupp* in Essen eine erste Gussstahlfabrik eröffnet, es folgten unzählige weitere. Von überall her strömten Arbeiter in die Region – besonders viele aus Schlesien, weshalb man im Ruhrgebiet noch heute auf viele polnische Nachnamen stößt. Die Bevölkerungszahlen stiegen rasant, Essen etwa hatte 1830 noch 5500 Einwohner, im Jahr 1900 waren es 120 000. Es entstanden **Konzerne** wie Haniel, Krupp, Thyssen, Mannesmann oder Grillo, häufig in Händen eines einzigen, märchenhaft reichen Tycoons. Krisen, etwa der Gründerkrach in den 1870er-Jahren, unterbrachen den Aufschwung nur kurz. Das Ruhrgebiet blieb der Wachstumsmotor für das Deutsche Reich. Deshalb besetzte es Frankreich auch 1923, als Deutschland die im Versailler Vertrag vereinbarten Reparationszahlungen nicht mehr leisten konnte – damit konnte man den größten Druck ausüben.

Nach dem Zweiten Weltkrieg erlebte das Ruhrgebiet noch einmal ein Wirtschaftswunder, doch schon in den 1960er-Jahren sorgten der Preisverfall bei Kohle und Stahl für erste **Krisensymptome**. Immer häufiger hieß es ›Schicht im Schacht‹. Damals begann der **Strukturwandel**, der bis in die Gegenwart andauert und 2018 mit dem Ende der Steinkohleförderung seinen Abschluss finden soll.

Ungebrochen ist jedoch der Stolz auf die Bergbauvergangenheit, viele der frü-

Die Route der Industriekultur führt auch am Rhein-Herne-Kanal, hier in Essen, entlang

heren Zechen, Hochöfen und Förderstätten blieben als Industriedenkmäler erhalten. Die **Route der Industriekultur** (www.route-industriekultur.de) zieht sich entlang von Lippe, Emscher, Börde, Ruhr und Rhein vom größten Binnenhafen der Welt in **Duisburg** samt *Museum der Deutschen Binnenschifffahrt* (Apostelstr. 84, Tel. 0203/808 89 22, www.binnenschifffahrtsmuseum.de, Mai–Sept. Di–So 10–17 Uhr) bis zum *Maximilianpark Hamm* (Alter Grenzweg 2, Tel. 023 81/98 21 00, www.maximilianpark.de, April–Sept. tgl. 9–19, Okt.–März tgl. 10–17 Uhr), einer 1984 zum Freizeitpark umgestalteten ehem. Zeche.

Unterwegs finden sich vielfältige Zeugen der Vergangenheit: Panoramen wie die bis zu 148 m hoch aufgeschüttete, renaturierte *Halde Großes Holz* bei Bergkamen Oberaden, Museen wie das *Eisenbahnmuseum Bochum-Dahlhausen* (Dr. C.-Otto-Str. 191, Tel. 0234/49 25 16, www.eisenbahnmuseum-bochum.de, März–Mitte Nov. Di–Fr/So/Fei 10–17 Uhr) oder einstige Arbeitersiedlungen, die meist sozialreformerischer Ideen des späten 19. und frühen 20. Jh. baulich umsetzten. Schöne Beispiele für solche ›Gartenstädte‹ sind die 1909–23 erbaute *Teutoburgia* in **Herne-Börnig** oder die **Essener** *Margarethenhöhe*, die nach ihrer Stifterin Margarethe Krupp benannt wurde. In der dortigen Stensstraße 25 kann eine Musterwohnung (auf Anfrage, Tel. 0201/884 52 00) besichtigt werden.

Vor allem aber bewahrt die Route der Industriekultur beeindruckende Bauten und Anlagen früherer industrieller Groß-macht. Allen voran ist hier die UNESCO-Weltkulturerbestätte **Zeche Zollverein XII** in Essen zu nennen, in der sich in Halle 14, der einstigen Kohlenwäscherei, auch das *Besucherzentrum* (Gelsenkirchener Str. 181, Tel. 0201/830 36 20, April–Okt. tgl. 10–19, Nov.–März Sa–Do 10–17, Fr 10–19 Uhr) der Route befindet.

Man kann die Stationen der Route der Industriekultur auch mit dem Fahrrad anfahren. Über frühere Bahntrassen, umgebaute Treidelpfade entlang von Flüssen und Kanälen und über verkehrsarme Nebenstraßen führt die gesamt mehr als 700 km lange Radroute ebenfalls zu den architektonischen Zeitzeugen. Die wohl beliebteste Teilstrecke ist der 230 km lange, gut ausgeschilderte *Emscher Park Radweg*. Er kreuzt an mehreren Stellen den **Rundkurs Ruhrgebiet**, einen 350 km langen Radfernwanderweg rund um die Region. Letzterer wird durch den *Ruhrtal Radweg* ergänzt, der ab Schwerte die östliche Ruhr bis Winterberg im Sauerland erschließt.

Simply Out Tours, Essen-Ruhr, Tel. 0201/564 10 04, mobil 0177/475 74 35, www.simply-out-tours.de. Ruhrgebietstouren für Wanderer, Radler, Jogger, Kletterer ... Sport, Kultur, Natur und Guides.

Ruhr Tourismus, Tel. 018 05/18 16 20 (0,14 €/Min.), www.ruhr-tourismus.de

Die **RUHR.TOPCARD** (www.ruhrtopcard.de) gibt es für Erwachsene und für Kinder. Sie gilt ein Jahr lang und bietet je einmal Zutritt zu mehr als 60 Attraktionen in der ganzen Metropole Ruhr.

Das Museum Folkwang besitzt eine bedeutende Sammlung moderner Kunst

Jahren arbeiteten etwa 5000 Menschen in der größten Zeche des Ruhrgebietes unter Tage. Die Silhouette eines ihrer oben flachen stählernen Fördertürme avancierte gar zum Wahrzeichen von Essen und der ganzen Region. Auch strukturell hat die Anlage Beispielcharakter, denn Zentralschacht, Kaue (Wasch- und Duschplatz), Kammgebäude und andere Bauwerke der umgenutzten Zeche dienen heute als viel besuchte Museen, Veranstaltungsorte und Ausstellungshallen. Ein **Museumspfad** inklusive virtueller Grubenfahrt erklärt vor Ort den Untertage-Bergbau sowie die Verarbeitung der hier bis 1993 gewonnenen Steinkohle. Im einstigen Kesselhaus zeigt das **Red Dot Design Museum** (www.red-dot.de, Di–Do 11–18, Fr–So 11–20 Uhr) seine umfangreiche Ausstellung preisgekrönten zeitgenössischen Produktdesigns. Nebenan, im riesigen Block der vormaligen Kohlenwäsche und erreichbar über die mit 68 m längste frei stehende Außenrolltreppe Deutschlands, dokumentiert das **Ruhr-Museum** (www.ruhrmuseum.de, tgl. 10–19 Uhr) die geologische und kulturelle Geschichte des Reviers.

Bis zum 19. Jh. und dem Beginn der Industrialisierung war Essen eine Kleinstadt. Sie hatte sich um ein im 9. Jh. gegründetes Damenstift gebildet. Das Münster **St. Maria, Cosmas und Damian** steht auf den Fundamenten der ersten Kirche dieses Stiftes. Erbaut im 11.–14. Jh., avancierte das Gotteshaus zum Dom, als

Essen 1958 zum Sitz des Ruhrbistums erhoben wurde. Die ältesten Teile der dreischiffigen gotischen Hallenkirche sind das noch ottonische oktogonale Westwerk und die Krypta. Glanzstück in der Kapelle im nördlichen Seitenschiff ist die um das Jahr 990 geschaffene, 74 cm hohe *Goldene Madonna*, Schutzpatronin der Region und die älteste vollplastische Marienfigur der Welt.

Die angrenzende **Domschatzkammer** (Burgplatz 2, Tel. 02 01/22 04 20 06, www.domschatz-essen.de, Di–Sa 10–17, So 11.30 –17 Uhr) verwahrt die Reichtümer der Diözese. Zu ihnen gehören u.a. ein monumentaler, siebenarmiger Bronzeleuchter aus dem 10./11. Jh. und die juwelenbesetzte Kinderkrone Ottos III. von 983.

Nach Jahren des wirtschaftlichen Aufschwungs spürten Essens Stadtväter Anfang des 20. Jh., dass ihrer Stadt im Vergleich zu anderen Städten die Hochkultur fehlte. Und so erwarben sie 1921 die Sammlung Folkwang des Kunstmäzens Karl Ernst Osthaus (1874–1921) für ihre Kommune. Dies war die Geburtsstunde des **Museums Folkwang** (Goethestr. 41, Tel. 02 01/884 54 44, www.museum-folkwang.de, Di–So 10–20, Fr bis 24 Uhr), das sich einer exzellenten Sammlung von Kunst der Moderne rühmen kann.

Ausflüge

Um die grünen Seiten Essens kennenzulernen, empfiehlt sich ein Abstecher zum **Baldeneysee** im Süden der Stadt, mit

7,8 km Länge der größte von insgesamt sechs Stauseen entlang der Ruhr. Er ist als *Naherholungsgebiet* außerordentlich beliebt, ringsum begleiten Wege seine Ufer, zwischen Essen-Werder und Essen-Kupferdreh verkehrt an manchen Tagen die von einer Schmalspurdampflok gezogene **Hespertalbahn** (Tel. 0201/408 56 19, www.hespertalbahn.de). Im Sommer bringen Ausflugsboote der *Weißen Flotte* (z. B. ab Kupferdreh, Tel. 0201/840 43 60, www.flotte-essen.de) Gäste u.a. zum **Vogelschutzgebiet Heisingen**, das Haubentauchern, Kormoranen und Reihern ungestörte Brutplätze bietet. Nicht weit davon kann man vom **Aussichtspunkt Korte-Klippe** aus den See vollständig überblicken und gleich auch die unweit westlich auf bewaldeter Höhe gelegene Ruine der im 13. Jh. zerstörten *Neuen Isenburg* besuchen. Eine weitere Anlegestelle der Boote befindet sich in Essen-Bredeney zu Füßen der klassizistischen **Villa Hügel** (Tel. 0201/616 29 0, www.villahue gel.de, Di–So 10–18 Uhr). Sie gehörte seit ihrer Fertigstellung 1873 der Industriellenfamilie Krupp, die das Anwesen in den 1950er-Jahren der *Alfried Krupp von Bohlen und Halbach-Stiftung* übertrugen. Seither sind hier historische Schauräume, wechselnde Kunstausstellungen sowie eine Dauerausstellung zur Industriegeschichte der Region mit besonderer Berücksichtigung der Familie Krupp zu sehen. Der gepflegte weitläufige **Park** (tgl. 8–20 Uhr) ringsum ist frei zugänglich und bietet immer wieder schöne Ausblicke über den Baldeneysee.

Im Wirtschaftsboom der Gründerzeit entstand die Villa Hügel der Familie Krupp

Von den großen Zeiten der Stahlproduktion in Essen zeugt die Zeche Zollverein

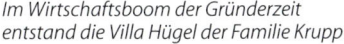 Praktische Hinweise

Information
Essen Marketing Touristikzentrale, Am Hauptbahnhof 2, 45127 Essen, Tel. 0201/887 20 48, www.essen.de

Hotel
Essener Hof, Am Handelshof 5, Essen, Tel. 0201/242 50, www.essener-hof.com. Stilvolles, charmantes Stadthotel (seit 1883) gegenüber dem Hauptbahnhof.

Restaurant
Alte Fähre, Zur Alten Fähre 45, Essen-Kettwig, Tel. 02054/865 12, www.altefaehre.de. Gutbürgerliche Küche in charmant-historischem Viertel. Schöne Gartenterrasse an der Ruhr.

Das CentrO, ein Einkaufszentrum der Superlative, machte Oberhausen bekannt

66 Oberhausen

*Marina, Gasometer und Schloss –
›watte siehst, is' Oberhausen‹.*

Wie ein wachgeküsstes Dornröschen blüht der einstige Industriestandort Oberhausen (213 000 Einw.) im Nordwesten des Ruhrgebiets nach erfolgreichem Strukturwandel als ›Erlebnisstadt‹ auf. Gut 23 Mio. Besucher jährlich zieht allein seine ›Neue Mitte‹ **CentrO** (www.centro.de, Mo–Sa 10–20, Do bis 22 Uhr) auf einem früheren Thyssen-Werksgelände an, ein riesiges Einkaufszentrum mit mehr als 200 Geschäften, Kinos, einem Vergnügungspark und einer Musicalbühne.

Auf dem Gelände befindet sich auch der **Gasometer** (Arenastr. 11, Tel. 02 08/850 37 30, www.gasometer.de, Di–So 10–18 Uhr, Ferien auch Mo), das Wahrzeichen Oberhausens. Der beeindruckende 24-eckige Metallturm ist 117,5 m hoch, misst 67,6 m im Durchmesser und wurde 1929 als Kokereigasspeicher erbaut. Seit seinem Umbau Anfang der 1990er-Jahre bietet er auf drei Ebenen und mehr als 7000 m² Platz für Installationen, Konzerte, Theateraufführungen und Sonderausstellungen. Innen führt ein gläserner *Panoramaaufzug* unter die Kuppel, von wo aus man mit einem weiteren Lift oder über 592 Stufen auf das Dach gelangt. Hier oben hat man bei klarem Wetter einen unschlagbar weiten Blick über das Ruhrgebiet.

Nicht weit im Westen etwa liegt das 1804–18 in klassizistischem Stil errichtete **Schloss Oberhausen** (Konrad-Adenauer-Allee 46, Tel. 02 08/412 49 28, www.ludwiggalerie.de, Di–So 11–18 Uhr) mit dem *Museum Ludwig Galerie Oberhausen* und einer Gedenkhalle zu Widerstand und Verfolgung während des Nationalsozialismus. Ostwärts dagegen bietet die **Marina** (www.marina-oberhausen.de) am *Rhein-Herne-Kanal* Platz für bis zu 60 Sportboote und Jachten. Dem Leben am und im Wasser ist in seiner Nähe auch das **Sea Life Oberhausen** (Tel. 01 80/566 69 01 01, 0,14–0,43 €/Anruf, www.sealife.de, tgl. 10–18.30, Ferien 10–19.30 Uhr) gewidmet. Die insgesamt 40 Süß- und Salzwasserbecken, darunter ein tropisches Riff und der Lauf des Rheins von seinen Quellen bis zur Mündung in die Nordsee, werden von Quallen und Zitteraalen, Haien und Schleien bevölkert, insgesamt rund 20 000 Tiere aus mehr als 100 Arten.

In unmittelbarer Nähe des Oberhausener Hauptbahnhofs bieten die Hallen der 1981 geschlossenen Zinkfabrik Altenberg den passenden Rahmen für das **Museum der Schwerindustrie** (Hansastr. 20, Tel. 02234/92 15 55, www.industriemuseum. lvr.de, Di–Fr 10–17, Sa/So 11–18 Uhr). Es lässt informativ Aufstieg und Untergang der Industrie zwischen Rhein und Ruhr Revue passieren. Gegenüber, im Osten und Süden der Gleise, erstrecken sich die gründerzeitlichen Wohnviertel der Altstadt um Friedensplatz und **Altmarkt** (Markt Mo–Sa 8–14 Uhr).

ℹ Praktische Hinweise

Information

Tourist Information Oberhausen, Willy-Brandt-Platz 2, 46045 Oberhausen,

Tel. 0208/82 45 70, www.oberhausen-tourismus.de

Hotel

Residenz Hotel, Hermann-Albertz-Str. 69, Oberhausen, Tel. 0208/820 80. www. residenz-oberhausen.de. Solides Drei-Sterne-Haus in der Oberhauser Innenstadt, rund 100 m vom Altmarkt entfernt.

Restaurant

Kaisergarten, Konrad-Adenauer-Allee 48, Oberhausen, Tel. 0208/29 02 20, www.kaisergarten.de. Einheimische Speisen im angenehmen Ambiente des Oberhauser Schlosses, sowohl à la Carte als auch Buffet.

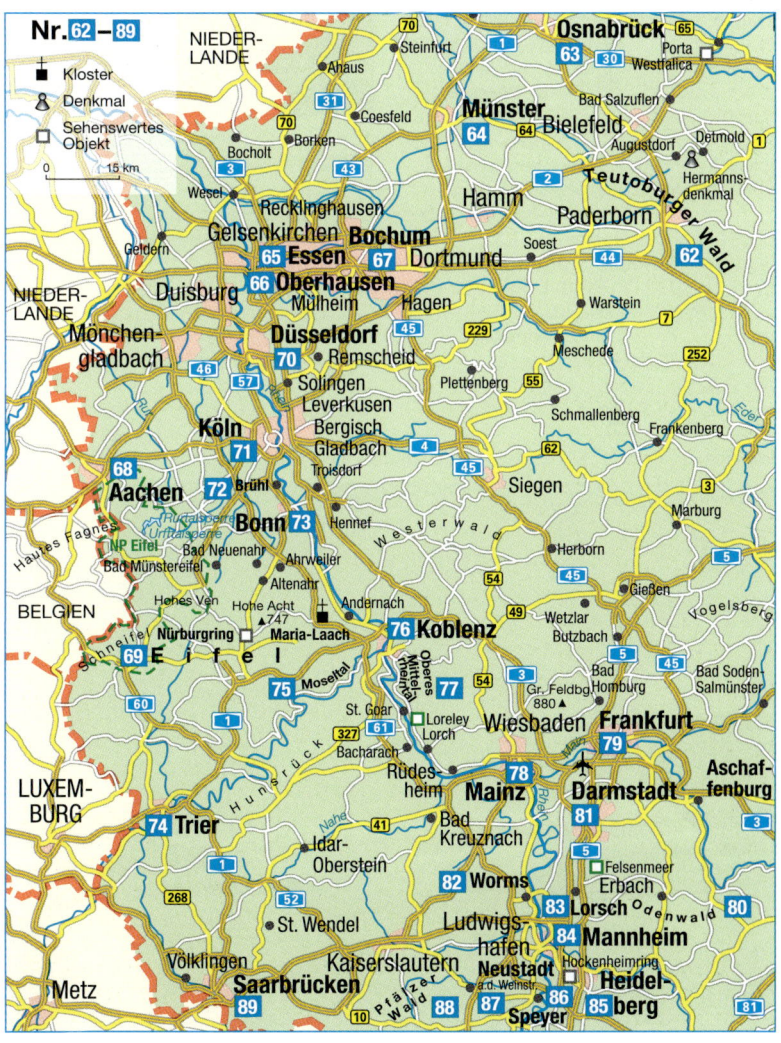

67 Bochum

*Stadt der Stahlgießer und der
Schauspieler.*

Die einstige Stahlgusshochburg Bochum
(375 000 Einw.) kämpft seit Jahrzehnten
mit den Folgen des Strukturwandels.
Vom – durchaus erfolgreichen – Versuch,
Besucher mit Unterhaltung in die Stadt
zu locken, zeugt am Stadionring im Nordosten der Innenstadt die **Starlighthalle**
(www.starlight-express-musical.de). Sie
wurde eigens für das hier seit 1988 lau-
fende Rollschuhspektakel ›Starlight Ex-
press‹ erbaut. Gehaltvollere Unterhaltung bringt das **Schauspielhaus Bochum** (www.schauspielhausbochum.de)
auf die Bühne. Das 1915 begründete Haus
entstand nach den Zerstörungen des
Zweiten Weltkriegs 1953 mit klassizisti-
scher Fassade neu. Seine Intendanten,
darunter Peter Zadek (1972–79) und Claus
Peymann (1979–86) schafften es immer
wieder, ihr Haus mit teils kontrovers diskutierten Inszenierungen im Gespräch
zu halten. Seit 2010 leitet Anselm Weber
die Bühne. Der Hochkultur ist auch das
Bochum Museum (Kortumstr. 147, Tel.
02 34/516 00 30, Di–So 10–17, Mi 10–20 Uhr)
verpflichtet, 1960 als ›erstes Museum für
moderne Kunst‹ gegründet. Anspruch
der Ausstellungen des Hauses ist, stets
am Puls der Zeit zu sein, ohne dabei in
atemlose Modehörigkeit zu verfallen.

*Alles über die Kohleförderung erfährt man in
Bochums Bergbau-Museum*

Ein weiterer Publikumsmagnet ist das
Deutsche Bergbau-Museum Bochum
(www.bergbaumuseum.de, Di–Fr 8.30–17,
Sa/So/Fei 10–17 Uhr). Im *Anschauungs-
bergwerk* taucht man ein in die Welt unter Tage, auch die Suche nach den Bo-
denschätzen und die Bewetterung, also
die Versorgung der Bergleute mit Frisch-
luft, werden anschaulich erläutert. Mit ei-

Wie eine gestrandete Muschel sieht das renommierte Planetarium Bochum von außen aus

nem Aufzug kann man zudem zur Aussichtsplattform des über der Anlage aufragenden Fördergerüsts der Zeche *Germania-Dortmund* auffahren.

Im Nordosten der Innenstadt kann man schließlich eine ›Sternenshow‹ im **Planetarium Bochum** (Castroper Str. 67, Tel. 0234/516060, www.planetarium-bochum.de) besuchen. Während der Vorstellungen werden unterschiedliche Sternbilder, bestehend aus bis zu 9000 Gestirnen, an die Kuppel projiziert. Selbst virtuelle Reisen in ferne Galaxien sind hier möglich.

i Praktische Hinweise

Information
Bochum Touristinfo, Huestr. 9, 44787 Bochum, Tel. 0234/963020, www.bochum-tourismus.de

Hotel
Aleppo Hotel & Hostel, Nordring 30, Bochum, Tel. 0234/588380, www.hotel-aleppo.de. Schlichte, aber geschmackvoll eingerichtete Zimmer in einem kleinen Design-Hotel mit angegliedertem Hostel für den schmalen Geldbeutel.

Café/Imbiss
Bratwursthäuschen, Kortumstr. 18, Bochum, Tel. 0234/684270. Schon Herbert Grönemeyer sang über den Bochumer Klassiker, die Currywurst von Dönninghaus. Mitten im Ausgehviertel der Stadt.

Café Konkret, Kortumstr. 19–21/Ecke Kerwege, Bochum, Tel. 0234/12098. Bochumer Institution: Milchkaffee, Sekt oder Selters in ungezwungener Café-Atmosphäre. Das Frühstück wird hoch gelobt, später erweitern einfache Gerichte wie Kaiserschmarrn das Angebot.

Schon 1949 fanden die Ruhrfestspiele in Recklinghausen viel Anklang beim Publikum

Das ganze Theater nur für Kohle

Eines der kulturellen Highlights der Metropole Ruhr sind die **Ruhrfestspiele** (www.ruhrfestspiele.de), zu denen sich jedes Jahr ab dem 1. Mai sechs Wochen lang renommierte und avantgardistische Theatergruppen aus aller Welt in Recklinghausen einfinden. Das älteste Theaterfestival Deutschlands entstand aufgrund einer Hilfsaktion im Nachkriegswinter 1945/46, als Recklinghauser Kumpel zwei Hamburger Schauspielleuten heimlich Heizkohle auf Lastwägen zukommen ließen und so den Theaterbetrieb in der Hansestadt sicherten. Unter dem Motto ›Kunst für Kohle‹ bedankten sich dafür 1947 Hamburger Musiker und Schauspieler mit Konzert- und Theateraufführungen in Recklinghausen. Seitdem veranstalten die Stadt Recklinghausen und der Deutsche Gewerkschaftsbund gemeinsam die immer bedeutender werdenden Festspiele, deren zentraler Veranstaltungsort das 1961–65 im Bauhaus-Stil erbaute **Ruhrfestspielhaus** ist. Parallel zu den vielfältigen Theateraufführungen finden Ballett und Kabarett, Lesungen und Performances statt.

Einen passenden Rahmen für die Kaiserkrönungen des Mittelalters bot der Dom von Aachen

68 Aachen

Die bedeutende Kaiserpfalz von Karl dem Großen birgt einen Domschatz von Weltrang.

Wie ein Schutzwall steigen im Süden und Westen von Aachen (255 000 Einw.) die Höhen von *Eifel* und *Ardennen* auf, während sich nach Norden und Osten hin das *Tal der Wurm* zur Ebene weitet. Damit liegt die nordrhein-westfälische **Kurstadt** verkehrsgünstig im **Dreiländereck** Deutschland – Belgien – Niederlande. Die Vorteile dieser Lage zusammen mit den hier sprudelnden Heilquellen bewogen wohl vor rund 2000 Jahren auch die Römer, hier ihre Siedlung *Aquae Granni*, ›Wasser des [keltischen Heilgottes] Grannus‹, zu gründen. Damit ist Aachen eine der drei ältesten Städte Deutschlands.

Was den Römern recht war, schien Kaiser **Karl dem Großen** (748–814) nur billig, der das hiesige Hofgut seines Vaters Pippin zur **Kaiserpfalz** ausbauen ließ. In der im Jahr 800 der Gottesmutter Maria geweihten Kapelle wurden in den Jahren 936–1531 mehr als 30 Könige und Kaiser des Römischen Reiches gekrönt. Die Pfalz selbst verfiel im Mittelalter, aber ihre zum Dom erweiterte Kapelle blieb erhalten und ist samt Domschatz von so überragender Bedeutung, dass die UNESCO sie 1978 zum **Weltkulturdenkmal** erklärte.

So ist denn auch der **Aachener Dom** (www.aachendom.de, April–Dez. tgl. 7–19, Jan.–März bis 18 Uhr, Besichtigungen nach den Gottesdiensten Mo–Fr ab 11, Sa/So ab 12.30 Uhr) Wahrzeichen der Stadt und Mittelpunkt der verwinkelten Altstadt. Kernstück der Bischofskirche ist die vormalige Pfalzkapelle, besser bekannt als *Oktogon*. In diesem innen achteckigen, 31,5 m hoher Zentralbau steht der marmorne *Thron Karls des Großen*. Darüber wölben sich elaborierte *Deckenmosaike*. Die Außenmauern bilden einen 16-eckigen, über zwei Stockwerke reichenden und mit weiß-roten Rundbögen versehenen Umgang, an den ringsum im 15.–18. Jh. insgesamt sechs *Kapellen* angebaut wurden. Im Westen schließt sich die ebenfalls karolingische *Vorhalle* (Westwerk) mit zwei Treppentürmen an. Im Osten entstand 1355–1414 eine großartige gotische **Hochchorhalle**, in der die Kaiserkrönungen stattfanden. Hier werden im silbergetriebenen, juwelenbesetzten und kunstvoll reliefierten *Karlsschrein* (1200–15) die als Reliquien und Pilgerziel geschätzten Gebeine Karls des Großen bewahrt. Etwas davor ist unter einer in den Boden eingelassenen Grabplatte Otto III. (980–1002) beigesetzt.

Die weltlichen Reichtümer des Doms bewahrt die **Domschatzkammer** (April–Dez. Mo 10–13, Di–So 10–18, Jan.–März bis 17 Uhr) wenige Meter vom Gotteshaus entfernt in der Klostergasse. Zu den rund 100 gezeigten Stücken von unermesslichem Wert gehört das goldene *Armreliquiar Karls des Großen*, das um 1000 entstandene *Lotharkreuz*, eine figurenreiche *Elfenbeinsitula* aus derselben Zeit und im Untergeschoss die exquisite, vor 1520 gewirkte *Cappa Leonis*, der Krönungsmantel.

Nördlich des Doms erhebt sich jenseits des großen rechteckigen Katschhofes das turm- und fialenreiche gotische **Rathaus** (Tel. 02 41/432 73 10, tgl. 10–18 Uhr, einzelne Säle zeitweise ab Mittag geschl.). Es wurde im 14. Jh. auf den Grundmauern der karolingischen Pfalz erbaut, von der einzig der Granusturm vor der Ostfassade erhalten blieb. Die Schauseite zum Marktplatz hin schmücken Wappen und über 50 Statuen. Aachens Stadtrat tagt im *Sitzungssaal* unter Renaissancemalereien, die die platonischen Tugenden darstellen. Der *Krönungssaal* nimmt das gesamte Obergeschoss ein und beherbergt u.a. fünf Mitte des 19. Jh. entstandene Wandbilder des *Karlszyklus'* von Alfred Rethel sowie Nachbildungen der Reichskleinodien. In diesem würdigen Rahmen verleiht die Stadt Aachen jährlich den **Karlspreis** (www.karlspreis.de) für Verdienste um die Europäische Einigung.

Während im Rathaus jeder Saal große Geschichte atmet, taucht man im **Couven Museum** (Hühnermarkt 17, Tel. 02 41/432 44 21, www.couven-museum.de, Di–So 10–18 Uhr) eine Straße weiter in eine bürgerliche Umgebung ein. Die Räume des 1662 erbauten Hauses sind jeweils im Stil einer bestimmten Epoche eingerichtet, etwa Biedermeier oder Rokoko.

Nördlich der Altstadt kommt auch die Moderne zu ihrem Recht. In einer ehemaligen, architektonisch vom Bauhaus beeinflussten Fabrik (1928) präsentiert das **Ludwig Forum** (Jülicher Str. 97–109, Tel. 02 41/180 71 04, www.ludwigforum.de, Di–Fr 12–18, Do bis 20, Sa/So 11–18 Uhr) Gemälde insbesondere US-amerikanischer Provenienz, etwa von Warhol und Basquiat, sowie Wechselausstellungen.

ℹ Praktische Hinweise

Hotel

aachen tourist service, Tourist Info Elisenbrunnen, Friedrich-Wilhelm-Platz, 52062 Aachen, Tel. 02 41/180 29 60, www.aachen-tourist.de

Hotel

Benelux, Franzstr. 21–23, Aachen, Tel. 02 41/40 00 30, www.hotel-benelux.de. Familiengeführtes Vier-Sterne-Stadthotel im Süden der Altstadt unweit des Stadttheaters. Hübsche Dachterrasse.

Restaurant

Elisenbrunnen, Friedrich-Wilhelm-Platz 14, Aachen, Tel. 02 41/297 72, www.elisenbrunnen-gastronomie.de. Moderne deutsche Küche beim zentralen Elisengarten, von Roastbeef bis Rehkeule, auch Fisch und vegetarische Speisen.

Aachens Rathaus steht an jener Stelle, an der sich die Pfalz Kaiser Karls des Großen befand

Schönheit und Nutzen vereint: der Rursee-Stausee dient auch der Stromerzeugung

69 Eifel

In die waldreichen Hügel zieht es Wanderer und Thermalkurgäste, Rotweintrinker und Rockfans.

Das Hochland der Eifel ist Teil des Rheinischen Schiefergebirges, das sich zwischen Kölner Bucht und Mosel erstreckt. Verschiedene Hochebenen wie die **Schnee-Eifel** (*Schneifel*) oder der **Kondelwald** durchziehen die Region, deren höchste Basaltkuppe, die **Hohe Acht**, im Süden immerhin 747 m aufragt. Die Höhe macht ›Gipfelstürmern‹ meist weniger zu schaffen als die gerade im Sommer häufigen Regenfälle über der Eifel.

Dank der üppigen Niederschläge bildeten sich auf den Hochebenen große Moore wie das **Hohe Venn** (www.naturpark-hohesvenn-eifel.de), das man auch in seinen schönen belgischen Teilen von *Lammersdorf* aus erkunden kann. Wasserdichte Schuhe sollten dabei zur Grundausstattung gehören. Um diese einmalige Landschaft zu schützen, herrscht im Hochmoor strenges Wegegebot.

Das gleiche gilt für den rund 50 km südlich von Aachen gelegenen, ca. 11000 ha großen **Nationalpark Eifel** (www.nationalpark-eifel.de). Allein oder in Begleitung kundiger Nationalparkranger kann man die Wälder und Gewässer der Eifel erkunden, die oft ginstergel-ben Wiesen, Felsen, Heidegebiete und Moore durchstreifen und dabei Wildkatzen, Rothirsche oder Schwarzstörche beobachten. Das Motto des Parks – ›Wald, Wasser, Wildnis‹ – wird schnell anschaulich, wenn man etwa bei *Simmerath-Rurberg* eines der fünf **Nationalpark-Tore** (Seeufer 3, Tel. 02473/93770, tgl. 10–17 Uhr)

Markante Berge und vorzügliche Weinlagen zeichnen das malerische Ahrtal aus

besucht. Hier starten Rundfahrten auf dem von dichten Wäldern umstandenen **Rursee** (www.rursee.de), einem der größten Stauseen Deutschlands.

Erst seit 2006 ist die *Dreiborner Hochfläche* mit **Burg Vogelsang** (an der B 266 nahe Morsbach, Tel. 024 44/91 57 90, www.vogelsang-ip.de, tgl. 10–17 Uhr, Gelände sommers 8–20, winters 10–17 Uhr) wieder zugänglich. Sie war 1933 als NS-›Ordensburg‹ gebaut worden, nach dem Zweiten Weltkrieg diente das Gelände als Truppenübungsplatz. Weil noch scharfe Munition im Boden liegt, dürfen hier die Wege nicht verlassen werden – aber die unberührte Natur ist auch aus der Ferne von bemerkenswerter Schönheit.

So verregnet es auf den Höhen der Eifel sein kann, so lieblich ist das Wetter häufig im **Ahrtal** (www.ahrtal.de) südlich von Bonn. Es ist für seine Weinlagen berühmt und bietet einen 35 km langen **Rotweinwanderweg** von *Bad Bodendorf* bis *Altenahr*. Hier treten aufgrund des vulkanischen Ursprungs der Eifel auch einige Heilwasserquellen zutage. An ihnen entstanden oft nette kleine Kurorte wie **Bad Neuenahr**, Abfüllort des bekannten Apollinaris-Mineralwassers, oder **Bad Münstereifel**, die heute mit Ther-

men und umfassendem Freizeitangebot zu Entspannung und Erholung einladen.

Alles andere als einen Kururlaub erlebt, wer den **Nürburgring** (Tel. 026 91/30 20, www.nuerburgring.de) am südlichen Rand der Eifel während des dreitägigen Festivals *Rock am Ring* (meist im Juni, www.rock-am-ring.de) oder zu einem der vielen *Motorsportevents* besucht. Dann drängen sich hier Menschenmassen, das Wetter ist häufig miserabel und die Stimmung grandios. Wer mag, kann sogar mit dem eigenen Wagen über die Grand-Prix-Strecke rasen, die legendäre Nordschleife inbegriffen.

ℹ Praktische Hinweise

Information
Eifel Tourismus, Kalvarienbergstr. 1, 54595 Prüm, Tel. 065 51/965 60, www.eifel.info

Hotel
Steigenberger Hotel Bad Neuenahr, Kurgartenstr. 1, Bad Neuenahr, Tel. 026 41/94 10, www.bad-neuenahr. steigenberger.de. Der Luxus hat seinen Preis, aber dafür wohnt der Gast auch in stilvoller Kurstadtatmosphäre.

Auch dank Frank Gehrys Architektur zieht Düsseldorfs MedienHafen die Kreativen an

70 Düsseldorf

Kunstsinnige Mode- und Medienstadt am Rhein.

Düsseldorf (589 000 Einw.) ist die **Landeshauptstadt** von Nordrhein-Westfalen und ein **Zentrum der Rhein-Ruhr-Region**, einem der größten Ballungsräume Europas. Im Umkreis von einer Autostunde um Düsseldorf leben mehr als 10 Mio. Menschen.

Dem im Jahr 1135 erstmals urkundlich erwähnten *Düsseldorp,* dem ›Dorf an der Düssel‹, verlieh Graf Adolf von Berg 1288 die Stadtrechte, um es gegen das kurkölnische Neuss auf der gegenüberliegenden Rheinseite zu stärken. Schon damals deutete sich also die bis heute liebevoll gepflegte Feindschaft zwischen den Rheinmetropolen Köln und Düsseldorf an.

Im 16. Jh. machten die Herzöge von Jülich, Kleve und Berg Düsseldorf zu ihrer Residenzstadt. Als der letzte Herzog dieser Familie im Jahr 1609 ohne Erben starb, war der Streit um seine Hinterlassenschaft einer der Vorboten des Dreißigjährigen Krieges. Im 18. Jh. gehörte die Stadt zur Pfalz, nach den Napoleonischen Kriegen fiel sie an Preußen. Der Wandel zur bedeutenden Industriestadt begann um 1850. Heute haben einige der größten Unternehmen Deutschlands hier ihren Sitz, etwa der Waschmittel-Körperpflege-Hersteller Henkel oder der EON-Konzern. Hinzu kommen ungezählte Anwaltskanzleien, Werbeagenturen und Unternehmensberatungen. Viele von ihnen haben ihren Sitz am alten Rheinhafen im Süden der Altstadt. Seit seiner Umgestaltung zum **MedienHafen**, dessen prägendes Element die dekonstruktivistischen Gebäude *Frank Gehrys* (*1929) in Rot, Weiß und Silber sind, gehört er zu den begehrtesten Adressen der Stadt.

Nach getaner Arbeit geben die Düsseldorfer ihr Geld mit Vorliebe auf der exklusiven *Königsallee* (Kö) und der stadtauswärts verlaufenden *Schadowstraße* aus. Und wer viel arbeitet, darf natürlich auch viel feiern: Wegen zahlloser Kneipen und Brauereien steht die **Altstadt** im Ruf, die ›*längste Theke der Welt*‹ zu sein. Gehaltvolles Vergnügen bietet das 1947 gegründete **Kom(m)ödchen** (Kay-und-Lore-Lorentz-Platz, Tel. 02 11/32 94 43, www.kommoedchen.de), eine der renommiertesten Kabarettbühnen Deutschlands.

Neben dem breiten Ausgeh-Angebot leistet sich Düsseldorf auch einige der famosesten Kunsttempel des Landes, vor allem Moderne und Zeitgenössische Kunst sind hier zu Hause. Das verdankt die Stadt u.a. dem Bildhauer und Aktionskünstler *Joseph Beuys* (1921–1986), der in den 1970er- und 1980er-Jahren an der **Kunstakademie Düsseldorf** (Eiskellerstr. 1, www.kunstakademie-duesseldorf.de) im Norden der Altstadt lehrte. Die dortige *Akademie-Galerie* (Do–So 12–18 Uhr) zeigt Werke der aktuellen Professoren- und Schülergeneration.

Folgt man nun dem Rhein weiter stadtauswärts – vorbei an der **Tonhalle**, einst Planetarium, nun Konzertsaal – ist rasch das **Museum Kunst Palast** (Ehrenhof 4–5, www.museum-kunst-palast.de, Di–So 11–18, Do 11–21 Uhr) erreicht. Sein Ausstellungsspektrum reicht von der kurfürstlichen Sammlung bis zur Moderne. Spaziert man nun durch den Hofgarten und entlang der Heinrich-Heine-Allee zurück in Richtung Altstadt, kommt man zum Grabbeplatz mit der **K20 Kunstsammlung NRW** (Nr. 5, www.kunstsamm lung.de, Di–Fr 10–18, Sa/So 11–18 Uhr). Wie der programmatische Name schon sagt, steht das künstlerische Schaffen des 20. Jh. im Mittelpunkt. Beuys und Picasso, Richter und Klee heißen die Stars der Sammlung. Jenseits des Grabbeplatzes ergänzen die Wechselausstellungen der **Kunsthalle** (www.kunsthalle-duessel dorf. de, Di–So 11–18 Uhr) diese Schau. Im Kontrast dazu steht die auf der gegen-überliegenden Straßenseite die 1622–29 erbaute Klosterkirche **St. Andreas** (www. dominikaner-duesseldorf.de, Mo–Do 7.20–18.30, Fr/Sa 7.20–19, So 8.20–19 Uhr), eines der schönsten barocken Gotteshäuser des Niederrheins und Grablege der Pfalz-Neuburger Wittelsbacher.

Der **Schlossturm** am Burgplatz direkt am Rhein ist das einzige Überbleibsel des 1872 abgebrannten kurfürstlichen Schlosses. Mittlerweile zeigt hier das *Schiffahrt-Museum* (www.schifffahrt-museum.dues seldorf.city-map.de, Mi und Sa 14–18, So 11–18 Uhr) eine Ausstellung zur Rheinschifffahrt. An den Burgplatz grenzt auch das Düsseldorfer **Rathaus** von 1573, vor dessen dem Marktplatz zugewandten Backsteinfassade das Reiterstandbild des viel geliebten Johann Wilhelms von der Pfalz, im Volksmund Jan Wellem genannt, steht. Was er mit Düsseldorf zu tun hatte, erfährt man im rheinabwärts gelegenen **Stadtmuseum** (Berger Allee 2, www. duesseldorf.de/stadtmuseum, Di–So 11–18 Uhr). Zum Abschluss des Museumsreigens kann man sich noch einmal modernste Kunst gönnen, denn das **K21** (Ständehausstr. 1, www.kunstsammlung. de, Di–Fr 10–18, Sa/So 11–18 Uhr) am Schwanenspiegel unweit der Rheinpromenade zeigt z.B. Videos von Nam June Paik, Fotografien von Candida Höfer, eine Skulptur von Thomas Schütte oder Rauminstallationen von Robert Gober.

Nur der Schlossturm am Burgplatz beim Schwanenspiegel blieb vom Düsseldorfer Schloss

Die Königsalle, kurz ›Kö‹ genannt, ist Düsseldorfs berühmte noble Einkaufsmeile

ℹ Praktische Hinweise

Information

Tourist Information, Hbf., Immermannstr. 65 b, 40210 Düsseldorf, Tel. 02 11/17 20 28 44; Altstadt, Markt-/Rheinstraße, 40213 Düsseldorf, Tel. 02 11/17 20 28 40, www.duesseldorf-tourismus.de

Hotels

Orangerie, Bäckergasse 1, Düsseldorf, Tel. 02 11/311 19 10 www.hotel-orangerie-mcs.de. Reizend und ruhig im Herzen der Altstadt – klassizistisches Palais mit modern-gemütlichem Ambiente.

Radisson Blu Media Harbour, Hammer Str. 23, Düsseldorf, Tel. 02 11/311 19 10, www.radissonblu.com/mediaharbourhotel-duesseldorf. Schickes Design-Hotel am Medienhafen. Trattoria Amano im Haus.

Restaurants

Füchschen, Ratinger Str. 28, Düsseldorf, Tel. 02 11/13 74 70, www.fuechschen.de. Altbier-Brauerei mit exzellenter Schweinshaxe und lustigem Publikum.

Im Goldenen Kessel, Bolkerstr. 44, Düsseldorf, Tel. 02 11/32 60 07, www.schumacher-alt.de. Gute Laune im Brauereiausschank dank würzigem Schumacher Altbier und deftiger rheinischer Küche.

Trattoria Zollhof, Hammer Str. 6, Düsseldorf, Tel. 02 11/308 36 50, www.trattoria-zollhof.de. Bar, mediterrane Speisen und schöne Aussicht auf die Gehry-Bauten.

Kölns weltberühmte Kulisse am Rhein mit Groß St. Martin und dem Kölner Dom

71 Köln

Karnevalsfrohe Rheinmetropole.

Nur 40 km entfernt von Düsseldorf und auf der gegenüberliegenden Rhein-Seite befindet sich Köln (1 Mio. Einw.). Die größte Stadt Nordrhein-Westfalens besitzt mit ihrem **Rheinhafen** einen der wichtigsten *Binnenhäfen* Europas, dazu den größten **Container- und Umschlagbahnhof** Deutschlands, ist die unbestrittene **Karnevalshochburg** am Rhein, **Medienmetropole** und begehrter **Messestandort**.

Das alles entstand aus der um die Zeitenwende gegründeten römischen Siedlung *Oppidum Ubiorum*. Kaiser Claudius und Kaiserin Agrippina zu Ehren wurde sie im Jahr 50 n. Chr. in **Colonia Claudia Ara Agrippinensium** umbenannt. Damals wählte sie auch der römische Statthalter der Provinz Germania Inferior zur Residenz. 313 taucht in den Annalen erstmals ein Kölner Bischof auf. Selbst während der Völkerwanderungszeit im 5. Jh. überlebte die christliche Gemeinde. Unter den Karolingern stieg Köln in den Rang eines Erzbistums auf.

Seit dem 10. Jh. gehörten die Kölner Erzbischöfe sogar zu den Kurfürsten des Deutschen Reiches und krönten den jeweiligen Kaiser. Bis zur Säkularisierung blieb Köln ein geistliches Fürstentum, 1803 kam es dann zu Preußen.

Äußeres Zeichen der überragenden Bedeutung des Erzbistums ist der **TOP TIPP** **Kölner Dom** (www.koelner-dom. de, Führungen Tel. 02 21/17 94 05 55, Mai–Okt. tgl. 6–21, Nov.–April bis 19.30 Uhr), mit seinen 157 m hohen *Doppeltürmen* (Besteigung des Südturms mgl., Zugang rechts im Petersportal, Aufzug oder 509 Stufen unters Dach, Aussichtsplattform in 97 m Höhe, tgl. 9–16/17/18 Uhr). Für die würdige Präsentation des bei Wallfahrern außerordentlich beliebten *Dreikönigsschreins* mit den Gebeinen der Hll. Drei Könige und weiterer Reliquien beschloss man im 13. Jh., den schon bestehenden Dom durch ein weit größeres Bauwerk zu ersetzen. Im Jahr 1248 wurde dafür der Grundstein gelegt, 1322 fand die Chorweihe statt. Das Gotteshaus wurde zwar erst 1880 vollendet, gilt aber trotzdem mit 144 m Länge und 46 m Breite sowie seinem 4000 Menschen fassenden Innen-

Die Größe Gottes wird gegenwärtig im himmelwärts strebenden Innenraum des Kölner Doms

raum als größte gotische Kirche nördlich der Alpen. Das weltweit bekannte Wahrzeichen der Stadt wurde 1996 von der UNESCO in die Liste der **Weltkulturerbe** aufgenommen. Die Schäden durch die Bombardements des Zweiten Weltkriegs, bei denen Köln zu rund 90 % zerstört wurde, konnten glücklicherweise vollständig behoben werden.

Im Dominneren scheint alles nach oben zu streben, das im Mittelschiff 43 m hohe, steile *Gewölbe* der auf kreuzförmigem Grundriss erbauten dreischiffigen Kirche ebenso wie die raumhohen *Lanzettfenster*, die im Hochchor größtenteils noch die originale farbige Bleiverglasung

des 14. Jh. tragen. Grabmale und Epithaphien, Altäre und Gemälde aus Jahrhunderten machen den Dom zu einer wahren Schatzkammer. Einige seiner bedeutendsten Ausstattungsstücke befinden sich im Chor, allen voran der *Dreikönigsschrein*, ein 1181–1230 kunstvoll getriebener Goldsarkophag, dahinter der ebenfalls reich mit Figuren versehene *Hochaltar* von 1320. Das um dieselbe Zeit aus Eiche geschnitzte *Chorgestühl* ringsum ist das größte seiner Art in Deutschland. Links hängt an der Ostwand der Kreuzkapelle das hölzerne *Gerokreuz*, das Erzbischof Gero im 10. Jh. gestiftet hatte und das die erste erhaltene Monumentalfigur des gekreuzigten Jesus trägt. Schräg gegenüber rechts befindet sich die 1280–90 in der Kölner Dombauhütte geschaffene hochgotische farbig gefasste Holzfigur der *Mailänder Madonna*.

Kostbar sind auch die Stücke vom Petrusstab bis zum Bischofsornat in der **Domschatzkammer** (Tel. 02 21/17 94 05 30, tgl. 10–18 Uhr), zu deren unteridischen Ausstellungsräumen man durch das nördliche Querhaus des Doms oder den auffälligen dunklen Kubus an dessen nördlicher Außenseite gelangt.

Weiterer Teil der vielfältigen *Museenlandschaft Kölns* ist das **Römisch-Germanische Museum** (Roncalliplatz 4, www.museenkoeln.de, Di–So 10–17 Uhr) neben dem Dom an, das die römische Geschichte der Stadt vorstellt. Wiederum nebenan zeigt das außen interessant terrassierte **Museum Ludwig** (www.museenkoeln.de, Di–So 10–18, 1. Fr im Monat 10–22 Uhr) moderne Kunst des 20. und 21. Jh., von Gontscharowa bis Warhol.

Zwischen der hier den Rhein überspannenden *Hohenzollernbrücke* und der südwärts gelegenen *Deutzer Brücke* liegt linksrheinisch die **Altstadt** von Köln, die nach der spätromanischen Kirche **Groß St. Martin** mit dem fünfzipfligen Vierungsturm auch **Martinsviertel** genannt wird. Hier fließt das *Kölsch* in Strömen, denn in den Gassen ziehen unzählige Kneipen, Cafés und Restaurants Tag und Nacht amüsierwillige Einheimische und Gäste an. Über den stets lebhaften *Alten Markt* und vorbei am **Alten Rathaus**, sehenswert wegen seiner wohlproportionierten *Renaissancelaube* (1569–

Dieser Grabstein im Römisch-Germanischen Museum erinnert an den Legionär Julius

73) außen und dem hochgotischen *Hansesaal* innen, kommt man zum **Wallraf-Richartz-Museum & Fondation Corboud** (Obenmarspforten, www.museenkoeln.de, Di–Fr 10–18, Do bis 22, Sa/So 11–18 Uhr). Oswald Mathias Ungers schuf damit 2001 ein klar gegliedertes Gebäude für die Meisterwerke der Malerei vom 13.–19. Jh., von Cranach bis van Gogh. Den rückwärtigen Teil des Karrees nimmt der spätmittelalterliche **Gürzenich** ein, der 1441–47 als Kauf- und Festhaus erbaut wurde und heute als Konzert- und Veranstaltungsort dient.

Kunst seit dem 16. Jh. wie dieses erlesene Altargemälde präsentiert das Wallraf-Richartz-Museum

Ausgesprochen modern ist das Museum des Erzbistums Köln **Kolumba** (Kolumbastr. 4, Tel. 02 21/25 77 67 2, www.kolumba.de, Mi–Mo 12–17 Uhr) von 2007. Architekt Peter Zumthor setzte auf die erhaltenen Mauern der kriegszerstörten Kirche St. Kolumba ein blockhaftes, aus grauen Ziegeln modeliertes Bauwerk. Die bis ins 11. Jh. zurückreichende Kunstsammlung des Bistums steht hier in einem packenden Spannungsverhältnis zur zeitgenössischen Architektur.

Nahe des Neumarkts entstand in den vergangenen Jahren im Baukomplex zwischen Leonhard-Tietz- und Cäcilienstraße das **Kulturquartier**. Dazu gehört die ehemalige Stiftskirche *St. Cäcilien*, in der das **Schnütgen-Museum** (Cäcilienstr. 29–33, www.museenkoeln.de, Di–So 10–18, Do bis 20 Uhr) mittelalterliche Kunst vom Feinsten zeigt. Es teilt den Eingang mit dem völkerkundliche **Rautenstrauch-Joest-Museum** (www.museenkoeln.de, www.rjmkoeln.de, Di–So 10–18, Do bis 20 Uhr), das in den Neubau am Josef-Haubrich-Hof eingezogen ist. Um so viel wie möglich aus seinen bekannt hochwertigen Sammlungen, insbesondere ethnologische Fotografien, zu zeigen, sind in den neuen Räumen künftig ›beständige Wechselausstellungen‹ zu sehen.

Auf der westlichen Seite des Neumarkts zeugt **St. Aposteln** (www.st-aposteln.de), die reich ausgestattete originalgetreue Nachkriegsrekonstruktion eines 1021–1198 entstandenen romanischen Kirchenjuwels, von den künstlerischen Fertigkeiten des Mittelalters.

Und schließlich kann man noch beim Einkaufsparadies der *Opern-Passagen* im **4711-Haus** (Glockengasse 4, www.4711.com, Mo–Fr 9–19, Sa bis 18 Uhr) oder etwas weiter östlich im **Duftmuseum im Farinahaus** (Obenmarspforten 21, Tel. 02 21/399 89 94, www.farina.eu, Mo–Sa 10–18, So 11–16 Uhr) der Geschichte von Kölnisch Wasser bzw. Eau de Cologne nachgehen.

ℹ️ Praktische Hinweise

Information

Köln Tourismus Service-Center,
Unter Fettenhennen 19 (am Dom), 50667 Köln, Tel. 02 21/22 13 04 00, www.koeln.de

Die *Köln Welcome Card* bietet freie Fahrt mit Bussen und Bahnen des gesamten Verkehrsverbundes Rhein-Sieg (VRS) sowie diverse Vergünstigungen von Museen über Restaurants bis zu Schiffstouren.

Hotel

Lindner Hotel Dom Residence Köln, Stolkgasse/An den Dominikanern 4 a, Köln, Tel. 02 21/164 40, www.lindner.de. Zentral am Dom gelegenes Hotel mit 125 komfortabel ausgestatteten Zimmern. Pool, Sauna und Fitnessbereich im Haus.

Restaurant

Hanse Stuben, Trankgasse 1–5, Köln, Tel. 02 21/270 34 02, www.excelsiorhotelernst.de. Bekannt gutes Gourmetrestaurant in Luxushotel nahe dem Dom. Mittagslunch und Abendrestaurant bieten gleichermaßen exquisite Gaumenfreuden.

Partystimmung herrscht zur Weiberfastnacht auf dem Alten Markt und in ganz Köln

Schon äußerlich zeugt Schloss Augustusburg in Brühl vom Ego des Kurfürsten Clemens August

72 Brühl

Barock und Rokoko in Reinkultur.

Schon die Kölner Erzbischöfe des 13. Jh. zog es ins 20 km südlich von Köln gelegene Brühl (45 000 Einw.). Einer von ihnen, Kurfürst Clemens August I. von Wittelsbach, ließ hier 1725 auf den Ruinen einer ehem. Wasserburg das dreiflüglige barocke **Schloss Augustusburg** (www.schlossbruehl.de, nur mit Führung Di–Fr 9–12 und 13.30–16, Sa/So/Fei 10–17 Uhr) um einen Ehrenhof erbauen. Balthasar Neumann plante die herrliche Prunktreppe, die in Deckenfresken Carlo Carlones von 1747–50 gipfelt. In diesem herrschaftlichen Rahmen finden jedes Jahr die hochkarätig besetzten Brühler *Schlosskonzerte* (www.schlosskonzerte.de) mit klassischer Musik statt. Die Gemächer des Kurfürsten sind etwas zurückhaltender gestaltet. Blickte der Kurfürst jedoch aus dem Fenster, so lag ihm die ganze Schönheit seines von dem Franzosen Dominique Girard gestalteten Gartens zu Füßen. Über die Orangerie erreicht man die 1493 geweihte *Schlosskirche St. Maria von den Engeln*, deren schlichtes Inneres der prächtige Hochaltar (1745) aus farbigem Stuckmarmor von Balthasar Neumann überstrahlt.

Von Augustusburg führt eine Allee durch den weitläufigen Schlosspark zum kleineren **Rokoko-Jagdschloss Falkenlust** (1729–40). Die beiden Schlösser sind

Jeder Gast des Kurfürsten musste sich am Fuß der Prunktreppe klein fühlen

geradezu idealtypische Bauwerke ihrer Zeit und gehören als solche seit 1984 zum **UNESCO Weltkulturerbe**.

Nur wenige Schritte trennen die barocke Prachtentfaltung Clemens Augusts von der surrealistischen Kunst des **Max Ernst Museums** (Comesstr. 42, Tel. 01 80/574 34 65, www.maxernstmuseum.de, Di–So 11–18, 1. Do im Monat 11–21 Uhr) am Nordrand des Parks. Zu den Exponaten gehören frühe dadaistische Grafiken und Collagen sowie die D-Paintings, kleine Bilder, die Max Ernst (1891–1976) für seine Frau Dorothea Tanning schuf.

Ausflüge

Südlich von Brühl erstreckt sich der **Naturpark Rheinland** (www.naturpark-rheinland.de, Tel. 02271/83 42 09), dessen größtes Waldgebiet, den Kottenforst jenseits von Bonn, noch heute Alleen durchziehen, die Kurfürst Clemens August im 18. Jh. anlegen ließ. Um Brühl laden mehrere Seen, etwa der *Heider Bergsee*, zu einem erfrischendes Bad. Am *Bleibtreusee* kann man sogar Wasserski fahren.

Im ebenfalls vor den Toren Brühls gelegenen Vergnügungspark **Phantasialand** (www.phantasialand.de, April–Anf. Nov. tgl. 9–18 Uhr, sonst eingeschränkte Öffnungszeiten) bieten reichlich Shows und Fahrgeschäfte Freizeitspaß für Jung und Alt. Die Achterbahnen und Scooter heißen hier *Talocan* oder *Black Mamba*, für die Kleinen gibt es *Dampfkarussell* und *Ronnie's Spieleland*.

i ▍ **Praktische Hinweise**

Information
Touristik-Info, Uhlstr. 1, 50321 Brühl, Tel. 022 32/793 45, www.bruehl.de

73 Bonn

Beachtliche Karriere als Bischofssitz, Beethovens Geburtsort und Bundeshauptstadt.

Die dritte im Bunde der rheinischen Großstädte ist Bonn (325 000 Einw.), gegründet im Jahr 12 v. Chr. als römisches **Militärlager**. In die kleine Stadt kam Leben, als im Mittelalter die Kölner Erzbischöfe hier immer öfter Hof hielten. Andererseits geriet die Stadt so auch während des Truchsessischen Krieges 1583–88 schwer unter Beschuss. Denn damals belagerten bayerische Truppen den zum Protestantismus konvertierten Erzbischof in seinem Rückzugsort Bonn, um so den Verbleib des Bistums in katholischen Händen zu erzwingen. Von 1597 an war Bonn dann offiziell die Residenz der Kölner Kurfürsten. Nach dem Wiener Kongress 1815 ging die Stadt wie das gesamte Rheinland an Preußen. Dessen König Friedrich Wilhelm III. gründete 1818 die **Rheinische Friedrich-Wilhelms-Universität**, an der brillante Köpfe wie Karl Marx, Konrad Adenauer oder Jürgen Habermas studierten.

Der Talocan im Phantasialand bei Brühl verspricht Schwindel erregende Fahrten

Eine der Figuren auf dem Dach der Ausstellungshalle der BRD stammt von Niki de Saint Phalle

1949 setzte sich Bonn gegen Frankfurt, Stuttgart und Kassel bei der Wahl zum **Regierungssitz** der Bundesrepublik Deutschland durch, was die Stadt bis 1999 blieb. Auch nach dem Umzug der Bundesregierung nach Berlin haben noch sechs Bundesministerien ihren ersten Sitz in Bonn. Viele der frei gewordenen Verwaltungsgebäude, allen voran das ehem. Abgeordnetenhochhaus ›Langer Eugen‹ am linken Rheinufer im Süden der Stadt, bilden nun den **UN-Campus,** an dem die meisten der 19 vor Ort tätigen UN-Organisationen untergebracht sind.

Von hier bzw. vom Stadtteil Godesberg aus führt parallel zum Rhein auf der Friedrich-Ebert-, Willy-Brandt- und Adenauerallee die viel besuchte **Museumsmeile** zur Innenstadt hin. Sie beginnt recht weit im Süden mit dem spannenden **Deutschen Museum Bonn** (Ahrstr. 45, www.deutsches-museum-bonn.de, Di–So 10–18 Uhr), das bedeutende technische Errungenschaften aus Deutschland seit 1945 vorstellt. Dabei beschränkt man sich nicht auf eine euphorische Jubelausstellung, sondern hinterfragt etwa in der Abteilung *Zwischen Himmel und Hölle* auch problematische Entwicklungen wie die Atomkraft oder stellt in *EisBrechen* Erfindungen aus der DDR vor.

Etwa auf gleicher Höhe mit dem ›Langen Eugen‹, den der 162 m hohe *Post Tower* von Helmut Jahn seit 2002 übertrumpft, befindet sich die für Wechselausstellungen konzipierte **Kunst- und Ausstellungshalle der Bundesrepublik Deutschland** (Friedrich-Ebert-Allee 4, www.kah-bonn.de, Di/Mi 10–21, Do–So 10–19 Uhr). Über ihrem weißen Zentralkubus ragen frech die Spitzen kegelförmiger Lichttürme auf. Nebenan zeigt das **Kunstmuseum Bonn** (www.bonn.de/kunstmuseum, Di–So 11–18, Mi bis 21 Uhr) im nicht minder futuristischen Gebäude des Berliner Architekten Axel Schulte Moderne Kunst des 20. Jh. unter besonderer Berücksichtigung der rheinischen Expressionisten.

Mehr als 1 Mio. Besucher strömen jährlich ins **Haus der Geschichte** (Willy-Brandt-Allee 14, www.hdg.de, Di–So 9–19 Uhr), um die hier versammelten Zeugnisse deutscher Nachkriegsgeschichte wie den Mercedes 300 Konrad Adenauers oder den Nachbau eines Rosinenbombers zu sehen. Am Museum beginnt auch der *Weg der Demokratie* (Tel. 0228/7750 00, www.wegderdemokratie. de, geführte Touren Mai–Okt.) durch das ehemalige Regierungsviertel von Bonn. Den Abschluss der Museumsmeile bildet

In Bonns Altem Rathaus trugen sich viele Staatsgäste der Bundesrepublik ins Goldene Buch ein

das **Zoologische Forschungsmuseum Alexander Koenig** (Adenauerallee 160, Tel. 02 28/912 20, www.museum-koenig.de, Di–So 10–18, Mi bis 21 Uhr), dessen Dauerausstellung *Unser blauer Planet – Leben im Netzwerk* mit den komplexen Zusammenhängen zwischen den unterschiedlichen Lebensräumen auf der Erde vertraut macht.

Vom Zoologischen Museum sind es noch etwa 2,5 km zum **Koblenzer Tor**, an dem die Adenauerallee endet und die Altstadt beginnt. Der Torbau war vom Bauherrn Clemens August als Versammlungsort für den Ritterorden des hl. Michael in Auftrag gegeben worden. Mittlerweile zeigt das *Ägyptische Museum* (www.aegyptisches-museum.uni-bonn.de, Di–So 12–18 Uhr) hier seine Schätze. Das Tor geht in einen lang gezogenen, prächtigen und mit vier Ecktürmen versehenen Vierflügelbau über, einst das **Kurfürstliche Schloss**, das 1697–1705 als Hauptresidenz der Kölner Kurfürsten entstand und heute ebenfalls zur traditionsreichen Bonner Universität gehört.

Unmittelbar neben dem Tor kann man sich im **Stadtmuseum** (Franziskanerstr. 9, Tel. 02 28/77 20 94, www.bonn.de/stadt museum, Mitte Sept.–Weihnachten und Mitte Jan.–Mitte Juli Mo 9.30–14, Do–Sa 13–18, So 11.30–17 Uhr) über die Geschichte Bonns informieren. Oder man flaniert gleich durch die von barocken und klassizistischen Gebäuden charakterisierten Gassen und Straßen der Altstadt. Dabei kommt man schnell zum lebhaften café- und restaurantgesäumten *Markt*, den das 1738 erbaute **Alte Rathaus** mit seiner repräsentativen Rokokofassade und der zweiläufigen Freitreppe dominiert.

Unweit nördlich des Alten Rathauses ist das **Beethoven-Haus** (Bonngasse 18–26, Tel. 02 28/98 17 50, www.beethoven-haus-bonn.de, April–Okt. Mo–Sa 10–18, So/Fei 11–18, sonst jew. bis 17 Uhr) im Geburtshaus Ludwig van Beethovens (1770–1827) der Erinnerung an den genialen Musiker gewidmet. Beispielsweise wird hier ein Originalteilstück der Sinfonie Nr. 9, d-Moll, aus der Feder des Meisters aufbewahrt. Des weiteren werden vor Ort einschlägige Forschungen betrieben sowie Konzerte und Lesungen veranstaltet, auch im Rahmen des allsommerlichen **Beethovenfestes** (www.beethovenfest. de). Den Bürgersteig vor dem Haus zieren Reliefporträts von August Macke, Robert und Clara Schumann sowie weiteren Prominenten, die Bonn verbunden sind. Beethovens Konterfei ist selbstverständlich auch dabei, wie er überhaupt in Bonn allgegenwärtig ist. Zum Beispiel ziert seine Büste auch den Platz vor dem **Bonner Münster** (www.bonner-muenster.de, tgl. 7–19, Kreuzgang tgl. 9–17 Uhr), das den Stadtpatronen Cassius und Florentius geweiht ist. Die romanisch-gotische Basilika mit dem hohen konusförmigen Dach über dem Vierungsturm ist eines der frühesten Bauwerke Bonns und der gesamten Region. Sie entstand im 11.–13. Jh. über einer der ältesten christlichen Kultstätten am Rhein (3./4. Jh.), wie Ausgrabungen unter der Krypta belegen.

Jenseits des Hauptbahnhofs markiert das **Rheinische LandesMuseum** (Colmantstr. 14–16, Tel. 02 28/207 00, www.rlmb.lvr.de, Di–So 10–18, Mi bis 21 Uhr) einen Höhepunkt der Bonner Ausstellungslandschaft. Hinter seiner glasumhüllten Holzfassade präsentiert es thematisch gegliedert die Kulturgeschichte des Rheinlands. So widmet sich eine Abteilung der Religion und spannt den Bogen von den Naturgottheiten der Frühzeit über die Götterwelt der Römer bis zum monotheistischen Christentum.

Gedenken an Konrad Adenauer: Sein Bronzekopf steht am Bonner Bundeskanzlerplatz

ℹ Praktische Hinweise

Information

Bonn-Information, Windeckstr. 1 (am Münsterplatz), 53111 Bonn, Tel. 02 28/77 50 00, www.bonn.de

Hotel

My Poppelsdorf, Wallfahrtsweg 4, Bonn, Tel. 02 28/269 10, www.mypoppelsdorf.com. Modernes 3-Sterne-Hotel Garni mit 41 Einzel- und vier Doppelzimmern im westlichen Stadtteil Poppelsdorf, der durch das gleichnamige ehemalige Kurfürstliche Barockschloss und seine Gewächshäuser bekannt ist.

Schon die Fassadengestaltung ist ein echter Hingucker: das Rheinische Landesmuseum

Die Kirche St. Gangolf ist zu Triers Hauptmarkt hin völlig von Häusern umbaut

74 Trier

Vor mehr als 2000 Jahren der erste Ort in Germanien, der Römer zum Bleiben bewog.

Heiße Quellen waren es, die die Römer im 1. Jh. v. Chr. hier im Siedlungsgebiet der keltischen Treverer unter dem Namen *Augusta Treverorum*, später *Treveris*, Thermen zur Erholung ihrer Soldaten errichten ließen. Daraus entstand die heutige **Universitätsstadt** Trier (105 000 Einw.), urkundlich belegt die älteste Stadt Deutschlands. Aus dieser frühen Zeit sind im ›Römischen Trier‹ am rechten Ufer der Mosel mehrere Bauten wie Amphitheater, Thermen und Stadttor erhalten und wurden in ihrer Gesamtheit 1986 von der UNESCO zur **Weltkulturerbestätte** ernannt.

Am bekanntesten ist die **Porta Nigra** (April–Sept. tgl. 9–18, Okt./März tgl. 9–17, Nov.–Febr. tgl. 9–16 Uhr), ein unvollendet gebliebener römischer Torbau aus dem 2. Jh. n. Chr., durch dessen zwei Sandsteinbögen einst die Römerstraße von Norden her in die Stadt führte. Im Mittelalter widmeten die Trierer den ersten Stock zur Kirche St. Simeon um, den Tordurchgang schüttete man kurzerhand zu. 1802 ordnete dann Napoleon den Rückbau der Toranlage an, sah er sich doch in der Tradition der römischen Kaiser.

Wie es sich für die älteste Stadt Deutschlands gehört, besitzt sie auch die älteste Bischofskirche des Landes, den **Dom St. Peter** (www.dominformation.de, April–Okt. tgl. 6.30–18, Nov.–März bis 17.30 Uhr). Eine erste Kirche wurde hier bereits im 4. Jh. über einem römischen Wohnhaus errichtet, der heutige Bau entstand im Wesentlichen, d. h. mit Ost- und Westchor sowie dem romanischen Kreuzgang, im frühen 12. Jh. Bis zum 14. Jh. kamen weitere Türme hinzu, um 1480 wurde an der Südseite des Chores der Badische Bau angefügt, der heute als **Domschatzkammer** (April–Okt. Mo–Sa 10–17, So/Fei 12.30–17, Nov.–März Mo–Sa 11–16, So/Fei 14–16 Uhr) dient. Er bewahrt u. a. den romanischen *Andreas-Tragaltar*, ein Meisterstück ottonischer Goldschmiedekunst. Die überaus bedeutende Reliquie des *Heiligen Rocks*, der Überlieferung nach die Tunika Christi, liegt in einer eigenen Kapelle oberhalb der Schatzkammer in einem Holzschrein. Sie wird den Gläubigen nur selten gezeigt, die nächste Wallfahrt zum Heiligen Rock ist für das Jahr 2012 vorgesehen. Im Kircheninneren sind mehrere der ehemaligen Erzbischöfe von Trier bestattet, die teils prächtigen Epitaphe und Grabmäler nennen etwa

Balduin von Luxemburg oder Richard von Greiffenklau. Der Dom St. Peter zählt ebenso zum UNESCO Weltkulturerbe wie die an ihn angebaute **Liebfrauenkirche**. Sie gilt als eine der ersten gotischen Kirchen Deutschlands und wurde ca. 1230–60 mit Vierungsturm auf kreuzförmigem Grundriss errichtet. Dass sie dennoch fast rund wirkt, liegt an den eingepassten Eckkapellen.

Ein beeindruckendes Bauzeugnis römischen Lebens ist die **Basilika** (April–Okt. Mo–Sa 10–18, So 12–18, Nov.–März Di–Sa 11–12 und 15–16, So 12–13 Uhr) am Ende der Liebfrauenstraße. Kaiser Konstantin ließ den zweistöckigen Blockbau mit der großen Apsis im Norden im frühen 4. Jh. als Palastaula bzw. Thronsaal bauen und reich mit Marmor und Malereien ausstatten. Die Ziegelaußenmauern sind 2,70 m dick, innen öffnet sich ein einziger gewaltiger Saal, 67 m lang, 27,5 m breit und 30 m hoch. Obwohl er mittlerweile seiner ursprünglichen Auskleidung größtenteils beraubt wurde, beeindruckt er wegen seiner Größe noch immer. Seit Mitte des 19. Jh. nutzt ihn die evangelische Gemeinde Triers für Gottesdienste und Konzerte.

Kurfürst Lothar von Metternich integrierte die Basilika in sein **Kurfürstliches Palais**, das 1756–61 in beschwingtem Rokoko erbaut wurde. Es dient heute Verwaltungszwecken und ist daher nur selten zu besichtigen. Weiter führt ein kurzer Weg durch den *Palastgarten* zum

Rheinischen Landesmuseum Trier (Weimarer Allee 1, Tel. 0651/97740, www.landesmuseum-trier.de, Di–So 10–17 Uhr). Auf 3000 m² dokumentiert es mit teils spektakulären Fundstücken das römische Erbe der Region, u. a. mit einem bei der Römerbrücke gefundenen Schatz aus 2558 Goldmünzen, dem originalen Steinrelief des bekannten *Neumagener Weinschiffes* und der ebenfalls originalen 23 m hohen *Igeler Säule*, einem wieder wie zur Entstehungszeit um 250 n. Chr. bemalten Grabdenkmal.

Imposant sind die Ruinen der **Kaiserthermen** (April–Sept. tgl. 9–18, Okt./März tgl. 9–17, Nov.–Febr. tgl. 9–16 Uhr), die man über den Palastgarten erreicht. Konstantin erteilte den Bauauftrag zu Beginn des 4. Jh. n. Chr. Doch wegen seiner Entscheidung, Byzanz, das er in Konstantinopel umbenannte, zur neuen Hauptstadt seines Reiches zu machen, kamen die Bauarbeiten zum Erliegen. So deuten die zweistöckigen Arkadenwände und drei kunstvoll gemauerte Apsiden nur an, wie prachtvoll das Bad hätte werden können. Zeitweilig nutzte die spätrömische Garnison den Bau als Kaserne, dann wurde er in die mittelalterliche Stadtmauer integriert. Teile der Warmwasserbades sowie die Kellergänge der nie in Betrieb genommenen Warmwasserversorgung blieben aber erhalten.

Die Bedeutung Triers in römischer Zeit zeigt sich auch in der Größe des nahen **Amphitheaters** (April–Sept. tgl. 9–18,

Eines der ältesten erhaltenen Bauwerke Deutschlands ist die Porta Nigra in Trier

Antike und Rokoko, einträchtig nebeneinander: Kurfürstliches Palais und Basilika in Trier

Okt./März tgl. 9–17, Nov.–Febr. tgl. 9–16 Uhr), in dem sich nach seinem Bau um das Jahr 100 n. Chr. etwa 20 000 Zuschauer bei Tierhatzen und Gladiatorenkämpfen vergnügen konnten. Der Keller unter der rekonstruierten Arena hat die Zeit gut überstanden, hinsichtlich der Besucherränge ist jedoch etwas Fantasie gefragt, denn deren Steine wurden später für den Bau von Kirchen und Wohnhäusern zweitverwertet.

Am entgegengesetzten Ende, im Südwesten der einstigen römischen Stadt, führt die älteste erhaltene **Römerbrücke** nördlich der Alpen über die Mosel. Im 1. Jh. v. Chr. war sie noch aus Holz, die heutigen Steinpfeiler wurden 144–152 n. Chr. gesetzt, Bögen gab es erst seit dem Mittelalter. Nicht weit davon werden die Überreste der **Barbarathermen** zurzeit gesichert. Die römische Badeanlage wurde um 150 n. Chr. auf einer Fläche von 172 x 240 m errichtet, war damals die drittgrößte des Römischen Reiches und über die Maßen prächtig ausgestattet. Leider lässt der Steinraub späterer Jahrhunderte das heute nur noch erahnen.

ℹ Praktische Hinweise

Information

Tourist-Information Trier (TIT) Stadt und Land, An der Porta Nigra, 54290 Trier, Tel. 06 51/97 80 80, www.trier.de

Weinberge auf der einen, die Mosel auf der anderen Seite prägen Bernkastel

Hotel

Aulmann, Fleischstr. 47–48, Trier, Tel. 06 51/976 70, www.hotel-aulmann.de. Angenehmes, unprätentiöses Privathotel mit 36 Zimmern im Zentrum von Trier.

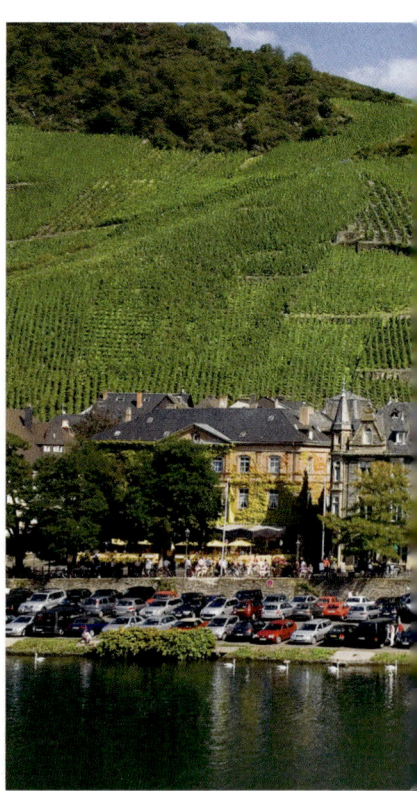

75 Moseltal

Aus dem schönen Tal kommen feine Tröpfchen, etwa von Riesling, Rivaner oder Dornfelder.

Im 4. Jh. n. Chr. beschrieb der spätrömische Dichter Decimus Magnus Ausonius in seinem Gedicht *Mosella* das Tal der Mosel poetisch als ›weintragende Höhen, wo Bacchus lässt reifen schönduftenden Wein‹ – und daran hat sich bis heute nichts geändert.

Die Mosel ist einer der längsten Nebenflüsse des Rheins, 545 km bahnt sie sich ihren Weg von den Quellen am französischen Col de Bussang in den Vogesen bis zur Mündung beim *Deutschen Eck*. Das mittlere und untere Moseltal zwischen Trier und Koblenz, wo sich der Fluss in einer Vielzahl von Kehren durch die Landschaft windet, ist besonders schön. Auf den Höhen thronen die Überreste so mancher Burg und an den schmalen Flussufern laden Winzerdörfer mit properen kleinen Fachwerkhäusern zu einer Rast ein. Von Frühling bis Herbst können Besucher hier von einem **Volks- und Weinfest** zum nächsten pilgern und die Weingüter richten *Tage der offenen Keller* aus. Heimelig geht es in den **Straußwirtschaften** (www.mosel-strauss wirtschaften.de) zu, in denen man vier Monate im Jahr Riesling, Müller-Thurgau oder Kerner verkosten kann. Der allseits beliebte **Mosel-Radweg** (www.mosel land-radtouren.de) begleitet den Fluss auf überwiegend geteerten Radwegen.

Bernkastel-Kues

Ein typisches **Winzerstädtchen** ist das mittelalterliche Bernkastel-Kues (www.bernkastel-kues.de). In Kues, dem Ortsteil links der Mosel, kam Kardinal Nikolaus von Kues (1401–64), lat. Nicolaus Cusanus, der bedeutende Kirchenmann und Universalgelehrte, zur Welt. Sein **Geburtshaus** (Nikolausstr. 49, Tel. 0 65 31/28 31, Di–Sa 14.30–17, So 10–12, Mitte April–Okt. Di–Sa auch 10–12 Uhr) steht ebenso zur Besichtigung offen wie die **Kapelle** (Tel. 0 65 31/22 60, So–Fr 9–18, Sa 9–15 Uhr) des von ihm gestifteten *St. Nikolaus Hospitals*, in der Kues' Herz beigesetzt wurde.

Schon seit Jahrhunderten wird an den steilen Schieferhängen ringsum ein erstklassiger Riesling angebaut, der Bernkastel-Kues den ehrenvollen Beinamen *Stadt der Rebe und des Weines* einbrachte. Von damit einhergehendem Wohlstand zeugen um den Markt von Bernkastel die mehr als 400 Jahre alten **Fachwerkbauten**, darunter das *Spitzhäuschen* von 1416 und das *Renaissance-Rathaus* (1608). Unbeschwert steht die Pfarrkirche St. Michael, ein barocker Kirchenbau aus dem 17. Jh., neben ihrem 56 m hohen und eher düster wirkenden bruchsteinernen Glockenturm aus dem 13. Jh.

Einen guten Überblick über das Städtchen und die zwischen beiden Stadtteilen hinfließende Mosel bietet die bewirtschaftete Burgterrasse (www.burgruine-landshut.de, Do geschl.) auf der gut erhaltenen **Burgruine Landshut**. Erzbischof Heinrich von Finstingen hatte hier auf der Anhöhe über Bernkastel um das Jahr 1277 eine Burg errichten lassen, die dann 1692 einem Brand zum Opfer fiel und nur in Teilen wieder aufgebaut wurde.

Cochem

Eines der romantischsten Fleckchen des Moseltals ist der mittelalterliche Winzerort Cochem (5000 Einw., www.cochem. de). Seine oft kleinen putzigen Fachwerkhäuser drängen sich auf bergigem Terrain im Schutz der **Reichsburg Cochem**, die seit dem 11. Jh. über der kleinsten Kreisstadt Deutschlands aufragt. Beim Bau der Eisenbahnlinie zwischen Metz und Trier vernarrte sich der Berliner Eisenhändler Jakob Louis Ravenné in die baufällige Festung und ließ sie ab 1868 als neogotische Wohnburg wieder aufbauen.

Weit ist der Blick, den man von den mächtigen Burgmauern aus genießt. Sehr schön sieht man im *Oberconder Forst* am gegenüberliegenden Flussufer den **Brauselay-Felsen**, den die Einheimischen ›Loreley der Mosel‹ nennen. Der hohe Glockenturm rechts im Tal gehört zum **Kloster Ebernach**. Ferner kann man im oft noch schiefergedeckten Dächergewirr zu Füßen der Reichsburg Reste der

alten **Stadtmauer** samt **Wehrtürmen** ausmachen, den Marktplatz mit *Martinsbrunnen* und das barocke **Rathaus** von 1739. Westlich erstrecken sich lichte **Wälder**, durchzogen von zahlreichen *Wanderwegen*. Besonders schön ist es entlang des Endertbaches, von seiner Mündung in die Mosel in Cochem zum Kloster Maria Martental (einfach 15 km), in dessen Nähe ein kleiner Wasserfall die Szenerie belebt. Zum **Aussichtspunkt Pinnertkreuz** jenseits des Endertbaches führt gar eine Sesselbahn (www.cochemersesselbahn.de, Mitte März–Okt. tgl. 10–18 Uhr, Juli/Aug. und Nov. geänderte Zeiten).

Burg Eltz

Über das landeinwärts gelegene Münstermaifeld führt aus dem Moseltal ein Abstecher von etwa 10 km (kürzerer Wanderweg ab Moselstein) zur romantischen Burg Eltz (www.burg-eltz.de, April–Okt. tgl. 9.30–17.30 Uhr), die einsam und malerisch auf einem mächtigen Felsen in dichtem Wald thront. Sie wurde seit dem 12. Jh. nach und nach erbaut und befindet sich in 33. Generation im Besitz der Familie Eltz. Die niemals zerstörte Festung präsentiert sich heute mit ihren Rundtürmen und Zinnen, der Zugbrücke und dem Bergfried als Inbegriff einer deutschen **Märchenburg**. Bei einer Führung kann man die einzelnen Epochen gut ausmachen, vom romanischen Untergeschoss des *Kempenicher Hauses* über das zart ausgemalte *Rübenacher Schlafgemach* (um 1470) und die spätmittelalterliche *Rodendorfer Küche* bis hin zu dem während der Romantik im 19. Jh. ausge-

Oben: *Die Reichsburg Cochem ist eine der malerischsten Burgen an der Mosel*

Unten: *Das Altargemälde in der Kapelle des Nikolausstifts zeigt auch Nikolaus von Kues*

statteten *Rittersaal*. Dabei wird die Architektur anschaulich unterstützt von wertvollem Inventar. Darunter sind Gobelins, Waffen und Harnische, ein Gemälde von Lucas Cranach d. Ä., kunstvolle Stücke aus Gold und Silber sowie einige lustige Kuriositäten in der Schatzkammer.

ℹ Praktische Hinweise

Information

Mosellandtouristik, Im Kurpark, 54470 Bernkastel-Kues, Tel. 06531/2091, www.mosellandtouristik.de

So sehen Märchenschlösser aus: die fast tausend Jahre alte Burg Eltz

Rhein-Mosel-Eifel-Touristik, Bahnhofstr. 9, 56068 Koblenz, Tel. 0261/108419, www.remet.de

Restaurant

Turm Gasthaus Burg Thurant, Moselstr. 15, Alken/Mosel, Tel. 02605/3581, www.kopowski.de/speisekarte.html. Beste regionale Küche und erlesene Weine in vorbildlich restauriertem historischem Gemäuer am Moselufer. Gästezimmer.

Deutsche Vereinigung – am Deutschen Eck bei Koblenz fließen Mosel und Rhein zusammen

76 Koblenz

Im Schutz der Festung Ehrenbreiten-stein fließen Mosel und Rhein zusammen.

Die einzigartige Lage an der **Mündung** der Mosel in den Rhein machte das an dieser Stelle im Jahr 9 v. Chr. gegründete römische *Castellum apud Confluentes*, das ›Kastell bei den Zusammenfließenden‹, zu einem wichtigen Grenzposten. Es schützte damals den rund 550 km langen **Ober-germanisch-Rätischen Limes** (www.welt erbe-limes-rlp.de), der mittlerweile in seiner Gesamtheit als **Weltkulturerbe** der UNESCO geschützt ist. Das *Römerkastell* im rechtsrheinischen Koblenzer Ortsteil Niederberg ist zwar großteils überbaut, doch finden Archäologen hier noch immer reiche Zeugnisse der Vergangenheit.

Ebenfalls rechts des Rheins thront auf einer Anhöhe die **Festung Ehrenbreiten-stein** (Tel. 02 61/66 75 40 00, http://fes tung.gdke.webseiten.cc, Führungen April–Okt. tgl. 10–17 Uhr zu jeder vollen Stunde) 112 m über der Moselmündung. Auf und um das Burggelände erstreckt sich ein ausgedehnter Landschaftspark, der für die **Bundesgartenschau BUGA 2011** angelegt wurde. Es entstand auch eigens eine *Kabinenseilbahn*, die von der Altstadt aus über den Fluss herauf führt und den steilen Aufstieg erleichtert. Ihr Betrieb ist bis November 2013 gesichert. Danach kommt eventuell wieder der be-

währte *Sessellift* zu seinem Recht, der am Flussufer im Stadtteil Ehrenbreitenstein beginnt. Seit dem 10. Jh. befanden sich auf der Anhöhe darüber Burgen und Bastionen. In ihrer heutigen Gestalt entstand die in mehreren Terrassen angelegte Festung mit ihren sternförmigen Mauern 1817–28. Bis 1918 gehörte sie dem preußischen Militär, heute tummeln sich hier Ausflügler und die Gäste der in dem Gemäuer eingerichteten Jugendherberge, die anlässlich der BUGA 2011 grundlegend saniert und erneuert wurde. Im imposanten Gebäude der rechten Contregarde informiert das **Landesmuseum Koblenz** (Tel. 02 61/66750, www.landes museumkoblenz.de, tgl. 9.30–17 Uhr) über Archäologie an Mittelrhein und Mosel, die Entwicklung der Fotografie in Rheinland-Pfalz sowie über lokale technische Errungenschaften, seien es die Automobile des August Horch (später Audi) oder die Kunst der Sektherstellung.

Zu Füßen der Festung stellen Personenfähren (Tel. 02 61/766 73, Mai–Nov. tgl. 7–19, März–April 8–18 Uhr) die Verbindung zur Altstadt von Koblenz sicher. Vom dortigen Anleger führt der Weg links durch die **Kaiserin-Augusta-Anla-gen**, die Peter Joseph Lenné 1865 für die Gattin Wilhelms II. gestaltete. Unterwegs genießt man schöne Blicke auf das klassizistische **Kurfürstliche Schloss** (18. Jh.), das leider nicht besichtigt werden kann. Seine umliegenden Gärten sind aber in die BUGA-Anlagen einbezogen.

Rechterhand befindet sich das **Deutsche Eck**, die zur Promenade ausgebaute Landzunge am Zusammenfluss von Mosel und Rhein. Dort wacht Kaiser Wilhelm I. seit 1897 hoch zu Ross über den Fluss. Zwischen 1945, als eine amerikanische Granate das Standbild schwer beschädigte, und der Wiederaufstellung 1993 war der Denkmalssockel verwaist.

Seinen Namen verdankt das Eck dem Deutschen Orden, der einst nahebei eine Komturei besaß. In unmittelbarer Nähe erhebt sich auch die viertürmige Basilika **St. Kastor**. Sie ist die älteste Kirche von Koblenz und zeigt trotz Umbauten im 10.–13. Jh. noch deutlich romanische Züge aus ihrer Gründungszeit im frühen 9. Jh. In ihrem Inneren handelten die Söhne Kaiser Ludwig des Frommen im Jahr 843 den Vertrag von Verdun aus, mit dem sie das Reich des Vaters untereinander aufteilten. Heute finden sich unter einem spätgotischen Sterngewölbe u.a. die üppig gestalteten Grabmäler der Trierer Erzbischöfe Kuno von Falkenstein (1388) und Werner von Königsstein (1418) sowie eine barocke Kanzel von 1625.

Der eigentliche **Altstadtkern** von Koblenz erstreckt sich entlang der Mosel. Hier befinden sich das **Rathaus** mit seiner gotischen Fassade und dem frühbarocken Treppenhaus sowie die spätromanische **Liebfrauenkirche** (12. Jh.), deren markante haubenbekrönte Doppeltürme die Dächer weithin überragen. Unter einem, am Münzplatz 7–8, beherbergt das **Geburtshaus** des späteren österreichischen Staatsmann und Meisters der Diplomaten, Clemens Wenzel Fürst von Metternich (1773–1859), eine Jugendbegegnungsstätte.

Unmittelbar am Ufer der Mosel befindet sich die aus der Kapelle des einstigen fränkischen Königshofs hervorgegangene **Florinskirche** aus dem 12. Jh. Daneben hat im ehemaligen *Alten Kauf- und Danzhaus* (15. Jh.) und im angegliederten *Schöffenhaus* (16. Jh.) das **Mittelrhein-Museum Koblenz** (Florinsmarkt 15–17, Tel. 02 61/129 25 20, www.mittelrhein-museum.de, Di–Sa 10.30–17, So/Fei 11–18 Uhr) Platz für seine Gemälde und mittelalterliche sakrale Kunst gefunden. Nicht weit davon ließ der Trierer Erzbischof Heinrich von Finstingen im 13. Jh. ein Patrizierhaus zur mehrstöckigen **Alten Burg** (Burgstr.1, heute Stadtarchiv) mit zwei runden Erkertürmen als Zeichen seiner Herrschaft befestigen. Da unmittelbar daneben die 1343 erbauten steinernen Bögen der *Balduinbrücke* die Mosel überqueren, hatten seine Nachfolger zudem immer die Besucher der Stadt im Blick.

TOP TIPP Kloster Maria Laach

Es lohnt sich, von Koblenz aus gut 30 km nach Nordwesten ins *Laacher Seetal* zu fahren. Am Ufer des Sees liegt die 1093–1216 erbaute, 1802 säkularisierte und seit 1892 wieder von Mönchen bewohnte

Auf bald tausend Jahre Geschichte blicken die Benediktinermönche von Maria Laach zurück

Einer von vielen magischen Orten am Rhein: der Loreleyfelsen bei St. Goarshausen

Benediktinerabtei **Kloster Maria Laach** (Tel. 02652/590, www.maria-laach.de). In der hochmittelalterlichen Anlage fand im Jahr 1933 der spätere deutsche Bundeskanzler *Konrad Adenauer* als ›Bruder Konrad‹ Zuflucht vor seinen Nazi-Verfolgern. Die *Informationshalle* (Ostern–Allerheiligen Mo–Sa 9–11 und 13.15–16.30, So 13.15–16.30, sonst Mo–Sa 14.30–16.30, So 13–15.30) beschreibt diese und andere Epochen in der Geschichte des Klosters.

Großartig ist die romanische **Klosterkirche** von Maria Laach. Die sechstürmige, gewölbte Pfeilerbasilika besitzt einen architektonisch ungewöhnlichen, halbrund ausgebauten Westeingang, ein sog. *Paradies*, wie es sonst meist südlich der Alpen vorkommt. Besonders anrührend ist im Kircheninneren die um 1270 entstandene Stifterfigur des Pfalzgrafen Heinrich II. Nördlich schließt sich ein Kreuzgang aus dem frühen 13. Jh. an.

Neben Kirche und Kloster laden mehrere Klosterbetriebe – darunter Buchund Kunstverlag, Werkstätten und Ateliers, eine Gärtnerei, das Klostergut und ein Hofladen – zum Aufenthalt ein. Gewissermaßen vor der Haustür kann man im ruhigen, teilweise unter Naturschutz stehenden **Laacher See** (Bootsverleih, Tel. 0175/9852338, April–Sept. bei gutem Wetter tgl. 9–18 Uhr) wunderbar angeln.

ℹ Praktische Hinweise

Information

Tourist Information, Rathaus, Jesuitenplatz 2, Tel. 0261/130920, und Hauptbahnhof, Bahnhofplatz 17, Tel. 0261/31304, 56068 Koblenz, www.koblenz.de

Hotels

Trierer Hof, Clemensstr. 1, Koblenz, Tel. 0261/10060, www.triererhof.de. Freundliches Hotel garni mit 35 Gästezimmern in denkmalgeschütztem Haus von 1786.

Seehotel Maria Laach, Am Laacher See, Tel. 02652/5840, www.seehotel-maria-laach.de. Komforthotel auf dem Klostergelände, einige Zimmer mit Seeblick.

77 Oberes Mittelrheintal

Von Burgen bewacht fließt der Rhein hier malerisch durch Weinberge und Schieferfelshöhen.

Das von der UNESCO zum **Weltkulturerbe** (www.welterbe-mittelrheintal.de) geadelte Mittelrheintal umfasst den rund 65 km langen Abschnitt des mächtigen Stromes zwischen Koblenz und Rüdesheim, geologisch das Durchbruchstal durch das Rheinische Schiefergebirge.

*Die längst verfallene Wernerkapelle (rechts)
und St. Peter (Mitte) prägen Bacharach*

Dort wählte Vater Rhein seinen Weg mal stoisch und geradlinig, mal in gewaltigen Kehren durch steile, seit Jahrhunderten mit Weinreben bestandene Talhänge.

An den schmalen Uferstreifen und bei Einmündungen von Seitentälern drängen sich romantische Flößerstädtchen und Weindörfer. Entlang der Wasserstraße blühten seit der Römerzeit Handel und kultureller Austausch, wovon Kirchen und Klöster, Burgen und Rathäuser, historische Poststationen und Hafenumschlagplätze zeugen. Wanderer können dem Fluss auf dem **Rheinsteig**, einem rund 320 km langen Fernwanderweg auf dem rechten Ufer, folgen, Radler wählen den nur wenig längeren, bequem an beiden Ufern entlang führenden **Rhein-Radweg** (www.radwanderland.de).

Nur 7 km südlich von Koblenz liegt **Schloss Stolzenfels** (www.schloss-stolzenfels.de, Gärten und einzelne Säle Mitte April–Mitte Okt. tgl. 10–18 Uhr), ›Kronjuwel der Rheinromantik‹, das Karl Friedrich Schinkel 1836–42 aus Ruinen neu erschuf. Zur nie zerstörten **Marksburg** (Tel. 026 27/206, www.marksburg.de, nur mit Führung, Ende März–Anf. Nov. tgl. 10–17, sonst tgl. 11–16 Uhr) über *Braubach*, deren Türme, Wehranlagen, Zwinger und Kemenate sich malerisch um den Bergfried aus dem 14. Jh. gruppieren, sind es nur 8 km mehr.

An der nächsten Rheinschleife locken in den mittelalterlichen Stadtmauern des Wein- und Thermalkurortes **Boppard** (www.boppard-tourismus.de) u. a. die Ruinen einer *römischen Garnison* und die *Kurfürstliche Burg* (wg. Renov. bis voraussichtl. 2013 geschl.) des Erzbischofs Balduin von Trier aus dem 14. Jh.

Ebenfalls auf römische Wurzeln geht **St. Goar** (www.st-goar.de) zurück, das ähnlich malerisch wenige Kilometer entfernt am linken Rheinufer liegt, überragt von der mächtigen **Burgruine Rheinfels** (Schlossberg, Tel. 067 41/77 53, Mitte März–Okt. tgl. 9–18, Nov.–Mitte März wetterabhängig Sa/So 11–17 Uhr). Eine erste Festung, die Graf Dieter V. von Katzenelnbogen hier im Jahr 1245 errichten ließ, wuchs in den folgenden Jahrhunderten zur nach Burg Ehrenbreitstein zweitgrößten Militäranlage am Rhein heran. Der herrliche *Panoramablick* von ihren Mauern über das Rheintal begeistert Besucher noch heute. Im Jahr 1797 sprengten französische Truppen etwa zwei Drittel von Rheinfels, im immer noch imposanten erhaltenen Drittel ergänzen die Exponate des stadt- und regionalgeschichtlichen *Heimatmuseums* (tgl. 10–12.30 und 13–17 Uhr) die Burgführungen.

Vom idyllisch am jenseitigen Rheinufer (Autofähre) gelegenen Weinstädtchen **St. Goarshausen** führt sowohl der *Treppenweg* entlang des Rheins als auch die *Loreley-Burgen-Straße* durch das Forstbachtal hinauf zum Plateau der **Loreley**. Dieser steil ansteigende Schieferfelsen ragt 132 m über einem nur 113 m breiten Rheindurchfluss auf. Strudel und Klippen machten die schmalste und tiefste Stelle des Stroms für Rheinschiffer überaus gefährlich, und mehr als ein Boot kenterte zu Füßen des markanten Felsens. Ursprünglich hieß er Lur Lai, altdeutsch für ›hören‹ und ›Fels‹. Das Hören bezog sich auf das Echo, das hier einst die Menschen beeindruckte, mittlerweile aber verstummt ist, da ein Bahntunnel durch den Fels den Widerhall in der Schlucht verhin-

dert. Clemens von Brentano erfand für seinen Roman ›Godwi‹ (1800/01) die Geschichte von der schönen *Loreley*, die sich vom Felsen stürzte, um ihren Verehrern nicht länger Unglück zu bringen.

Auf dem Plateau gibt der *Mythosraum* im **Besucherzentrum** (Auf der Loreley, Tel. 067 71/59 90 93, www.loreley-touristik. de, März–Anf. Nov. tgl. 10–18, sonst Sa/So 11–16 Uhr) multimedial Einblick in die Sagenwelt um den Loreleyfelsen, das *Welterbe-Museum* dokumentiert die touristische Geschichte der Region. Nebenan nutzt die *Loreley-Freilichtbühne* das sagenhafte Panorama.

Nun geht es weiter nach **Oberwesel** (www.oberwesel.de), das eine fast vollständig erhaltene Stadtmauer mit Wehrtürmen umgibt. Die *Liebfrauenkirche* (1308) kann mit einem kunstvollen *Maßwerk-Lettner* und dem *Goldaltar* aufwarten, einem der ältesten und wertvollsten Schnitzaltäre der Region. Oberwesel liegt zu Füßen der *Schönburg* aus dem 12. Jh., heute ein Burghotel (Tel. 067 44/939 30, www.burghotel-schoenburg.de) mit privilegierten Blick über den Rhein.

Nicht minder entzückend ist die kleine erkerreiche Zollburg **Pfalzgrafenstein** (Tel. 01 72/26 22 8 00, www.burg-pfalzgra fenstein.de, März Di–So 10–17, April–Okt. Di–So 10–18, Nov., Jan./Febr. Sa/So 10–17 Uhr, Fähre ab Kaub alle 30 min.), die Kaiser Ludwig im 14. Jh. auf der Felseninsel *Falkenau* mitten im Rhein errichten ließ.

Für den französischen Schriftsteller Victor Hugo, der im 19. Jh. den Rhein bereiste, war **Bacharach** (www.ba charach.de) im Schutz von **Burg Stahleck** (12. Jh.) eine der ›schönsten Städte der Welt‹. Wahrscheinlich gründete sein Eindruck auf den hübschen Fachwerkensembles wie dem *Alten Posthof* oder dem *Alten Haus* (1568) am Marktplatz, die lebhaft zu den grünen Weinhängen ringsum kontrastieren. Ein architektonisches Schmuckstück ist auch die ab 1100 erbaute *Pfarrkirche St. Peter*, eine dreischiffige Emporenbasilika mit reicher Ornamentik. Die außerordentlich malerische, wegen ihrer gotischen Maßwerkfenster auffällige Ruine am Hang darüber gehört zu der Ende des 13. Jh. erbauten *Wernerkapelle*.

Bingen

Wenn der weiß verputzte, mit Zinnen und Ausgucken versehene **Bingener Mäuseturm** auf einer kleinen Rheininsel in Sicht kommt, ist das südliche Ende des Oberen Mittelrheintals erreicht. Der Sage nach vollstreckten Mäuse in dem auf römischen Grundmauern errichteten Viereckturm im Jahr 970 das Gottesurteil am Mainzer Erzbischof Hatto, indem sie ihn auffraßen. Man sagt, er habe eine Gruppe hungernder Binger in einem Heuschober verbrennen lassen.

In späteren Jahren warnte der Turm Fährleute und Schiffer vor der berüchtigten Untiefe des **Binger Lochs**. Es ist nach der in Sichtweite liegenden Stadt Bingen (www.bingen.de) benannt, die sich an der Mündung der Nahe in den Rhein aus dem römischen Kastell *Bingium* entwickelte. Direkt am Ufer nutzt hier das **Historische Museum am Strom** (Museumstr. 3, Tel. 067 21/99 06 54, Di–So 10–17 Uhr) ein 1898 erbautes ehemaliges Elektrizitätswerk. Es widmet sich in erster Linie der berühmten heil- und kräuterkundigen Benediktiner-Äbtissin, Wissenschaftlerin und Mystikerin **Hildegard von Bingen** (1098–1179). Sie wirkte im Kloster Rupertsberg im Bingener Stadtteil Bingersbrück jenseits der Drususbrücke, das dem Dreißigjährigen Krieg gänzlich zum Opfer fiel. Unter den ebenfalls gezeigten archäologischen Fundstücken ist das *Bin-gener Ärztebesteck* besonders bedeutsam, das komplett erhaltene Handwerkszeug eines römischen Chirurgen aus dem 2. Jh. n. Chr. Wahrzeichen von Bingen ist die inmitten der Stadt auf dem mäßig hohen Kloppenberg gelegene **Burg Klopp** aus dem 13. Jh., die seit ihrem Wiederaufbau im 19. Jh. als Rathaus dient.

Rüdesheim

Schräg gegenüber von Bingen (Personen- und Autofähre) liegt Rüdesheim am rechten Rheinufer, umgeben von Weinbergen und malerisch überragt von der *Burgruine Ehrenfels*. Hier geht das Durchbruchstal des Rheins in die weite Terrassenlandschaft des Rheingaus über. Das **Fachwerkstädtchen** begeisterte bereits zu Beginn des 19. Jh. deutsche und englische Romantiker. Nach wie vor laden in der **Drosselgasse** zahlreiche Weinstuben und Cafés zu einem Gläschen Rheingauer Riesling oder einem Rüdesheimer Kaffee (mit Asbach Uralt) ein. Eines der prächtigsten Fachwerkhäuser der Stadt ist der lang gestreckte, zweistöckige und mit drei Zwerchgiebeln ausgestattete **Klunkhardshof** (Klunkhardshof 1), der im frühen 16. Jh. mit einem leichten Knick an die alte Wehrmauer gebaut wurde.

Vom runden **Adlerturm** am Rheinufer, der im 15. Jh. als Teil der Stadtbefestigung entstanden war, genoss Goethe die Aussicht über den Rhein, leider ist uns Heuti-

Sagenumwoben ist Bingens Mäuseturm, dahinter erhebt sich die Ruine Ehrenfels (10. Jh.)

Vor der Weinstube Altes Haus in Bacharach lässt es sich wohl sein

gen dieses Vergnügen verwehrt, da der Turm in Privatbesitz ist. Als Alternative bieten sich Spaziergänge durch die umliegenden **Weingärten** an, von denen man immer wieder zauberhafte Blicke auf den Rhein werfen kann. Hoch über der Stadt kann man im Klosterladen der **Benediktinerinnen-Abtei St. Hildegard** (Klosterweg, Tel. 06722/4990, www.abtei-st-hildegard.de) den von den Nonnen angebauten Wein verkosten. Wer Stille und Einkehr sucht, darf hier auch einige Tage als Gast übernachten.

ℹ Information

Touristik-Gemeinschaft Loreley-Burgenstraße, Bahnhofstr. 8, 56326 St. Goarshausen, Tel. 06771/9100, www.loreley-touristik.de

Jugendherberge

Burg Stahleck, Bacharach, Tel. 06743/1266, www.diejugendherbergen.de. Familien fühlen sich in der lockeren Atmosphäre dieser einmaligen Jugendherberge besonders wohl.

Restaurant

Weinhaus Drosselhof, Drosselgasse 5, Rüdesheim, Tel. 06722/1051, www.drosselhof.com. Einstige Winzerschänke aus dem Jahr 1727. Die Weinkarte ist umfangreich, die Speisen im Restaurant deftig. Bierstube und Kellerbar im Haus.

78 Mainz

Bischöfe und Buchdrucker machten die Stadt am Rhein weithin bekannt.

Mainz (198 000 Einw.), die Hauptstadt des Bundeslandes Rheinland-Pfalz, begann seine Geschichte als *Mogontiacum*, ein Militärlager, das Drusus im Jahr 13 oder 12 v. Chr. am westlichen, linken Ufer des Rheins nur wenig oberhalb der Mündung des Mains errichten ließ. Ab 89 n. Chr. regierten die Römer von hier ihre Provinz Germania Superiore, spätestens im 6. Jh. erfolgte die Erhebung zum Bischofssitz. 781/2 avancierte Mainz zum **Erzbistum**, das schnell zum größten nördlich der Alpen heranwuchs. Seit dem 10. Jh. waren seine geistlichen Herren auch Kurfürsten im Heiligen Römischen Reich. Die Mainzer Erzbischöfe regierten vom Hunsrück bis zur Saale, als Kurfürsten gehörte ihnen zudem das sogenannte **Kurmainz** von der Grafschaft Kranichfeld nahe Weimar bis zum Odenwald.

Um die Bürger von Mainz im Streit mit Kaiser Friedrich II. auf seiner Seite zu halten, gewährte ihnen der Erzbischof im Jahr 1244 das Große Freiheitsprivileg, das ihnen das Recht auf einen eigenen Stadtrat einräumte. Als sich dieser Rat allerdings auf die Seite des vom Papst abgesetzten Erzbischofs Diether von Isenburg schlug, verlor er nach der Erstürmung der Stadt durch dessen Widersacher Adolf von Nassau das Privileg 1462 wieder an die Bischöfe. Diese trieben in den folgenden Jahren den Ausbau von Mainz zur

Kurfürstlichen Residenz voran. In diesem Zuge gründeten die Mainzer Kurfürsten 1476 in ihrer Stadt eine Universität, die bis 1823 Bestand hatte. Gewissermaßen als Zeichen des Neubeginns nahm sie 1946, als sich die Mainzer daran machten, die Zerstörungen des Zweiten Weltkriegs in der Innenstadt zu beheben, erneut ihren Lehrbetrieb auf. Damals erhielt sie den Namen **Johannes-Gutenberg-Universität** zu Ehren des berühmtesten Sohnes der Stadt. Gutenberg (1400–1468), ein gelernter Goldschmied aus wohlhabendem Hause, löste Mitte 15. Jh. eine Revolution aus, als er den Buchdruck mit beweglichen Metall-Lettern perfektionierte und so die Massenproduktion von Flugblättern und Büchern ermöglichte.

Ein nach Entwürfen von Bertel Thorvaldsen in Bronze gegossenes Standbild Gutenbergs ziert seit 1837 den nach ihm benannten schmucken **Gutenbergplatz** im Zentrum von Mainz. Bereits 1829–33 war an dessen Nordseite in Backstein das klassizistische **Staatstheater** (Gutenbergplatz 7, www.staatstheater-mainz. de) erbaut worden.

Über das Höfchen erreicht man den Marktplatz. Hier erhebt sich das alles dominierende Bauwerk der Stadt, der mächtige Mainzer **Dom St. Martin** (www. dom-mainz.de, März–Okt. Mo–Fr 9–18.30, Sa 9–16, So 12.45–16 und 15–18, Nov.–Febr. Mo–Fr 9–17, Sa 9–16, So 12.45–16 und 15–17 Uhr). Sechs Türme überragen seine meterdicken rötlichen Sandsteinmauern, die sich 116 m lang hinziehen. Die gewaltige

dreischiffige Säulenbasilika war 975–1239 errichtet worden und ist trotz ihrer späteren gotischen und barocken Anbauten eines der wichtigsten romanischen Bauwerke Deutschlands. Im 53 m langen und 29 m hohen Mittelschiff zwischen den beiden Chören kann man zahlreiche kunstvolle Grabmäler und Epitaphe meist kirchlicher Würdenträger aus dem 13.–18. Jh. bewundern. Lebensecht wirkt die Skulptur des knienden Erzbischofs Uriel von Gemmingen (†1514) nahe dem Westchor, und auch das mehr als 4 m hohe Denkmal für Dompropst Heinrich Ferdinand von der Leyen (†1714) fällt auf. Im Süden schließt sich der doppelgeschossige gotische Kreuzgang des Doms an, über den man in das **Bischöfliche Dom- und Diözesanmuseum** (Domstr. 3, Tel. 06131/253344, www.dommuseum-mainz. de, Di–So 10–17 Uhr) mit Tafelbildern, Altären und weiteren Kirchenschätzen gelangt.

Der Marktplatz geht in den Liebfrauenplatz über, wo man sich im **Gutenbergmuseum** (Liebfrauenplatz 5, Tel. 06131/ 122503, www.gutenberg-museum.de, Di–Sa 9–17, So 11–15 Uhr) eine genaue Vorstellung von der bahnbrechenden Erfindung Gutenbergs machen kann. Hier erfährt man Wissenswertes über Papiere und Buchbinderei und kann Meisterwerke der Druckkunst aus aller Welt bewundern, darunter im Tresorraum originale Gutenberg-Bibel. Im Keller dürfen vor allem junge Besucher an historischen Druckerpressen selbst Hand anlegen.

Schlendert man vom Dom aus nach Süden durch die lebhafte Fußgänger-

Marc Chagall schuf die Glasmalerei für die Fenster der Kirche St. Stephan

Der Dom St. Martin und die Kollegiatskirche St. Stephan bestimmen die Silhouette von Mainz

zone, ist rasch die 1768–76 erbaute barocke **Augustinerkirche** (Augustinerstr. 34) erreicht. Sie beeindruckt mit üppigen Marmoraltären und großflächigen Deckenmalereien.

In der auf die Augustinerstraße folgenden Neutorstraße ist das **Museum für Antike Schifffahrt** (www.rgzm.de, wg. Renov. bis voraussichtl. Herbst 2011 geschl.) zu Hause, das mit archäologischen Fundstücken, Rekonstruktionen, Karten und Plänen die Geschichte der römischen Rheinschifffahrt veranschaulicht. Es gehört als Zweigstelle zum **Römisch-Germanischen Zentralmuseum** (Ernst-Ludwig-Platz 2, Tel. 061 31/912 40, www.rgzm. de, Di–So 10–18 Uhr) im Norden der Innenstadt, das über die vorgeschichtliche Zeit sowie die Welt der Römer und des Frühmittelalters informiert. Seine Sammlungen sind im Ostflügel des mustergültig restaurierten früheren *Kurfürstlichen Renaissanceschlosses* untergebracht.

Im Südwesten der Altstadt führt ein ansprechender Spaziergang durch die puppenstubenhübsche Altstadt mit ihren Häusern aus Gotik, Barock und Renaissance hinauf zum Stephansberg. Dort überrascht die gotische Hallenkirche **St. Stephan** (Mo–Sa 10–17, So 12–17 Uhr) im Ostchor mit neun von Marc Chagall geschaffenen Fenstern

aus überwiegend blauem Glas, die Szenen aus der Bibel zeigen. Die ähnlich anrührenden Fenster in Querschiff und Langhaus der Kirche stammen von dem Chagall-Freund und Werkstattmeister Charles Marq.

Zu guter Letzt kann man auch außerhalb der närrischen Saison, sprich dem Karneval in Mainz Tribut zollen, nämlich im **Fastnachtsmuseum** (Neue Universitätsstr. 2, Tel. 061 31/144 40 71, www.mainzer-fastnachtsmuseum.de, www.kabarettarchiv.de, Di–So 11–17 Uhr). Es dokumentiert im ehemaligen Proviantmagazin die Geschichte der ›fünften Jahreszeit‹ in Wort und Bild, zeigt Fahnen, Narrenkappen, Orden, Zepter, Liederhefte und Sitzungsprotokolle und beherbergt überdies das *Deutsche Kabarettarchiv*.

ℹ Praktische Hinweise

Information

Touristik Centrale Mainz, Brückenturm am Rathaus, 55116 Mainz, Tel. 061 31/28 62 10, www.info-mainz.de

Schiff

Schiffahrt Nikolay, Fährhaus am Rhein, Budenheim/Walluf (nahe Mainz-Gonsenheim), Tel. 061 39/378, www.schiffahrt-nikolay.de. Der Mainzer Bootsanleger

TOP TIPP

Fischtor ist Haltepunkt etwa für Altrhein-
fahrten und Schleusenfahrten nach
Frankfurt/Main.

Hotel

Hammer, Bahnhofsplatz 6, Mainz, Tel.
06131/965280, www.hotel-hammer.de.
Modernes, gut geführtes Haus gegenüber dem Hauptbahnhof.

Restaurants

Buchholz, Klosterstr. 27, Mainz-Gonsenheim, Tel. 06131/9713674, www.frank-
buchholz.de. Ein Stern für Welsfilet im
Brickteig, Hirschrücken und andere fein
zubereitete Köstlichkeiten.

Kurfürst Weinstube, Kurfürstenstr. 33,
Mainz, Tel. 06131/6299539. Überaus beliebte Weinstube in der Mainzer Altstadt.
Die Weinkarte listet in erster Linie Rhein-
hessische und Rheingauer Tropfen, zu
essen gibt es Lokales wie Spundekäs
und Winzerschnitten.

79 Frankfurt

Bücher, Banken, Börse.

Wo heute Bankentürme an den Wolken
kratzen, errichteten zunächst die Römer
im 2. Jh. n. Chr. unter dem Namen *Nida* ein
Militärlager am rechten Flussufer des
Mains. Um das Jahr 500 bestand hier ein
fränkischer Königshof mit Namen Franco-
novurd, ›Furt der Franken‹. In den folgenden Jahrhunderten machten die karolingischen und staufischen Könige und
Kaiser auf ihren Reisen in der hiesigen
Pfalz häufig Station.

Schon im 12. Jh. erfreute sich Frankfurt
(680 000 Einw.) als **Handelszentrum** und
Messeplatz europaweiter Bedeutung,
hier kamen die Kurfürsten des Heiligen
Römischen Reiches zusammen, um einen
neuen Kaiser zu wählen, und 1562–1792
fanden auch die Krönungen im Frankfurter Dom St. Bartholomäus statt.

Dem Vorbild ihrer Kollegen in New York eifern Frankfurts Banker auch architektonisch nach

Alle anderen Bauwerke von historischer Bedeutung, die heute die Innenstadt zieren, sind Nachbauten seit 1945. Bis 2013 soll gar die komplette Häuserzeile zwischen Römer und Kaiserdom und damit der alte *Krönungsweg* rekonstruiert werden.

Heute besitzt Frankfurt mit Rhein-Main den zweitgrößten **Flughafen** Europas und ist stolz auf seine jährliche **Buchmesse**, die mit annähernd 7000 Ausstellern und 270 000 Besuchern die größte der Welt ist. Außerdem ist Frankfurt Deutschlands bedeutendster **Börsenstandort**, Sitz der Deutschen Bundesbank wie der Europäischen Zentralbank. Im Bankenviertel sind alle international wichtigen Finanzinstitute vertreten, ihre himmelragenden Hochhaustürme haben Frankfurts Spitznamen *Mainhattan* begründet.

Doch nur die wenigsten Wolkenkratzer sind für die Öffentlichkeit zugänglich. Zu ihnen gehört der **Maintower** (Neue Mainzer Str. 52–58, Tel. 069/36 50 47 40, www.maintower.de), mit 200 m der vierthöchste Wolkenkratzer Frankfurts. In seinem 56. Stock bietet eine *Aussichtsterrasse* (So–Do 10–21, Fr/Sa 10–23 Uhr, evtl. wetterbedingte Schließungen) einen weiten Blick über die die Stadt, die blaue

Zwar verlor die Stadt mit der Auflösung des Heiligen Römischen Reichs durch Napoleon im Jahr 1806 ihre Funktion als Krönungsort der Kaiser, doch politisch wuchs ihr neue Bedeutung zu: Von 1815–66 tagten die Gesandten des **Deutschen Bundes** in Frankfurt, und während der Revolution von 1848/49 beriet in der Paulskirche die Nationalversammlung, die erste frei gewählte Volksvertretung der deutschen Geschichte.

Im 19. Jh. florierten in Frankfurt Unternehmen aus Chemie, Elektrotechnik und Maschinenbau. Da die Stadt während des Zweiten Weltkrieges ein wichtiger Standort der Rüstungsindustrie war, flogen die Alliierten mehrere **Luftangriffe**, die Frankfurt zu etwa 90 % in Trümmer legten. Im Zentrum überstanden nur die heute als *Friedenskirche* bekannte frühgotische Hallenkirche St. Nikolai und die mittlerweile zur Konzerthalle umgestaltete Franziskanerkirche den Feuersturm.

Die Broker im Handelssaal der Frankfurter Börse beobachten das Marktgeschehen

Schleife des Mains entlang bis zum Taunus. Ein *Panoramarestaurant* (www.maintower-restaurant.de, Mo geschl.) im 53. Stock ergänzt das Angebot.

Nicht weit davon zeugt die **Alte Oper** (Opernplatz, Führungen Tel. 069/134 02 27, www.alteoper.de) von der Kulturbeflissenheit der Frankfurter. Richard Lucae errichtete den prächtigen spätklassizistischen Bau 1873–80. Hinter der vielfigurigen Fassade mit dem vorspringenden Mittelrisalit finden Kongresse und hochkarätige Konzerte statt.

Vom Opernplatz aus führt die Kalbacher Gasse zum Börsenplatz, wo die Bronzeskulpturen von Bulle und Bär Hausse, also steigende, und Baisse, fallende Kurse, symbolisieren. Sie stehen vor der 1874–79 erbauten **Börse** (Börsenplatz 4, Besucherzentrum Tel. 069/21 11 15 15, http://deutsche-boerse.com, Einführungsvorträge handelstäglich 10 und 11 Uhr, Besuchergalerie 10.30 und 12.30 Uhr, jeweils nur mit Anmeldung). Der Beiname *Kapitalistendom* geht auf die zentrale Kuppel zurück, die auch nach der jüngsten Renovierung 43 m hoch den Börsensaal überwölbt. Die Anfänge dieser Börse gehen auf das Jahr 1585 zurück, als Frankfurter Kaufleute die unterschiedlichen Währungen in den vielen Kleinstaaten des Heiligen Römischen Reiches mittels gemeinsam festgelegter Wechselkurse zu kontrollieren.

Am Auftakt der **Zeil**, Frankfurts von verglasten Konsumtempeln gesäumter Hauptgeschäftsstraße, erhebt sich die barocke Hauptwache. Südwärts, dem

Main zu, erreicht man das **Goethe-Haus** (Großer Hirschgraben 23–25, Tel. 069/13 88 00, www.goethehaus-frankfurt.de, Mo–Sa 10–18, So/Fei 10–17.30 Uhr). In dem stattlichen dreistöckigen Bürgerhaus wurde Johann Wolfgang Goethe am 28. August 1749 geboren. Die original ausgestatteten Räumlichkeiten, darunter Musikzimmer und Bibliothek, erinnern an den deutschen ›Dichterfürsten‹. Im Museumsanbau finden sich Gemälde deutscher Künstler vom Spätbarock bis zum Biedermeier sowie eine Handschriften- und Grafiksammlung.

Von hier aus sind es nur wenige Schritte zum klassizistischen Rund der 1787–1833 erbauten **Paulskirche** (Paulsplatz 11, tgl. 10–17 Uhr), in der 1848/49 die erste deutsche Nationalversammlung tagte. Alljährlich wird unter ihrem Dach der *Friedenspreis des Deutschen Buchhandels* verliehen.

Südwärts liegt der Römerberg, ein länglicher Platz auf einer Anhöhe nahe des Mainkais. Seine Westseite nimmt der **Römer** (Tel. 069/21 23 37 82, tgl. 10–13 und 14–17 Uhr, bei offiziellen Anlässen geschl.) ein, das Frankfurter Rathaus, für das 1405 vier Einzelgebäude zusammengefasst wurden. Mit seiner fünfgiebligen Prachtfassade zum Platz hin ist es ein Wahrzeichen der Stadt. Seinen Namen verdankt es einem der ältesten Bauteile, dem erstmals 1322 urkundlichen erwähnten Giebelhaus *Zum Römer*. Im Inneren lohnt der nach den Kriegszerstörungen schlichter wieder hergestellte, teils holzgetäfelte

Originalgetreu erhalten blieb das Empfangszimmer Peking im Goethe-Museum

Vom mittelalterlichen Römer aus regiert Frankfurts Bürgermeister die Stadt der Bankentürme

und tonnenüberwölbte *Kaisersaal* einen Besuch, dessen Wände die Ganzkörperporträts von 52 Kaisern von Karl dem Großen bis Franz II. zieren.

Schräg gegenüber des Rathauses befindet sich die kleine, 1290 geweihte **Alte Nikolaikirche** (www.paulsgemeinde.de, tgl. 10–20, im Winter bis 18, im Advent bis 21 Uhr). Die frühgotische doppelschiffige Hallenkirche mit hochgotischem Chorgewölbe birgt in ihrem Innern noch Grabplatten des frühen 15. Jh. Vorbei an der **Schirn Kunsthalle** (Römerberg, Tel. 069/299 88 20, www.schirn-kunsthalle.de, Di, Fr–So 10–19, Mi/Do 10–22 Uhr), deren Wechselausstellungen moderner Kunst überregionale Beachtung genießen, kommt man zum **Kaiserdom St. Bartholomäus** (www.dom-frankfurt.de, tgl. 8.30– 12 und 14.30–18 Uhr, mittags und Fr Vormittag ist lediglich die Turmhalle geöffnet). Der gotische Bau entstand 1315–1550 anstelle einer bereits vor 680 belegten merowingischen Kapelle bzw. des Gotteshauses der späteren Kaiserpfalz. Nach einem Brand 1867 baute sie die Gemeinde St. Bartholomäus neogotisch und in Kreuzform mit fast gleich langem Lang- und Querschiff wieder auf. Den Ehrentitel eines ›Doms‹ verdankt sie ihrer einstigen Bedeutung als Krönungsort der Kaiser. Zu der wertvollen Ausstattung gehören in der Turmhalle eine lebensgroße spätgotische Kreuzigungsgruppe, 1509 von Hans Backoffen in Stein gemeißelt. Im Langhaus sind der gotische Maria-Schlaf-Altar (1434–38) und das Chorgestühl aus dem 14. Jh. besonders sehenswert, ebenso die *Beweinung Christi* (1627) des Malers Antonius van Dyck. Im nordwestlich angebauten mittelalterlichen Kreuzgang zeigt das **Dommuseum** (Domplatz 14, Tel. 069/13 37 61 86, www. dommuseum-frank furt.de, Di–Fr 10–17, Sa/So 11–17 Uhr) seine sakralen Schätze.

Entlang des Mains finden sich weitere exzellente Museen. Den Auftakt macht das **Jüdische Museum** (Untermainkai 14/ 15, Tel. 069/21 23 50 00, www.juedisches museum.de, Di–So 10–17, Mi bis 20 Uhr) im klassizistischen Rothschild-Palais. In den herrschaftlichen Räumen des einstigen Wohnhauses dieser Bankiersfamilie erfährt man viel über Alltagsleben und Geschichte der Frankfurter Juden bis zu ihrer Vernichtung in den deutschen Konzentrationslagern. Und es schildert die Neugründung einer jüdischen Gemeinde in Frankfurt nach 1945.

Überquert man den Main nun auf der Untermainbrücke, so gelangt man zu Frankfurts **Museumsufer**. Hier reihen sich von West nach Ost **Deutsches Architektur-Museum** (Schaumainkai 43, Tel. 069/44 53 04, www.dam-online.de, Di–So 11–18, Mi bis 20 Uhr), **Deutsches Filmmuseum** (Schaumainkai 41, Tel. 069/961 22 02 20, http://dasneuefilmmuseum.de, Di–So 10–18, Mi bis 20 Uhr) mit anspruchsvollem Programmkino und das dank seines angeschnittenen Glaskegels architektonisch auffällige **Museum für Kommunikation** (Schaumainkai 53, Tel. 069/606 00, www.mfk-frankfurt.de, Di–Fr 9–18, Sa/So 11–19 Uhr) aneinander. Es folgen das völkerkundliche **Museum der Weltkulturen** (Schaumainkai 29–37, Tel. 069/2123 59 13, www.mwk-frankfurt.de, Di–So 10–17, Mi bis 20 Uhr), das burgartige **Liebieghaus** (Schaumainkai 71, Tel. 069/65 00 49 111, www.liebieghaus.de, Di–So 10–18, Mi/Do bis 21 Uhr) mit europäischen und ostasiatischen Skulpturen sowie die Ausstellungen von Möbeln bis Mangas des **Museums für Angewandte Kunst** (Schaumainkai 17, Tel. 069/21 23 85 30, www.angewandtekunst-frankfurt.de, Di–So 10–17, Mi bis 21 Uhr).

TOP TIPP Den krönenden Abschluss bildet das **Städel Museum** (Schaumainkai 63, Tel. 069/605 09 80, www.staedelmuseum.de, www.das-neue-staedel.de, Di–So 10–18, Mi/Do bis 21 Uhr), das Meisterwerke europäischer Kunst aus sieben Jahrhunderten zeigt, seit 2011 auch im neuen Anbau. Vertreten sind Gemälde, Skulpturen und Grafiken, von dem um 1330 geschaffenen *Altenburger Altar* eines mittelrheinischen Meisters über Rembrandts *Blendung Simsons* (1636) bis zu Naum Gabos *Konstruktiver Kopf Nr. 1* von 1915 (rekonstruiert 1985) oder *Avanda Orchid Spray X 5 Green made in China* (2002) von Regula Dettwiler.

Dem Frankfurter Lokalkolorit kann man schließlich noch im östlich angrenzenden Stadtteil **Sachsenhausen** nachspüren. Dort schenken die alteingesessenen Kneipen neben rheinhessischem Silvaner und Rheingauer Riesling auch den beliebten *Ebbelwoi* (Apfelwein) aus.

ℹ Praktische Hinweise

Information

Touristinfo Römer, Römerberg 27, 60311 Frankfurt/Main, Tel. 069/21 23 88 00, www.frankfurt-tourismus.de

Hotel

Hotel am Dom, Kannengießergasse 3, Frankfurt/Main, Tel. 069/21 23 08 08, www.hotelamdom.de. Bei aller Zweckmäßigkeit sorgfältig eingerichtetes Haus beim Dom. Altstadt und Museumsufer sind gleichermaßen gut zu Fuß erreichbar.

Restaurant

Avocado, Hochstr. 27, Frankfurt/Main, Tel. 069/29 46 42, www.restaurant-avocado.de. Edle französische Küche, von einem Elsässer nahe der Alten Oper zelebriert.

Eine Reise durch sieben Jahrhunderte europäischer Kunstgeschichte bietet das Städel Museum

Zu munteren Kletterpartien lockt das Felsenmeer im Odenwälder Lautertal

80 Odenwald

Sagenhafter Wald mit Felsenmeer und Tropfsteinhöhle.

Die bewaldeten Höhen des Odenwaldes (www.odenwald.de) erstrecken sich von der alten Residenzstadt Darmstadt im Norden bis zu den Burgen des Kraichgaus im Süden, von den hübschen Weindörfern entlang des Rheins im Westen bis zum idyllischen Maintal im Osten. Bis auf 626 m steigt das **Mittelgebirge** im *Katzenbuckel* an, und nicht umsonst nannten die Römer im 1. Jh. n. Chr. ihren Truppen- und Handelsweg durch den Odenwald *Via Strata Montana*, woraus die Regionalbezeichnung **Bergstraße** entstand. Tatsächlich treten immer wieder schroffe Felsen und Kuppen aus Granit, Porphyr oder Buntsandstein an den baumbestandenen Hängen hervor und bieten Kletterfreunden die Möglichkeit zu fast schon alpinen Erlebnissen.

Auch Liebhaber des beschaulicheren Naturgenusses kommen im Odenwald auf ihre Kosten: Gut markierte Wanderrouten sowie Geopark-Lehrpfade führen zu den zahlreichen Naturschönheiten. Geradezu archaisch mutet das **Felsenmeer** (www.felsenmeer.org) im *Lautertal* nördlich von Reichenbach an. Ein *Informationszentrum* (Tel. 0173/665 69 75, www.felsenmeer-informa

tionszentrum.de, April–Okt. tgl. 10–mind. 16 Uhr) erklärt genau, wie aus einer kompakten Lavaschicht in Jahrmillionen die heute zu sehenden Felsblöcke erodierten. Beim Zentrum starten auch ausgeschilderte Wege in und um den gewaltigen Blockstrom aus Stein. Bei Buchen im Osten des Odenwaldes kann man auf einem etwa 600 m langen Pfad die **Eberstadter Tropfsteinhöhle** (Tel. 062 92/578, www.buchen.de, März/April/Sept./Okt. Di–So 10–16, Mai–Aug. tgl. 10–16, Nov.–Febr. Sa/So 13–16 Uhr) mit bizarren Stalagmiten und Stalaktiten erkunden.

Zudem ist der Odenwald reich an Geschichte, Geschichten und Kultur. Eine Version des *Nibelungenliedes* etwa lokalisiert hier die Ermordung des Helden Siegfried durch Hagen von Tronje, die genaue Stelle ist freilich unbekannt. Nicht zu übersehen ist hingegen das schöne **Renaissanceschloss Lichtenberg** (16. Jh.; Tel. 061 66/404, www.schloss-lichtenberg. de, April–Okt. Mi/Fr 15–18, Sa/So 11–18 Uhr), das über dem *Fischbachtal* thront. Es beherbergt ein interessantes *Regional- und Spielzeugmuseum*, in dem neben bäuerlichen Gerätschaften und Hausrat, Zinnfiguren-Dioramen und einer Apotheke aus dem 19. Jh. auch Gemälde des Odenwaldmalers Johannes Lippmann (1858–1935) gezeigt werden.

Vor allem im Sommer und Herbst laden in der Region viele Feste zum Mitfei-

ern ein. So z.B. der zehntägige **Erbacher Wiesenmarkt** im Juli (www.wiesenmarkt. eu), der als größtes Volksfest in Südhessen jedes Jahr mehr als eine halbe Mio. Besucher anzieht und am letzten Sonntag dieses Monats mit einem großen Feuerwerk seinen farbenprächtigen Abschluss findet. Und am letzten Oktoberwochenende verzaubern die **Märchen- und Sagentage** in *Reichelsheim* (www. maerchentage.de) nahe der sagenumwobenen **Ruine Rodenstein** (www.ruine-rodenstein.de) kleine und große Besucher.

ℹ Praktische Hinweise

Information

TouristikService Odenwald-Bergstraße, Marktplatz 1, 64711 Erbach/Odenwald, Tel. 06062/943330, www.odenwald.de

Hotel

Landgasthof Grüner Baum, Neckartalstr. 65, Beerfelden-Gammelsbach, Tel. 06068/2156, www.hotelgruenerbaum. de. Ruhig schlafen im Naturpark.

Restaurant

Kuralpe Kreuzhof, Lautertal, Tel. 06254/95150, www.kuralpe.de. Frische regionale Spezialitäten, Lamm und Forellen aus eigener Aufzucht. Hofladen und Gästezimmer anbei.

Ehen als Baugrund: Hochzeitsturm und Russische Kapelle auf der Mathildenhöhe

81 Darmstadt

Freiraum für Jugendstilkünstler und Paläontologen.

Am Nordwestrand des Odenwaldes liegt die Ende des 11. Jh. erstmals urkundlich erwähnte **Wissenschaftsstadt** Darmstadt (143000 Einw.). Mehr als drei Jahrhunderte lang, 1567–1918, prägte der Repräsentationswille der hier residierenden *Herzöge von Hessen-Darmstadt* das Stadtbild. So ließen sie 1716–27 ein Renaissancepalais zum eleganten barocken **Residenzschloss** (Marktplatz 15, Tel. 06151/24035, www.schlossmuseum-darmstadt. de, Mo–Do 10–13 und 14–17, Sa/So 10–13 Uhr) erweitern. Dessen imposante, nach dem Zweiten Weltkrieg wieder errichtete Zweiflügelanlage dominiert noch heute den *Marktplatz* der Stadt. Das *Schlossmuseum* im älteren Gebäudeteil zeigt die mit Mobiliar, Gemälden und Kunsthandwerk herrlich ausgestatteten Wohn- und Repräsentationsräume des Hofes.

Umrundet man das Schloss, kommt man zum **Hessischen Landesmuseum** (Friedensplatz 1, Tel. 06151/165703, www. hlmd.de), das nach umfassenden Sanierungsarbeiten 2012 wieder öffnen soll.

Im Nordosten der Stadt gründete Großherzog Ernst Ludwig 1899 die **Künstlerkolonie Mathildenhöhe** (Tel. 06151/132778, www.mathildenhoehe.info). Von ihm finanziert, lebten und arbeiteten hier im frühen 20. Jh. insgesamt 23 Künstler, darunter Peter Behrens, Rudolf Bosselt und Joseph Maria Olbrich. Ihre Architektur, Malerei und Plastik begründeten Darmstadts Ruf als *Stadt des Jugendstils*. Einige der Gebäude können heute besichtigt werden, etwa der 48 m hohe **Hochzeitsturm** (Olbrichweg 13, März–Okt. Di–So 10–18 Uhr) aus dunkelroten Ziegelsteinen mit grünpatiniertem, in fünf Bögen auslaufendem Dach. Der von Olbrich gestaltete Turm war das symbolische Geschenk der Darmstädter Bürgerschaft zur Hochzeit Großherzog Ernst Ludwigs 1905. Eingeweiht wurde das Bauwerk, das innen sehr schöne Fresken und Mosaike aufweist, aber erst 1908.

Der geradezu expressionistisch anmutende Turm steht in lebhaftem Kontrast zur benachbarten **Russischen Kapelle** (Nikolaiweg 18), die Zar Nikolaus II., der Schwager von Ernst Ludwig, 1897–99 hier im traditionellen Stil mit drei vergoldeten Zwiebeltürmen auf importierter russischer Erde errichten ließ. Kirchenpatronin ist die hl. Maria Magdalena, und noch heute werden hier russisch-orthodoxe Gottesdienste gefeiert.

Auf dem höchsten Punkt des Geländes befindet sich das von Olbrich als Atelier und Ausstellungshalle erbaute *Ernst-Ludwig-Haus* (1901). In seinen lichtdurchfluteten Räumen dokumentiert das **Museum Künstlerkolonie** (Alexandraweg 26, Di–So 11–18 Uhr) anhand von Werken und Modellen die Geschichte der Mathildenhöhe. Ebenso wie im zentral gelegenen **Ausstellungsgebäude** (1908; Sabaisplatz, Di–So 11–18 Uhr) finden hier auch interessante Wechselausstellungen zu Architektur, Kunst und Design des 20. und 21. Jh. statt.

Fossiliengrube Messel

Rund 10 km östlich von Darmstadt liegt in einem ehemaligen Braunkohlerevier die Fossiliengrube Messel (www.grube-messel.de), eine nur auf den ersten Blick unscheinbare Senke von etwa 800 m Durchmesser und rund 130 m Tiefe. In dem Ölschiefer des vor 49 Mio. Jahren entstandenen *Maarkratersees* bargen Paläontologen dermaßen viele gut erhaltene Fossilien, dass die UNESCO das Areal 1995 zur **Weltnaturerbestätte** erklärte. Als erstes entdeckte man 1875 einen versteinerten Alligator, danach kamen hier unzählige Insekten, Halbaffen, Schildkröten und – der Stolz der Fossiliengrube – der Abdruck eines Urpferdchens zum Vorschein, ein etwa katzengroßer Vorfahre unserer heutigen Pferde. Insgesamt fanden Forscher bislang mehrere Hundert Arten von Pflanzen, wirbellosen Tieren, Fischen, Amphibien, Reptilien, Vögeln und Säugetieren. Dokumentiert ist das alles im **Besucherzentrum** (Rossdörfer Str. 108, Tel. 06159/71759 0, tgl. 11–17 Uhr) vor Ort, von dem aus rund einstündige, sachkundig geführte Spaziergänge ins Gelände (Mo–Do 13.30 Uhr) unternommen werden.

Klein wie eine Katze und doch der Vorfahr unserer Pferde: ein Fundstück aus der Grube Messel

Größe ist nicht alles – in Worms befindet sich der kleinste der drei rheinischen Kaiserdome

ℹ **Praktische Hinweise**

Information

Darmstadt Marketing, Luisenplatz 5, 64283 Darmstadt, Tel. 06151/13 45 14, www.darmstadt-marketing.de

Restaurant

Weinwirtschaft Heiping, Hermannstr. 7, Darmstadt-Bessungen, Tel. 06151/50 16 0 70, www.heiping.de. Das sympathisch unprätentiöse Abendlokal (ab 17 Uhr) bietet frische regionale Küche und passende Weine (So geschl.).

82 Worms

> *Gestern wie heute ein Schauplatz des Nibelungen-Dramas.*

Nibelungenstadt, Domstadt, Lutherstadt – Worms (82 000 Einw.), eine der ältesten deutschen Städte, hat viele Namen. Sie bezeichnen auch die bedeutendsten Stationen ihrer Geschichte. Um 430, während der Völkerwanderungen, soll Worms für kurze Zeit Hauptstadt eines **Burgunderreiches** unter einem gewissen *Gundahar* (Gunther) gewesen sein. So zumindest berichtet es das um 1200 erstmals niedergeschriebene **Nibelungenlied**. Bereits 614 war Worms nachweislich **Bischofssitz**. Tief im kollektiven Gedächtnis der Deutschen ist der **Wormser Reichstag** 1521 verankert. Dort weigerte sich Martin Luther, seine Thesen zur Reformation der römischen Kirche zu widerrufen. Die legendären Worte »Hier stehe ich, ich kann nicht anders!« wurden ihm allerdings erst später angedichtet.

Leider hielten sich in der Geschichte Worms' solche historischen Glanzlichter mit den Schattenseiten durchaus die Waage: 1689 und 1794 etwa zerstörten französische Truppen fast die gesamte Stadt. Verheerend war außerdem das britische Bombardement in der sogenannten **Brandnacht** 1944, nach der weite Teile der Stadt zerstört waren und so gut es ging nach originalen Plänen wieder aufgebaut werden mussten.

Auf einer Anhöhe über der Altstadt thront der **Dom St. Peter** (Tel. 062 41/61 15, www.wormser-dom.de, April–Okt. tgl. 9–18, Nov.–März 10–17 Uhr). Er steht an der Stelle, an der zunächst eine kleine fränkische Kapelle, ab 1005 von Bischof Burchard eine größere Basilika errichtet worden war. 1130–81 ersetzte man auch diesen Bau, nun durch eine kreuzförmige

Basilika mit zwei halbrunden, wiederum von Rundtürmen akzentuierten Chören. Er ist zwar nach Mainz und Speyer der kleinste der drei rheinischen Kaiserdome, aber dennoch ein Prunkstück der Romanik. Überwiegend barock ist hingegen die Innenausstattung, darunter ein figurenreicher Hochaltar von Baumeister Balthasar Neumann.

Jedes Jahr im August finden vor der Kulisse des Doms die **Nibelungen-Festspiele** (www.nibelungenfestspiele.de) statt. Meist thematisieren die dann gebotenen Theaterstücke das mittelalterliche Heldenepos, wenn auch in teils moderneren Inszenierungen, mitunter kommt aber auch eigenständiger Stoff auf die Bühne, z.B. 2010 ›Teufel, Gott und Kaiser‹ um den Stauferkaiser Friedrich II.

Passend zum Festspielmotto ist in zwei Türmen der mittelalterlichen Stadtmauer das **Nibelungenmuseum** (Fischerpförtchen 10, Tel. 062 41/20 21 20, www.nibelungenmuseum.de, Di –Fr 10–17, Sa/So 10–18 Uhr) untergebracht. Über Kopfhörer erfährt man hier Inhalt und Hintergründe des Nibelungenlieds. Fotos und Filmclips machen es auch visuell erlebbar.

Spannende archäologische Grabungsfunde aus Worms und Umgebung sowie eine der umfassendsten Sammlungen römischer Gläser in Deutschland zeigt das **Museum der Stadt Worms im Andreasstift** (Weckerlingplatz 7, Tel. 062 41/94 63 90, www.museum.worms.de, Di–So 10–17 Uhr). Genauso schön wie die Exponate ist der spätromanische ehemalige Klosterkomplex selbst.

Zur reichen Vergangenheit von Worms gehört auch die seit dem 11. Jh. verbürgte jüdische Gemeinde, der die Stadt ihren einstigen Beinamen **Klein-Jerusalem** verdankt. Wo 1060 der bedeutende Gelehrte Raschi studiert haben soll, befindet sich heute das **Jüdische Museum im Raschihaus** (Hintere Judengasse 6, Tel. 062 41/853 47 01, Di–So 10–12.30 und 13.30–16.30 bzw. 17 Uhr). Anhand von Urkunden, Kultgegenständen und nachgestellten Szenarien aus dem jüdischen Leben erzählt es die fast 1000-jährige Geschichte der hiesigen jüdischen Gemeinde bis zu ihrem grausamen Ende unter dem Nazi-Regime. Heute gibt es glücklicherweise wieder jüdisches Leben in der Stadt und jedes Jahr im September finden die **Jüdischen Kulturtage Worms** mit Sonderausstellungen, Vorträgen und Konzerten statt.

ℹ️ Praktische Hinweise

Information
Tourist Information, Neumarkt 14, 67547 Worms, Tel. 062 41/250 45, www.worms.de

Hotel
Parkhotel Prinz Carl, Prinz-Carl-Anlage 10–14, Worms, Tel. 062 41/30 80, www.parkhotel-prinzcarl.de. Angenehmes Hotel in modern ausgebautem historischem Gebäudeensemble etwas nördlich der Innenstadt.

Das Innere des Wormser Doms wurde im 18. Jh. im Stil des Barocks umgestaltet

83 Lorsch

Einst bedeutende Benediktinerabtei mit geheimnisvoller karolingischer Königshalle.

Am Westrand des Odenwaldes liegt das Städtchen Lorsch (13 000 Einw.) mit seinen schönen Fachwerkhäusern, z.B. dem *Alten Rathaus* (1715) und dem früheren *Amtsgerichtsgebäude* am Kaiser-Wilhelm-Platz. Die Kleinstadt entwickelte sich um die bereits 764 gegründete **Benediktinerabtei Lorsch** (www.kloster-lorsch.de). Durch eine Schenkung gelangte sie in die Obhut Kaiser Karls des Großen, der sie Anfang des 9. Jh. nach Kräften förderte. Sein Enkel, König Ludwig ›der Deutsche‹ († 876), liegt gar in der Klosterkirche begraben. Von ihr sind allerdings nur noch drei Joche (1140) zu sehen. Seit dem 13. Jh. verlor die Abtei an Bedeutung und mit der Einführung der Reformation in der Pfalz 1556 kam ihr Ende.

Doch zumindest ein Gebäude blieb bis auf den heutigen Tag unversehrt erhalten, die 1991 von der UNESCO zum Weltkulturerbe ernannte **Königshalle** (Tel. 062 51/103 82 11, Führungen Mitte März–Okt. Di–So stdl. 11–16 Uhr, Nov.–Mitte März Sa/So stdl. 11–16 Uhr). Der reich mit Schindeln, Pilastern und Halbsäulen verzierte dreibogige Ziegelbau gilt als ›Juwel der karolingischen Renaissance‹ und stammt wohl aus dem 9. Jh. In seinem Inneren finden sich Reste karolingischer und gotischer Wandmalereien. Noch heute ist die Funktion des Baus rätselhaft. Möglicherweise diente er dem zeremoniellen Empfang von Herrschern. Interessant ist auch der nach alten Überlieferungen wieder angepflanzte **Kräuter- und Heilpflanzengarten**.

Unmittelbar gegenüber der Königshalle entpuppt sich ein unscheinbares, lang gestrecktes Gebäude als das **Museumszentrum Lorsch** (Nibelungenstr. 35, Tel. 062 51/103 82 11, Di–So 10–17 Uhr). Neben einer Ausstellung zur Klostergeschichte zeigt hier das *Museum für Volkskunde* seine Sammlung zu Alltagskultur und Wohnen in Hessen, darunter Werkstattinventare, Küchenausstattungen und Mobiliar. Daneben erinnert das *Tabakmuseum* an die Zeit von 1670–1983, als rund um Lorsch noch Tabak angebaut und verarbeitet wurde. Ausgestellt wird sogar der komplette Maschinenpark einer Zigarrenfabrik.

ℹ Praktische Hinweise

Information

Touristinfo Nibelungenland Lorsch, Marktplatz 1 (Altes Rathaus), 64653 Lorsch, Tel. 062 51/17 52 60, www.nibelungenland.lorsch.de

Restaurant

Wirtshaus Weißes Kreuz, Marktplatz 2, Lorsch, Tel. 062 51/58 66 54, www.weisses kreuz-lorsch.de. Gutbürgerliche Küche nahe der Königshalle (Mo geschl.).

Ob schon Kaiser Karl der Große in der Königshalle des Klosters Lorsch empfangen wurde?

Der Mannheimer Rosengarten bietet Raum für Messen und Kulturveranstaltungen aller Art

84 Mannheim

*Kurfürstlicher Gestaltungswille
schuf zweckmäßiges Straßenraster
und barockes Schloss.*

Mannheim (310 000 Einw.), heute die zweitgrößte Stadt Baden-Württembergs, war in den Jahren 1720–78 **Residenz der Kurpfalz**. Obwohl die Kurpfalz schon 1815 aufgelöst und zwischen Bayern und Baden aufgeteilt wurde, fühlen sich die baden-württembergischen ›Monnemmer‹ ihrer rheinland-pfälzischen Schwesterstadt *Ludwigshafen* (167 000 Einw.) sowie der ganzen Region am gegenüberliegenden, linken Ufer des Rheins bis auf den heutigen Tag eng verbunden.

Übrigens ist die **Universitätsstadt** Mannheim wahrlich eine Kopfgeburt: 1606 ließ Kurfürst Friedrich IV. am Zusammenfluss von Rhein und Neckar die Zitadelle Friedrichsburg (1622 zerstört) errichten und anstelle eines bereits seit dem Mittelalter existierenden Fischerdorfes eine stark befestigte Bürgerstadt anlegen. Die Wohnblöcke entstanden ganz nach dem Ideal der Renaissance entlang eines gitterförmigen Straßenrasters, dem Mannheim seinen Beinamen **Quadratestadt** verdankt. 1811 wurde die Zählung der Quadrate mit Buchstaben und Ziffern eingeführt. So kann es vorkommen, dass sich die Adressangabe eines Mannheimers anhört, als würde er Schiffeversenken spielen: Er wohnt in ›B 5‹ oder geht zum Geschäft in ›R 4‹.

Orientierungshilfe in diesem Raster ist das **Mannheimer Schloss** (Tel. 06 21/ 292 28 91, www.schloss-mannheim.de, Di–So 10–17 Uhr), das die Kurfürsten Karl Philipp und Karl Theodor 1720–60 als standesgemäße *Barockresidenz* am Ufer des Rheins errichten ließen. Der beeindruckende vierflüglige Bau um zwei Ehrenhöfe ist 450 m lang und umfasst eine Fläche von 6 ha. Das macht ihn nach Versailles zur zweitgrößten Barockanlage Europas. Tatsächlich war es den Bauherren wichtig, dass ihr Palast ein Fenster mehr hatte als das Schloss der französischen Könige. Ein jähes Ende fand der Prunk allerdings im Zweiten Weltkrieg, als das Mannheimer Anwesen fast komplett zerstört wurde. Heute nutzen Ämter und die Universität Mannheim die meisten der rekonstruierten Säle und Zimmerfluchten, einige der einst 500 Prachträume wie *Bibliothekskabinett* und *Rittersaal* wurden originalgetreu ausgestattet und können besichtigt werden.

Auf dem östlich der Innenstadt gelegenen **Friedrichsplatz** diente der kreisrunde *Wasserturm* (1886) des Architekten

Lange Jahre versorgte der Wasserturm Frie-drichsplatz die Mannheimer mit kühlem Nass

Gustav Halmhuber noch bis zum Jahr 2000 der Wasserversorgung Mannheims. Die Gestaltung des 60 m hohen Bau-werks aus gelbem Sandstein erinnert an römische Monumentalarchitektur. Von seinem Kupferdach aus blickt Amphitrite, die Gattin des Meeresgottes Poseidon, auf das muntere Treiben in der umliegen-den Grünanlage mit Wasserspielen. Wun-derschöne Jugendstilbauten säumen den Platz, so etwa im Norden der **Rosengar-ten** (1903; www.rosengarten-mannheim. de), in dem Kongresse und Kulturver-anstaltungen einen würdigen Rahmen finden. Im Süden wurde die **Kunsthalle** (Friedrichsplatz 4, Tel. 06 21/293 64 52, www.kunsthalle-mannheim.eu, Di–So 11–18, Mi bis 20 Uhr) aus rotem Sandstein 1907 anlässlich des 300-jährigen Stadtju-biläums errichtet. Ihr imposanter Baukör-per steht in interessantem Gegensatz zur innen gezeigten modernen Kunst. Vor allem die Skulpturensammlung glänzt mit Werken von Alberto Giacometti, Wil-helm Lehmbruck, Henry Moore u.a.

Durchquert man die Quadrate nun in westlicher Richtung, passiert man den **Paradeplatz**, den seit 1743 die *Grupello-Pyramide* ziert. Das von Gabriel Grupello 1711 für Kurfürst Johann Wilhelm geschaf-fene Brunnen-Kunstwerk stellt die ›Alle-gorie der herrschenden Tugenden‹ dar. Durch die belebte Einkaufsmeile *Breite Straße* spaziert man nach Norden zum **Marktplatz**. Seine Besonderheit ist das dominante L–förmige Gebäude aus dem 18. Jh., das einerseits das *Alte Rathaus*, andererseits die *Untere Pfarrkirche* beher-bergt, beide teilen sich den Glockenturm an der Ecke.

Das Museum Weltkulturen gehört zum Komplex der Mannheimer Reiss-Engelhorn-Museen

Im Westen der Innenstadt präsentieren die **Reiss-Engelhorn-Museen** (Tel. 0621/2933150, www.rem-mannheim.de, Di–So 11–18 Uhr) in vier Häusern kulturgeschichtliche Vergangenheit und Gegenwart sowie viel beachtete Sonderausstellungen: Das *Museum Zeughaus* (C 5) zeigt u.a. seine Sammlung Frankenthaler Porzellans, Exponate zur Musik- und Theatergeschichte sowie internationale Fotografie. Das *Museum Weltkulturen* (D 5) widmet sich der Archäologie, während das *Museum Schillerhaus* (B 5,7) multimedial vom Leben des Dichters in Mannheim erzählt. *Zephyr – Raum für Fotografie* (C 4, 9, Di–So 13–18 Uhr) ist ein Forum für zeitgenössische Fotografie. Themenübergreifende Ausstellungen zu Musik, Kunst und Weltkulturen zeigt seit Herbst 2011 das neu eröffnete *Museum Bassermannhaus für Musik und Kunst* (C 4).

Östlich der Innenstadt widmet sich das **Technoseum** (Museumsstr. 1, Tel. 0621/ 42989, www.technoseum.de, tgl. 9–17 Uhr), einst einfach Landesmuseum für Technik und Arbeit, der Geschichte der Industrialisierung. ›Wie kommt der Strom in die Steckdose?‹ ist eine der vielen Frage, die man hier experimentell ergründen kann. Als Außenstelle des Museums liegt am Neckarufer unterhalb der Kurpfalzbrücke ein **Museums-Schiff** (Tel. 0621/156575, tgl. 14–18 Uhr) von 1929 vor Anker, das die Bedeutung der Binnenschifffahrt für Mannheim dokumentiert.

ℹ Praktische Hinweise

Information

Tourist-Information, Willy-Brandt-Platz 3, 68161 Mannheim, Tel. 0621/101011, www.tourist-mannheim.de

Hotel

Mack, Mozartstr. 14, Mannheim, Tel. 0621/ 12420, www.hotelmack.de. 42 moderne Zimmer in charmantem denkmalgeschütztem Jugendstilgebäude nahe dem Nationaltheater.

Restaurant

Le Corange, O 5 (Kapuzinerplanken), Mannheim, Tel. 0621/1671133, www.res taurant-kopenhagen.de. Französisch inspiriertes Restaurant und Bar im 5. und 6. Stock eines Modehauses (So geschl.).

Vom Philosophenweg blickt man über den Neckar auf Heidelberger Altstadt und Schloss

85 Heidelberg

Lebhafte Studentenstadt am Neckar und Inbegriff deutscher Romantik.

Heidelberg (145 000 Einw.) besitzt eine wunderschöne Altstadt, die sich entlang des Neckars zwischen sanften bewaldeten Hügeln erstreckt. Schon vor ca. 600 000 Jahren siedelten die ersten Menschen in der Gegend, wie der Fund eines Unterkieferknochens des *Homo heidelbergensis* im nahen Ort Mauer beweist. *Kelten* und *Römer* ließen sich um die Zeitenwende auf dem *Heiligenberg* (445 m) am rechten Neckarufer nieder.

Die Blütezeit Heidelbergs begann im Jahr 1225, als die Wittelsbacher Pfalzgrafen bei Rhein die Region als Lehen erhielten und Heidelberg zur **Residenz** der **Kurpfalz** machte. In der Folge entwickelte sich die Stadt zu Füßen des Residenzschlosses zu einem politischen und kulturellen Zentrum, in dem Ruprecht I. bereits 1386 die später nach ihm benannte **Ruprecht-Karls-Universität** gründete – die älteste Hochschule Deutschlands. Ein jähes Ende nahm diese Glanzzeit im 17. Jh., als **französische Truppen** im Zuge des *Pfälzischen Erbfolgekriegs* das mittelalterliche Heidelberg niederbrannten. Zwar wurde die Stadt schnell und größtenteils im Stil des Barock wieder aufgebaut, doch ihre ›goldene Zeit‹ als Residenzstadt war vorüber, als Kurfürst Karl Philipp 1720 ins neu erbaute Schloss nach Mannheim umzog.

Die Literatur aber erblühte ein weiteres Mal im frühen 19. Jh.: Der oft zitierte liberale ›Heidelberger Geist‹ in Verbin-

Nur die Fassade des Ottheinrichsbaus von Schloss Heidelberg überstand das Feuer von 1764

dung mit der lieblichen Neckarlandschaft inspirierte damals junge Schriftsteller wie Clemens Brentano und Achim von Arnim, deren Werke Heidelberg als **Wiege der deutschen Romantik** berühmt machten. Und auch heute noch versprüht die Universitätsstadt mit ihren 40 000 Studenten, ihren jährlich rund 3,5 Mio. internationalen Besuchern und ihrer Vielzahl an Kneipen, Gaststätten, Bars und Kleinkunstbühnen weltoffenen Charme.

Stoisch blickt die Ruine des **Heidelberger Schlosses** (Tel. 06221/654429, www. heidelberg-schloss.de, März–Nov. tgl. 9.30 –18, Dez.–Febr. tgl. 10–17 Uhr) auf das bunte Treiben in Heidelbergs Gassen. Es geht auf eine Burg des 13. Jh. zurück und wuchs durch beständige Um- und Anbauten bis ins 16. Jh. zu einem gewaltigen *Palastkomplex*. Einige Gebäude um den zentralen Schlossplatz blieben auch nach der Zerstörung im *Pfälzischen Erbfolgekrieg* im Kern erhalten oder wurden wieder aufgebaut. Die zweigieblige markante Barockfassade des erstmals 1601–07 errichteten und um 1900 erneuerten *Friedrichsbaus* zieren 16 steinerne Standbilder

pfälzischer Kurfürsten. Gegenüber ist die *Brunnenhalle* mit gotischer Loggia auszumachen, deren römische Granitsäulen einst die Pfalz Karls des Großen in Ingelheim schmückten. Zwischen beiden ragt der *Ottheinrichsbau* von 1556–59 auf. Man sieht es dem Renaissancepalast trotz seines schadhaften Oberbaus noch an, wie prachtvoll er einst gewesen sein muss. Heute dokumentiert in seinen unteren Gemächern das *Deutsche Apotheken-Museum* (Tel. 06221/25880, www.deut sches-apotheken-museum.de, April–Okt. tgl. 10–18 Uhr, Nov.–März tgl. 10–17.30 Uhr) anhand von Mobiliar, Laborgeräten, Arzneibüchern und Rezepten die Geschichte der Pharmazie vom 17. bis zum 19. Jh.

Von der **Aussichtsterrasse** des Schlosses hat man einen herrlichen Blick auf die vorwiegend barocke **Altstadt**. Einen Rundgang beginnt man am besten auf dem **Marktplatz**, in dessen Mitte der *Herkulesbrunnen* (1706) an die Anstrengungen des Wiederaufbaus nach den Zerstörungen im 17. Jh. erinnert. Im Osten begrenzt das **Rathaus** (18. Jh.), im Westen die gotische **Heiliggeistkirche** (1398) den

Vom einstigen Stellenwert des Studiums zeugt die prächtige Alte Aula in der Universität

Platz. Die Emporen des als Grablege der pfälzischen Kurfürsten errichteten Gotteshauses bargen einst einen wahren Bücherschatz: die *Bibliotheca Palatina* der pfälzischen Kurfürsten, bestehend aus 5000 gedruckten Büchern und 3524 kostbaren Handschriften des Mittelalters und der frühen Neuzeit. 1623 wurde die gesamte Bibliothek als Kriegsbeute zu Papst Gregor XV. nach Rom verbracht, erst 1816 erhielt die Heidelberger Universitätsbibliothek (s. u.) zumindest die deutschsprachigen Handschriften zurück.

Gegenüber dem Kirchturm zieht das **Haus zum Ritter** (Hauptstr. 178) die Blicke auf sich. Der prachtvolle Renaissancebau von 1592 überstand als einziges Bürgerhaus unbeschadet Kriege und Brände späterer Jahrhunderte. Hinter der mit Säulen und Voluten reich geschmückten rötlichen Sandsteinfassade verbergen sich heute die Zimmer eines Hotels (www.ritter-heidelberg.de).

Geht man nun durch die von Geschäften und Gasthäusern gesäumte Hauptstraße Richtung Westen, erreicht man bald das Zentrum des studentischen Lebens, den *Universitätsplatz*. 1710 wurde hier das barocke Gebäude der **Alten Universität** erbaut, in dem heute das *Universitätsmuseum* (Grabengasse 1, Tel. 062 21/ 54 35 93, April–Sept. Di–So 10–18, Okt. Di–So 10–16, Nov.–März Di–Sa 10–16 Uhr) mit

Exponaten zur Geschichte der Hochschule sowie die ehrwürdige *Alte Aula* zu besichtigen sind. Im Ticket enthalten ist außerdem der Besuch des *Studentenkarzers* in der rückseitig gelegenen Augustinergasse 2. Hier wurden in den Jahren 1784–1914 straffällig gewordene Studenten verwahrt, die während ihrer Haft die Wände mit Graffiti reich verzierten.

Vorbei an der **Neuen Universität** gelangt man zur **Peterskirche** (12. Jh.), dem ältesten Gotteshaus in der Heidelberger Altstadt. Seit dem 19. Jh. dient sie als Universitätskirche und zahlreiche Professoren fanden hier ihre letzte Ruhestätte.

Direkt gegenüber wurde 1901–05 der repräsentative Sandsteinbau der **Heidelberger Universitätsbibliothek** (Mo–Fr 8.30–19, Sa/So 9–13 Uhr) errichtet, an sen Fassade architektonische Anspielungen auf Renaissance und Jugendstil zu erkennen sind. Sie bewahrt zahlreiche bibliophile Schätze, darunter den mit 137 Minnesänger-Miniaturen illustrierten *Codex Manesse* (1305–20) und die älteste Abschrift des *Sachsenspiegels* aus dem 13. Jh. (http://palatina-digital.uni-hd.de).

Für Kunst- und Kulturinteressierte lohnt außerdem der Besuch im *Barockpalais Morass* (1712). Es beherbergt das **Kurpfälzische Museum** (Hauptstr. 97, Tel. 062 21/ 583 40 20, www.museum-heidelberg.de, Di–So 10–18 Uhr) mit kunst- und stadthistorischen Sammlungen sowie archäologischen Exponaten.

Darüber hinaus sollte man auch einen Ausflug auf die der Altstadt gegenüberliegende Neckarseite unternehmen: Über die **Karl-Theodor-Brücke** (1786–88), auch **Alte Brücke** genannt, und eine steile Treppe erreicht man den in etwa 2 km auf den Heiligenberg führenden **Philosophenweg**, der zu einem Spaziergang im Grünen einlädt. Dabei bietet er immer wieder postkartenschöne Ausblicke auf Schloss und Stadt.

TOP TIPP

Hockenheim

Rund 20 km südwestlich von Heidelberg liegt Hockenheim (21 000 Einw.) am Westrand des Hardtwaldes. Die Große Kreisstadt ist in erster Linie für ihre Rennstrecke bekannt. Der **Hockenheimring** (Tel. 062 05/95 00, www.hockenheimring.net) wurde 1932 eröffnet und 2002 zum inzwischen gut 4,5 km langen Parcours umgebaut. Hier finden hochkarätige Motorsportevents statt, darunter die DTM (www.dtm.com) oder, im Wechsel mit dem Nürburgring [s. S. 191] in der Eifel, der Formel-1-Grand-Prix. Fans können das Rennfeeling auch selbst erleben, zum Beispiel als Beifahrer im *Renntaxi* (Tel. 062 05/95 01 71) oder mit den eigenen Wagen bzw. Motorrad bei *Touristenfahrten* (Tel. 062 05/ 60 05). Ein *Motor-Sport-Museum* (Tel. 062 05/95 02 12, tgl. 10–17, bei Großveranstaltungen auf der Rennstrecke auch länger) mit Rennsimulator ergänzen das Angebot.

ℹ Praktische Hinweise

Information

Tourist Information, Willy-Brandt-Platz 1 (am Hauptbahnhof), und am Marktplatz (Rathaus), 69115 Heidelberg, Tel. 062 21/ 194 33, www.heidelberg-marketing.de

Die *HeidelbergBeWelcomeCard* beinhaltet diverse Leistungen (z. B. Eintritt Schloss) und bietet Vergünstigungen in vielen Geschäften und Restaurants.

Hotel

Nassauer Hof, Plöck 1, Heidelberg, Tel. 062 21/90 57 00, www.hotel-nassauer-hof. de. Kleines unprätentiöses Altstadthotel, zu Füßen des Schlossberges gelegen.

Restaurants

Simplicissimus, Ingrimstr. 16, Heidelberg, Tel. 062 21/18 33 36, www.restaurant-simplicissimus.de. Gut speisen in Heidelbergs barocker Altstadt, wahlweise eine Weindegustation mit Menü. Im Sommer lockt der lauschige Innenhof.

Zum Roten Ochsen, Hauptstr. 217 (am Karlsplatz), Heidelberg, Tel. 062 21/209 77, www.roterochse.de. Traditionsreiches Studentenlokal mit gutbürgerlicher Küche, in dem bereits Mark Twain und Hermann Löns ihr Bier oder einen Wein tranken, schon damals begleitet vom ›Mann am Klavier‹ (Nov.–Ostern geschl.).

Bei der Deutschen Tourenwagenmeisterschaft geht es in Hockenheim rund

Auch zum Zeichen seiner königlichen Macht ließ Konrad II. den Dom zu Speyer errichten

86 Speyer

Der mächtige Kaiserdom gehört als Kulturerbe der ganzen Welt.

Es ist nicht allein ihre Größe, die eine Stadt bedeutend macht. Das zeigt sich deutlich am Beispiel von Speyer (50 000 Einw.), das aus einem im Jahr 10 v. Chr. am linken Ufer des Rheins gegründeten römischen Militärlager hervorging. Seit dem Jahr 346 ist Speyer als Bischofssitz verbürgt. Im Mittelalter war sie Freie Reichsstadt und geistiges Zentrum des salischen Königtums, wurde hier doch 1027 mit Konrad II. der erste Salier zum Kaiser gekrönt. Nur drei Jahre später ließ er am Hochufer des Rheins den Grundstein für den mächtigen **Speyerer Dom St. Maria und St. Stephan** (Tel. 06232/ 10 21 18, www.dom-speyer.de, April–Okt. tgl. 9–19, Nov.–März tgl. 9–17 Uhr) legen – ein unverkennbares Symbol seiner Macht. Allein schon die gigantischen Maße des 1061 geweihten und in den folgenden Jahrhunderten vielfach umgestalteten Gotteshauses auf kreuzförmigem Grundriss sprechen Bände: Mit 134 m Länge, knapp 38 m Breite (Langhaus) und dem im Inneren 33 m hohen

Mittelschiff ist es die größte erhaltene romanische Kathedrale der Welt. Berühmt ist die Ansicht von Osten: Die von zwei 71 m hohen Ecktürmen gerahmte halbrunde Apsis mit Zwerggalerie gilt als Musterbeispiel hochromanischer Baukunst. In der *Kaisergruft* der durch Säulen elegant gegliederten Krypta (1039) sind acht deutsche Kaiser und Könige, darunter auch Konrad II. selbst, sowie einige ihrer Gemahlinnen und mehrere Bischöfe beigesetzt. All dies hat die UNESCO dazu bewogen, den *Kaiserdom* 1981 zum **Weltkulturerbe** zu ernennen.

Vom Dom aus zum Rhein hin erstreckt sich der ausgedehnte *Domgarten*, nach Westen hin lädt die *Altstadt* zu einer ausgedehnten Erkundungstour ein. Zunächst gelangt man durch die Große Himmelsgasse zur **Dreifaltigkeitskirche** (Holzmarkt 1, www.dreifaltigkeit-speyer. de, Mi 10.30–16, So 14–17 Uhr), die 1701–17 in barocker Holzarchitektur mit passender Ausstattung errichtet wurde. Nach links geht es nun direkt auf das von Bürgerstolz kündende barocke **Rathaus** (1712–26) von Speyer zu. Es ist ein Schmuckstück der Maximilianstraße, welche schnurgerade vom Domplatz bis zum **Altpörtel** (13. Jh.; April–Okt. Mo–Fr 10–12 und 14–16, Sa/So 10–17 Uhr) führt. Mit seinen 55 m Höhe überragte dieser viereckige Torturm einst die mittelalterliche Stadtbefestigung, und noch heute kann man nach dem Aufstieg von oben herrlich weit über Stadt und Land blicken. Im 1. Stock veranschaulichen Fotos, Karten und Modelle die Entwicklung Speyers. Der höchste Turm der Stadt (100 m) aber gehört zur **Gedächtniskirche** (1893–1904; www.gedaechtniskirche.de, April–Sept. tgl. 10–12 und 14–18, sonst bis 17 Uhr). Das Gotteshaus im neogotischen Kathedralstil erhebt sich südlich der Stadtmauern am Bartholomäus-Weltz-Platz. Regelmäßig kann man hier Konzerte (Tel. 06232/676611) auf der *Kleuker-Orgel* (1979/80) genießen, der zweitgrößten mechanischen Orgel der Welt.

Auf dem Rückweg zum Dom passiert man das **Jüdische Viertel**, das sich südwestlich der Maximilianstraße erstreckt. Seit dem 11. Jh. lebte eine große jüdische Gemeinde in Speyer. Eines der bedeutendsten Zeugnisse ihres Glaubens ist in der Kleinen Pfaffengasse die im 12. Jh. erstmals erwähnte **Mikwe**, ein rituelles Kaltbad, das heute unter dem Namen **Judenbad** (tgl. 10–17 Uhr) für Besucher offen steht.

Nur wenige Schritte sind es zum **Historischen Museum der Pfalz** (Domplatz, Tel. 06232/13250, www.museum.speyer. de, Di–So 10–18 Uhr), das in einem schlossähnlichen Gebäude am westlichen Rand des Domgartens seine umfangreiche Sammlung präsentiert. Im Mittelpunkt steht dabei die *Kunst- und Kulturgeschichte der Pfalz* von der Steinzeit bis zur Gegenwart, veranschaulicht durch so wertvolle Exponate wie den ›Goldenen Hut von Schifferstadt‹ (um 1300 v. Chr.), ein virtuos verzierter Zeremonialhut. Auch der goldglänzende *Domschatz* und das *Weinmuseum* können hier besichtigt werden.

Es lohnt sich, einen Abstecher zum Rheinufer an der östlichen Seite des Domgartens zu unternehmen. Dort stellt zum einen das **Sea Life Speyer** (Im Hafenbecken 5, Tel. 06232/69780, www. sealife.de, Juli–Mitte Aug. tgl. 10–19, April–Juni und Sept./Okt. Mo–Fr 10–17, Sa/So 10–18, Nov.–März tgl. 10–17 Uhr) die Unterwasserwelt heimischer Flüsse und Seen, allen voran des Rheins, sowie tropischer Meeresregionen vor. Zum anderen hält an der benachbarten Marina eine **Wasserskischule** (Tel. 06232/71979, www.was serskischule.de, April–Okt.) Powerboote und Jetski bereit, wahlweise laden an der Rheinuferpromenade mehrere **Fahrgastschiffe** (z.B. Tel. 06232/71366, www.perso nenschifffahrt-streib.de, Ostern–Okt.) zu ruhigeren Ausflügen auf dem Rhein ein.

TOP TIPP Dabei kann man einige der sehr schönen **Altrheinarme** befahren, die seit dem 19. Jh. durch Rheinbegradigungen entstanden. Nördlich der Stadt erstreckt sich beispielsweise die sog. **Reffenthaler** bzw. **Angelhofer Altrhein**, dessen ruhige Wasser von stimmungsvollen Auwäldern mit Eschen, Pappeln, Eichen und Weiden gesäumt sind.

Die um das Jahr 1039 vollendete Krypta ist das älteste Bauteil des Speyerer Domes

Von der Natur überreich gesegnet ist das Weinland um das Hambacher Schloss

ℹ Praktische Hinweise

Information

Tourist-Information, Maximilianstr. 13 (neben Hist. Rathaus), 67346 Speyer, Tel. 06232/14 23 92, www.speyer.de. Verkaufsstelle der günstigen *SpeyerCARD*.

Hotel

Domhof, Bauhof 3, Speyer, Tel. 06232/132 90, www.domhof.de. 49 historisch eingerichtete Gästezimmer im efeuumrankten ehemaligen Reichskammergericht in der Altstadt.

87 Neustadt an der Weinstraße

Wiege der Deutschen Weinkönigin und der deutschen Demokratie.

Im südlichen Pfälzerwald nahe der Grenze zum Elsass umgeben romantische Weinberge die 30 000-Seelen-Gemeinde Neustadt an der Weinstraße. Stadt und Rebhänge sind wahrlich von der Sonne verwöhnt, die hier durchschnittlich 1850 Stunden im Jahr scheint. In dem milden Klima gedeihen sowohl erstklassiger **Weißburgunder** als auch seltenere Weinsorten wie Gewürztraminer, Scheurebe oder Rieslaner, sowie Mandeln, Feigen, Kiwis und sogar Limonen. Solch großzügige Gaben der Natur müssen gefeiert werden, und so sind in der Region zwischen Bad Dürkheim und Neustadt die Wochenenden von Frühling bis Herbst mit Mandelblüten- und Maifesten, Kerwen und Mundarttagen und vor allem natürlich **Weinfesten** fast völlig aus-

Vor dem Hambacher Schloss forderten 1832 Studenten ein freies und geeintes Deutschland

gebucht. Höhepunkt ist jedes Jahr Anfang Oktober das **Deutsche Weinlesefest** in Neustadt, bei dem die *Deutsche Weinkönigin* gekrönt wird.

Darüber hinaus lädt die hübsche **Altstadt** von Neustadt zu einem Spaziergang ein, der bei gutem Wetter auch das nahe Umland einschließen kann: Nach Westen etwa führt der ausgeschilderte aussichtsreiche *Sonnenweg* ins *Speyerbachtal,* über dessen Eingang die **Ruine Wolfsburg** thront. Die Festung diente ab dem 12. Jh. der Sicherung der Talstraße nach Kaiserslautern und wurde im Dreißigjährigen Krieg zerstört. Heute zeigt eine gehisste Flagge an schönen Sommerwochenenden die Öffnung der Burgschänke im Gewölbekeller an.

Auch für längere **Wanderungen** durch den Pfälzerwald und für **Radtouren** in der oberrheinischen Tiefebene ist Neustadt ein geeigneter Ausgangspunkt.

Malerisch erhebt sich das historisch so bedeutende **Hambacher Schloss** (Tel. 063 21/92 62 90, www.hambacher-schloss. de, April–Okt. tgl. 10–18, Nov.–März 11–17 Uhr), auf dem 325 m hohen *Schlossberg* im Wald über den Neustädter Rebhängen. Bereits im 11. Jh. gab es hier eine Burg der salischen Kaiser, die im Mittelalter immer weiter ausgebaut wurde. Während der Bauernaufstände im 16. Jh. und der Pfälzischen Erbfolgekriege im 17. Jh. wurde die Festung jedoch geplündert und zerstört. Bedeutsam wurde die Ruine

erst wieder, als am 27. Mai 1832 etwa 30 000 Studenten, Liberale und Demokraten zu ihr hinaufzogen, um dort vier Tage lang das **Hambacher Fest** zu feiern. Im Zentrum dieser als Picknick-Ausflug getarnten politischen Demonstration stand die Forderung nach einem freien und vereinten Deutschland. Seither gilt das Hambacher Schloss als ›Wiege der deutschen Demokratie‹. 1982, 150 Jahre nach dem Hambacher Fest, begann der Wiederaufbau des Schlosses sowie in den 1990er-Jahren die Einrichtung einer multimedialen Ausstellung zur ›Geburtsstunde der Demokratie in Deutschland‹ (www.demokratiegeschichte.eu). Überaus lohnend ist auch der weite Blick von der *Besucherterrasse* über das schöne Rheintal.

i Praktische Hinweise

Information

Tourist Information, Hetzelplatz 1, 67433 Neustadt an der Weinstraße, Tel. 063 21/ 92 68 92, www.neustadt.pfalz.com

Restaurant

Netts Restaurant & Landhaus, Meerspinnstr. 46 Neustadt-Gimmeldingen, Tel. 063 21/601 75, www.nettsrestaurant.de. Einfach gut. Feine Weine und französisch inspirierte Speisen lohnen den Ausflug in die Weinberge. Sehr schön auch Garten und Terrasse (Mo und Di geschl.).

Im Dahner Felsenland ragen immer wieder schroffe Felswände aus dem Pfälzerwald empor

88 Naturpark Pfälzerwald

*Bewanderswerte ›Grüne Lunge‹
von Rheinland-Pfalz.*

Die beeindruckend große Waldfläche (177 000 ha) des Pfälzerwaldes (www.pfaelzerwald.de) nimmt fast ein Drittel des Bundeslandes Rheinland-Pfalz ein. Das Mittelgebirge, dessen höchste Erhebung

Hier speiste der Gehörnte höchstpersönlich: der Teufelstisch bei Hinterweidenthal

der **Große Kalmit** (673 m) ist, erstreckt sich westlich von Speyer bis zu den französischen Nordvogesen.

In diesem grünen Paradies mit seinen z.T. uralten Bäumen, bizarr geformten Felstürmen und klaren Bächen finden Wanderer und Radfahrer ein gut ausgeschildertes Wegenetz (www.wanderportal-pfalz.de, http://cms.pfalz-radtouren.de), das Naturschönheiten und Kulturschätze gleichermaßen erschließt. Im Westen kann man auf den Spuren mittelalterlicher Ritter wandeln. Etwa nahe Erlenbach bei einem Besuch der **Felsenburg Berwartstein** (www.burg-berwartstein.de), in der im 15. Jh. der berüchtigte Raubritter Hans Trapp hauste. Von März bis Oktober sind Führungen möglich, die Burggaststätte lädt zur Ruhepause. Oder man steigt etwas weiter südwestlich zwischen Nothweiler und Schönau au 572 m zur Ruine der **Wegelnburg** (13. Jh.), der höchstgelegenen Festungsanlage der Pfalz, mit großartigem Ausblick.

Nahe der französischen Grenze bietet das **Dahner Felsenland** reichlich Felsnadeln und -wände zum Klettern. Der *Teufelstisch* bei Hinterweidenthal zählt zu den erstaunlichsten Felsformationen der Region. Wassersportler kommen im Norden des Pfälzerwaldes nahe Mannheim auf ihre Kosten: Der 112 ha große **Silbersee** bei Bobenheim-Roxheim begeistert Surfer, Segler und Badefreunde.

ℹ Praktische Hinweise

Information

Tourist Information Dahner Felsenland, Schulstr. 29, 66994 Dahn, Tel. 063 91/ 919 62 22, www.dahner-felsenland.de

Hotel

Altes Landhaus, Hauptstr. 37, Freinsheim, Tel. 063 53/936 30, www.altes-landhaus. de. Hotel und Weingut in einem historischen Gutshof nahe der netten Altstadt im Nordosten des Naturparks.

89 Saarbrücken

Französische Lebensart im äußersten Westen Deutschlands.

Kelten, Römer und Franken hinterließen in den Jahrhunderten vor und nach Christi Geburt ihre Spuren entlang der Saar. Erst im Jahr 925 wurde das in viele Kleinterritorien zergliederte Gebiet Teil des Heiligen Römischen Reiches. Im 17. Jh. gewann Frankreich zunehmend Einfluss auf die Herrscherhäuser, 1680 wurde das heutige **Saarland** erstmals französisch. Es folgten Jahrhunderte, in denen die rohstoffreiche Region zum Zankapfel und Spielball von Deutschen und Franzosen wurde. Erst nach einer Volksabstimmung 1957 kam das Saarland (1 Mio. Einw.) als elftes Bundesland zur Bundesrepublik Deutschland.

Die Landeshauptstadt **Saarbrücken** (175 000 Einw.) entwickelte sich um die 999 erstmals erwähnte Burg *Sarrabrucca* am linken Ufer der Saar. Im 17. Jh. stand an der Stelle der mittelalterlichen Festung ein Renaissanceschlösschen, das der Architekt Friedrich Joachim Stengel Mitte des 18. Jh. im Auftrag von Fürst Wilhelm Heinrich von Nassau-Usingen durch eine standesgemäße Barockresidenz ersetzte. Seit einem Umbau im Jahr 1989 präsentiert sich dieses **Saarbrücker Schloss** (Tel. 06 81/506 13 13, Mo–Fr 8.30–16, Sa/So 10–18 Uhr, Führungen Sa/So 15 Uhr), das heute Verwaltungs- und Veranstaltungsräume beherbergt, als imposante Dreiflügelanlage mit gläsernem Mittelbau.

Nebenan gewährt das **Historische Museum Saar** (Tel. 06 81/506 45 01, www. historisches-museum.org, Di/Mi, Fr und So 10–18, Do 10–20, Sa 12–18 Uhr) tiefe Einblicke in die Vergangenheit. Hier steigt man hinab in die bei der Anlage des Schlossplatzes 1750 überbauten Wehranlagen der mittelalterlichen Burg, vorbei an einer Schießkammer (15. Jh.) und in die Kasematten aus der Renaissance. Weitere Ausstellungsbereiche, nun aber überirdisch, haben die wechselvolle Geschichte des Saarlandes im 20. Jh. zum Thema.

Eine weitere Stätte der Erinnerung, den **Platz des unsichtbaren Mahnmals** (1990–93), betritt man auf dem Schlossplatz selbst: In Gedenken an die Schrecken des Dritten Reichs meißelte der Künstler und Kunstprofessor Jochen Gerz gemeinsam mit Saarbrücker Studenten die Namen aller bis 1933 in Deutschland

Saarbrückens Ludwigskirche beweist, dass auch Protestanten barock zu bauen wussten

existierenden jüdischen Friedhöfe auf die Unterseite von 2146 der hier gelegten Pflastersteine.

Im ehemaligen *Kreisständehaus* (Nr. 16) im Süden des Schlossplatzes sind zwei Abteilungen des **Saarlandmuseums** (Tel. 06 81/95 40 50, www.saarlandmuseum.de, Di–So 10–18, Mi bis 22 Uhr) untergebracht: Die *Alte Sammlung* zeigt Gemälde des 16.–19. Jh., das *Museum für Vor- und Frühgeschichte* (www.fruehgeschichte.de) ist besonders stolz auf sein ca. 2400 Jahre altes keltisches Fürstinnengrab von Rheinheim und die Stücke aus der Römischen Kaiserzeit (1.–5. Jh. n. Chr.). Einen wunderbaren Rahmen für die *Mittelaltersammlung* sakraler Kunst des Museums bildet die zum Museum gehörende benachbarte *Schlosskirche* (15. Jh.) mit ihren 26 farbigen Meistermann-Fenstern (1956–58) und den barocken Fürstengräbern.

Durch die Schlossstraße gelangt man nun in nordwestlicher Richtung zur **Ludwigskirche** (1762–75; www.ludwigskirche. de, Di–So 10–17 Uhr), einem barocken Meisterwerk von Friedrich Joachim Stengel. Das evangelische Gotteshaus hat den Grundriss eines griechischen Kreuzes, im Westen überragt es der stumpfe Kirchturm. Im stuckverzierten lichtdurchfluteten Inneren sind u. a. die *Karyatiden*, figurale Gebälkträgerinnen, bemerkenswert, auf deren Schultern die Last der eingezogenen Emporen ruht.

Jenseits der Alten Brücke liegt der hübsche historische Stadtteil **St. Johann**.

Fernwandern zwischen Saar und Hunsrück

Natürliche und kulturelle Vielfalt findet sich reichlich entlang dem 184 km langen **Saar-Hunsrück-Steig** (www. saar-hunsrueck-steig.de). Ein günstiger Start wäre hier am Aussichtspunkt *Cloef*, hoch über der Saarschleife bei Mettlach. Bergauf und bergab führt der Weg über die aussichtsreichen Höhen des Hunsrück, durch romantische Bachtäler und schattige Wälder, über Felsen und Streuobstwiesen ins 142 km entfernte Edelsteinzentrum *Idar-Oberstein* im Nahetal. Geübte können nahe Hermeskeil auch den **Keller Steg** Richtung Norden wählen. Durchs Riveris- und Ruwertal erreichen sie dann nach etwa 45 km die Römerstadt *Trier*.

Ein besonders malerischer Altstadtwinkel ist hier die **Fröschengasse** nahe des Stadtgrabens, die mit ihren restaurierten barocken Handwerker- und Arbeiterhäusern, den lauschigen Innenhöfen und den putzigen Wirtschaften geradezu Puppenstubencharme verströmt. Ähnlich pittoresk präsentiert sich der zentrale **St. Johanner Markt**, ein lebhafter Platz, der sich rund um einen barocken *Marktbrunnen* (Entwurf Stengel, 1759) erstreckt.

Von hier aus ist es nicht weit zur Basilika **St. Johann** (www.basilika-saarbruecken.de, tgl. 9.30–17 Uhr), die in den Jahren 1754–58 wiederum nach Plänen Stengels errichtet wurde. Der barocke Kirchenbau ist relativ schmal, zumal im Zusammenwirken mit dem gedrungen wirkenden Turm über dem Eingangsportal, dessen Bronzetür und Handläufe der einheimische Künstler Ernst Alt 1986 gestaltete. Dank der hervorragenden *Orgel* mit drei selbststständigen Werken sind in St. Johann immer wieder ausgezeichnete *Orgelkonzerte* zu hören.

Schlendert man nun durch die Bismarkstraße Richtung Südwesten, erreicht man die **Moderne Galerie** des **Saarlandmuseums** (Tel. 06 81/996 40, www.saarlandmuseum.de, Di–So 10–18, Mi bis 22 Uhr). Der kubische Bau aus den 1960er-Jahren beherbergt schwerpunktmäßig Werke der Berliner Secession etwa von Max Liebermann und Max Slevogt sowie Gemälde des deutschen Expressionismus.

Völklingen

Etwa 10 km westlich von Saarbrücken wird in Völklingen (40 000 Einw.) bis auf den heutigen Tag Steinkohle abgebaut und Stahl gekocht. Die hier ansässige Saarstahl AG produziert konzernweit jährlich mehr als 1,34 Mio. t Rohstahl und ist einer der weltweit führenden Hersteller von Drahten und Stäben. Von der Geschichte des Unternehmens kündet inmitten der Stadt die bereits 1873 gegründete **Völklinger Hütte** (Tel. 068 98/ 910 01 00, www.voelklinger-huette.org, Mitte März–Okt. tgl. 10–19, Nov.–Mitte März tgl. 10–18 Uhr), ein ausgedehntes Hüttenwerk mit sechs Hochöfen, weithin sichtbarem Erzschrägaufzug, Wasserturm und Gebläsehalle, das zu seiner Blütezeit im Jahr 1965 rund 17 000 Arbeiter beschäftigte. Doch dann kam die Stahlkrise und seit 1986 liegt die Anlage still, wurde aber als beeindruckendes Industriedenkmal erhalten, das seit 1994 zum *UNESCO Weltkulturerbe* zählt. Mehr als

Die Völklinger Hütte bei Nacht: So bunt kann es bei der Stahlproduktion zugehen

200 000 Menschen besuchen jedes Jahr das moderne Industriemuseum und erleben im Ideenlaboratorium, auf Geländeführungen und Aussichtsplattformen, in innovativen Kunstausstellungen und dem ScienceCenter *Ferrodrom* die Faszination von Feuer und Eisen.

ℹ Praktische Hinweise

Information

Tourist Information, Rathausplatz 1, 66111 Saarbrücken, Tel. 06 81/93 80 90, www.die-region-saarbruecken.de

Tourismus Zentrale Saarland, Franz-Josef-Röder-Str. 17, 66119 Saarbrücken, Tel. 06 81/92 72 00, www.tourismus.saarland.de

Im Preis für die *Saarland & Rheinland-Pfalz Card* (www.rlpcard.de) ist die Nutzung des saarVV in den Großwaben Saarbrücken und Völklingen enthalten.

Außerdem ermöglicht die Karte Schifffahrten auf Rhein, Mosel und Saar sowie freien Eintritt zu 168 Kultur- und Freizeiteinrichtungen im Saarland und in Rheinland-Pfalz, von der Völklinger Hütte bis zur Erlebniswelt Nürburgring.

Hotel

Domicil Leidinger, Mainzer Str. 10, Saarbrücken, Tel. 06 81/932 70, www.domicil-leidinger.de. Stilvolles kleineres Tagungshotel im Ostviertel mit teils fernöstlich inspirierten Themenzimmern. Feines Restaurant im Haus; regelmäßig Dinnertheater.

Restaurant

Gaststätte Gemmel, Kappenstr. 2–4, Saarbrücken, Tel. 06 81/859 16 88, www.gemmel-sb.de. Bistro-Charme und frische französisch-mediterrane Küche im Altstadtviertel St. Johann. Terrasse. Weinprobe möglich (So geschl.).

Süddeutschland –
barocke Pracht und stille Wälder

Den Süden Deutschlands bilden die beiden flächengrößten Bundesländer **Bayern** und **Baden-Württemberg**. Zwischen der hoch aufragenden Alpenkette im Süden und den Fränkischen Waldbergen im Nordosten befinden sich hier einige der beliebtesten Ferienregionen Deutschlands.

Wanderer und Skifahrer schätzen die **Bayerischen Alpen** zwischen *Oberstdorf* und *Berchtesgaden*, hier warten *Zugspitze*, *Watzmann*, *Nebelhorn* und *Grünten* auf Gipfelstürmer. Das liebliche grüne Voralpenland verzaubert mit malerischen Orten wie *Wangen* und *Isny* im Allgäu, *Garmisch-Partenkirchen* im Werdenfelser Land und *Oberammergau* im Tal der Ammer. Unübertreffliche Akzente setzen die Königsschlösser *Neuschwanstein*, *Hohenschwangau* und *Linderhof*.

Ein wahrer Landschaftsgarten ist die historisch gewachsene Kulturlandschaft um den **Bodensee**. Obstgärten und Weingüter säumen seine Ufer, und auf der *Insel Mainau* blühen fast das ganze Jahr über die Blumen. Die Städte am See, *Lindau* am bayerischen, *Konstanz* am badischen Ufer, begeistern mit ihren bestens erhaltenen Altstädten. Emsige Geschäftigkeit herrscht weiter nördlich in **Stuttgart**, Heimat der Autohersteller Daimler und Porsche, deren Geschichte zwei opulente Museen aufbereiten.

Der **Schwarzwald**, das höchste Mittelgebirge Deutschlands, ermöglicht herrliche Naturerlebnisse, etwa bei Wanderungen zum *Feldberg* oder durch die *Wutachschlucht*. In *Baden-Baden* am Rande des Schwarzwalds kann man sich sodann in mondäner Kuratmosphäre erholen.

Eine Alternative zum Schwarzwald bilden **Oberpfälzer** und **Bayerischer Wald**, die sich entlang der deutschen Grenze zu Tschechien ausbreiten. Wer Ruhe und Abgeschiedenheit sucht, ist hier richtig. Gleichzeitig gibt es auch in dieser Region faszinierende Städte zu entdecken, etwa das mittelalterliche **Regensburg** oder die barocke Bischofsstadt **Passau**.

Weiter im Norden lockt die Region Franken. Auch in der **Fränkischen Schweiz** kommen Wanderer und Kletterkünstler auf ihre Kosten, finden sich hier doch anspruchsvolle Felsen, die nur dazu geschaffen scheinen, erklommen zu werden. **Nürnberg**, die zweitgrößte Stadt Bayerns, prunkt mit der Kaiserburg über der Stadt und zur Adventszeit mit dem Christkindlesmarkt. In **Bayreuth** weht bis heute der Geist Richard Wagners durch die Straßen, und **Bamberg**, von der UNESCO zum Weltkulturerbe erhoben, begeistert sowohl durch die Schönheit seiner Altstadt, als auch mit der Kunstfertigkeit der hiesigen Bierbrauer. **Rothenburg ob der Tauber** gilt als Inbegriff schwärmerischer Mittelalterromantik, ganz im Zeichen des Barock steht dagegen die nur wenig nördlich gelegene Residenzstadt **Würzburg**. Und von **Aschaffenburg** mit seinem fürstlichen Schloss ist es nicht weit zu den ausgedehnten Wäldern des **Spessart**.

Schloss Neuschwanstein in Schwangau im Allgäu ist das ›Märchenschloss‹ König Ludwigs II.

90 Stuttgart

Blühende Schwabenmetropole zwischen Killesberg und Kunstmuseum.

Vermutlich war es Schwabenherzog Liutolf, der um das Jahr 950 im Talkessel nördlich der Filderebene ein Gestüt gründete. Rund um diesen günstig am Neckar gelegenen ›Stuten-Garten‹ entwickelte sich bald eine Siedlung – das heutige Stuttgart (607 000 Einw.), die **Landeshauptstadt** von Baden-Württemberg. Stuttgarts politischer Stern stieg im Jahr 1316, als Graf Eberhard I. von Württemberg begann, die Stadt zu seiner **Residenz** auszubauen. Die Württemberger Herzöge und – seit ihrer Rangerhöhung durch Napoleon 1806 – Könige folgten seinem Beispiel in den folgenden Jahrhunderten. 1829 erhielt die repräsentative Landeshauptstadt, in der auch *Friedrich Schiller*, *Wilhelm Hauff* und *Eduard Mörike* zumindest zeitweilig in Lohn und Brot standen, eine **Universität**.

Mit der Gründung bedeutender Unternehmen wie Bosch (1886), Daimler (1890) und Porsche (1931) wuchs sie im 19./20. Jh. schließlich zur **Industriemetropole** heran. Ein jähes Ende nahm dieser Aufschwung durch alliierte Luftangriffe im Zweiten Weltkrieg. Was damals an historischer Bausubstanz übrig gebliebenen war, fiel in den 1950er- und 60er-Jahren meist dem systematischen Ausbau Stuttgarts zu einer modernen, **autogerechten Stadt** zum Opfer. Einige wenige historische Gebäude finden sich nur noch rund um den zentralen **Schlossplatz** mit Springbrunnen, Musik-Pavillon und einer 30 m hohen Säule (1841), auf die eine Figur von Concordia, die römische Göttin der Eintracht, thront.

Seit 1863 blickt die Göttin der Eintracht von der für König Wilhelm I. errichteten Jubiläumssäule über den Stuttgarter Schlossplatz

›Keltenfürsten‹ von Hochdorf, schwäbische Skulpturen und Altäre sowie der württembergischen Kronschatz.

Freunden kulinarischer Genüsse sei nun ein Abstecher in die benachbarte Jugendstil-**Markthalle** (1911–14; Dorotheenstr. 4, Mo–Fr 7–18.30, Sa 7–16 Uhr, www.markthalle-stuttgart.de) mit ihrem reichen Angebot erlesener Lebensmittel empfohlen. Gestärkt folgt man nun der Dorotheenstraße nach Nordwesten und gelangt nach wenigen Metern zurück zum **Schillerplatz** mit dem Schillerdenkmal (1839) des dänischen Bildhauers Bertel Thorvaldsen sowie zur **Stiftskirche** (ab 12. Jh.; Tel. 07 11/284 76 95, Mo–Do 10–19, Fr/Sa 10–16, So ca. Mittag–18 Uhr, www.stiftskirche.de) mit ihren zwei ungleichen Türmen. Im Inneren dieses ältesten Gotteshauses Stuttgarts fanden die Grafen von Württemberg ihre letzte Ruhestätte.

Wer sich für moderne Kunst interessiert, kann jetzt durch die Fußgängerzone **Königstraße** zum Schlossplatz zurückkehren und das **Kunstmuseum** (Tel. 07 11/216 21 88, www.kunstmuseum-stuttgart.com, Di, Do–So 10–18, Mi/Fr 10–21 Uhr) im Glaskubus besuchen. Die Stuttgarter Kunstsammlung spannt einen weiten Bogen von der südwestdeutschen Kunst des ausgehenden 18. Jh. über den deutschen Expressionismus – ein Schwerpunkt ist Otto Dix – bis hin zu Werken des 20. und 21. Jh., etwa von Joseph Kosuth, Dieter Roth, Rebecca Horn. Nebenan begrenzt die Kolonnade des **Königsbaus** (1856–60) den Schlossplatz. Der spätklassizistische Komplex diente einst u.a. als Ball- und Konzerthaus, heute beherbergt er zahlreiche Geschäfte, Restaurants und Cafés. Schon vom Königsbau aus sieht man den goldglänzenden Hirsch auf dem Kuppeldach des **Württembergischen Kunstvereins** (Schlossplatz 2, Tel. 07 11/22 33 70, www.wkv-stuttgart.de, Di, Do, Sa/So 11–18, Mi/Fr 11–20 Uhr). Das Jugendstilgebäude beherbergt Wechselausstellungen zeitgenössischer Kunst und das *Café Künstlerbund* (www.kuenstlerbund-stuttgart.de).

Durch den Oberen Schlossgarten und vorbei am dunkel verglasten **Landtag** (1957–61; www.landtag-bw.de) sowie dem mit Säulen geschmückten *Opern- und Schauspielhaus* (1909–12) des renommier-

Allen voran ist hier im Osten die zweiflügelige Barockanlage des **Neuen Schlosses** zu nennen, dessen Bau Herzog Carl Eugen von Württemberg 1746 in Auftrag gab. 1807, ein Jahr nachdem Napoleon Herzog Friedrich zum König erhoben hatte, war es fertiggestellt. Großteils nutzt es heute die Landesregierung, im im Keller des Südflügels aber zeigt das zum Landesmuseum (s.u.) gehörende *Römische Lapidarium* (Di–So 10–17 Uhr) römische Skulpturen, Altäre und Inschriftensteine. Es gehört zum *Landesmuseum Württemberg* (Schillerplatz 6, Tel. 07 11/89 53 51 11, www.landesmuseum-stuttgart.de, Di–So 10–17 Uhr), das wenig südlich im **Alten Schloss** (1553–78) beheimatet ist. Hier sind um einen romantischen Arkadenhof Exponate zur Geschichte der Region zu sehen, darunter Kunstwerke von eiszeitlichen Höhlenbewohnern der Schwäbischen Alb, die Grabbeigaben des

ten Stuttgarter **Staatstheaters** (www.staaatstheater.stuttgart.de), gelangt man nun zur verkehrsreichen Konrad-Adenauer-Straße. Auf der gegenüberliegenden Seite ist die **Staatsgalerie** (Konrad-Adenauer-Str. 30–32, Tel. 0711/4704 0250, www.staatsgalerie.de, Mi–So 10–18, Di/Do 10–20 Uhr) ein wahrer Besuchermagnet. Der klassizistische *Altbau* (1843) des Museumskomplexes ist Sonderausstellungen und zeitgenössischer Kunst, z.B von Penck, Kiefer oder Baselitz gewidmet. Internationale Kunst vom 13.–19. Jh. finden sich im *Neubau* (1984), der nicht zuletzt wegen seines grellgrünen Noppenbodens im Foyer schnell bekannt wurde. Der jüngste *Erweiterungsbau* (2002) umfasst die Rotunde mit Statuen, Graphischer Sammlung und Graphik-Kabinett.

Ein Juwel unter den völkerkundlichen Sammlungen funkelt im Nordwesten der Innenstadt: Im **Linden-Museum** (Hegelplatz 1, Tel. 0711/20223, www.lindenmuseum.de, Di–So 10–17, Mi 10–20 Uhr) erfährt man Wissenswertes zu den Weltregionen, kann durch den Nachbau einer afghanischen Bazarstraße schlendern oder afrikanische Sportarten kennen lernen.

Auf den Spuren der Moderne wandelt man auf dem *Killesberg*, der sich im Norden der Stadt erhebt. Hier entstand unter der Leitung des Bauhaus-Architekten Ludwig Mies van der Rohe aus Anlass der Werkbundausstellung von 1927 die **Weißenhofsiedlung** – 63 mustergültige mo-

derne Großstadtwohnungen. Das **Weißenhofmuseum** (Rathenaustr. 1, Tel. 0711/2579187, www.weissenhofmuseum.de, Di–Fr 11–18, Sa/So 10–18 Uhr) im Le Corbusier-Doppelhaus informiert mit Bildern, Büchern und Texten über Architekten und Siedlung. Eine Haushälfte besitzt noch die Originalausstattung der Werkbundausstellung.

Wem der Sinn nach buntem Trubel, Bierzeltgaudi und Karussellreigen steht, ist vom letzten September- bis zum zweiten Oktoberwochenende im Stuttgarter Stadtteil Bad Cannstatt genau richtig: Dann ziehen feierfreudige Massen – je des Jahr 4–5 Mio. Menschen – auf den **Cannstatter Wasen** (www.cann statter-volksfest.de), ein riesengroßes Volksfest, das seit 1818 am Ufer des Neckars stattfindet.

Ausflug

Ein lohnender Ausflug führt südwestlich Richtung Botnang zum **Schloss Solitude** (Tel. 0711/6966 99, www.schloss-solitude.de, April–Okt. Di–Sa 10–12 und 13.30–17, So 10–17, Nov.–März Di–Sa 13.30–16, So 10–16 Uhr), das Herzog Carl Eugen 1763–67 als Eremitage auf einer waldumgebenen Anhöhe erbauen ließ. Nicht nur die verspielte Rokokoarchitektur und die opulent mit Fresken, Stuck und Mobiliar ausgestatteten Räume sondern auch der Blick auf das Umland bezaubern seine Besucher.

Moderne Architektur für zeitgenössische Kunst: die Neue Staatsgalerie Stuttgart

Mercedes-Benz feiert seine automobile Tradition in einem postmodernen Museumsbau

Auto-Tempel: die Museen von Mercedes und Porsche

Wie erklärt man seinem Kunden, dass er den Gegenwert einer Eigentumswohnung auf den Tisch legen soll, um ein Auto zu erwerben? Natürlich helfen Hinweise auf Klimaanlage und Sitzheizung, ABS und ESP, Beschleunigung und Laufruhe. Doch damit ist es nicht getan in Zeiten, da Image (fast) alles ist. Denn der moderne Autokäufer erwartet nicht nur technische **Perfektion**, sondern verlangt auch ein Automobil, das ein bestimmtes **Lebensgefühl**, bestimmte Werte verkörpert. Wie die Traditionshersteller Mercedes-Benz und Porsche das vermitteln, kann man in den spektakulären Museen der beiden Autokonzerne erleben.

In unmittelbarer Nachbarschaft zur Mercedes-Benz-Arena (ehemals Gottlieb-Daimler-Stadion) verweist die Fassade des **Mercedes-Benz-Museums** (Mercedesstr. 100, Tel. 07 11/173 00 00, www.museum-mercedes-benz.com, Di–So 9–18 Uhr) auf die Modernität des Unternehmens und seiner Automobile: Elegant gebogen, von Fensterfronten durchsetzt und aluminiumglänzend, scheint sie direkt einem Computer entsprungen zu sein. Im Inneren, in den programmatisch ›Mythosräume‹ genannten Ausstellungssälen, erlebt der Besucher dann eine Zeitreise durch die Geschichte von Mercedes-Benz, die zugleich als Geschichte des Automobils an sich inszeniert wird. All die wegweisenden Erfindungen der Ingenieure werden gezeigt, polierte Fahrzeuge aus allen Epochen illustrieren die Unternehmensgeschichte. So geht es von Stockwerk zu Stockwerk durch die Jahrzehnte bis zum Höhepunkt des Museums, der Sammlung legendärer Silberpfeile und hochgerüsteter Formel-1-Boliden der Gegenwart.

Auch Porsche platzierte sein neues **Porsche Museum** (Porscheplatz 1, Tel. 07 11/91 12 09 11, Di–So 9–18 Uhr) am Firmenstandort im nördlichen Vorort Zuffenhausen. Seine Architektur ist von ähnlicher Modernität wie die der Stuttgarter Konkurrenz. Teils auf Stelzen schwebend und sich keilförmig verjüngend, verkörpert das silbrig-weiße Bauteil eine Wucht, wie – nun ja, wie ein Porsche-Fahrzeug beim Beschleunigen. Innen ergänzen Kleinexponate die Hauptattraktion des Hauses: in einer Galerierampe schreitet man an rund 80 klassischen Sportwagen mit dem steigenden Pferd auf der Kühlerhaube aufwärts, darunter 356, 550, 911 und 917 sowie das weltweit erste Hybridauto aus dem Jahr 1900.

Ob Herzog Carl Eugen im Schloss Solitude tatsächlich die Einsamkeit des Waldes suchte?

ℹ **Praktische Hinweise**

Information

i-Punkt, Königsstr. 1a, 70173 Stuttgart, Tel. 0711/22280, www.stuttgart-tourist.de.

Hier sind die Gutscheinhefte *StuttCard* und *StuttCard plus* (3 Tage) erhältlich. Karten für den öffentlichem Nahverkehr (VVS) müssen extra gekauft werden.

Hotel

Unger, Kronenstr. 17, Stuttgart, Tel. 0711/20990, www.hotel-unger.de. Solides Vier-Sterne-Hotel zwischen Hauptbahnhof und Universität am nördlichen Rand der Innenstadt.

Restaurants

Alte Kanzlei, Schillerplatz 5a, Stuttgart, Tel. 0711/294457, http://alte-kanzlei-stuttgart.de. Restaurant, Café und Bar mit Sommerterrasse im Zentrum.

Ochs'n Willi, Kleiner Schlossplatz 4, Stuttgart, Tel. 0711/2265191, www.ochsn-willi.de. Gemütlich eingerichtete Wirtschaft mit schönem Innenhof. Hier gibt es Fleischiges, vom Angus-Rind über Spanferkel und Spare Ribs bis zum Ochs.

Das Volksfest Cannstatter Wasen gilt als die fünfte Jahreszeit der Schwaben

91 Kloster Maulbronn

*Anmutige Klosterarchitektur
der Zisterzienser.*

Im ruhigen Salzachtal, gut 40 km nordwestlich von Stuttgart, gründeten Wandermönche im Jahr 1147 das **Zisterzienserkloster Maulbronn** (Klosterhof 5, Tel. 072 51/74 26 40, www.kloster-maulbronn. de, März–Okt. tgl. 9–17.30, Nov.–Febr. Di–So 9.30–17 Uhr). Der Legende nach ließen sie sich dabei von ihrem Maultier zu einer – zunächst als Tränke für das Tier – geeigneten Stelle leiten. Wegen seiner großartigen, über die Jahrhunderte hinweg unverändert gebliebenen mittelalterlichen Klosterarchitektur führt es die UNESCO auf ihrer **Weltkulturerbeliste**.

Bis zur Auflösung des Kloster während der Reformation im Jahr 1556 schufen die Mönche hier eine anmutige Kulturlandschaft mit Nutzwäldern, Weinbergen und Stauseen, deren Höhepunkt die romanisch-gotische Klosteranlage selbst ist. In schlichter Schönheit präsentieren sich *Paradies*, die Vorhalle der Kirche, *Kreuzgang*, *Speisesaal* der Laien und zweischiffiges *Herrenrefektorium*. Herausragende Kunstwerke sind etwa die Portale (1178) der **Klosterkirche** sowie das geschnitzte Chorgestühl (15 Jh.). Im *Frühmesserhaus* unterrichtet das **Klostermuseum** über Geschichte und Idee der Zisterzienser, das *Lapidarium* in einem frühgotischen Keller erklärt hiesige Steinmetzarbeiten.

Wahrzeichen von Kloster Maulbronn ist das mittelalterliche Brunnenhaus

Der zeitlos schöne dreischalige Brunnen im *Brunnenhaus* (1350) ist in seiner heutigen Form eine Ergänzung von 1878.

ℹ **Praktische Hinweise**

Restaurant

Klosterschmiede, Klosterhof, Maulbronn, Tel. 070 43/10 80, www.klosterschmiede. de. Maultaschen und Rohrnudeln, Saltimbocca und Espressoparfait in historischem Ambiente. Gästehaus im Ort.

Grüne Wiesen und nicht allzu steile Berge prägen das Wiedener Eck im Süden Freiburgs

92 Schwarzwald

Schwarzwälder Variationen: Kirschtorte am Kaiserstuhl, Wasserfall und Wintersport.

Mal tief Luft holen, Wandern, Radfahren, Entspannen – dazu lädt der Schwarzwald ein, das in weiten Teilen von Tannen und Fichten bestandene **Mittelgebirge** im äußersten Südwesten Deutschlands. Etwa 160 km lang erstreckt es sich zwischen dem *Kraichgau* im Norden und dem *Hochrhein* im Süden. Letzterer bildet gleichzeitig die Grenze zur **Schweiz** und nach dem ›Knick‹ des Rheinknies bei Basel auch zu **Frankreich**. Der Schwarzwald erreicht beachtliche Höhen, ›Spitze‹ ist der *Feldberg* mit 1493 m, gefolgt von *Herzogenhorn* (1415 m) und *Belchen* (1414 m).

Als Auftakt zu einer Tour durch den Schwarzwald bietet sich **Baden-Baden** (55 000 Einw., www.baden-baden.de) an. Schon im 1. Jh. n. Chr. ließen es sich die Römer im Wasser der hier aus dem Boden sprudelnden heißen Quellen gutgehen. Im 19. Jh. griffen vermögende Kurgäste diese Tradition wieder auf. Noch heute liegt das Flair der *Belle Epoque* über der schmucken Kurstadt. In den marmornen Becken von *Friedrichsbad* und *Caracalla-Therme* (www.carasana.de) kann man herrlich planschen. Für geistige Erbauung sorgen *Festspielhaus* (www.festspielhaus.de) und *Staatliche Kunsthalle* (Lich-

tentaler Allee 8 a, Tel. 072 21/30 07 63, www.kunsthalle-baden-baden.de, Di–So 11–18 Uhr) mit Wechselausstellungen. Im benachbarten Richard-Meier-Bau (2004) ist das *Museum Frieder Burda* (Lichtentaler Allee 8 b, Tel. 072 21/39 89 80, www.museum-frieder-burda.de, Di–So 10–18 Uhr) zu klassischer Moderne und zeitgenössischer Kunst zuhause. In der noblen *Spielbank* (Kaiserallee 1, Tel. 072 21/302 40, www.casino-baden-baden.de, Roulette Fr/Sa

Die Stiftskirche überragt das ins Grün der umliegenden Wälder gebettete Baden-Baden

14–3, So–Do 14–2 Uhr; daneben Automaten, Black Jack, Poker) in einem Flügel des klassizistischen Kurhauses versuchten bereits Fjodor Dostojewskij und Marlene Dietrich ihr Glück.

Auch auf der *Internationalen Galopprennbahn* (www.baden-galopp.de) im nahen **Iffezheim** kann man große und kleine Summen setzen, insbesondere während des Frühjahrsmeetings (Mai/Juni) und der Großen Woche (Aug./Sept.), zu denen Hunderttausende von Zuschauern strömen.

Zwei Wege bieten sich nun für die Weiterfahrt nach Süden an: Einmal die Panoramaroute der **Schwarzwaldhochstraße** über den Ruhesteinpass (915 m) oder die parallel dazu verlaufende *Schwarzwald-Tälerstraße* durch das waldreiche **Murgtal**. Dort thront über dem Luftkurort Gernsbach *Schloss Eberstein* (Tel. 072 24/995 95 00, www.schloss-eber stein.com) aus dem 13. Jh., mittlerweile ein Hotel mit exquisitem Restaurant. Beide Routen treffen sich auf dem Hochplateau nördlich von **Freudenstadt**. Herzog Friedrich I. von Württemberg ließ seine neue Residenzstadt ab 1599 planmäßig um den fast quadratischen *Marktplatz* anlegen.

Über die B 294 erreicht man von Freudenstadt aus rasch **Alpirsbach**. Mitten im Ort beeindruckt das ehemalige *Benedik-*

tinerkloster (www.schloesser-magazin.de, Mitte März–Okt. Mo–Sa 10–17.30, So 11–17.30, sonst Do/Sa/So 13–15 Uhr), das zu den schönsten romanischen Anlagen seiner Art Süddeutschlands zählt. Ein Museum

Im 11. Jh. zogen Benediktinermönche in die Waldeinsamkeit des heutigen Alpirsbach

Ein allgemein als ›Schwed‹ bekannter Ritter blickt vom Röhrbrunnen über Gengenbachs Markt

informiert über seine Geschichte. Von hier ist es nicht mehr weit zu dem reizenden Fachwerkstädtchen **Schiltach**, dessen kopfsteingepflasterte Gassen an mittelalterlichen Wirtshausschildern und schmucken Häusern des 16.–18. Jh. vorbeiführen. Im *Gerberviertel* finden sich die ältesten Gebäude des Ortes.

In **Wolfach** schließlich, 40 km südlich von Freudenstadt, kann man Glasbläsern in der *Dorotheenhütte* (Glashüttenweg 4, Tel. 078 34/839 80, www.dorotheenhuet te.de, tgl. 9–16.30 Uhr) bei ihrer Arbeit über die Schultern blicken. Im Februar entpuppt sich der Ort als Hochburg der alemannischen *Fasnacht*.

Unbedingt sehenswert ist die ehemalige Reichsstadt **Gengenbach**, die etwa auf der gleichen Höhe wie Wolfach am Westrand des Schwarzwaldes liegt. Schöne Fachwerkhäuser und barocke Patrizierpaläste schmücken die Stadt. Nahe des Marktplatzes erhebt sich die äußerlich barocke, im Inneren im 19. Jh. romanisierte Kirche *St. Marien*.

Wer Schwarzwald sagt, meint immer auch *Bollenhüte*. Diese bekannte Kopfbedeckungen der Schwarzwaldmädel gehörten ursprünglich nur zur Tracht im **Gutachtal**, das südlich von Wolfach beginnt. Es zieht sich malerisch vom **Freilichtmuseum Vogtsbauernhof** (Gutach, Tel. 078 31/935 60, www.vogtsbauernhof. org, April–Okt. tgl. 9–18, Aug. bis 19 Uhr) bis **Triberg**. Hier führt das *Schwarzwaldmuseum* (Wallfahrtstr. 4, Tel. 077 22/44 34,

www.schwarzwaldmuseum.com, Mai–Sept. tgl. 10–18, sonst bis 17 Uhr) in lokales Brauchtum und die Tradition des Kuckucksuhrenbaus ein. Viel besucht sind auch die nahen *Triberger Wasserfälle*, über deren sieben Stufen das Flüsschen Gutach 163 m tief zu Tal stürzt.

Wendet man sich nun westwärts, führt die **Badische Weinstraße** an Freiburg vorbei ins Oberrheinische Tiefland, wo an den jungvulkanischen Hängen des **Kaiserstuhls** (557 m, www.kaiserstuhl.cc) seit Jahrhunderten vorzüglicher Wein gedeiht und zahlreiche Straußenwirtschaften zu Verkostungen einladen. Südwärts setzt sich das von der Sonne verwöhnte Weinanbaugebiet entlang des Rheins über den **Tuniberg** (316 m) bis ins **Markgräflerland** (www.markgraefler land.com) fort. Hier kann man sonntags von **Kandern** aus mit einer historischen *Dampfeisenbahn* (www.kandertalbahn. de, Mai–Okt.) 45 Min. gemächlich durch das Kandertal fahren.

TOP TIPP Eine Attraktion sind im *Wiesental* die 97 m hohen **Todtnauer Wasserfälle**. Ihr namengebendes Flüsschen beschrieb der Dichter Johann Peter Hebel im 19. Jh. als ›des Feldbergs liebliche Tochter‹, entspringt es doch an dessen Hängen. Ein anderes ›Kind‹ dieses mit 1493 m höchsten Schwarzwaldberges (www.feldberg-schwarzwald.de) ist der *Wintersport*, dem Langläufer, Alpinskifahrer, Schneeschuhwanderer und Rodler im **Skigebiet Feldberg** (www.lift

Seit dem 16. Jh. stabilisieren steinerne Brückenpfeiler die Holzbrücke von Bad Säckingen

verbund-feldberg.de) mit Hingabe frönen. Beliebte Winterquartiere sind die Skidörfer **Hinterzarten** und **Titisee-Neustadt**. Zum Wandern hat man an den Ufern des kristallklaren *Titisees*, im nahen *Höllental* und der davon abgehenden *Ravennaschlucht* reichlich Gelegenheit.

In den ausgedehnten Wäldern südlich dieser Region liegt der Ort **St. Blasien** versteckt im Tal der Alb. 1771–83 ließen die Fürstäbte des hiesigen Benediktinerklos-

ters den gewaltigen klassizistischen *Dom St. Blasius* (www.dom-st-blasien.de) errichten. Seine weithin sichtbare, 63 m hohe Kuppel hat einen Durchmesser von 36 m.

Über den Höhenzug des *Hotzenwaldes* ist es nun nicht mehr weit zum *Hochrhein*. Dort kann man in **Bad Säckingen** über die *Gedeckte Holzbrücke*, die den Rhein auf einer Länge von 200 m überspannt, hinüber ins schweizerische Stein

Aus dem Kinzigtal zog der Lorenzenhof in das Freilichtmuseum Vogtsbauernhof im Gutachtal

am Rhein spazieren. Ein empfehlenswerter Ausflug führt von dort 40 km rheinaufwärts zur Schweizer Stadt *Schaffhausen*, bei der der imposante **Rheinfall** (www.rheinfall.ch) gischtsprühend, donnernd und tosend auf 150 m Breite über eine 23 m hohe Kalkschwelle stürzt.

ℹ Praktische Hinweise

Information
Schwarzwald Tourismus, Schwenninger Str. 3, 78048 Villingen-Schwenningen, Tel. 077 21/84 64 64, www.schwarzwald-tourismus.de

Die *SchwarzwaldCard* bietet nach Kauf einen oder drei Tage freien Eintritt zu mehr als 150 regionalen Sehenswürdigkeiten. Die *Konus-Gästekarte* (Kurkarte) ermöglicht Urlaubern freie Fahrt in Bussen und Bahnen des mittleren und südlichen Schwarzwaldes.

Hotel
Winterhaldenhof, Winterhalde 8, Schenkenzell, Tel. 078 36/72 48, www.winterhaldenhof.de. Hotel-Café am Waldrand in aussichtsreicher Lage über dem kleinen Luftkurort im Kinzigtal.

Restaurant
Schwarzwaldstube, Tonbachstr. 237 (Hotel Traube), Baiersbronn-Tonbach (4 km nördlich von Baiersbronn), Tel. 074 42/49 26 65, www.traube-tonbach.de. Harald Wohlfahrt zaubert Erlesenes für verwöhnte Gaumen. Das ist dem Michelin seit Jahren drei Sterne wert (Mo und Di, Ende Jan. und Mitte Aug. geschl.).

93 Freiburg

Münster und Umweltbewusstsein sind Spitze im sonnigen Süden.

Im Südwesten des Schwarzwalds liegt die liebenswerte **Universitätsstadt** Freiburg im Breisgau (220 000 Einw.). Entstanden um eine 1091 errichtete Burg der Zähringer, profitierte Freiburg vom Silberbergbau im nahen Schwarzwald. Ab 1368 stand die Stadt mit kurzen Unterbrechungen unter Habsburger, also österreichischer Herrschaft. Erst 1805, im Zuge der napoleonischen Neuordnung des Heiligen Römischen Reiches, kam sie zum Großherzogtum Baden. Im 19. Jh. erlebte Freiburg ein stürmisches Wachstum, heute sorgen vor allem Hochtechnologie-Betriebe und die Universität für Wohlstand.

Modernität und Mittelalter verbinden sich hier aufs Beste: Seit den 1970er-Jahren erwarb sich Freiburg den Ruf einer vorbildlichen Ökostadt, in der Windräder und Solardächer für ›grünen Strom‹ sorgen. Zugleich bezaubert die mittelalterliche, von zahlreichen ›Bächle‹ durchzogene Altstadt. Ihr Prunkstück ist das ca. 1200–1320 (mit Anbauten bis Mitte des 16. Jh.) errichtete dreischiffige **Münster Unserer Lieben Frau** (www.freiburger muenster.de, Mo–Sa 10–17, So 13–19.30 Uhr), ein Meisterwerk der Spätromanik und der Gotik. Seinen *Westturm* (Mo–Sa 9.30–17, So/Fei 13–17 Uhr), der mit Portalbau, Sterngalerie, Oktogon und schließlich der exquisiten durchbrochenen Maßwerkpyramide 116 m hoch aufragt, bezeichnete der Historiker Jacob Burckhardt als den

Am Rheinfall bei Schaffhausen darf der sonst so friedliche Fluss seine wilde Seite zeigen

Deutlich überragt Freiburgs Münster die Johanneskirche (Mitte) und das Schwabentor (links)

›schönsten Turm der Christenheit‹. Das Innere steht dem Äußeren nicht nach. Die *Portalhalle* ist reich mit Skulpturen und Reliefbändern geschmückt, besonders schön ist die Madonna (um 1270) innen über der Eingangstür. Der lang gezogene Chor (Mo–Sa 10–11.15, So–Fr 13–16, Sa 13–15.30 Uhr) nimmt beinahe die Hälfte des Kirchenschiffs ein. Ein Kranz aus 13 Kapellen umgibt ihn. Zentraler Blickfang ist hier der *Hochaltar* (1512–16) des Dürer-Schülers Hans Baldung Grien. Im sehr kurzen südlichen Querschiff kann man drei farbenfrohe spätromanische *Wurzel-Jesse-Fenster* (um 1220) mit Figuren des Stammbaums Jesu bewundern, den ältesten Glasmalereien des Münsters.

Dicht drängen sich die altstädtischen Bürger-, Kauf- und Gasthäuser um die gewaltige Kirche. Am Münsterplatz fällt das dunkelrote **Historische Kaufhaus** (www.historischeskaufhaus.freiburg.de) von 1520–32 mit Arkadengang und zwei Flankenerkern auf. Im Norden des Platzes lädt im ehem. **Kornhaus** von 1498 mit Treppengiebel und verglasten Arkaden ein Café zum Verweilen ein.

Nun geht es zur Haupteinkaufsmeile Freiburgs, der Kaiser-Joseph-Straße. Hier zieht der **Basler Hof** (Nr. 167, 1494–96, Portal 1591) die Blicke auf sich. Er war bis 1802 *Regierungssitz Vorderösterreichs,*

mittlerweile wird von hier der Regierungsbezirk Freiburg verwaltet. Von der Kaiser-Joseph-Straße zweigt die Franziskanergasse ab, in der das säulenge-

Im Historischen Kaufhaus konnten Händler auf der Durchreise ihre Waren feilbieten

schmückte Renaissance-Portal und der darüberliegende Balkonerker des 1514–16 erbauten **Haus zum Walfisch** beeindrucken. Wo 1529–31 der Humanist Erasmus von Rotterdam seine Gedanken schweifen ließ, kümmert sich heute die Sparkasse um schnödes Geld.

Die Verwaltung der Stadt war lange Zeit unweit westlich davon am Rathausplatz zu Hause. Hier befindet sich der stierblutrote Barockbau des **Alten Rathauses** von 1557–59. Seinen Giebel zieren die historischen Wappen von Freiburg, Österreich, Niederösterreich und Ober-

Steil bergab und Spaß dabei

Verkehrsgünstig an der A5 gelegen, zieht der **Europa-Park** (Tel. 0180/5776688, 0,14 €/Min., www.europapark.de, April–Okt. tgl. 9–18 Uhr, längere Öffnungszeiten in der Hauptsaison, Dez.–Mitte Jan. 11–19 Uhr) in Rust jedes Jahr über 4 Mio. Besucher an. Jung und Alt vergnügen sich in dem rund 85 ha großen **Freizeitpark**, sei es in Wichtelhausen oder in einem Wikingerdorf, bei der Achterbahnfahrt mit der 73 m hohen ›Silver Star‹, der Schiffschaukel ›Vindjammer‹ oder der ›Whale Adventures Splash Tours‹ im isländischen Themenbereich. Dazu kommen Shows und Theater, von Marionettenspielen für die Kleinen bis zu Flamenco- und Varietévorführungen für die Großen, Papageienshow, Drehtheater, 4D-Kino und vieles mehr – ein unbeschwertes Freizeitvergnügen für die ganze Familie.

elsass. Durch das ebenfalls wappengeschmückte Portal betritt man die Touristen Information. Gleich nebenan bezog die Universität 1559 ein Doppelhaus, dessen Hof 1896–1901 mit einer Arkadenhalle mit Glockentürmchen überbaut und so zum **Neuen Rathaus** erweitert wurde.

Wer sich genauer mit der Geschichte der Stadt von Alsteinzeit und alamannischen Wurzeln bis zum frühen Mittelalter befassen will, ist im **Archäologischen Museum** (Rotteckring 5, Tel. 0761/2012571, www.museen.freiburg.de, Di–So 10–17 Uhr) im nahen *Colombischlössle* jenseits des viel befahrenen Rotteckrings richtig. Die ansprechende, 1859–61 erbaute neogotische Villa liegt inmitten des gepflegten **Colombiparks** mit seinem alten Baumbestand.

Weitaus größere Grünflächen findet man freilich auf dem **Schlossberg** (www.schlossberg-freiburg.de) im Osten der Stadt, von dessen Kuppe Ausflügler einen herrlichen Blick über Freiburg genießen. Für zusätzlichen Weitblick sorgt der gläserne, von Baumstämmen gestützte, 35 m hohe **Aussichtsturm**. Der auffällige rechteckige Torturm am Fuß des Berges ist das einst zur Stadtbefestigung gehö-

Beim Blick über den Bodensee vom Meersburger Ufer aus ist der Säntis zu erkennen

rende **Schwabentor** (1250), dessen Südmauer das riesenhafte Fassadenbild des Stadtpatrons St. Georg ziert.

ℹ️ Praktische Hinweise

Information
Tourist Information, Rathausplatz 2–4, 79098 Freiburg, Tel. 07 61/388 18 80, www.freiburg.de

Hotel
Best Western Victoria, Eisenbahnstr. 54, Freiburg, Tel. 07 61/20 73 40, www.hotel-victoria.de. Umweltbewusst geführtes 4-Sterne-Hotel, 63 Zimmer in modernisierter Villa von 1875 am Colombipark. Sauna und Schwimmbad im Haus.

Restaurant
Sonne, Zähringer Str. 2 (Hotel Sonne), St. Peter (20 km östlich von Freiburg), Tel. 076 60/940 10, www.sonneschwarzwald. de. Ausgezeichnete feine regionale Küche, von Kalbsbäckle bis Kräutermaultäschle. Angenehme Gästezimmer im Haus.

94 Bodensee

Süddeutsches Arkadien am ›Schwäbischen Meer‹.

Neben *Deutschland* (173 km Uferlänge) haben auch *Österreich* im Südosten (28 km) und die *Schweiz* im Südwesten (72 km) Anteil am Bodensee-Ufer. Mit einer Wasserfläche von 539 km^2, einer maximalen Breite von 14 km zwischen Kressbronn und Rorschach und einer Tiefe von bis zu 252 m trägt der größte deutsche Binnensee seinen Beinamen **Schwäbisches Meer** völlig zu Recht.

Die Natur hat die Bodenseeregion mit einem **milden Klima** und abwechslungsreichen Landschaften wohl bedacht. Im Süden streben die Gipfel der **Alpen** himmelwärts, hier angeführt vom 2502 m hohen *Säntis*. Im Norden säumen den See liebliche **Weinberge** und **Obstgärten**. An diesen Ufern ließ es sich schon von jeher gut sein, davon zeugen auch die **Pfahlbauten** (Strandpromenade 6, Tel. 075 56/92 89 00, www.pfahlbauten.de, April–Sept. tgl. 9–19, Okt.–Anf. Nov. bis 17, Febr. So 10–16, März Sa/So 9–17 Uhr, sonst 14.30 Uhr Führungen) in Unteruhldingen.

Ein Häuschen am See – die Pfahlbauten von Unteruhldingen geben ein Bild früherer Tage

Sie wurden anhand archäologischer Befunde aus der Steinzeit rekonstruiert.

Westlich befindet sich die spätbarocke Wallfahrtskirche *St. Maria* in **Birnau**, die als *Tanzsaal des lieben Gottes* gerühmt wird. **Meersburg** östlich von Unteruhldingen prägen malerische Gassen und blumengeschmückte Fachwerkhäuser. Der örtliche Adel tanzte im *Neuen Schloss* (bis voraussichtl. 2012 wg. Renov. geschl.), für das der Barockbaumeister Johann Caspar Bagnato verantwortlich zeichnete. Etwas oberhalb befindet sich das *Alte Schloss* (Tel. 075 32/800 00, www.meersburg.com, März–Okt. tgl. 9–18.30, Nov.–Febr. 10–18 Uhr), die älteste Wohnburg Deutschlands. Der Dagobertturm überragt die trutzige Festung mit ihren vier Rundtürmen. Im Inneren können das Schlafgemach des Burgvogts und die Waffenhalle besichtigt werden.

Ebenfalls an den Hängen über Meersburg befindet sich das **Fürstenhäusle** mit dem **Droste-Museum** (Stettener Str. 11, Tel. 075 32/60 88, www.fuerstenhaeusle.de, Palmsonntag–Okt. Di–Sa 10–12.30 und 14–18, So 14–18 Uhr). Die Dichterin Annette von Droste-Hülshoff (1797–1848) kaufte das Haus im Jahr 1843. Handschriften und persönliche Gegenstände geben hier nun Einblick in ihr Leben.

Vorbei am Winzerdorf Hagnau erreicht man **Friedrichshafen**, wo das **Zeppelin Museum** (Seestr. 22, Tel. 075 41/380 10, www.zeppelin-museum.de, Juli–Sept. tgl. 10–18, Mai–Okt. tgl. 9–17 Uhr), über die Geschichte dieses Luftschiffes informiert.

Zu den malerischsten Ansichten am Bodensee zählt das Ensemble aus Kirche und Schloss (heute Hotel, www.schloss-hotel-wasserburg.de) von **Wasserburg**. Die vormalige Insel verbanden die Fugger, denen sie ab 1592 gehörte, durch einen Damm mit dem Festland.

ℹ️ Praktische Hinweise

Information

Bodensee Tourismus, Hafenstr. 6, 78462 Konstanz, Tel. 075 31/90 94 90, www.bodensee-tourismus.de

Restaurant

Seehalde, Maurach 1, Uhldingen-Mühlhofen, Tel. 075 56/922 10, www.seehalde.de. Exzellentes Hotelrestaurant, die jahreszeitlich orientierte Küche bietet u.a. fangfrischen Bodenseefisch.

Das Alte Schloss in Meersburg ist die älteste heute noch bewohnte Burg Deutschlands

Hafeneinfahrt von Konstanz mit der Imperia-Skulptur (rechts) und dem Konzilgebäude (links)

95 Konstanz

Hauptort im Westen des Bodensees, Ausgangspunkt für Besuche der Inseln Reichenau und Mainau.

Die **Universitätsstadt** Konstanz (85 000 Einw.) breitet sich auf der Halbinsel Bodanrück aus, die zwischen Überlinger See und Untersee in den Bodensee ragt.

Die Keimzelle der Siedlung – und die heutige Altstadt – liegt jedoch nicht auf dem Bodanrück, sondern am Südufer des hier sehr schmalen und vom Seerhein durchflossenen Untersees. An dieser Stelle bewachte einst das nach Kaiser Konstantin II. (317–361) benannte Kastell *Constantia* die Nordgrenze des Römischen Reiches. Im Mittelalter sorgte reger Handel für wachsenden Wohlstand. 1414–18 hielt Kaiser Sigismund in der Freien Reichsstadt das **Konzil von Konstanz**, auf dem er die zwischen zwei Päpsten gespaltene römische Kirche wiedervereinen wollte. Das gelang, aber in die Geschichte ging das Konzil vor allem ein, weil seine Mitglieder 1415 den böhmischen Reformator Jan Hus, der unter Zusicherung von freiem Geleit eingeladen worden war, zum Tod auf dem Scheiterhaufen verurteilten.

Die Teilnehmer des Konzils verhandelten und richteten nicht nur, sondern feierten auch. Auf diese Seite der Ereignisse spielt die Figur der **Imperia** von Peter Lenk an, die seit 1993 das *Hafenbecken* von Konstanz beherrscht. Die 10 m hohe Betongussskulptur auf einem Drehsockel zeigt die zu Konzilszeiten legendäre Hure Imperia, die in ihren erhobenen Händen die wie grotesk verformte Puppen wirkenden nackten Zwergengestalten von Kaiser und Papst hält.

In ihrer unmittelbaren Nachbarschaft legen die *Ausflugsschiffe* und *Autofähren* der **Bodensee-Schiffsbetriebe** (Hafenstr. 6, Tel. 075 31/364 03 89, www.bsb-online.com) ab. Ebenfalls am Hafen befindet sich das **Konzilgebäude**, in dem 1417 die einzige Papstwahl auf deutschem Boden stattfand. Nun kann man stadteinwärts zur lang gezogenen **Marktstätte**. In der Nähe dieses stets lebhaften Marktplatzes nutzt das **Rosgartenmuseum** (Rosgartenstr. 3–5, www.rosgartenmuseum-konstanz.de, Tel. 075 31/900 02 46, Di–Fr 10–18, Sa/So 10–17 Uhr) die Räume des ehemaligen Zunfthauses der Metzger. Darin gibt es einen umfassenden Überblick über die Stadtgeschichte, von prähistorischen Knochenschnitzereien über mittelalterliche Tafelbilder bis zu Dokumenten zur Universitätsgründung im Jahr 1966.

Nun geht es weiter in die Kanzleistraße mit dem **Neuen Rathaus**. Seine 1864 im Stil einer Bilderchronik bemalte Fassade lässt die Geschichte der Stadt Revue passieren. Folgt man der Hussenstraße nach links, so kommt man zum **Hus-Museum** (Hussenstr. 64, April–Sept. Di–So 11–17, Okt.–März 11–16 Uhr) in einem mittelalterlichen Fachwerkhaus am Südwestrand der Altstad. Es erläutert Leben und Werk des 1415 in Konstanz hingerichteten Romkritikers und Reformators Jan Hus. Wendet man sich an der Hussenstraße nach rechts, steht man bald am Obermarkt vor dem um 1425 errichteten **Haus zum Hohen Hafen** mit auffälliger Fassadenmalerei von 1900.

Die bedeutendste Kirche der Stadt ist zweifellos das **Münster Unserer Lieben Frau**, das 1086 als Kathedrale des seit dem 6. Jh. bestehenden Bistums Konstanz erbaut wurde. Von einem ebenfalls romanischen Vorgängerbau ist noch die *Hallenkrypta* aus dem 10. Jh. erhalten, in der vier vergoldete und mit christlichen Emblemen versehene *Kupferscheiben* aus dem 11. Jh. aufbewahrt werden. Unter dem *Netzrippengewölbe* im Kirchenraum der dreischiffigen Säulenbasilika findet sich ein schön geschnitztes *Chorgestühl* (um 1470) und eine *Orgelbühne* von 1518. Über dem Kirchenbau ragt an seiner Westseite der 78 m hohe *Mittelturm* (um 1500) auf. Die beiden niedrigeren *Seitentürme* (12.–14. Jh.) bieten jeweils in etwa 40 m Höhe eine Aussichtsplattform, die den Blick aus der Vogelperspektive über Stadt und See ermöglichen.

Für Geschichtsfreunde lohnt sich unbedingt noch ein Besuch im **Archäologischen Landesmuseum Baden-Württemberg** (Benediktinerplatz 5, Tel. 075 31/980 40, www.konstanz.alm-bw.de, Di–So 10–18 Uhr), das jenseits des Seerheins auf der Halbinsel Bodanrück nah am Wasser steht. Es führt auf 3000 m^2 und über drei Stockwerke in die Geschichte der Region ein, erläutert etwa die jungsteinzeitlichen Pfahlbauten am Bodensee, lässt anhand von Ausgrabungsbefunden das mittelalterliche Konstanz ›wieder auferstehen‹ und stellt Erzeugnisse der Ludwigsburger Porzellanmanufaktur (www.schloss manufaktur-ludwigsburg.de) vor.

Insel Reichenau

Vom Konstanzer Hafen aus verkehren Ausflugsschiffe zur Insel Reichenau (www.reichenau.de), die im Westen inmitten des vom Seerhein durchflossenen Untersees liegt. Im Osten führt ein schmaler Damm vom Bodanrück auf die fruchtbare **Klosterinsel**. In der ›Reichen Au‹ gründete der Wanderbischof Pirmin im Jahr 724 ein **Benediktinerkloster** (1803 säkularisiert), das bis zum 11. Jh. als ein geistiges Zentrum der Christenheit die Kunst- und Kulturgeschichte des Okzidents maßgeblich beeinflusste. Berühmt waren seine *Klosterschule*, die *Bibliothek*, die ›Reichenauer Malerschule‹ für Buch- und Wandmalerei sowie die rührigen *Goldschmiedewerkstätten*.

Drei zum Kloster gehörige romanische Kirchen (tgl. 9 Uhr–Einbruch der Dunkelheit, Führungen über Tourist-Information Tel. 075 34/920 70) sind auf der Insel erhalten und zählen seit dem Jahr 2000 zum **UNESCO Weltkulturerbe**. Den beeindru-

Reich mit ottonischen Fresken verziert sind die Mauern von St. Georg auf der Reichenau

Das Schloss auf der Insel Mainau umgeben üppig bepflanzte Blumenbeete

ckenden Auftakt macht die 890–96 erbaute und später erweiterte karolingische Säulenbasilika **St. Georg** in *Oberzell*. Ihre Innenwände bedecken um das Jahr 1000 entstandene ottonische *Wandmalereien*, die neben ausgefeilten Ornamenten auch Apostel- und Abtfiguren sowie Geschichten aus dem Leben Jesu zeigen. Bereits im 8. Jh. legten die Mönche den Grundstein für das Münster **St. Maria und Markus** in *Mittelzell*. Doch die heutige, romanisch schlichte Basilika mit drei Längs- und zwei Querschiffen stammt aus dem 11. Jh., der hohe gotische Chor gar aus dem 15. Jh. In ihm ist hinter einem Barockgitter die *Schatzkammer* (Anf. April–Sept. Mo–Sa 10–12 und 15–17 Uhr) eingerichtet, die Kostbarkeiten wie fünf gotische Reliquienschreine sowie Kelche und Monstranzen aus den klösterlichen Werkstätten zeigt. Sehr beliebt ist auch ein Rundgang durch den *Kräutergarten* hinter der Kirche. Er folgt den Vorgaben, die Abt Walahfrid Strabo in seinem 827 entstandenen Lehrgedicht ›Hortulus‹ machte. Nahebei informiert das **Reichenau Museum** (An der Erget, April–Okt. Di–So 10.30–16.30, Juli–Aug. Di–So 10.30–17.30, Nov.–März Sa/So 14–17 Uhr) über die Geschichte der Insel.

Die dritte im Bunde der Reichenauer Kirchen ist die Säulenbasilika **St. Peter und Paul** in *Niederzell* mit zwei Viereck-

türmen vor den beiden Seitenschiffen und rechtwinklig ummauerten Apsiden. Egino, Bischof von Verona, stiftete die Kirche Ende des 8. Jh., er liegt hier auch begraben. Das romanische Gotteshaus wurde dann im 18. Jh. barockisiert, was heute einen interessanten Kontrast zu den wieder freigelegten mittelalterlichen Fresken in der Mittelapsis bildet. In ihnen verewigten die Künstler des 12. Jh. unter Christus auf dem Thron die Evangelisten, Propheten, die beiden Kirchenpatrone und weitere Apostel.

Insel Mainau

Die zweite berühmte Bodensee-Insel ist die Mainau (www.mainau.de, tgl. Sonnenauf- bis -untergang). Die 45 ha große **Blumeninsel** ist über einen kurzen Damm erreichbar und liegt am Übergang des Hauptsees in seinen nordwestlichen Ausläufer *Überlinger See*. Das für seine Blütenpracht bekannte Eiland befindet sich im Besitz der gräflichen Familie Bernadotte, die in liebevoll angelegten Blumengärten, im Arboretum und in der Metasequioa-Allee, in Orchideen-, Palmen- und Schmetterlingshaus jedes Jahr mehr als 2 Mio. Besucher empfängt. Besonders farbenprächtig präsentiert sich das gärtnerische Kleinod im Mai zur Zeit der *Rhododendron-* und Mitte Mai bis Mitte Juli zur *Rosenblüte*.

An italienischen Renaissancegärten orientiert sich die Blumen-Wassertreppe auf der Mainau

ℹ️ Praktische Hinweise

Information

Touristinformation, Bahnhofplatz 43 (Bhf.), 78462 Konstanz, Tel. 07531/133030, www.konstanz-tourismus.de

Hotel

Steigenberger Inselhotel, Auf der Insel 1, Konstanz, Tel. 0731/1250, www.konstanz. steigenberger.de. 100 Zimmer und zwei Suiten laden zu stilvollem Nächtigen im historischen Ambiente eines ehemaligen Dominikanerklosters ein. Zwei feine Restaurants im Haus.

96 Lindau

Bayerische Bodenseemetropole mit löwenbewachtem Hafen.

Die bekannteste deutsche Stadt am bayrischen Bodenseeufer ist Lindau (25 000 Einw.), eine südländisch anmutende **Hafen-** und **Fischereistadt**. Die Altstadt der ehemaligen Freien Reichsstadt drängt sich auf einer Insel nahe dem Seeufer und ist mit diesem über einen Eisenbahn- und einen Straßendamm verbunden.

Die Lindauer **Hafeneinfahrt** rahmen der bayerische Löwe in Marmor und der 33 m hohe **Mangturm**, dessen Leuchtfeuer den Bodenseeschiffern einst den Weg wies. Mit seinen auffällig bunt glasierten Dachziegeln markiert er den Beginn der **Seepromenade** entlang des Hafens. Sie ermöglicht einen besonders schönen Blick über das markante Molenduo bis hin zur unregelmäßig gezackten Kette der oft schneebedeckten österreichischen Alpengipfeln.

Parallel zur Seepromenade führt die von ansehnlichen Bürgerhäusern vornehmlich des 16. Jh. gesäumte **Ludwigstraße** zum *Reichsplatz*. Hier symbolisieren die sitzenden Bronzefiguren am marmornen **Lindavia-Brunnen** die Handwerke, denen Lindau seinen Wohlstand verdankte: Fischerei, Garten- und Weinbau, Schifffahrt und Ackerbau. Eingeweiht wurde der Brunnen 1884, am 39. Geburtstag des ›Märchenkönigs‹ Ludwigs II. (1845–1886). Das **Alte Rathaus** wendet ihm seine dank eines anmutig bemalten Treppengiebels mit Sonnen- und Zeigeruhr keineswegs abweisende Rückseite zu. Die nicht minder eindrucksvoll gestaltete Front mit einer überdachten Freitreppe ins Obergeschoss des 1422–36 erbauten und im 16. Jh. im Stil der Renaissance renovierten Baus ist zum *Bismarckplatz* hin ausgerichtet.

Von hier aus führt die **Maximilianstraße** westwärts. Hinter ihren oft giebelgekrönten Hausfassaden laden Geschäfte und Boutiquen zu einem Einkaufsbummel ein. In die andere Richtung, nach Osten hin, ist es durch die Cramergasse nur ein kurzer Weg zum *Marktplatz*. Ihn schmückt das **Haus zum Cavazzen** (April–Okt. Di–Fr und So 11–17, Sa 14–17 Uhr), ein beeindruckendes, 1728/29 erbautes barockes Bürgerhaus mit Fassadenmalereien und Walmdach. In seinen drei Stockwerken zeigt das *Stadtmuseum* regionaltypische Möbel und Gemälde des 15.–20. Jh., bis zu 400 Jahre alte Totentafeln des Aeschacher Friedhofs vor den Toren von Lindau sowie Kunsthandwerk, historisches Spielzeug und mechanische Musikinstrumente (letztere nur mit Führung). Auf der gegenüberliegenden Platzseite stehen zwei Kirchen einträchtig nebeneinander. Die evangelische Stadtpfarrkirche **St. Stephan** (www.lindau-evangelisch.de) wurde bereits im 12. Jh. als romanische Pfeilerbasilika errichtet, zeigt im hellen Inneren aber eine zurückhaltende Umgestaltung im Stil des Rokoko. Das benachbarte *Münster Unserer Lieben Frau*, kurz **St. Maria** (1748–52), versah Architekt Johann Caspar Bagnato im reich ausgestalteten Innenraum mit der ganzen barocken Fülle seiner Zeit.

Praktische Hinweise

Information

ProLindau, Ludwigstr. 68 (gegenüber Hauptbahnhof), 88131 Lindau, Tel. 083 82/26 00 30, www.lindau.de

Hotel

Maxhotel, Giebelbachstr. 1, Lindau, Tel. 083 82/60 66, http://max-hotel.de. Hotel am Holleregenpark auf dem Festland nahe dem Damm zur Insel.

Restaurant

Hoyerberg Schlössle, Hoyerbergstr. 64, Lindau, Tel. 083 82/252 95, www.hoyerbergschloessle.de. Gourmetrestaurant und Ausflugscafé in einem historischen Schlösschen auf dem Hoyerberg nordwestlich von Lindau, von dessen zwei Terrassen aus man einen wundervollen Blick über den Bodensee genießt (Mo und Di mittag geschl.).

Das markante Spitzdach wurde dem Lindauer Mangturm erst im 19. Jh. aufgesetzt

Der Stammsitz des Hauses Hohenzollern thront auf einem markanten Gipfel über Hechingen

97 Schwäbische Alb

Aus dem höhlenreichen Mittelgebirge stammen die Hohenzollern und berühmte Teddybären.

Die Schwäbische Alb zwischen Bodensee und Stuttgart gehört zur großen Europäischen Wasserscheide. Auf ihrer Südostseite begleitet sie ein Stück weit die Donau auf ihrem Weg in Richtung Bayern und weiter ins Schwarze Meer, auf der Nordwestseite fließen zahllose Bäche dem Neckar entgegen, dessen Wasser später mit dem Rhein in die Nordsee münden.

Stille Wacholderheiden und dichte Bergwälder prägen die Alb, das etwa 200 km lange und bis zu 40 km breite **Mittelgebirge**, über dessen Höhen noch heute Schäfer ihre Herden führen. Seine höchsten Berge finden sich im südlichen *Donaubergland* um Tuttlingen. Hier erreicht der **Lemberg** immerhin 1015 m, in der Umgebung finden sich neun weitere knapp über 1000 m hohe Gipfel.

Weiter nordwestlich, an der steil abfallenden *Albtrauf*, liegt das 8. Jh. gegründete **Hechingen**. Bereits Goethe lobte 1774 die zehn Jahre zuvor von Pierre Michel d'Ixnard erbaute *Stiftskirche St. Jakobus* als ›sehr schön‹. Außerdem ist die im 14. Jh. gegründete und 1586–89 prächtig im Stil der Spätrenaissance erneuerte *Klosterkirche St. Luzen* sehenswert.

Schon von weit her sieht man die im Jahr 1267 erstmals als *Castro Zolre* erwähnte Festung auf einem aussichtsreichen Berggipfel über der Stadt. Sie ist der

Stammsitz des Hauses Hohenzollern, das die Wechselfälle der Geschichte zu Königen Preußens und deutschen Kaisern machte. Nach Jahrhunderten des Verfalls ließ König Friedrich Wilhelm IV.

TOP TIPP **Burg Hohenzollern** (Tel. 074 71/24 28, www.preussen.de, Mitte März–Okt. tgl. 9–17.30, Nov.–Mitte März 10–16.30 Uhr) ab 1850 als prächtige turmreiche Anlage in neogotischem Stil wieder aufbauen. Ein Rundgang führt u.a. durch *Stammbaumhalle*, *Blauen Salon* und *Schatzkammer* mit der preußischen Königskrone, ausgestattet mit erlesenen Gemälden, Tapisserien und Goldgerät.

Am nordöstlichen Rand der Schwäbischen Alb liegt **Giengen an der Brenz**. In dem beschaulichen Ort gründete Margarete Steiff (1847–1909) im Jahr 1880 die Manufaktur Steiff, deren Teddybären mit dem berühmten ›Knopf im Ohr‹ wenig später ihren Siegeszug um die ganze Welt antraten. Das Museum *Die Welt von Steiff* (Margarete-Steiff-Platz 1, Tel. 073 22/13 15 00, www.steiff.de, April–Okt. tgl. 9.30–19, Nov.–März 10–18 Uhr) zeigt die schönsten Schöpfungen des Hauses. Geburtshaus und Nähstube erinnern an die früh an Kinderlähmung erkrankte und doch so erfolgreiche Firmengründerin.

Etwa 4 km außerhalb von Giengen, im Ortsteil *Hürben* im Lonetal, birgt das Karstgestein der Ostalb die **Charlottenhöhle** (Tel. 073 24/72 96, www.charlottenhoehle.de, April–Okt. Mo–Sa 9–11.30 und 13.30–16.30, So 9–16.30 Uhr) in das Karstgestein der Ostalb. Tropfsteine zeugen in ihrem 587 m weit erschlossenen Inneren vom jahrtausendelangen Wirken des Wassers. An ihrem Eingang bietet das *HöhlenHaus* (April–Okt. und während der lokalen Ferien tgl. 9–19, Nov.–März Mo–Sa 14–18, So 10–18 Uhr), das auch als Portal des GeoParks Schwäbische Alb dient, einen spannenden Einblick in die Welt der einst hier lebenden Höhlenmenschen und Mammutjäger.

Ebenfalls im Lonetal befindet sich bei *Rammingen-Lindenau* die **Höhle des Löwenmenschen** (www.lonetal.net, Di–So 10–18 Uhr), in der bereits vor rund 70 000 Jahren Neandertaler Schutz suchten. Etwa 32 000 Jahre alt ist die ebenfalls hier gefundene spektakuläre Schnitzerei aus Mammutelfenbein in Form eines Mannes mit Löwenkopf. Die knapp 30 cm hohe Statuette aus der jüngeren Altsteinzeit ist eines der ältesten figürlichen Kunstwerke der Menschheit und wird nebenan im Weiler Lindenau in einer Ausstellung in einer ehemaligen Mönchsklause gebührend gewürdigt. Das Original ist im *Ulmer Museum* [s. S. 272] zu bewundern.

ℹ️ Praktische Hinweise

Information

Schwäbische Alb Tourismusverband, Marktplatz 1, 72574 Bad Urach, Tel. 071 25/94 81 06, www.schwaebischealb.de

Hotel

Hotel Linde, Untere Vorstadt 1, Albstadt, Tel. 074 31/13 41 40, www.hotel-linde.eu. Schmuckes Fachwerk-Hotel im kleinstädtischen Zentrum der Zollernalb.

Die Welt von Steiff kann entdecken, wer das gleichnamige Museum in Giengen besucht

Einen originellen Kontrast zum Ulmer Münster bildet Richard Meiers Stadthaus

98 Ulm

Heimat eines Flugpioniers, eines Nobelpreisträgers – und des höchsten Kirchturms der Welt.

Im Jahr 854 fand Ulm (121 000 Einw.), die quicklebendige **Universitätsstadt** an der Donau, erstmals als Standort einer karolingischen Pfalz Erwähnung. Dank ihrer verkehrsgünstigen Lage avancierte die Stadt zum überregionalen **Handelszentrum** und zur Hauptstadt des 1376 gegründeten Ulmer Städtebundes. 1377 begannen die Bürger mit dem Bau eines gewaltigen Münsters, das den Reichtum der Stadt schon von Weitem sichtbar machen sollte. Doch noch vor der Vollendung des Baus begann der Niedergang Ulms. 1530 beschloss die Bürgerschaft den Übertritt zum Protestantismus, wofür Kaiser Karl V. sie im Schmalkaldischen Krieg 1546 hart bestrafte.

In den folgenden Jahrhunderten sank Ulm zu einer bedeutungslosen Kleinstadt herab. 1810 ereilte die Stadt dann auch noch die Teilung in das württembergische Ulm links und das bayerische Neu-Ulm rechts der Donau. Erst die Industrialisierung des 19. Jh. brachte neues Selbstbewusstsein und abermaligen Wohlstand. Er ermöglichte den Bürgern, ab 1844, nach 300 Jahren Bauunterbrechung, ihr gotisches **Münster** (www.ulmer-muenster.de, April–Juni, Sept. und während des Weihnachtsmarktes tgl. 9–18.45, Juli/Aug. 9–19.45, März/Okt. 9–17.45, Nov.–Febr. 9–16.45 Uhr) zu vollenden. Dazu fügte Münsterbaumeister Karl Thrän zunächst die beiden Chortürme an. Nach aufwendigen Sicherungsarbeiten, bei denen das Mauerwerk des Kirchturms verstärkt wurde, begann 1885 August von Beyer die Arbeit am Westturm. 1890 war es geschafft, und bis heute ist der Turm des Ulmer Münsters (Besteigung bis 1 Std. vor Kirchenschließung, 768 Stufen, 3 Aussichtsplattformen) mit 161,5 m der höchste der Welt.

Auch ansonsten kann sich die Kirche sehen lassen: Ihr 123 m langes, 48 m breites und im Hauptschiff 41 m hohes Inneres ist reich mit Kunstschätzen ausgestat-

TOP TIPP

tet. Darunter befinden sich am Choreingang links das steinerne *Sakramentshaus* (1461–64) mit seinem 26 m hohen schlanken Aufbau sowie gegenüber die anrührend lebensechte Holzskulptur des ›*Schmerzensmannes*‹ (1429) von Hans Multscher. Dahinter verläuft an beiden Wänden das großartige, 89-sitzige *Chorgestühl*, das Jörg Syrlin d. Ä. 1469–74 aus dunkler Eiche schnitzte. Auch die neun hohen lanzettförmig zulaufenden und ausdrucksstark bemalten *Chorfenster* um den zentralen *Hutzaltar* (1521) sind bemerkenswert. Sechs von ihnen sind original aus dem Mittelalter (1390–1480) erhalten. Künstlerisch ebenbürtig sind die zeitgleich entstandenen Glasfenster der *Besschererkapelle* rechts vor dem Chor, die Bibelszenen von der Schöpfung bis zum Jüngsten Gericht zeigen.

Einen architektonischen Kontrapunkt zum gotischen Münster setzt am westlichen Ende des Münsterplatzes das **Stadthaus** (Münsterplatz 50, Tel. 07 31/161 77 00, www.stadthaus.ulm.de, Mo–Sa 9–18, Do 9–20, So 11–18 Uhr), das Architekt Richard Meier 1993 als ›begehbare Skulptur‹ in Weiß und Glas realisierte. Der geometrische Pavillon bietet Informationen zur Geschichte des Platzes sowie Wechselausstellungen mit Regionalbezug. Ebenfalls am Münsterplatz beeindruckt der 1585–93 errichtete **Neue Bau** (Nr. 47). Durch das Hauptportal der heutigen Polizeidirektion gelangt man auf seinen Arkadenhof, den der schmucke Hildegard-

Wie ein Ulmer Spatz beim Kirchbau half

Betritt man das imposante Ulmer Münster sieht man rechts, gleich neben dem Parlerstein, die etwa 1 m hohe **Sandsteinfigur** eines Spatzen. Sie stammt aus dem Jahr 1858 und hatte ursprünglich auf dem Dach des Gotteshauses ihren Platz, wo sie mittlerweile von einer Kopie in Kupfer vertreten wird. Hier wie dort erinnert die Vogelfigur an eine Legende.

Ihr zufolge war der **Teufel** über die Fortschritte beim Bau des Ulmer Münsters so erbost, dass er die Arbeiter durch einen Fluch in tiefe Verwirrung stürzte. Völlig hilflos irrten sie auf der Baustelle umher und wussten nicht einmal mehr, wie sie das Holz für den Dachstuhl durch die engen Stadttore bringen sollten. Schon wollten sie die Tore einreißen, da sah einer von ihnen einen Spatz, der im Schnabel einen Strohhalm heranschaffte. Zwar brachte er ihn nicht quer in sein Nest, wohl aber der Länge nach. Da ging auch den Kirchenbauern ein Licht auf und statt das Stadttor zu zerstören, schafften sie die benötigten Balken längs in die Stadt hinein. Seither wird der Spatz zumindest in Ulm nicht etwa mit dem ›Spatzenhirn‹ sondern mit besonderer Findigkeit assoziiert.

Auf der der Donau abgewandten Seite des Schiefen Hauses befinden sich Restaurants

Brunnen (um 1591) ziert. Die bunt gefasste Brunnenfigur ehrt die schwäbische Adlige Hildegard (um 760–783), die als zweite Gemahlin Karls des Großen 771 das Gebiet um Ulm mit in diese Ehe brachte.

Jenseits der Neuen Straße kommt man hinter dem Neuen Bau zum **Schwörhaus** (Weinhof 12, Tel. 0731/1614200, www.stadt archiv.ulm.de) mit Stadtarchiv, Lesesaal und stadtgeschichtlicher Ausstellung im Gewölbesaal (Di–So 11–17 Uhr). Vom Balkon dieses Hauses legt der Bürgermeister von Ulm alljährlich am dritten Julimontag Rechenschaft über das vergangene Jahr ab. An diesem *Schwörmontag* findet auch das **Nabada** statt, ein Wasserumzug, bei dem eine Vielzahl skurriler Schiffe die Donau hinabfährt. Durch die Schwörhausgasse gelangt man zu der in die Donau mündenden *Blau*, an deren Ufer das **Schiefe Haus** (Nr. 6) sich gefährlich über das Wasser zu neigen scheint. Der Fachwerkbau entstand Mitte des 14. Jh. und beherbergt heute ein ansehnliches Hotel.

Entlang der Donau kommt man zum ebenfalls etwas schiefen **Metzgerturm** von 1349. Wieder stadteinwärts zieht das repräsentativ mit Fassadenmalereien (1540) und Astronomischer Uhr geschmückte **Rathaus** (1370, geöffnet zu Geschäftszeiten) die Blicke auf sich. Im Treppenhaus hängt ein Modell der überdimensionierten Flügel, mit denen Albrecht Ludwig Berblinger (1770–1829), besser bekannt als *Schneider von Ulm*. Der wagemutige Erfinder stürzte 1829 bei einem Flugversuch in die Donau. Später erwies sich, dass sein Hängegleiter eigentlich funktionierte, aber über dem kalten Fluss nicht genug

Aufwind herrschte, um ihn sicher ans andere Ufer zu bringen. Nur einen Häuserblock weiter östlich führt das **Ulmer Museum** (Marktplatz 9, Tel. 0731/1614312, www.museum.ulm.de, Di–So 11–17, Sonderausstellungen Do bis 20 Uhr) in das regionale Kunstschaffen von der Steinzeit über die Spätgotik bis zur Moderne ein. Ein Höhepunkt ist der beim nahen Giengen gefundene *Löwenmensch* [s. S. 269], eine kleine Skulptur, die ein altsteinzeitlicher Künstler vor rund 32000 Jahren aus einem Mammutstoßzahn schnitzte.

ℹ Praktische Hinweise

Information
Tourist-Information, Münsterplatz 50 (Stadthaus), 89075 Ulm, Tel. 0731/1612830, www.tourismus.ulm.de

Die hier erhältliche *Ulm Card* bietet sowohl im baden-württembergischen Ulm als auch in der bayerischen Schwesterstadt Neu-Ulm auf dem rechten Ufer der Donau manche Ermäßigung.

Hotel
Hotel Reblaus, Kronengasse 10, Ulm, Tel. 0731/968490, www.reblausulm.de. Kleines Privathotel mit gemütlich eingerichteten Zimmern in einem Fachwerkhaus von 1651 nahe dem Rathaus.

Restaurant
Ulmer Spatz, Münsterplatz 27, Ulm, Tel. 0731/68081, www.hotel-ulmer-spatz. com. Das gutbürgerliche Hotelrestaurant serviert sowohl leichte Küche als auch traditionelle Spätzle-Gerichte.

Beim Nabada stürzen sich Ulms Bürger begeistert in die kühlen Fluten der Donau

Vom Turm der Kirche St. Georg blickt man weit über Nördlingens Dächer ins Ries

99 Nördlingen

Ein Mauerring umgibt das schmucke Zentrum des Nördlinger Ries.

Mit dem **Nördlinger Ries** (www.geopark-ries.de) hat man gewissermaßen eine Momentaufnahme der Erdgeschichte vor Augen, denn das fast kreisrunde Becken mit 22–24 km Durchmesser ist ein gewaltiger Impaktkrater, den ein Kometeneinschlag vor rund 14,5 Mio. Jahren schuf. Dabei trennte er die Schwäbische von der Fränkischen Alb. Die Landschaft prägt eine Mischung aus Feuchtgebieten und Trockenrasen, Wacholderheiden und Kalkfelsen.

Über solche Einschlagkrater allgemein und die Geschichte des Nördlinger Rieses im Besonderen informieren in Nördlingen (20 000 Einw.) das **Geopark Infozentrum** (Färberhalle, Eugene-Shoemaker-Platz 3, Di–So 10–16.30 Uhr) und das benachbarte **Rieskrater Museum** (Eugene-Shoemaker-Platz 1, Tel. 090 81/273 82 20, www.rieskratermuseum.de, Di–So 10–12 und 13.30–16.30 Uhr). Die hübsche Stadt ist mittelalterlich geprägt und noch heute vollständig von einem 2,6 km langen Mauerring umgeben. Teil davon ist der *Löpsinger Turm* (1593/94), in dem das **Stadtmauermuseum** (An der Löpsinger Mauer 3, Tel. 090 81/91 80, Ende März–Anf. Nov. Di–So 10–16.30 Uhr) eingerichtet ist. Sehr schön ist ein Spaziergang auf der vollständig begehbaren Wehrmauer, die wunderbare Ausblicke einerseits über das östliche Ries, andererseits über die Altstadt von Nördlingen bietet.

Ihr Zentrum markiert die Stadtpfarrkirche *St. Georg* (1444– 1505) mit dem 90 m hohen Kirchturm *Daniel* (tgl. 9–17.30 Uhr). Noch früher entstand das benachbarte *Brot- und Tanzhaus* (1442–44), das einstige Handelszentrum der Stadt. Und das gegenüberliegende gotische *Rathaus* stammt gar aus dem 13. Jh., auch wenn es später im Renaissancestil umgebaut wurde. Die Geschichte Nördlingens kann man im **Stadtmuseum** (Vordere Gerbergasse 1, Tel. 090 81/273 82 30, www.stadtmuseum-noerdlingen.de, Mitte März–Anf. Nov. Di–So 13.30–16.30 Uhr) im ehem. *Hl.-Geist-Spital* (13. Jh.) kennenlernen. Zu sehen sind u. a. ein Zinnfigurenpanorama der Schlacht bei Nördlingen (1634), in der kaiserliche Truppen einen Sieg über die Schweden errangen, ein Tafelgemälde aus dem 15. Jh. und ein vergoldetes Meistersingerzeichen aus dem 16. Jh.

i Praktische Hinweise

Information

Tourist-Information, Marktplatz 2, 86720 Nördlingen im Ries, Tel. 090 81/84116, www.noerdlingen.de

Hotel

NH Klösterle Nördlingen, Beim Klösterle 1, Nördlingen, Tel. 090 81/870 80, www.nh-hotels.de. 4-Sterne-Hotel in einem umgebauten ehemaligen Kloster.

100 Aschaffenburg

Das ›Bayerische Nizza‹ ist mit mildem Klima, Schlössern und Parkanlagen reich gesegnet.

Seiner Lage verdankt Aschaffenburg (69 000 Einw.) den Beinamen **Tor zum Spessart**, denn im Osten der Stadt beginnen die Ausläufer dieses Mittelgebirges. Schon im 10. Jh. wussten die **Erzbischöfe von Mainz** die Gegebenheiten der Stadt am Main zu schätzen. Sie erkoren den Ort zur Zweitresidenz ihres Kurfürstentums und entfalteten während ihrer über 800-jährigen Herrschaft (982–1803) eine rege Bautätigkeit. Nach der Säkularisierung 1803 war Aschaffenburg vorübergehend Hauptstadt des neu gegründeten gleichnamigen **Fürstentums**, sieben Jahre darauf des **Großherzogtums Frankfurt**. Doch schon 1814 fiel der ehemalige Herzogsitz an Bayern, zu dem es seither gehört.

König *Ludwig I. von Bayern* (1786–1868) hatte zeitlebens eine Vorliebe für Aschaffenburg, immerhin hatte er als Kronprinz in der Stadt unbeschwerte Jugendjahre verbracht. So ließ er sich denn auch 1840–48 auf einem Weinberg am Ufer des Mains inmitten eines *mediterranen Parks* das **Pompejanum** (Tel. 060 21/ 21 80 12, www.schloesser.bayern.de, April–Mitte Okt. Di–So 9–18 Uhr) erbauen. Dabei handelt es sich um die Idealrekonstruktion des in Pompeji ausgegrabenen ›Haus des Castor und Pollux‹, dessen prachtvolle Innenräume Wandmalereien und Mosaikfußböden zieren. Römische Kunstwerke aus den Beständen der *Staatlichen Antikensammlung* und der *Münchner Glyptothek* kommen hier besonders stimmungsvoll zur Geltung.

Ein Spaziergang durch den Schlossgarten führt zum stadtbeherrschenden Wahrzeichen Aschaffenburgs: **Schloss Johannisburg** (Tel. 060 21/38 65 70, www. schloesser.bayern.de, April–Sept. Di–So 9–18, Okt.–März Di–So 10–16 Uhr). Bereits im Mittelalter befand sich an dieser Stelle eine Burg, von der jedoch lediglich der spitztürmige viereckige Bergfried (14. Jh.) erhalten blieb. Georg Ridinger bezog ihn in einen Neubau ein, den er 1605–14 im Auftrag der Mainzer Erzbischöfe als dreigeschossige Vierflügelanlage im Stil der Renaissance errichtete. Mit seinen vier mächtigen Ecktürmen und den markanten geschwungenen Mittelgiebeln an den Längsseiten ist das kompakt wirkende Schloss ein schöner Blickfang. In seinem *Inneren* sind die mit stilvollen klassizistischen Möbeln ausgestatteten *fürstlichen Wohnräume* zu besichtigen. Daneben zeigt die *Staatsgalerie* Meisterwerke altdeutscher und niederländischer Malerei und eine beeindruckende Sammlung von Werken Lucas Cranachs d. Ä. Das *Schlossmuseum* dokumentiert die Stadtgeschichte. Auch mittelalterliche Skulpturen, Tafelgeschirr sowie Gemälde des in der Region ansässigen Malers Christian Schad (1894–1982) sind hier zu sehen. Aus heutiger Sicht ein Kuriosum ist die weltweit größte Sammlung von Nachbildungen antiker römischer Bauwerke aus Kork. Der Zuckerbäcker der Mainzer Erzbischöfe, Carl May (1747–1822), schuf diese Modelle als Tischdekorationen, die die Speisenden zu anspruchsvollen Gesprächen inspirieren sollten. Den Rundgang vervollständigt ein Besuch der einschiffigen *Schlosskirche* im Nordflügel, für die Hans Juncker den figurenreichen Alabasteraltar (1614) und die filigrane Renaissancekanzel (1618) schuf. In der *Paramentenkammer* sind prunkvolle Gewänder aus dem Mainzer Domschatz zu bewundern.

Nahebei erhebt sich die Stiftsbasilika **St. Peter und Alexander** (www.stiftsbasilika.de, im Sommer tgl. 8–18, im Winter tgl. 9–17 Uhr) mit ihrem imposanten backsteinernen Kirchturm (15. Jh.) und ihrer filalenbekrönten Fassade über dem Stiftsplatz. Das Gotteshaus geht auf einen ersten Bau im 10. Jh. zurück, der älteste heute noch erhaltene Teil ist das Langhaus mit romanischen Pfeilerarkaden aus dem 12. Jh. Bis zum frühen 16. Jh. kamen Querhaus, Kreuzgang und mehrere Kapellen hinzu, als letzte 1516 die später neugotisch überformte *Maria-Schnee-Kapelle*. Ihren Altar schmückt die Kopie der Stuppacher Madonna, die 1519 Mathis Gothard Nithart, genannt Grünewald, schuf. Weitere Kunstschätze im hellen Innenraum von St. Peter und Alexander sind Grünewalds *Altarbild ›Christi Beweinung‹* (1525) in der südlichsten Seitenkapelle sowie das überlebensgroße *ottonische Holzkreuz* (um 980) zwischen zwei Pfeilerbögen an der Nordwand.

Weiteren Kunstgenuss verspricht das **Stiftsmuseum** (Stiftsplatz 1a, Tel. 060 21/ 44 47 9 50, www.museen-aschaffenburg. de, www.stiftsschatz.de, Di–So 11–17 Uhr) im ehemaligen Stiftskapitelhaus, das sich nördlich der Kirche jenseits des wunderschönen romanischen *Kreuzgangs* (1240–

Eine wahrlich kurfürstliche Residenz ließen sich die Mainzer Erzbischöfe am Main erbauen

45; Sa/So 13–17 Uhr) anschließt. Es zeigt archäologische Funde aus der Region, religiöse Volkskunst, altdeutsche Tafelmalerei und Holzskulpturen des 13.–18. Jh., darunter ein Riemenschneider-Relief.

Wenige Schritte östlich lohnt in der Wermbachstraße der **Schönborner Hof** einen Besuch. Die 1673–81 als Stadtpalais der Freiherrenfamilie von Schönborn erbaute Dreiflügelanlage um einen Innenhof ist der erste Barockbau Aschaffenburgs. Heute ist hier neben dem Stadtarchiv das interessante *Naturwissenschaftliche Museum* (Tel. 06021/45 61 05 23, Do–Di 9–12 und 13–16 Uhr) mit umfangreicher Insektensammlung und ausführlichen Tableaus zu Mineralogie und Geologie des Spessarts beheimatet.

Zu einem lauschigen Spaziergang im Grünen laden anschließend die zahlreichen Aschaffenburger Parks ein. **Park Schöntal** unweit östlich des Zentrums gestaltete Friedrich Ludwig von Sckell, der auch den Englischen Garten in München schuf, 1780 als Landschaftsgarten im englischen Stil. Heute kann man sich hier an einem Magnolienhain – eine Augenweide im Frühjahr –, einer malerischen Teichinsel samt mittelalterlicher Kirchenruine sowie der *Orangerie* mit Restaurant, Biergarten und dem **Hofgarten-Kabarett** (Hofgarten 1 a, Tel. 06021/20 04 55, www.hofgarten-kabarett.de) erfreuen.

Ein weiterer empfehlenswerter Ausflug führt etwa 3 km südwestlich in den Stadtteil Nilkheim. Hier erstreckt sich **Park Schönbusch** (Tel. 06021/62 54 78, www.schloesser.bayern.de) idyllisch in einer Mainschleife. Die 200 ha große Gartenanlage entstand aus einem kurfürstlichen Wildgehege, das der Mainzer Erzbischof und Kurfürst Friedrich Carl von Erthal ab 1775, ebenfalls von Sckell, zu einem der ersten englischen Landschaftsgärten in Deutschland umgestalten ließ. Dazu gehört ein klassizistisches Lustschlösschen (1778–82) mit exquisiter Innenausstattung und *Besucherzentrum* (April–Sept. Sa/So 11–18 Uhr), das die Geschichte des Parks dokumentiert. Die Rote Brücke, das ›Dörfchen‹ mit ›Hirtenhäusern‹ sowie mehrere Pavillons und Tempelchen sind weitere pittoreske Bauwerke im Park.

ℹ **Praktische Hinweise**

Information

Tourist-Information, Schlossplatz 1, 63739 Aschaffenburg, Tel. 06021/39 58 00, www.info-aschaffenburg.de

Hotels

Dalberg, Pfaffengasse 12–14, Aschaffenburg, Tel. 06021/35 60, www.hotel-dalberg.de. Traditionshotel mit Restaurant Marquesas inmitten der Altstadt.

Hofgarten Apartments, Würzburger Str. 46, Aschaffenburg, Tel. 060 21/37 17 01, www.hofgartenapartments.de. Komplett ausgestattete Apartments nahe dem Park Schöntal.

Restaurants

Wilder Mann, Löherstr. 51, Aschaffenburg, Tel. 060 21/30 20, www.hotel-wilder-mann.de. Feine regionale Küche in gediegenem Hotelrestaurant an der Alten Mainbrücke. Dachterrasse.

Zum Roten Kopf, Suicardusstr. 1, Aschaffenburg, Tel. 060 21/293 00, www.zumrotenkopf.de. Gemütliches Gasthaus mit gutbürgerlichen fränkischen Gerichten. Eigene Brennerei (Mo und Di geschl.).

101 Spessart

Weinberge, Wasserschloss und Wirtshaus im Mittelgebirgswald.

Fährt man von Aschaffenburg aus nur wenige Kilometer nach Osten, befindet man sich schon mitten im Spessart mit seinen von dichtem Mischwald bestandenen Höhen. Das rund 2440 km² umfassende **Mittelgebirge**, das am *Geiersberg* auf bis zu 585 m ansteigt, erstreckt sich über die Ländergrenze von Bayern und Hessen.

Im Spessart kann man vielfältige landschaftliche und kulturelle Höhepunkte erkunden, am schönsten auf Schusters Rappen. Wer zwei oder drei Tage lang Zeit

TOP TIPP hat, kann zum Beispiel auf der **Birkenhainer Straße** (71 km) von *Hanau* nach *Gemünden* wandern. Schon keltische Krieger, fränkische und staufische Kaiser und nicht zuletzt die berühmt-berüchtigten Spessarträuber wussten diese Ost-West-Passage durch den Spessart zu schätzen: Sie führt nämlich stets über Bergrücken, was damals wie heute anstrengende Auf- und Abstiege erspart.

Eine abwechslungsreiche Rundwanderung von nur zwei Stunden startet in der Rotweinstadt **Klingenberg** am Main: Vom Winzerplatz aus geht es zunächst in die wildromantische *Seltenbachschlucht* mit ihren bizarren Felsformationen. Über zahlreiche Brücken und Treppchen erreicht man einen steinernen *Aussichtsturm* (Anf. 20. Jh.; Mi, Sa/So ab 10 Uhr) mit weitem Blick über das Maintal sowie die Ruine der *Clingenburg* (um 1100) nahebei. Ihre alten Gemäuer sind alljährlich im Juni und Juli Kulisse für die *Clingenburg Festspiele* (Tel. 093 72/30 40, www.clingenburg-festspiele.de). Der Weinort selbst, zu dem man von der Burg aus bequem über eine Treppe hinuntersteigen kann, ist im August Schauplatz des beliebten *Klingenberger Winzerfestes*.

TOP TIPP Empfehlenswert ist auch ein Abstecher zum **Wasserschloss Mespelbrunn** (Tel. 060 92/269, www.schloss-mespelbrunn.de, Karfreitag–Allerheiligen tgl. 9–17 Uhr) unweit der A 3 zwischen Aschaffenburg und Wertheim. Das von dichtem Buchenwald umgebe-

Als Jagdhütte im tiefen Wald des Spessarts begann die Geschichte von Schloss Mespelbrunn

Vom Mühlberg bei Johannesberg bietet sich ein weiter Blick über den fränkischen Spessart

ne Schlösschen (16. Jh.) ist eine wahre Ikone des Spessarts, seine malerischen Renaissance-Gemäuer dürften einigen Besuchern bereits als Filmkulisse aus dem Klassiker ein ›Wirtshaus im Spessart‹ (1958) bekannt sein.

ℹ Praktische Hinweise

Information

Infozentrum Naturpark Spessart, Frankfurter Str. 2 (Huttenschloss an der Mainbrücke), 97737 Gemünden, Tel. 093 53/60 34 22, www.naturpark-spessart.de

Hotel

Gut Dürnhof, Burgsinner Str. 3, Rieneck, Tel. 093 54/10 01, www.gut-duernhof.de. Komfortables einladendes Hotel mit Restaurant an kleinem See. Haushallenbad.

Restaurant

Waldschänke Bayerische Schanz, Lohr-Ruppertshütten, Tel. 093 55/618, www.bayerische-schanz.de. Seit Jahrhunderten rasten hier die Reisenden auf der Birkenhainer Straße. Weißbier mit Rienecker Bauernbratwürsten sei empfohlen (Mo und Di geschl.).

Festung Marienberg, die alte Residenz der Würzburger Fürstbischöfe, thront über dem Main

102 Würzburg

Bekannt für Bocksbeutel und seine fürstbischöfliche Barockresidenz.

Würzburgs (133 000 Einw.) Ursprünge liegen auf dem **Marienberg** am rechten Ufer über dem Main. Auf seiner Höhe errichteten bereits die Kelten um 1000 v. Chr. eine Fliehburg, seit dem 7. Jh. thronte hier die Festung fränkisch-thüringischer Herzöge, die 704 als *Castro Wirteburch* erstmals urkundlich Erwähnung fand. Dank der frühen Christianisierung der Gegend durch die iro-schottischen Mönche Kilian, Kolonat und Totnan (Frankenapostel) verfügte diese Burg schon im 8. Jh. über eine Kirche, die der *hl. Bonifatius* 741 zur Bischofskirche erhob. Damit begann Würzburgs glanzvolle Zukunft als **Bistumssitz**, dem Kaiser Friedrich I. Barbarossa 1168 zusätzliche weltliche Macht als **Fürstbistum** verlieh. Mit zahlreichen Kirchen und Klöstern, der 1582 gegründeten **Universität** und der prächtigen **Residenz** entwickelte sich Würzburg zu einem politischen und kulturellen Zentrum, das über Jahrhunderte namhafte Künstler und Wissenschaftler anzog: *Walter von der Vogelweide* (um 1170–1230) verbrachte hier die letzten Jahre seines Dichterlebens, *Tilman Riemenschneider* (1460–1531) fertigte für die Kirchen der Stadt kunstvolle Schnitzaltäre, der Baumeister *Balthasar Neumann* (1687–1753) schuf gemeinsam mit dem Maler *Giovanni Battista Tiepolo* (1696–1770) das barocke Gesamtkunstwerk der Residenz und *Wilhelm Conrad Röntgen* (1845–1923) entdeckte 1895 in Würzburg die nach ihm benannten Strahlen. Eine Berühmtheit kulinarischer Art ist der **Frankenwein**, der rund um Würzburg angebaut, in regionaltypische Bocksbeutel abgefüllt und in gemütlichen fränkischen Weinstuben ausgeschenkt wird.

Den schönsten Blick auf die nach dem Zweiten Weltkrieg weitgehend originalgetreu wieder aufgebaute **Altstadt** am Main hat man von den imposanten Bastionen (17. Jh.) der **Festung Marienberg** (Tel. 09 31/355 17 50, www.schloesser.bayern.de). Die mächtige Burg wurde ab 1200 zum fürstbischöflichen Herrschersitz ausgebaut und befestigt, 1573 veranlasste Fürstbischof Julius Echter ihren Umbau in ein elegantes *Renaissanceanwesen,* welches, wie auch das barocke Zeughaus im Burghof, heute das *Mainfränkische Museum* (Tel. 09 31/20 59 40, www.mainfraenkisches-museum.de, April–Okt. Di–So 10–17, Nov.–März Di–So 10–16 Uhr) beherbergt. In den Ausstellungsräumen sind u.a. Exponate zur lokalen Weinkultur, volkskundliche Stücke sowie eine festungs- und stadtgeschichtliche Dokumentation zu sehen. Ferner nennt das Museum eine ausgezeichnete Sammlung fränkischer Kunstwerke von der Bronzezeit bis zum frühen 19. Jh., darunter Meisterwerke Tilman Riemenschneiders, sein Eigen.

Durch die mit Weinreben bewachsenen Hänge des Marienbergs geht man die *Tellsteige* hinunter zur **Alten Mainbrücke** (1473–88), deren breite, lanzettförmig zulaufenden Pfeiler wie Pflüge die Fluten des Flusses teilen. Zwölf barock bewegte Steinfiguren (1725–30) von Heiligen und Herrschern zieren die Brücke, von der aus man am **Rathaus** mit seinem romanischen Turm vorbei geradewegs zum **Dom St. Kilian** (www.dom-wuerzburg.de, Mo–Sa 9.30–18, So 12.30–18 Uhr) gelangt. Das mächtige, 105 m lange und im Kern romanische Gotteshaus mit vier Türmen geht auf einen kreuzförmig angelegten Ursprungsbau aus dem Jahr 1040 zurück. Balthasar Neumann zeichnet

für die wesentlichen Veränderungen im 18. Jh. verantwortlich, so etwa 1721–38 den Anbau der innen reich stuckierten Schönborn-Kapelle am nördlichen Querhaus. Zur Ausstattung des Doms gehören zahlreiche Grabmäler und Epitaphe, darunter auch die der Fürstbischöfe Rudolf von Scherenberg († 1495) und Lorentz von Bibra († 1519), beides bewegte Meisterwerke Tilman Riemenschneiders.

Nur wenige Meter nördlich des Doms erhebt sich das im 8. Jh. als Gedenkkapelle für die Frankenapostel Kilian, Kolonat und Totnan errichtete **Neumünster** (www.neumuenster-wuerzburg.de, Mo–Sa 6–18.30, So 8–18.30 Uhr). Anstelle des einst kleinen Gotteshauses sieht man heute eine prunkvolle Kirche mit säulengeschmückter, leicht nach innen geschwungener Doppelfassade (1711–16) im Osten und laternenbekrönter Kuppel im Westen. Kernstück des Neumünsters ist

Schon im 14. Jh. regierten Würzburgs Bürgermeister vom Haus Grafeneckart aus die Stadt

Aus der Luft wird die elegante Anlage der Würzburger Residenz samt Garten deutlich

die 1711 neu errichtete Kiliansgruft, in deren Hauptraum der gotische Kiliansaltar (um 1250) und darauf der vergoldete Kiliansschrein (1986/87) mit Reliquien der drei Heiligen stehen. Im Norden des Neumünsters lohnt sich schließlich noch ein Blick in das lauschige **Lusamgärtlein** mit den Resten eines hochmittelalterlichen Kreuzganges. In seiner Mitte findet sich ein Grabstein für den Minnesänger Walther von der Vogelweide, an dem die unglücklich Verliebten Würzburgs Rosen niederlegen. Wenn die Blume verblüht ist, so die Legende, sei auch der Liebeskummer vorbei.

Weitere Glanzpunkte der Altstadt bietet der nördlich gelegene **Marktplatz**: Das **Falkenhaus** mit seiner zartgelben, mit reichem Stuck (1751) verzierten Rokofassade – einst Gasthaus, heute u.a. Sitz der Tourist Information – sowie die spätgotische **Marienkapelle** (1377–1479). Ihr Südportal stattete Tilman Riemenschneider 1493 mit Figuren von Adam und Eva aus, im Inneren fand Balthasar Neumann 1753 seine letzte Ruhestätte.

Wendet man sich von hier aus nach Südosten, weg vom Main, erreicht man in

TOP TIPP wenigen Minuten die **Residenz Würzburg** (Tel. 09 31/35 51 70, www.residenz-wuerzburg.de, April–Okt. tgl. 9–17.30, Nov.–März tgl. 10–16.30 Uhr), welche die Festung Marienberg als fürstbischöfliches Schloss ablöste. Der Palast entstand 1720–44 unter der Ägide des großen Baumeisters Balthasar Neumann, der hier deutschen Barock, französische Klassik und Wiener Reichsstil virtuos vereinte. Die opulente Innenausstattung mit Fresken, Stuckaturen, Möbeln, Gobelins, Gemälden und Kunstgegenständen war bis 1780 vollendet und machte die Residenz zu jenem bedeutenden Gesamtkunstwerk, das seit 1982 stolz den Titel eines **UNESCO Weltkulturerbes** trägt.

Ein *Rundgang* führt durch 40 der kostbaren Räume, darunter gleich zu Beginn das berühmte **Treppenhaus**. Es wird überwölbt von mit rund 600 m² größten einteiligen *Deckenfresko* (1752/53) der Welt, geschaffen vom Venezianer Giovanni Battista Tiepolo. Darauf huldigen die als Frauengestalten dargestellten Erdteile Amerika, Asien und Afrika der Allegorie Europas sowie dem Würzburger Fürstbischof Carl Philipp von Greiffenclau

(1690–1754), während sich in der Mitte des Gemäldes antike Götter tummeln. Auch die Deckenfresken im **Kaisersaal** – etwa die 1156 in Würzburg gefeierte Hochzeit Friedrich I. Barbarossas mit Beatrix von Burgund – stammen von Tiepolo.

Im südlichen Flügel der Residenz ist u.a. die 1743 geweihte **Hofkirche** (bis voraussichtl. Mitte 2012 wg. Renov. geschl., www.restaurierung-hofkirche.de) untergebracht. Der üppige Eindruck des vergleichsweise schmalen, von drei Kuppeln überwölbten Innenraums entsteht durch zahlreiche Säulen und Emporen, altrosa Marmor und vergoldeten Zierrat. Die beiden Seitenaltäre (1752) sind abermals Werke Tiepolos, für den Stuck (1740/41) zeichnete größtenteils Antonio Bossi verantwortlich, sein Neffe Materno steuerte die frühklassizistische Kanzel bei.

Nach einem Spaziergang durch den **Hofgarten** (tgl. 9 Uhr – Sonnenuntergang) mit seinen geometrisch angeordneten Blumenrabatten und von Figurengruppen aufgelockerten Grünflächen bietet sich ein Abstecher in die westlich gelegene Domerschulstraße an. Sie führt an der imposanten Vierflügelanlage der **Alten Universität** (1582–91) vorbei, einem Paradestück des sog. *Juliusstils*, der spätgotische und Renaissance-Elemente miteinander verbindet. Die integrierte **Neubaukirche** – heute als Aula genutzt – besitzt übrigens den mit 82 m höchsten Kirchturm der Stadt.

Wer gut zu Fuß ist und Interesse an Kunst des 19.–21. Jh. hat, kann nun noch

Großartig ist schon das Entree der Würzburger Residenz mit Tiepolos Deckengemälde

am Main entlang zum **Kulturspeicher** (Veitshöchheimer Str. 5, Tel. 09 31/32 22 50, www.kulturspeicher.de, Di 13–18, Mi, Fr–So 11–18, Do 11–19 Uhr) wandern. In dem ehemaligen Lagerhaus des bayerischen

Auf dem Deckengemälde ist auch Baumeister Balthasar Neumann in Uniform zu sehen

Staatshafens sind *Konkrete Kunst nach 1945*, die *Städtische Sammlung* mit Malerei und Skulptur vom Biedermeier bis zur Gegenwart sowie interessante Wechselausstellungen zu sehen.

Veitshöchheim

Bei gutem Wetter lohnt ein Ausflug von Würzburg nach Veitshöchheim, den man am schönsten mit dem **Schiff** (Schiffstouristik Würzburg, Tel. 09 31/585 73, www.schiffstouristik.de, Abfahrt ab Alter Kranen, April–Okt. stdl. 10–17, Rückfahrt ab Veitshöchheim stdl. 10.40–18 Uhr) unternehmen kann. Unweit der Anlegestelle empfängt die fürstbischöfliche **Sommerresidenz** (Tel. 09 31/915 82, www.schloesser.bayern.de, April–Okt. Di–So 9–18 Uhr, Führungen stdl. 10–12 und 14–17 Uhr) ihre Besucher. Ursprünglich 1682 für Füstbischof von Dernbach als Jagdschloss errichtet, erweiterte Balthasar Neumann den Bau 1753 zum heutigen Palast. In seinem Inneren bezaubern die teils stuckierten, teils mit seltenen Papiertapeten geschmückten Räume (Besichtigung nur im Rahmen einer Führung). Auch eine interessante Ausstellung zur Geschichte des rund um das Schloss angelegten **Hofgartens** ist zu sehen. In diesem Juwel des Rokoko (rekonstruierter Zustand von 1779) vereinen sich kunstvoll beschnittene Hecken, romantische Pavillons, Seen und etwa 300 Skulpturen zu einem Meisterwerk des Gartenbaus.

ℹ Praktische Hinweise

Information

Tourist Information, Falkenhaus am Markt, 97070 Würzburg, Tel. 09 31/37 23 35, www.wuerzburg.de.

Hier wird auch das günstige Rabatt-Booklet *Würzburg Welcome Card* erhältlich, das nach Kauf eine Woche lang zahlreiche Vergünstigungen bietet.

Hotels

Till Eulenspiegel, Sanderstr. 1 a, Würzburg, Tel. 09 31/35 58 40, www.hotel-till-eulenspiegel.de. Radlerfreundliches, familiäres Hotel in der Altstadt mit rustikal eingerichteter Weinstube und Bierkeller.

Walfisch, Am Pleidenturm 5, Würzburg, Tel. 09 31/352 00, www.hotel-walfisch.de. Gediegenes Drei-Sterne-Hotel zwischen Alter Mainbrücke und Ludwigsbrücke. Feines Restaurant im Haus.

Restaurants

Rebstock, Neubaustr. 7, Würzburg, Tel. 09 31/309 30, www.rebstock.com. Das mehrfach ausgezeichnete Abendrestaurant im gleichnamigen Hotel serviert feine fränkische Spezialitäten (So geschl.).

Reisers im Weingut am Stein, Mittlerer Steinbergweg 5, Würzburg, Tel. 09 31/28 69 01, www.weingut-am-stein.de. Junge Küche, Frankenwein aus dem hauseigenen Weingut (ab 17 Uhr, So geschl.).

Ein Gläschen in Ehren nach getaner Arbeit im Weingut am Stein bei Würzburg

Zwischen Rathaus (Mitte) und Ratstrinkstube (rechts) fand der legendäre Meistertrunk statt

103 Rothenburg ob der Tauber

TOP TIPP *Putzige Fachwerkhäuschen und gepflegtes Kopfsteinpflaster verkörpern Mittelalter par excellence.*

Annähernd 2 Mio. Tagesgäste pro Jahr können nicht irren – Rothenburg ob der Tauber (11 000 Einw.) ist ein hinreißendes, da komplett erhaltenes **mittelalterliches Städtchen**. Vor allem Japaner und US-Amerikaner sehen in der pittoresken Altstadt mit ihren engen kopfsteingepflasterten Gassen, den kleinen Plätzen und den schmucken Fachwerkhäuschen die idealtypische Verkörperung des romantischen Deutschlands.

Dass das fränkische Städtchen im Laufe seiner mehr als 1000-jährigen Geschichte keiner schwerwiegenden Zerstörung zum Opfer fiel, ist zum einen einem mächtigen **Mauerring** (14. Jh.) mit noch heute begehbarem Wehrgang, zahlreichen Türmen und gut bewachten Toren zu verdanken. Zum anderen erzählt man in Rothenburg gern die Geschichte vom tapferen und vor allem trinkfesten Bürgermeister Georg Nusch, der 1631 die Stadt rettete: Damals belagerten die brandschatzenden Truppen Tillys Rothenburg. Sie wollten den Ort nur verschonen, wenn es jemandem gelänge, einen Humpen mit über 3 l Wein in einem Zug zu leeren. Nusch trat vor und tat den sagenhaften **Meistertrunk**, eine Szene, die noch heute an der **Ratstrinkstube** (1446) am zentralen Marktplatz zu beobachten ist: Zur vollen Stunde (tgl. 11–15 und 20–22 Uhr) öffnen sich links und rechts neben der *Kunstuhr* (1910) die Fensterchen und geben den Blick auf die Figuren des zepterschwingenden Tilly und des humpentrinkenden Nusch frei.

Nebenan kann man am **Rathaus** Baustile studieren: Das ältere rückwärtige Gebäude von 1250–1400 gibt sich gotisch schlicht, während der ›Neubau‹ (1572–78) mit aufwendig gestaltetem Portal, Treppengiebel und Eckturm im Stil der Renaissance prunkt. Besonders empfehlenswert ist der Aufstieg auf den 52 m hohen *Rathausturm* (April–Okt. tgl. 9.30–12.30 und 13–17, Nov. und Jan.–März Sa/So 12–15, Ende Nov.–23. Dez. So–Do 10.30–14 und 14.30–18, Fr und Sa bis 20 Uhr), von dessen Aussichtsplattform man den besten Blick über die bewegte Dachlandschaft Rothenburgs genießt.

Über den Grünen Markt geht es in wenigen Schritten zur **St.-Jakobs-Kirche** (1311–1471; April–Okt. tgl. 9–17, Nov. und Jan.–März tgl. 10–12 und 14–16, Dez. tgl. 10–16.45 Uhr), deren hohen dreischiffigen

Innenraum drei farbenprächtige Glasfenster (14. und 15. Jh.) im Chor erhellen. Bemerkenswert sind auch der wunderschöne Hochaltar (1466) mit Tafelbildern von Friedrich Herlin sowie der Heilig-Blut-Altar (um 1500) des berühmten Schnitzmeisters Tilman Riemenschneider in der Heilig-Blut-Kapelle.

Wer Interessantes über die Geschichte Rothenburgs erfahren will, ist im **Reichsstadt-Museum** (Klosterhof 5, Tel. 098 61/93 90 43, www.reichsstadtmuseum.rothenburg.de, April–Okt. tgl. 10–17, Nov.–März 13–16 Uhr) richtig, das unweit westlich in einem ehemaligen Dominikanerinnenkloster untergebracht ist. Die teils noch aus dem 12. Jh. stammenden Gewölbe bieten den idealen Rahmen für eine umfangreiche Sammlung mittelalterlicher Waffen, Kunst, Hausrat und Werkzeuge.

Weitere Kunstschätze, darunter wiederum einen Riemenschneider-Altar, Wandfresken und Grabplatten, kann man im ältesten Gotteshaus Rothenburgs, der südlich gelegenen frühgotischen **Franziskanerkirche** (1285; März–Dez. tgl. 10–12 und 14–16 Uhr, Jan./Febr. nur Sa/So) sehen. Folgt man von hier aus der Stadtmauer gen Osten, erreicht man nach wenigen Metern die einstige *Johanniterkomturei*, die 1395 an den Mauerring angebaut wurde. Sie birgt das **Mittelalterliche Kriminalmuseum** (Burggasse 3–5, Tel. 098 61/53 59, www.kriminalmuseum.rothenburg.de, Jan./Febr./Nov. tgl. 14–16, März/Dez. 13–16, April 11–17, Mai–Okt. 10–18 Uhr), das u. a. wertvolle historische Urkunden und Schrecken erregende originale Instrumente für Folter und Strafvollzug vom Mittelalter bis zum 19. Jh. zeigt.

Weitaus freudigere Empfindungen weckt das **Puppen- und Spielzeug-Museum** (Hofbronnengasse 13, Tel. 098 61/73 30, www.spielzeugmuseum.rothenburg.de, März–Dez. tgl. 9.30–18, Jan./Febr. tgl. 11–17 Uhr), das anhand von Puppen und Kaufläden, Eisenbahnen und Blechspielzeug mehr als 200 Jahre Spiel- und Kultur-Geschichte erzählt. Unweit davon kann man in den historisch eingerichteten Kammern des **Alt-Rothenburger Handwerkerhauses** (Alter Stadtgraben 26, Tel. 098 61/58 10, www.alt-rothenburger-handwerkerhaus.de, Ostern–Okt. Mo–Fr 11–17, Sa/So 10–17, erster Advent–Anf. Jan. tgl. 14–16 Uhr) nachvollziehen, in welch bescheidenen Wohnverhältnissen viele Handwerkerfamilien im 17./18. Jh. lebten. Das Fachwerkhäuschen wurde um das Jahr 1270 erbaut.

Taubertal und Frankenhöhe

Naturfreunde, Wanderer und Radfahrer schätzen Rothenburg ob der Tauber als Ausgangspunkt zu den umliegenden Naturschönheiten. Dazu zählt in erster Stelle das **Tal der Tauber**, die sich rund 100 Kilometer vorbei an frischgrünen Weinberghängen, traditionsreichen Klöstern und romantischen Städtchen gen Norden schlängelt. Einige Schmuckstücke auf dem Weg, der sich für eine mehrtägige Radwandertour anbietet, seien genannt: In der Kurstadt **Bad Mergentheim** dokumentiert das *Deutschordensmuseum* (Schloss 16, Tel. 079 31/522 12, www.deutschordensmuseum.de, April–Okt. Di–So 10.30–17, Nov.–März Di–Sa 14–17, So 10.30–17 Uhr) in der Residenz seiner Hochmeister die Geschichte des 1190 gegründeten Ritterordens. Im idyllisch gelegenen ehemaligen **Kloster Bronnbach** (Tel. 093 42/395 96, www.kloster-bronnbach.de, Ende März–Okt. Mo–Sa 10–17.30, So 11.30–17.30 Uhr) fasziniert die Abteikirche mit schlichter Zisterzienserarchitektur (13. Jh.) und opulenter barocker Ausstattung. Nur etwa 10 km tauberabwärts hat man im malerischen **Wertheim** vom Bergfried (11. Jh.) der mächtigen *Burgruine* (im Sommer tgl. 9 bis Einbruch der Dunkelheit, im Winter 10.30 –16 Uhr) den wohl schönsten Blick auf die Mündung der Tauber in den Main. Bronnbach und Wertheim verbindet übrigens ein wunderschöner *Wanderweg*.

Auch die **Frankenhöhe** beginnt vor den Toren Rothenburgs. Dichter Mischwald, immer wieder durchbrochen von Heidelandschaften mit Schafweiden, Streuobstwiesen und Feuchtbiotopen, lädt zu Entdeckungstouren auf zahlreichen ausgeschilderten *Wanderwegen* ein. Bei **Windelsbach** etwa gibt es nicht nur einen *Barfußpfad*, der den Spaziergang über weiches Moos, raschelnde Blätter und kühle Steine zum haptischen Erlebnis macht. Ganz in der Nähe befindet sich auch ein von Bibern bewohnter Weiher. Mit etwas Glück kann man die scheuen Tiere sogar beobachten – die angenagten Bäume rundum sieht man auf jeden Fall!

Eine schöne Wanderung von etwa 2 Stunden führt von der Gemeinde Marktbergel aus auf den 504 m hohen **Petersberg**. Am Wegrand erklären Informationstafeln Fauna und Flora der Gegend. Auf dem Gipfel verspricht der *Summstein* dem müden Wanderer eine ungewöhnli-

che Tiefenmassage. Dazu muss man nur den Kopf in die Aushöhlung des Felsblocks stecken, in verschiedenen Tonlagen summen und sich so in harmonische Schwingungen versetzen lassen.

ℹ Praktische Hinweise

Information

Tourismus Service, Marktplatz, 91541 Rothenburg ob der Tauber, Tel. 098 61/ 40 48 00, www.rothenburg.de

Touristikgemeinschaft Liebliches Taubertal, Gartenstr. 1, 97941 Tauberbischofsheim, Tel. 093 41/82 58 06, www.liebliches-taubertal.de

Hotels

Glocke, Am Plönlein 1, Rothenburg o. d. Tauber, Tel. 098 61/95 89 90, www.glocke-rothenburg.de. Hotel in einem früheren Hospitalgebäude von 1227 mit gutbürgerlichem Restaurant. Eigenes Weingut.

Tilman Riemenschneider, Georgengasse 11–13, Rothenburg o. d. Tauber, Tel. 098 61/97 90, www.tilman-riemenschnei der.de. Fachwerk-Gasthof, möbliert u.a. mit romantischen Himmelbetten.

Restaurant

Reichsküchenmeister, Kirchplatz 8, Rothenburg o. d. Tauber, Tel. 098 61/97 00, www.reichskuechenmeister.com. Gemütliches Hotelrestaurant mit internationalen und fränkischen Gerichten.

Bambergs Altes Rathaus steht auf einer Doppelbrücke über der Regnitz

104 **Bamberg**

 Neben Bamberger Dom und Bamberger Reiter locken Brauereimuseum und Klein-Venedig.

Keine Frage, das 902 erstmals urkundlich erwähnte Bamberg (70 000 Einw.) hat Charme. Die oberfränkische **Universitätsstadt** im Tal der Regnitz ist seit dem Jahr 1007 **Bischofssitz** und besitzt mehrere überregional bedeutende **Brauereien**. So gut ist das Stadtzentrum erhalten, dass es die UNESCO 1993 zum **Weltkulturerbe** ernannte.

Geistiger Mittelpunkt ist der **Bamberger Dom** (sommers tgl. 8–18, winters 8–17 Uhr), dessen vier Türme die Innenstadt beherrschen. Kaiser Heinrich II. (973–1024) hatte ihn zur Gründung des Bamberger Bistums im frühen 11. Jh. gestiftet, doch die erste Kirche brannte ab. Im Nachfolgebau, dem heutigen *Kaiserdom* aus der Stauferzeit, sind der Kaiser und vermutlich auch seine wie er selbst heilig gesprochene Gemahlin Kunigunde (980–1033) beigesetzt. 1237 weihte man das Gotteshaus den hll. Peter und Georg. Außen lohnt sich ein Blick auf die figurenreichen Portalbögen, etwa an der *Gnadenpforte* im Nordosten. Innen mündet das Langhaus der dreischiffigen romanisch-

![Bambergs Kaiserdom bei Nacht]

Bambergs Kaiserdom ist geistiger Mittelpunkt von einem der ältesten deutschen Bistümer

frühgotischen Basilika an beiden Schmalseiten in eine Chorapsis. Vor dem Ostchor (Georgenchor) schuf Tilman Riemenschneider 1499–1513 das kunstvoll reliefierte, marmorne *Hochgrab* des kaiserlichen Stifterpaares. Daneben ziert der

Seit Jahrhunderten streiten sich die Forscher um die Identität des Bamberger Reiters

berühmte *Bamberger Reiter* einen der nördlichen Pfeiler. Es handelt sich dabei um eine 2,33 m hohe, bemerkenswert lebensechte Reiterplastik, die ein unbekannter Meister um 1230 aus Sandstein schuf. Weitere bekannte Figuren im Dom sind die mittelalterlichen Plastiken von *Ecclesia* und *Synagoge* gegenüber auf der Südseite. Geradezu schlicht nimmt sich dagegen der um 1240 gesetzte Steinsarkophag für *Papst Clemens II.* (1005–1047) im Westchor aus. Links daneben befindet sich im kurzen südlichen Querschiff der *Marien- und Weihnachtsaltar*, den Veit Stoß 1520–23 aus Lindenholz schnitzte.

Das um 1510 im Süden des Doms angebaute Kapitelhaus beherbergt das **Diözesanmuseum** (Domplatz 5, Tel. 09 51/ 50 23 16, www.eo-bamberg.de, Di–So 10– 17 Uhr), das den Domschatz präsentiert. Dessen Glanzlichter sind die wertvollen *Sakralgewänder*, darunter der Sternenmantel (ca. 1018) Heinrichs II.

Nördlich vom Dom erstreckt sich der quadratische **Domplatz**, an dem Heinrich II. im Jahr 1020 seine Kaiserpfalz errichten ließ. Daraus ging die **Alte Hofhaltung** (15./16. Jh.) hervor, ein Viereckbau mit schöner Renaissancefassade und malerischem, von Fachwerkbauten gesäumtem Innenhof. In den vorderen Gebäudeteilen zeigt das **Historische Muse-**

um (Domplatz 7, Tel. 0951/5190746, www.
bamberg.de/museum, Mai–Okt. Di–So
9–17 Uhr, Nov.–April nur Sonderausstellungen) Dokumente, Gemälde und All-
tagsgegenstände zur Stadtgeschichte,
darunter die sog. Bamberger Götzen, drei
1–1,5 m große Sandsteinfiguren. Nebenan
befindet sich die *Neue Hofhaltung*, besser
bekannt als **Neue Residenz** (Domplatz 8,
Tel. 0951/519390, www.schloesser.bay
ern.de, April–Sept. tgl. 9–18, Okt.–März
10–16 Uhr). Der lang gestreckte Komplex
aus vier aneinandergereihten Bauteilen
mit dreistöckiger Barockfassade entstand
im Wesentlichen 1697–1703 als Residenz
für Fürstbischof Lothar von Schönborn.
Die historischen Räume bilden den idealen Rahmen für wechselnde *Kunstausstellungen* sowie eine Zweiggalerie der
Bayerischen Staatsgemäldesammlungen
mit Meisterwerken spätgotischer Malerei.

Der Dombezirk befindet sich im südwestlichen, fürstbischöflichen Teil Alt-
Bambergs, der sog. **Bergstadt**. Hier finden
sich weitere Bauten der Geistlichkeit, etwa auf einer Anhöhe das im 11. Jh. gegründete ehemalige Benediktinerkloster
Michaelsberg. Hinter dessen Mauern
macht das *Fränkische Brauereimuseum*
(Michelsberg 10f, Tel. 0951/53016, www.
brauereimuseum.de, April–Okt. Mi–Fr 13–
17, Sa/So 11–17 Uhr) mit der Geschichte der
Bierherstellung in Bamberg vertraut. Hier
kann man historische Gerstenputzma-
schinen, Bierpumpen und eine Versuchs-

brauerei besichtigen oder ein Biersemi-
nar der Fränkischen Bierakademie belegen. Im Zentrum der Anlage steht die im
18. Jh. barockisierte Klosterkirche **St. Michael** (Franziskanergasse 2) auf romanischen Fundamenten mit gotischem Aufbau. Im Innern begeistert sie mit ihrem
Deckengemälde (1614–17), das ein Herba-
rium aus 580 verschiedenen Pflanzen
zeigt, darunter so exotische Gewächse
wie Ananas oder Granatapfel. Hinter dem
Altar der Kirche befindet sich das Grab
des hl. Bischofs Otto von Bamberg. Der
mit farbig gefassten Figuren geschmückte Sarg entstand 1443 und ist mit einer
Öffnung versehen, durch die sich einst
fromme Pilger zwängten.

Seit dem Mittelalter verbinden die
dicht beieinander erbaute *Obere* und
Untere Brücke die Bergstadt mit der sog.
Inselstadt. Über den beiden Brücken wurde 1387 das **Alte Rathaus** erbaut. Dessen
ältester Teil ist der Fachwerkbau des *Rott-
meisterhauses*, das frech über die Regnitz
hinausragt. Ansonsten gestaltete Michael
Küchel die Steinfassade 1744–56 barock
um und schmückte sie mit Fresken. Im
Innern des Alten Rathauses zeigt die
Sammlung Ludwig (Tel. 0951/871871,
www.bamberg.de/museum, Di–So 9.30–
16.30 Uhr) wertvolle Straßburger Fayencen und Meißener Porzellan.

Von der Oberen Brücke, die auch durch
den Rathausturm führt, blickt man hinüber zur von Regnitz und Altem Kanal

Die Abbilder von 16 Herrschern zieren die Wände des Kaisersaals der Neuen Residenz

umflossenen Insel *Geyersworth*. Der rötliche Baukomplex an der Inselspitze unterhalb der Brücke ist das ehem. fürstbischöfliche Stadtschloss **Geyersworth** (1585–87), das heute die Tourist Information beherbergt. Ein besonders hübsches Fleckchen des alten Bambergs ist etwas flussabwärts **Klein-Venedig**, eine frühere Fischersiedlung mit einer Zeile malerischer Fachwerkhäuschen. Das Zentrum der Inselstadt bildet der längliche **Grüne Markt** mit dem Neptunsbrunnen (1698) von Johann Kaspar Metzner. Ihn säumen stattliche barocke Bürgerhäuser sowie die 1686–93 mit Scheinkuppel erbaute, barocke Jesuitenkirche **St. Martin** (An der Universität 2, www.st-martin-bamberg.de, tgl. 8–18/19 Uhr). Nördlich des Grünen Markts präsentiert das **Naturkundemuseum** (Fleischstr. 2, Tel. 09 51/863 12 49, www.naturkundemuseum-bamberg.de, April–Sept. Di–So 9–17 , Okt.–März 10–16 Uhr) seine zoologischen und mineralogischen Sammlungen. Den frühklassizistischen Museumsbau ließ Fürstbischof Franz Ludwig von Erthal 1793–95 als Naturalienkabinett errichten. Nordöstlich davon findet auf dem **Maximiliansplatz** der *Wochenmarkt* (März–Nov. Mo–Sa) und im Advent der *Bamberger Weih-*

Ganz dicht ans Wasser gebaut ist Bambergs Klein-Venedig in der Inselstadt

nachtsmarkt statt. Das dominierende Gebäude am Platz ist das frühere Priesterseminar, das Balthasar Neumann 1732–36 barock erbaute und in dem das **Rathaus** von Bamberg ein repräsentatives Unterkommen fand.

ℹ Praktische Hinweise

Information

Tourist Information, Geyersworthstr. 5, 96047 Bamberg, Tel. 09 51/297 62 00, www.bamberg.info

Hotel

Sankt Nepomuk, Obere Mühlbrücke 9, Bamberg, Tel. 09 51/984 20, www.hotel-nepomuk.de. Stilvolles Fachwerkhotel auf der Bergseite nahe der Pegnitz. Die meisten Gästezimmer bieten einen schönen Blick über die Altstadt.

Restaurant

Brauerei Schlenkerla, Dominikanerstr. 6, Bamberg, Tel. 09 51/560 60, www.schlenkerla.de. Hier wird das regionaltypische Rauchbier gebraut und ausgeschenkt. Dazu gibt es fränkische Speisen.

105 Coburg

Herzöge hinterließen Schloss und Veste, heute dominieren Studenten die hübsche Stadt.

Knapp 50 km nördlich von Bamberg thront über dem liebenswerten **Universitätsstädtchen** Coburg (42 000 Einw.) die gewaltige **Veste Coburg** (Tel. 0 95 61/87 90, www.kunstsammlungen-coburg.de, April–Okt. tgl. 9.30–17, Nov.–März Di–So 13–16 Uhr), deren Vorläuferbau bereits 1056 urkundlich erwähnt ist. Drei Mauerringe umgeben die im 11.–13. Jh. entstandene und im 15. Jh. erweiterte ›Krone Frankens‹, in der 1530 Martin Luther während des Augsburger Reichstages Schutz fand. Das damalige Arbeits- und Wohnzimmer des Reformators ist heute zu besichtigen, an der Wand hängt das Lutherporträt (um 1540) von Lucas Cranach d. J. In der Veste zeigen die *Kunstsammlungen Coburg* in glanzvollem historischem Rahmen spätgotische Tafelbilder, historische Waffen und Rüstungen, Schandmasken und Daumenschrauben sowie Kutschen und Schlitten.

Zu Füßen der Veste erstreckt sich die von der Renaissance geprägte Stadt. Den kreisrunden *Schlossplatz* dominieren die

Panorama mit Schloss Ehrenburg, Schlossplatz und Veste Coburg in grüner Hügellage

klassizistische Giebelfront des 1840 eingeweihten **Landestheaters Coburg** (Schlossplatz 6, Tel. 09561/898989, www. landestheater-coburg.de) und die Zweiflügelanlage von **Schloss Ehrenburg** (Schlossplatz 1, Tel. 09561/808832, www. sgvcoburg.de, Besichtigung nur mit Führung, jew. zur vollen Stunde April–Sept. Di–So 9–17, Okt.–März Di–So 10–15 Uhr). Letztere war in den Jahren 1547–1918 die Stadtresidenz der Herzöge von Sachsen-Coburg. Der heutige Bau zeigt nach einem Brand 1690 eine neogotische Fassade, birgt innen aber barocke Prachträume wie den *Thronsaal* und den von Gold flirrenden, stuck- und freskenreichen *Riesensaal*. Sehenswert sind auch die herzoglichen *Bildergalerien* mit Werken deutscher, holländischer und flämischer Meister, darunter Gemälde von Lucas Cranach d. Ä. Im rückwärtigen Teil des Schlosses befindet sich die **Landesbibliothek** (Tel. 09561/85380, www.landesbibliothek-coburg.de, Mo–Do 10–17, Fr/Sa 10–13 Uhr), deren spätbarocke und klassizistische Leseräume unbedingt einen Blick wert sind.

Richtung Südwesten gelangt man zum stimmungsvollen, von historischen Gebäuden umstandenen **Marktplatz**, in dessen Mittelpunkt das von Queen Victoria gestiftete Prinz-Albert-Denkmal (1865) steht. Der Gemahl der britischen Königin stammte aus dem Haus Sachsen-Coburg.

Im Süden fällt das **Rathaus** (1598) mit seinen volutengeschmückten Giebeln und dem reich verzierten Erker besonders auf.

Jedes Jahr feiern an einem Juli-Wochenende in Coburg mehr als 200000 Fans mitreißender südamerikanischer Rhythmen das **Samba-Festival** (www.samba-festival.de), das weltweit größte Sambafest außerhalb Brasiliens. Angefeuert werden sie von unzähligen Bands, samt teils stilecht gekleideten, auf jeden Fall aber gut gelaunten Tänzerinnen und Tänzern.

ℹ Praktische Hinweise

Information

Tourismus Coburg, Herrngasse 4, 96450 Coburg, Tel. 09561/898000, www.coburg-tourist.de

Hotel

Goldener Anker, Rosengasse 14, Coburg, Tel. 09561/55700, www.goldener-anker. de. Gediegenes Hotel in bester Altstadt-Lage. Zimmer nur teils modernisiert.

Restaurant

Kräutergarten, Rosenauer Str. 30 c, Coburg, Tel. 09561/426080, www.kraeuter garten-coburg.de. Ausgezeichnetes Restaurant mit fränkischer Küche und großer Weinauswahl (So abend, Mo geschl.).

In Bayreuths Festspielhaus finden Richard Wagners Opern ihr dankbarstes Publikum

106 Bayreuth

*Die hübsche Frankenstadt steht
ganz im Zeichen von Markgräfin
Wilhelmine und Richard Wagner.*

In aller Welt kennt man den Namen des einstigen markgräflichen **Residenzstädtchens** am *Roten Main*. Seine Berühmtheit verdankt das 1231 erstmals urkundlich erwähnte Bayreuth (73 000 Einw.) vor allem dem Komponisten **Richard Wagner** (1813–1883). Er ließ sich 1872 hier nieder weil er annahm, ›in der Provinz‹ würde ihn nichts von seiner Musik ablenken. Sein Bewunderer König Ludwig II. finanzierte noch im selben Jahr den Bau des **Festspielhauses** (Tel. 09 21/787 80, www. bayreuther-festspiele.de) auf dem ›Grünen Hügel‹ im Norden der Stadt. Der Saal bietet Platz für 1900 Zuschauer und ist ausschließlich für die Aufführung der Wagneropern vorgesehen. Bis heute befindet sich die Leitung des Hauses in den Händen der Familie Wagner. Die Eintrittskarten sind oft über Jahre hinaus reserviert und die Aufführungen erstklassig – ein Kunstgenuss der Extraklasse, ungeachtet harter, enger Sitze.

Auch außerhalb der Festspielzeit (Mitte Juli–Ende Aug.) ist Bayreuth eine Pilgerstätte für Wagner-Fans. Nicht zuletzt weil sich im Garten hinter dem einstigen Wohnhaus des Meisters, der **Villa Wahnfried** (Richard-Wagner-Str. 48, Tel. 09 21/ 757 28 16, www.wahnfried.de, wg. Renov. bis mind. Anf. 2013 geschl.), sein Grab befindet. Die Villa selbst (wg. Renov. bis mind. Anf. 2013 geschl.) beherbergt das Richard-Wagner-Nationalarchiv sowie ein Museum zu Ehren des Komponisten.

Weitere Berühmtheiten Bayreuths sind der Schriftsteller *Jean Paul* (1763–1825) und der Klaviervirtuose *Franz Liszt* (1811–1886), Wagners Schwiegervater. Bedeutend sind auch die Bauten des ›Bayreuther Rokoko‹, allen voran das hufeisenförmig um einen Ehrenhof angelegte **Neue Schloss** (Ludwigstr. 21, Tel. 09 21/759 69 21, www.bayreuth-wilhelmine.de, April–Sept. tgl. 9–18, Okt.–März Di–So 10–16 Uhr). Markgraf Friedrich von Brandenburg-Bayreuth hatte es 1753 bei Joseph Saint-Pierre in Auftrag gegeben. Markgräfin Wilhelmine (1709–1758) steuerte Entwürfe für das *Spiegelscherbenkabinett* und das mit Wandbildern geschmückte *Musikzimmer* bei. Über das Wirken der kunstsinnigen Herrscherin informiert im Erdgeschoss die Ausstellung ›Das Bayreuth der Markgräfin Wilhelmine‹, nebenan zeigt die *Sammlung Rummel* meisterhafte Fayencen aus Bayreuther Produktion. Mehr als 80 spätbarocke Werke deutscher und niederländischer Maler des 17./18. Jh. kann man in den Staatsgalerieräumen (www.pinakothek.de) bewundern, darunter den Zyklus ›Vier Jahreszeiten‹ von Jan Brueghel d. Ä. und Hendrik van Balen sowie den ›Triumphzug Alexanders des Großen‹ von Gerard de Lairesse.

Ein weiterer Beweis für den trefflichen Geschmack Wilhelmines ist das nahe **Markgräfliche Opernhaus** (Opernstr. 14, Tel. 09 21/75 96 90, www.bayreuth-wilhelmine.de, April–Sept. tgl. 9–18, Okt.–März tgl. 10–16 Uhr, ab Mitte/Herbst 2011 für mehrere Jahre wg. Sanierung geschl.) von 1744–48, das als eines der schönsten und prächtigsten Barocktheater Europas gilt. Es besteht vollständig aus Holz und ist original erhalten. Die italienischen Theaterarchitekten Giuseppe Galli Bibiena und sein Sohn Carlo schufen den überwältigenden Innenraum, der unter dem schwungvoll gefassten Deckengemälde in Rot, Braun, Grün und Gold gehalten ist. Die *Perspektivbühne* ist mehr als 30 m tief, von der gegenüberliegenden markgräflichen *Prunkloge* aus ziehen sich über drei Stockwerke zierliche *Logengalerien* hin. Mitunter wurden auf der historischen Bühne Opern und Ballette der **Fränkischen Festwoche** im Mai oder Orchester- und Kammerkonzerte des **Festivals Bayreuther Barock** (www.

Der Sonnentempel der Eremitage zeugt von Kunstsinn und Selbstbewusstsein

bayreuther-barock.bayreuth.de) im September aufgeführt, während der Sanierung müssen sie ausweichen.

Außerdem besaß die preußische Königstochter und Schwester Friedrichs des Großen, Markgräfin *Wilhelmine* (1709–1758), im Vorort St. Johannis ein Sommerschloss, die **Eremitage** (Tel. 09 21/759 69 37, www.bayreuth-wilhelmine.de, April–Sept. tgl. 9–18, bis Mitte Okt. 10–16 Uhr). Ab 1735 veranlasste die gräfliche Familie hier großzügige Erweiterungsbauten und richtete ein Musikzimmer, ein Japanisches Kabinett und ein Chinesisches Spiegelkabinett ein. Kern der Anlage ist der Sonnentempel, mit dem sich der Fürst als Sonnengott Apoll feiern ließ. Hinzu kam ein reizender Rokoko-Lustgarten, den ein Ruinentheater, Grotten sowie Heckenquartiere, Laubengänge und Wasserspiele schmücken. Heute kann man zudem in der *Schlossgaststätte* (Tel. 09 21/79 99 70, www.eremitage-bayreuth.de) stilvoll speisen.

ℹ Praktische Hinweise

Information
Tourismuszentrale Bayreuth, Luitpoldplatz 9, 95444 Bayreuth, Tel. 09 21/885 88, www.bayreuth-tourismus.de

Hotel
Goldener Anker, Opernstr. 6, Bayreuth, Tel. 09 21/650 51, www.anker-bayreuth.de. 35 schmucke Hotelzimmer in der Innenstadt nicht weit vom Opernhaus.

107 Fränkische Schweiz

Wanderer und Kletterer lieben das wald- und felsenreiche Land.

Den nördlichen Teil der *Fränkischen Alb* zwischen Nürnberg, Bamberg und Bayreuth kennt man als Fränkische Schweiz. Charakteristisch für die Region ist bizarr verwittertes Felsgestein, das vor etwa 140 Mio. Jahren entstand und reich an **Fossilien** ist. Bewährte Fundstellen sind die aufgelassene Lias-Tongrube bei Unterstürming nahe Eggolsheim (www.umweltstation-liasgrube.de, nur Besichtigung, kein Sammeln) und die für Ammoniten und Belemniten bekannte *Hohenmirsberger Platte* bei Pottenstein. Hier kann man sich auf dem Fossilklopfplatz (Tel. 0170/886 14 00, Mai–Sept. Mi–So 10–17 Uhr) beim Aussichtsturm als Forscher betätigen und sein steinernes Souvenir selbst aus Weißjura (Malm) bergen.

Auch die Bayreuther Markgrafen schätzten die Landschaft im Westen ihrer Residenz. Ab 1744 ließ Markgräfin Wilhelmine hier den **Felsengarten Sanspareil** (www.schloesser.bayern.de, ganzjährig geöffnet) anlegen. Den unter mächtigen Buchen versammelten urtümlichen Felsformationen setzte die Gräfin mit *Ruinentheater* und *Morgenländischem Bau* (April–Sept. tgl. 9–18, 1.–15. Okt. Di–So 10–16 Uhr) die Ordnung barocker Baukunst entgegen. Über allem thront malerisch Burg Zwernitz.

Etwa 30 km südlich überragt die dicht aneinander gedrängten Fachwerkhäuser des Juradorfes **Pottenstein** (www.pottenstein.de) auf steiler Felsenhöhe *Burg Pot-*tenstein* (www.burgpottenstein.de, Mai–Okt. Di–So 10–17) aus dem 11. Jh. In dieser ältesten Burg der Fränkischen Schweiz fand die hl. Elisabeth von Thüringen (1207–1231) nach dem Tod ihres Mannes ab 1228 Zuflucht. Nahebei beeindruckt die auf 1,5 km erschlossene **Teufelshöhle Pottenstein** (Tel. 092 43/208, www.teufelshoehle.de, April–Okt. tgl. 9–17, Nov.–März Di, Sa/So 10–15 Uhr) mit gewaltigen Stalaktiten und Stalakmiten sowie dem Skelett eines Höhlenbären. Die Liegestühle in der Höhle gehören zu einer Therapiestation, die in der fast staubfreien Luft Linderung bei Atembeschwerden verspricht (Späleotherapie).

Wanderer sind begeistert vom abwechslungsreichen Tal der *Wiesent*, die sich durch die romantische *Karstlandschaft* der Fränkischen Schweiz schlängelt. Auch **Kajak-** und **Kanufahrer** (Stempfermühle, an der B 470, Tel. 0170/755 19 43, www.leinen-los.de) schätzen den mal beschwingten, mal strömungsarmen Lauf der Wiesent. Überdies bildet sie ein ideales Revier zum **Fliegenfischen**.

Ein guter Ausgangspunkt für Touren ist **Markt Gößweinstein** (www.goessweinstein.de), das schon der bayerische König Ludwig I., Prinzregent Luitpold und der Komponist Richard Wagner als besonders pittoresk schätzten. Weithin sichtbar sind die Doppeltürme der barocken *Dreifaltigkeitsbasilika* (www.pfarrgemeinde-goessweinstein.de), 1730–39 von Balthasar Neumann erbaut. Über dem Luftkurort wacht die mächtige, im 11. Jh. errichtete *Burg Gößweinstein* (Tel. 092 42/71 99, Ostern–Okt. tgl. 10–18 Uhr). Nach ihrer Zerstörung im Bauernkrieg

Im Felsengarten Sanspareil erging sich schon Markgräfin Wilhelmine von Bayreuth

292

Im 12. Jh. herrschten die Bamberger Bischöfe von Burg Gößweinstein über die Umgebung

von 1525 wurde sie Ende des 16. Jh. wieder aufgebaut und 1890 in neogotischem Stil umgestaltet. Heute kann man hier das Verlies, die Burgkapelle und eine Kemenate mit vertäfelten Wänden und handgeschnitzten Möbeln besichtigen. In der unmittelbaren Umgebung von Gößweinstein sind besonders viele **Klettertouren** (www.klettern.frankenjura.com) ausgeschildert, z. B. am Bärenstein, durch die Eibenwände und am Silvesterfels.

Die 1350–1400 erbaute sog. *Kaiserpfalz* in **Forchheim** (www.forchheim.de) war eigentlich ein Schloss der Bamberger Bischöfe. Den Titel übernahm sie von einer Pfalz Karls des Großen, die sich einst im Ort befand. Bekannt ist die Kaiserpfalz für ihre Wandgemälde aus dem 14. Jh. Ferner beherbergt sie das *Pfalzmuseum* (Kapellenstr. 16, Tel. 091 91/71 43 27, Mai–Okt. Di–So 10–17, Sept.–April Mi/Do 10–13, So 10–17 Uhr), das unter seinem Dach das Archäologie-Museum Oberfranken, das Stadt- und das Trachtenmuseum vereint. Östlich von Forchheim erhebt sich der 532 m hohe Tafelberg **Ehrenbürg**, der bei *Drachenfliegern* und *Ausflüglern* beliebt ist.

Ein Stück weiter kann man im **Wildpark Hundshaupten** (Tel. 091 97/241, www.hundshaupten.de, April–Okt. tgl. 9–18, Nov.–März 9–17 Uhr) Elch und Vorwerkhuhn begegnen. Im Ahorntal lockt die vom 12.–19. Jh. entstandene **Burg Rabenstein** (s.u.) mit modernen Burghotelzimmern und mittelalterlichen Festsälen. In der Nähe zeigt die *Falknerei Ra-*

benstein (www.falknerei-rabenstein.de, April–Okt. Di–So 11–17 Uhr, Flugvorführrung 15 Uhr) Eulen- und Greifvögel. Und die *Sophienhöhle* (April–Okt. Di–So 10.30–17 Uhr) lädt mit ihren Tropfsteinen zu einer unterirdischen Entdeckungsreise ein.

ℹ Praktische Hinweise

Information

Tourismuszentrale Fränkische Schweiz, Oberes Tor 1, 91320 Ebermannstadt, Tel. 091 91/86 10 54, www.fraenkische-schweiz.com

Hotels

Burghotel Veldenstein, Burgstr. 12, Neuhaus/Pegnitz, Tel. 091 56/633, www.burghotel-veldenstein.de. Übernachten in aussichtsreicher Burg im Osten der Fränkischen Schweiz. Ohne allzu großen Luxus – aber ausgesprochen romantisch. Das hauseigene Restaurant serviert ›Schäufele‹ (Schweineschulter).

Burg Rabenstein, Rabenstein 33, 6 km östlich von Oberailsfeld, Tel. 092 02/970 04 40, www.burg-rabenstein.de. Gut ausgestattete Zimmer und exklusive Suiten in einer märchenhaften Burg.

Restaurant

Krone, Balthasar-Neumann-Str. 9, Gößweinstein, Tel. 092 42/207, www.krone-goessweinstein.de. Das Hotelrestaurant in bester Lage gegenüber der Basilika serviert z. B. Fränkischen Krustenbraten.

Von der Nürnberger Kaiserburg schweift der Blick zur gotischen Lorenzkirche in der Altstadt

108 Nürnberg

Germanisches Nationalmuseum und Christkindlesmarkt sind Besuchermagneten.

Lebkuchen und *Bratwürste* tragen ihren Namen, ihre Burg verspricht Schutz und Sicherheit, die hiesige *Spielwarenmesse* und der *Christkindlesmarkt* sind schon legendär. Die Rede ist von Nürnberg (500 000 Einw.), wirtschaftsstarke **Frankenmetropole** an der Pegnitz und zweitgrößte Stadt Bayerns.

Überregionale Bedeutung erlangte das im 11. Jh. als Markt gegründete *Nuorenberc* durch seine mächtige **Burg**. Sie war bis ins 16. Jh. regelmäßig Aufenthaltsort deutscher Kaiser und Könige. 1356 verkündete Karl IV. hier die *Goldene Bulle* und 1423 vertraute Sigismund der Stadt den größten Teil der *Reichsinsignien* an, die sie bis 1796 aufbewahrte (heute Schatzkammer der Wiener Hofburg, Kopien in der Ehrenhalle des Nürnberger Rathauses). **Handel** und **Handwerk** blühten in der Reichsstadt, die sich im 15. und 16. Jh. auf dem Höhepunkt ihrer Macht befand. *Albrecht Dürer* (1471–1528), der wichtigste deutsche Renaissance-Künstler, ist ein Kind der Stadt, ebenso der als Meistersinger bekannte *Hans Sachs* (1494–1576), der ›Schuh-Macher und Poet dazu‹. 1493 erschien in Nürnberg die Schedelsche Weltchronik, 1543 Nikolaus Ko-

pernikus' bahnbrechendes Werk ›Über die Kreisbewegung der Weltkörper‹. Im 19. Jh. entwickelte sich die Stadt zum bedeutendsten **Industriestandort** Bayerns, durch den 1835 die **erste Eisenbahn** Deutschlands rollte. Die aus England importierte Dampflokomotive *Eagle/Adler* befuhr damals die rund 6 km lange Strecke zwischen Nürnberg und Fürth.

Eine Vorreiterrolle unrühmlicher Art nahm Nürnberg keine 100 Jahre später in politischer Hinsicht ein: Bereits 1927 und 1929 fanden hier zwei der frühesten **Parteitage** der NSDAP statt. Auf der siebten dieser pompös inszenierten Propagandaveranstaltungen auf dem *Reichsparteitagsgelände* im Südosten der Stadt ließ Hitler 1935 die sog. ›Nürnberger Gesetze‹, die juristisch gefasste Rassenideologie der Nationalsozialisten, vom eigens einberufenen Reichstag annehmen. Während des Zweiten Weltkrieges zerstörten alliierte Bomberangriffe die ›Stadt der Reichsparteitage‹ fast völlig. Danach fanden hier 1945/46 vor einem Militärgericht der Siegermächte die **Nürnberger Prozesse** (www.kriegsverbrecherprozesse.nuernberg.de) gegen die Hauptkriegsverbrecher des nationalsozialistischen Regimes statt.

Vom Nürnberger Hauptbahnhof aus ist es nur ein kurzer Weg zum **Germanischen Nationalmuseum** (Kartäusergasse 1, Tel. 09 11/133 10, www.gnm.de, Di–So

10–18, Mi bis 21 Uhr, Spielzeugsammlung Di–So 11–18, Mi bis 21 Uhr). Es ist das größte kunsthistorische Museum Deutschlands und kann aus dem überaus reichen Bestand von etwa 1,3 Mio. Exponaten zu Kunst, Kultur und Geschichte des deutschen Sprachraums schöpfen. Der Bogen der Sammlungen spannt sich von der mit Almandinkristallen besetzten goldenen *Adlerfibel* aus dem Schatz von Domagnano (500 n. Chr.), dem Emblem des Museums, über eine kunstvoll emaillierte kaiserliche *Oberarmspange* (12. Jh.) oder eine intarsiengeschmückte Gitarre des 17. Jh. bis zu Meistermann-Fenstern (1967) und weiteren Kunst- und Designstücken der Gegenwart. Erlesen ist auch die Musikinstrumente-Sammlung.

Gewissermaßen im Schatten des überwältigenden Germanischen Nationalmuseums zeigt das nah gelegene **Neue Museum** (Klarissenplatz, Tel. 09 11/24 20 69, www.nmn.de, Di–Fr 10–20, Sa/So 10–18 Uhr) in Wechselausstellungen internationale freie und angewandte Kunst seit 1945 sowie seine eigene Designsammlung. Zum Museum gehört auch der nahe gelegene kleine **Skulpturengarten** (April–Sept. tgl. 9–20, Okt.–März 9–18 Uhr) zwischen Sterntor und Frauentor, in dem abstrakte wie figürliche Formationen zeitgenössischer Künstler zu sehen sind.

Das Nassauer Haus an der Königstraße ist der letzte erhaltene Geschlechterturm Nürnbergs

Geistesgrößen vereint am Schönem Brunnen: Sokrates (vorne) und Papst Gregor

Nicht weit davon beherbergt der samt Fachwerkhäuschen rekonstruierte ehemalige *Nürnberger Waffenhof* heute den **Handwerkerhof** (Königstor, www.handwerkerhof.de, Mo–Sa 9–22 Uhr). Auf dem kopfsteingepflasterten Areal bei der alten Stadtmauer bieten kleine Geschäfte (Mo–Sa 10–18.30 Uhr) Holz- und Blechspielzeug, Glas, Schmuck und Lederwaren, aber auch Lebkuchen, Nürnberger Bratwürste und fränkischen Wein feil.

Die Pegnitz trennt die Nürnberger Innenstadt in die nördliche *Sebalder* und die südliche *Lorenzer Seite*. Mittelpunkt der letzteren am zentralen Lorenzer Platz die namengebende **Lorenzkirche** (www.lorenzkirche.de, Mo–Sa 9–17, So 13–16 Uhr, im Advent jew. bis 18 Uhr), deren gotisches Hauptschiff 1270–1350 erbaut wurde. Nach der Zerstörung im Zweiten Weltkrieg baute man die bedeutende Kirche mit den zwei markanten Viereckstürmen bis 1952 wieder auf. Durch ein reich skulptiertes lanzettförmiges Portal unter einer Maßwerkrosette gelangt man in den Innenraum. Zu den Kunstschätzen im Inneren zählen spätgotische Altäre, eine farbig gefasste Holzfigur des Erzengels Michael und das kunstvoll in Holz geschnitzte Chorgestühl. Eine hervorragende Stellung nimmt der *Englische Gruß* ein, eine vom Chor herabhängende Verkündigungsgruppe, die Veit Stoß 1517/18 schnitzte. Vor der Kirche steht jenseits des *Tugendbrunnens* (1589) das gotische **Nassauer Haus** (Karolinenstr. 2). Der

Wohnturm mit drei neckischen Ecktürmchen stammt aus dem frühen 13. Jh. und ist damit das älteste Patrizierhaus der Stadt. In seinem Keller befindet sich ein uriges Wirtshaus.

Jenseits der Pegnitz liegt der **Nürnberger Hauptmarkt**. Alljährlich in der Vorweihnachtszeit findet hier der beliebte **Nürnberger Christkindlesmarkt** (www.christkindlesmarkt.de, Ende Nov.–24. Dez. Mo–Do 9.30–20, Fr/Sa 9.30–22, So 10.30–20 Uhr) statt. Dann kann man zwischen festlich geschmückten Holzbuden flanieren und sich an Rauschgoldengeln und Zwetschgenmännlein (Figuren aus getrockneten Pflaumen), Nürnberger Lebkuchen und Früchtebrot freuen. Außerhalb der Adventszeit ist der **Schöne Brunnen** (1385–96) mit seiner 19 m hohen gotischen Maßwerkpyramide und dem schmiedeeisernen Renaissancegitter der Blickfang des Platzes.

Schön anzusehen ist auch die **Frauenkirche** (www.frauenkirche-nuernberg.de, Mo/Do 8–18, Di/Fr 9–18, Mi 8–19, Sa 9.30–18.30, So 12.30–19 Uhr) auf fast quadratischem Grundriss am Hauptmarkt. Die gotische Hallenkirche war 1352–58 anstelle einer 1349 nach einem Pogrom abgerissenen Synagoge erbaut worden. Ein Davidstern im Fußboden erinnert noch daran. Die hoch aufragende *Westfassade* mit Vorhalle ist original erhalten, ebenso das ›Männleinlaufen‹ über dem Hauptportal. Dabei treten zur Erinnerung an den Erlass der Goldenen Bulle (1356) jeden Mittag mit dem Zwölfuhrläuten die kupfergetriebenen Figuren von sieben Kurfürsten aus einer Kunstuhr (1509), ver-

neigen sich vor der Figur Kaiser Karls IV. und umrunden ihn dreimal. Der größte Kunstschatz der Kirche aber ist der *Tucheraltar* (um 1445) im Ostchor. Sein Tafelbild zählt zum Bedeutendsten, was Nürnberger Künstler geschaffen haben. Die *Klais-Orgel* stammt von 1988.

Am Rathaus vorbei kommt man zu der dem Stadtpatron geweihten und um die Mitte des 13. Jh. fertiggestellten **Sebalduskirche** (Albrecht-Dürer-Platz 1, www.sebalduskirche.de, Jan.–März tgl. 9.30–16, April/Mai und Mitte Sept.–Dez. 9.30–18, Juni–Mitte Sept. 9.30–20 Uhr). Die beiden 75 m hohen schlanken Türme der spätromanischen Basilika stammen aus dem späten 15. Jh. Unter den sechs prächtigen Portalen der Kirche ist besonders das üppig mit Steinmetzarbeiten und Reliefs geschmückte *Brautportal* im Norden hervorzuheben. In ihrem Zentrum befindet sich das fein aus Messing gegossene *Sebaldusgrab* (1519) von Peter Vischer und seinen Söhnen Peter und Hermann. Von Veit Stoß stammen die Kreuzigungsgruppe des Hochaltars mit Maria, Johannes (1507/08) und Jesus (1520) sowie die mitreißend bewegte Holzfigur des hl. Andreas (um 1507) an der nördlichen Chorwand. Ihm gegenüber strahlen in leuchtenden Farben die neutestamentlichen Szenen des nach der Stifterfamilie benannten *Behaim-Fensters* (1379–88).

Nürnbergs Tradition als *Spielzeugstadt* begründeten die sog. ›Dockenmacher‹, also die Spielwarenhersteller des Mittelalters, sowie Zinnfiguren- und Blechspielzeughersteller späterer Jahrhunderte. Ihre Werke kann man sich im **Spielzeug-**

Der Christkindlesmarkt auf dem Hauptmarkt zählt zu Nürnbergs beliebtesten Attraktionen

Der Heidenturm bewacht den Äußeren Burghof der Nürnberger Kaiserburg

museum (Karlstr. 13–15, Tel. 09 11/23 13 1 64, www.museen.nuernberg.de, Di–Fr 10–17, Sa/So 10–18 Uhr) ansehen, dazu Puppen, Technikkästen, Geschicklichkeits- und Brettspiele von der Antike bis zur Gegenwart. Im *Außenbereich* laden Spielplatz, Heckenlabyrinth und Schattenreich Groß und Klein dazu ein, dem Spieltrieb freien Lauf zu lassen.

In Richtung Norden, zur Kaiserburg hin, ist das **Albrecht-Dürer-Haus** (Albrecht-Dürer-Str. 39, Tel. 09 11/23 12 5 68, www.museen.nuernberg.de, Di–Fr 10–17, Do bis 20, Sa/So 10–18, Juli–Sept. auch Mo 10–17 Uhr) dem wohl berühmtesten Sohn der Stadt gewidmet. Der begnadete Maler, Zeichner und Kupferstecher Albrecht Dürer (1471–1528) lebte von 1509 bis zu seinem Tod in dem typisch fränkischen Fachwerkhaus auf steinernem Unterbau. Die Ausstellung im Inneren gibt Einblicke in das bürgerliche Leben des frühen 16. Jh. und zeigt u. a. eine Malerwerkstatt und eine Druckerpresse aus der Zeit Dürers.

Auf der felsigen Anhöhe darüber erhebt sich die trutzige **Nürnberger Kaiserburg** (Tel. 09 11/244 65 90, www.schloesser.bayern.de, April–Sept. tgl. 9–18, Nov.–März tgl. 10–16 Uhr), das Wahrzeichen der einstigen Reichsstadt. Kaiser Friedrich Barbarossa ließ sie um 1050 auf Grundlage einer früheren Königsburg der Salier errichten. Aus dieser Zeit ist auf dem lang gestreckten Burggelände im Palas noch die *Doppelkapelle* erhalten. Im einstigen Kemenatenbau informiert das *Kaiserburgmu-*

seum über die Baugeschichte der Burg vom 12.–16. Jh.

Weil die Kaiserburg nie dauerhaft von den deutschen Königen und Kaisern bewohnt war, sparte man sich auch die Einrichtung – bei Bedarf wurde sie von den reichen Patriziern Nürnbergs leihweise zur Verfügung gestellt. Entsprechend spartanisch war normalerweise die Ausstattung der Burg. So ist es auch eher der Raumeindruck als die hier versammelten Ausstellungsstücke, der den Besuch lohnend macht.

ℹ Praktische Hinweise

Information

Tourist Information, Königstr. 93 (Kopfbau Künstlerhaus), 90433 Nürnberg, Tel. 09 11/233 61 32, www.tourismus.nuernberg.de

Hotel

Prinzregent, Prinzregentenufer 11, Nürnberg, Tel. 09 11/58 81 88, www.prinzregent.net. Bewährtes 3-Sterne-Hotel an der Wöhrder Wiese unmittelbar östlich der Altstadt. Fahrradverleih für Hausgäste.

Restaurant

Wonka, Johannisstr. 38, Nürnberg, Tel. 09 11/39 62 15. Das etwas außerhalb der Altstadt gelegene Lokal bietet mit Sorgfalt kreierte, innovative Küche. Im Sommer erhöht ein Platz im efeubewachsenen Hinterhof den Genuss.

Gemächlich fließt die Waldnaab an der Burg Falkenberg und dem gleichnamigen Ort vorbei

109 Oberpfälzer und Bayerischer Wald

Wanderparadies und ›Gläserner Winkel‹ im dunklen Tann.

Östlich von Nürnberg erstreckt sich der **Oberpfälzer Wald**. Liebliche Flusstäler und wiesengrüne Hügellandschaften wechseln mit dichten Fichtenwäldern ab. Seine Kammlinie, die am *Entenbühl* nahe der Silberhütte bis zu 901 m hoch aufsteigt, bildet die Grenze zwischen dem tschechischen *Böhmen* und der deutschen *Oberpfalz*.

Im Norden der Oberpfalz lohnt in **Waldsassen** (www.waldsassen.info) das 1133 gegründete Zisterzienserkloster mit reich ausgestatteter barocker *Stiftsbasilika* (www.pfarrei-waldsassen.de, Mo–Sa sommers ca. 8.45–19, winters 8.45–18 Uhr, So ab 12 Uhr) einen Besuch. Ungewöhnliche Kirchenzier sind zwölf vollständige Reliquien-Skelette, sog. ›Heilige Leiber‹. Auch die einstige *Klosterbibliothek* (www.abtei-waldsassen.de, Besichtigung nur mit Führung Di–Fr und So 11–16, Sa 10–16 Uhr) ist einen Besuch wert.

Ebenfalls weithin bekannt ist die 1685–89 erbaute Dreifaltigkeitskirche *Kappl* (www.kapplkirche.de) auf dem *Glasberg*, 3 km nordwestlich von Waldsassen. Baumeister Georg Dientzenhofer (1643–1689) schuf den originellen Rundbau, den drei Türme und drei Dachreiter mit Zwiebelhauben krönen.

Wer die waldreiche Hügellandschaft des Oberpfälzer Waldes auf Schusters Rappen durchmessen will, kann dafür beispielsweise den gut ausgeschilderten **Goldsteig** (www.goldsteig-wandern.de) wählen. Ein besonders attraktives Teilstück dieses Fernwanderwegs führt durch das wildromantische *Waldnaabtal* zwischen Falkenberg und Neuhaus (15 km). Auch der Abschnitt von Burg Leuchtenberg nach Burg Trausnitz (15 km), auf der Ludwig der Bayer im 14. Jh. seinen Konkurrenten Friedrich den Schönen gefangen hielt, ist ein Erlebnis.

In dieser Region spielte die *Glas- und Porzellanherstellung* jahrhundertelang eine bedeutende Rolle. Heute findet man noch in **Weiden** (42 000 Einw., www.weiden-oberpfalz.de) erstklassiges Porzellan der Firmen Bauscher und Seltmann (Werksverkauf: Chr.-Seltmann-Str. 59–67, Mo–Fr 9–17, Sa 9–13 Uhr). Außerdem bietet das im barocken *Waldsassener Kasten* untergebrachte *Internationale Keramik-Museum* (Luitpoldstr. 25, Tel. 09 61/320 30, www.die-neue-sammlung.de, Di–So 10–

12.30 und 14–16.30 Uhr) Wechselausstellungen mit Spitzenwerken der Keramikkunst aus den bayerischen Staatsmuseen.

Südlich von **Waldmünchen** geht der Oberpfälzer Wald in den **Bayerischen Wald** über. Mit dem *Böhmerwald* in benachbarten Tschechien bildet er das größte geschlossene Waldgebiet Mitteleuropas. Zentrum der hiesigen Glasmachertradition ist der **Gläserne Winkel** (www.glaeserner-winkel.de). Zwischen *Zwiesel* (www.glasstadt-zwiesel.de) und *Frauenau* (www.frauenau.de) kann man Glasbläsereien und Kristallmanufakturen besuchen sowie kunstvolle Glasobjekte direkt beim Hersteller erwerben.

Diese Orte bieten sich auch als Ausgangspunkte für Wanderungen an, **TOP TIPP** liegen sie doch direkt am **Nationalpark Bayerischer Wald** (www.nationalpark-bayerischer-wald.de). Die Gipfel des Bayerischen Waldes erreichen beachtliche Höhen: der *Große Arber* 1456 m und der *Große Rachel* 1453 m. Hier wandert es sich besonders schön und abwechslungsreich durch Aufichten- und Bergmischwald, vorbei an Hochmooren und eiszeitlichen Moränenseen. Am Wegesrand blühen Soldanelle und Böhmischer Enzian, in den Wäldern leben Uhu, Sperlingskauz, Wildschwein und Luchs. In freier Wildbahn sieht man die scheuen Waldbewohner jedoch nur selten. Mehr Erfolg verspricht ein Besuch im **Tier-Freigelände Neuschönau** (Hans-Eisenmann-Haus, Böhmstr. 35, Tel. 08558/96150, www.neuschoenau.de, Mitte Jan.–

Ein Raubtier in Bayern: Der Luchs ist zurück – zumindest im Schutz des Naturparks

Mitte März tgl. 9–16, Mitte März–Mitte Nov. tgl. 9–17 Uhr) nahe Zwiesel. Hier sind auf 250 ha in 16 Großgehegen und Volieren entlang eines 7 km langen Rundweges Wisente und Wölfe, Fischotter, Biber, Luchse und Braunbären, Käuze und Waldhühner zu sehen. Auch im 65 ha großen **Tier-Freigelände II Ludwigsthal** (Haus zur Wildnis, Lindberg, Tel. 09922/50020, April–Anf. Nov. tgl. 9.30–18, Dez.–März tgl. 9.30–16 Uhr) unweit östlich von Grafenau bilden drei Großgehege die naturnahe Heimat für Luchse und Wölfe. Außerdem leben hier rückgezüchtete Auerochsen und Wildpferde.

Auf freiem Feld bei Waldsassen steht die Kappl, eine Wallfahrtskirche der Heiligen Dreifaltigkeit

9 km nordwestlich von Ludwigsthal führen schöne Wanderungen zu den romantisch gelegenen Bergseen **Großer** und **Kleiner Arbersee**. Auf dem Großen Arbersee kann man sogar eine *Bootspartie* (Arberseestr. 42, Bayerisch Eisenstein, Tel. 09925/902003, www.arbersee.com) unternehmen. Eine Besonderheit der beiden Seen sind die sog. Schwingrasen, die vom Ufer aus über die Wasserfläche wachsen. Einige dieser Moorfilze haben sich im 19. Jh. auf dem Kleinen Arbersee vom Ufer gelöst und sind mittlerweile 1,5–3,5 m hohe Inseln, auf denen sogar Bäume wachsen.

12 km südwestlich des Großen Arbersees bietet das 1962 stillgelegte **Bergwerk Silberberg** (Tel. 09924/304, www.silberberg-online.de, Juli/Aug. tgl. 10–16.45, April–Juni und Sept./Okt. tgl. 10–16 Uhr) eine Fahrt durch den mineralienreichen Barbarastollen. Dabei sieht man beeindruckende Maschinen und lernt die einstigen Arbeitsbedingungen der Bergmänner kennen.

Ein weiteres beliebtes Ausflugsziel im Bayerischen Wald ist südlich des Ortes Regen die malerische **Burgruine Weißenstein** (Mitte Mai–Mitte Sept. tgl. 10–16.30 Uhr, Mitte Sept.–Mitte Okt. nur Sa/So), die seit dem frühen 12. Jh. auf einem steil abfallenden, weißen Quarzfelsen thront. Innen ist ein kleines Museum mit archäologischen Funden aus dem Burgareal eingerichtet. Von der zinnenbekränz-

ten Aussichtsplattform sieht man weit über die herrliche Waldlandschaft.

9 km südwestlich von Regen, bei *Bischofsmais* kann man die sagenumwo-

Der Kleine Arbersee ist von Mooren und dichten Hochwäldern umgeben

Bei klarem Winterwetter reicht der Blick vom Großen Arber weit über Ostbayerns Wälder

benen Felsen des **Teufelstischs** (901 m) besichtigen. Einst soll den Teufel hier auf der Durchreise der Hunger überkommen haben. Und da er keinen Tisch vorfand, hat er sich kurzerhand selbst einen aus herumliegenden riesenhaften Steinen gebaut. Die Mittagsglockenklänge der nahen Glashütte sollen ihm dann jedoch den Appetit verdorben haben und so flog er flugs davon. Geblieben sind die imposant gestapelten Gesteinsbrocken, zu denen von Bischofsmais ein Wanderweg heraufführt.

Im Süden des Bayerischen Waldes befindet sich in *Tittling* das sehenswerte **Museumsdorf Bayerischer Wald** (Am Dreiburgensee, Tel. 08504/8482, www.museumsdorf.com, Palmsonntag–Okt. tgl. 9–17 Uhr), mit 20 ha eines der größten Freilichtmuseen Europas. Hier spaziert man zwischen 150 regionaltypischen und authentisch ausgestatteten Bauernhäusern und Katen, Kapellen, Werkstätten und Mühlen aus der Zeit von 1580–1850 und erhält eine anschauliche Einführung in die Kulturgeschichte der Region.

ℹ Praktische Hinweise

Information

Tourismusverband Ostbayern, Luitpoldstr. 20, 93047 Regensburg, Tel. 0941/585390, Hotline Tel. 0800/1212111 (kostenlos), www.ostbayern-tourismus.de

Hotels

Altstadthotel Bräu Wirt, Türlgasse 10–14, Weiden, Tel. 0961/3881800, www.altstadthotel-braeuwirt.de. Solides Hotel in der Altstadt.

Burg Wernberg, Schlossberg 10, Wernberg-Köblitz, Tel. 09604/9390, www.burg-wernberg.de. Exklusives Burghotel im Naabtal. Vorzügliches Restaurant.

Ulrichshof, Zettisch 42, Rimbach, Tel. 09977/9500, www.ulrichshof.de. Speziell auf Familien mit Kindern ausgerichtetes Hotel bei Bad Kötzting.

Restaurant

Zoe, Unterer Markt 35, Weiden, Tel. 0961/419711, www.zoe-restaurant.de. Restaurant und Café bietet Frühstück und qualitätvolle internationale Küche (So und Mo mittag geschl.).

Blick von der Wöhrdinsel zur Steinernen Brücke und zum Regensburger Dom

 ## 110 Regensburg

TOP TIPP *Mittelalterliches Stadtjuwel und Weltkulturerbe an der Donau.*

Etwa 400 v. Chr. ließen sich Kelten am nördlichsten Flussbogen der **Donau** nieder. Die ersten römischen Spuren in der Region finden sich für das 1. Jh. n. Chr. und im Jahr 179 gründete Kaiser Marc Aurel gegenüber den Mündungen der Nebenflüsse **Naab** und **Regen** das römische Militärkastell *Castra Regina*. Das Legionslager war die Keimzelle von Regensburg (148 000 Einw.). Nach den Römern residierten innerhalb der bis zu 10 m hohen Steinmauern die bayerischen **Agilolfinger-Herzöge**. Im Jahr 739 wird Regensburg zum **Bischofssitz**. Im 12. Jh. unterhielten Regensburger Kaufleute internationale Fernhandelsbeziehungen bis nach Kiew, Paris und Venedig, 1245 folgte die Erhebung zur **Freien Reichsstadt**. Im folgenden Jahrhundert erlebte Regensburg seine Blütezeit. Ab dem 14./15. Jh. begann langsam der Niedergang der Stadt, Handelswege änderten sich und andere Regionen gewannen an Bedeutung. Auch der **Immerwährende Reichstag**, der 1663–1806 in Regensburg tagte, konnte an der Wirtschaftsflaute nichts ändern. So fehlte den Regensburgern das Geld, um ihre Stadt zu modernisieren, und allein deshalb blieb das mittelalterliche Erscheinungsbild, das die UNESCO zum **Weltkulturerbe** zählt, in vollem Umfang erhalten.

Seit der Gründung einer Universität im Jahr 1962 – deren wohl prominentester Professor 1969–77 Josef Ratzinger, der spätere **Papst Benedikt XVI.** war – und der Ansiedelung von Unternehmen der Hochtechnologie ab den 1990er-Jahren erlebt Regensburg jedoch einen fulmi-

Durch das Brückentor blickt man in die malerischen Gassen der Regensburger Altstadt

nanten Wiederaufstieg. Der schönste Blick auf die einmalige Altstadtarchitektur bietet sich von der **Steinernen Brücke** (1135–46) über die Donau. 330 m überspannen ihre 15 Bögen (14 sind sichtbar) und bilden heute das Wahrzeichen der Stadt. Vielleicht stärkten sich schon ihre Erbauer in der nahen **Historischen Wurstkuchl** (www.wurstkuchl.de) am südlichen Flussufer, wo man seit dem 12. Jh. lokale Spezialitäten erhält.

Nahe der Donau war das **Alte Rathaus** (Rathausplatz 1, Tel. 09 41/507 34 42, Besichtigung nur mit Führung, April–Okt. tgl. 9.30–15.30 Uhr alle 30 Min., Nov./Dez., März tgl. 10, 11.30, 13.30, 15, 15.30, Jan./Febr. 10, 11,30, 13,30, 15 Uhr) Schauplatz des *Immerwährenden Reichstages,* der 1663–1806 im prächtigen *Reichssaal* tagte. Das Gebäude selbst ging aus einer Patrizierburg des 13. Jh. hervor. Der Rathausturm stammt noch aus dieser Zeit. Bei der Besichtigung des Alten Rathauses sieht man auch das *Reichstagsmuseum.*

Im Zentrum der Stadt steht der mächtige **Dom St. Peter** (Domplatz 1, Tel. 09 41/298 62 78, www.bistum-regensburg.de, April–Okt. tgl. 6.30–18, Nov.–März 6.30–17 Uhr), der in mehreren Bauabschnitten 1260–1520 nach dem Vorbild französischer gotischer Kathedralen entstand. Die beiden 105 m hohen Türme erhielten ihre aufstrebenden Spitzhelme jedoch erst 1859–69. Zu den wertvollsten Ausstattungsstücken der dreischiffigen Pfeilerbasilika gehören die bunten *Glasfenster* (13./14. Jh.) an der Südseite und im südlichen Querhaus, die *Steinkanzel* (1482) im Mittelschiff sowie fünf gotische *Ziborienaltäre* und ein silberner *Hochaltar* aus dem 17. Jh. Die bekanntesten Steinfiguren sind die *Verkündigungsma-*

Der Salzstadel an Regensburgs Steinerner Brücke wurde 1616–20 erbaut

Himmlische Gestalten zuhauf bevölkern die in Rokoko schwelgende Alte Kapelle

donna und der *Lachende Engel* (um 1280) an den westlichen Vierungspfeilern.

Über das Domquerhaus oder den Bischofshof gelangt man zum **Domschatzmuseum** (Krautermarkt 3, Tel. 09 41/ 59 72 53 0, www.bistumsmuseen-regens burg.de, April–1. Nov. Di–Sa 10–17, So 12–17, Dez.–März Fr/Sa 10–16, So 12–16 Uhr) in der ehemaligen bischöflichen Residenz. Prunkstücke der Ausstellung sind ein um 1400 gefertigtes Emailkästchen, der Wolfgangskelch (um 1250), das Ottokarkreuz (1261) sowie silberne Ölflaschen (15. Jh.) eines Bischofs.

Am Dom vorbei gelangt man zum Alten Kornmarkt, wo sich die äußerlich schlichte romanische **Alte Kapelle** (Tel. 09 41/59 57 39 91, www.alte-kapelle.de) im Inneren als erstaunliches Wunderwerk bayerischen Rokokos entpuppt. Weiter östlich befindet sich das **Historische Museum** (Dachauplatz 2–4, Tel. 09 41/ 50 72 44 8, www.museen-regensburg.de, Di–So 10–16, Do bis 20 Uhr) in der Vierflügelanlage eines ehemaligen Minoritenklosters. Gezeigt werden Faustkeile und römische Schätze, mittelalterliche Sakralkunst und Kunsthandwerk des 19. Jh. Die **Städtische Galerie ›Leerer Beutel‹** (Bertoldstr. 9, Tel. 09 41/50 72 44 0, www.muse en-regensburg.de, Di–So 10–16 Uhr) im Rückgebäude zeigt dagegen Kunst des 20. Jh., u. a. Werke von Kurt von Unruh, Josef Achmann und Xaver Fuhr.

Kaiserlicher Repräsentant auf dem Immerwährenden Reichstag war ab 1748 Fürst Alexander Ferdinand von Thurn

Die Büsten vieler kluger Köpfe sind in der Walhalla bei Regensburg versammelt

und Taxis (1704–1773). Seitdem ist Regensburg Stammsitz seiner Familie. 1812 baute sie das ehemalige Benediktinerkloster St. Emmeram im Süden der Altstadt zu **Schloss Thurn und Taxis** (Emmeramsplatz 5, Tel. 09 41/504 80, www.thurnundtaxis.de, Besichtigung nur mit Führung jew. zur vollen Stunde Ende März–Anf. Nov. tgl. 11 und 13–17, Sa/So auch 10 Uhr) um. Noch heute lebt die Familie in der edlen Barockanlage. Einige der kostbar ausgestatteten fürstlichen Wohn- und Repräsentierräume sowie den früheren Klosterkreuzgang kann man besichtigen.

Walhalla

An der Steinernen Brücke in Regensburg legen im Sommerhalbjahr **Ausflugsschiffe** (Tel. 09 41/521 04, www.schifffahrtklinger.de) zu Fahrten auf der Donau ab. Ein Tour-Klassiker führt rund 10 km donauabwärts, wo nahe Donaustauf den waldgrünen *Breuberg* das Abbild eines klassischen griechischen Tempels mit Säulenportal und Giebelfeld bekrönt. Das ist die **Walhalla** (Tel. 094 03/96 16 80, www.walhalla-regensburg.de, April–Sept. tgl. 9–17.45, Okt. tgl. 9– 16.45, Nov.–März tgl. 10–11.45 und 13–15.45 Uhr), der **Ruhmes- und Ehrenhalle** für ›ausgezeichnete Teutsche‹, die König Ludwig I. von Bayern 1830–42 errichten ließ. Baumeister Leo von Klenze hielt sich strikt an die königlichen Vorgaben. Mittlerweile stehen im Innenraum 128 weiße Marmorbüsten verdienter Deutscher sowie 64 Gedenk-

tafeln. Die Auswahl reicht von König Heinrich I. (876–936) bis zur Ordensfrau Edith Stein (1891–1942), das Bayerische Staatsministerium für Wissenschaft, Forschung und Kunst ergänzt kontinuierlich deutschsprachige, seit mindestens 20 Jahren tote Persönlichkeiten. Von der Terrasse vor der Walhalla bietet sich eine fantastische Aussicht auf das Donautal.

ℹ Praktische Hinweise

Information

Tourist Information, Rathausplatz 4 (Altes Rathaus), 93047 Regensburg, Tel. 09 41/507 44 10, www.regensburg.de

Hotels

Altstadthotel Arch, Haidplatz 4, Regensburg, Tel. 09 41/586 60, www.altstadthotel-arch.de. Stilvolles 4-Sterne-Hotel in einem historischen Patrizierhaus (12. Jh.), zentral in der Regensburger Altstadt gelegen.

Goliath, Goliathstr. 10, Regensburg, Tel. 09 41/200 09 00, www.hotel-goliath.de. 4-Sterne-Haus in Bestlage in unmittelbarer Nähe des Doms. 41 individuell gestaltete Zimmer und Suiten.

Restaurant

Rosenpalais, Minoritenweg 20, Regensburg, Tel. 09 41/599 75 79, www.rosenpalais.de. Abendrestaurant mit feiner Küche in einem barocken Stadtpalais des 18. Jh. Um Reservierung wird gebeten (So/Mo geschl.).

Einem venezianischen Campanile gleich erhebt sich der Turm des Passauer Rathauses

111 Passau

Über den Zusammenfluss von Inn, Ilz und Donau wacht der barocke Stephansdom.

In der **Dreiflüssestadt** Passau (50 000 Einw.) nimmt die blaue **Donau** die grünlichen Gletscherwasser des **Inn** und die fast schwarz wirkenden Fluten der **Ilz** auf. Im 5. Jh. v. Chr. siedelten in der Gegend die Kelten und ab 80 n. Chr. die Römer. Um 460 fand dann der Mönch Severin hier den idealen Ort zur Gründung eines Klosters, das die Keimzelle für das 739 eingerichtete Bistum bildete. Seit 1217 herrschten die Bischöfe zudem als Reichsfürsten über ihre Ländereien.

Aus einem bescheideneren Vorgängerbau entstand 1280–1325 der frühgotische **Dom St. Stephan** (www.bistum-passau.de, tgl. 6.30–18/19 Uhr, Mai–Okt. wg. Orgelkonzerten Mo–Sa 10.45–12.30 Uhr geschl., s. u.), 1407–1560 kam der spätgotische Ostteil hinzu. Das heutige Erscheinungsbild der dreischiffigen Basilika mit den beiden haubengeschmückten Westtürmen und der achteckigen Vierungskuppel geht auf einen barocken Neubau in den Jahren 1668–78 zurück.

Baumeister war Carlo Lurago, Giovanni Battista Carlone gab dem 29 m hohen, lichten Innenraum die Anmutung des italienischen Hochbarock, die großflächigen Fresken stammen von Carpoforo Tencalla. Auffällig sind auch die prächtige vergoldete Kanzel (1726), zehn barocke Seitenaltäre und der moderne Hochaltar (1952) von Josef Henselmann. Vor allem aber ist St. Stephan mit der größten *Domorgel* der Welt ausgestattet. Das Instrument verfügt über fünf Orgelwerke, 17 774 Pfeifen und 233 Register. Den gewaltigen Hauptprospekt über dem Eingangsportal schnitzte 1731–33 Meister Matthias Götz. Die *Orgelkonzerte* (Mai–Okt. Mo–Sa 12, Do auch 19.30 Uhr) sind ein Erlebnis.

Vom rechten Seitenschiff des Doms führt eine Wendeltreppe hinauf in den anschließenden Saalbau, der zum benachbarten Komplex der **Neuen fürstbischöflichen Residenz** überleitet. Domenico d'Angeli hatte sie 1713–30 im reichen Stil des Wiener Spätbarock geschaffen , wobei er den Vorgängerbau der Alten Residenz einbezog. Im Großen Hofsaal zeigt das *Domschatz– und Diözesanmuseum* (Tel. 08 51/39 30, Mai–Okt. Mo–Sa 10–16 Uhr) kostbare Messgewänder, Monstranzen und Tafelbilder. Sehr schön sind auch die freskengeschmückte frühere fürstbischöfliche Bibliothek im Stockwerk darunter sowie das Rokoko-Treppenhaus (18. Jh.) von Johann Baptist Modler.

›Profane‹ Sehenswürdigkeiten in der malerischen Passauer Altstadt bietet nahebei das **Glasmuseum** (Am Rathausplatz, Tel. 08 51/350 71, www.glasmuseum.de, tgl. 13–17 Uhr) mit der weltweit größten Sammlung böhmischer Glaskunst. Ein weiteres Glanzlicht ist das 1298–1408 erbaute **Alte Rathaus** (Rathausplatz 2) mit seinen zwei Renaissance-Innenhöfen aus dem 16. und 17. Jh. und dem 68 m hoch aufragenden neogotischen Eckturm aus dem Jahr 1893.

Einen sehr schönen Blick über Passau genießt man von der **Veste Oberhaus**, die hoch über der Stadt auf dem *St.-Georgsberg* zwischen Ilz und Donau steht. Fürstbischof Ulrich Graf von Dießen hatte die Festung 1219 als Zeichen seines Herrschaftsanspruchs errichten lassen. In den historischen Mauern dokumentiert das *Passauer Oberhausmuseum* (Tel. 08 51/49 33 50, www.oberhausmuseum.de, Mitte März–Mitte Nov. Mo–Fr 9–17, Sa/So 10–18, Mitte Nov.–Anf. Jan. tgl. 10–16 Uhr) die Stadtgeschichte anhand von Schriften, Gemälden, Waffen und Medaillen.

Formvollendeter Barock ziert den Innenraum des Doms St. Stephan in Passau

ℹ Praktische Hinweise

Information

Passau Tourismus, Rathausplatz 3 (Neues Rathaus), 94032 Passau, Tel. 08 51/95 59 80, www.passau.de

Stimmungsvoll liegt der Schaiblingsturm (15. Jh.) an Passaus Innpromenade

Hotel

Spitzberg, Neuburger Str. 29, Passau, Tel. 08 51/95 54 80, www.hotel-spitzberg.de. Hübsche 4-Sterne-Zimmer in efeubewachsenem Haus bei der Universität.

Restaurant

Gasthof 3 Linden, Steinweg 6, Passau, Tel. 08 51/756 83 83, www.3linden-passau.de. Köstliche bayerische Spezialitäten in modern-gemütlichem Gemäuer.

112 Altmühltal

Einst flog Archaeopteryx über das Tal, heute bevölkern es Radfahrer, Kanuten und Kletterer.

Zwischen Treuchtlingen und Kelheim windet sich die Altmühl in vielen Schleifen und Kehren durch die Kalksteinausläufer der Fränkischen Alb der Donau zu. Entlang ihres Laufs gibt es Schlösser, Burgen und Klöster sowie römische Kastelle und Wachtürme zu entdecken. Der **Altmühltalradweg** begleitet den Fluss von Rothenburg ob der Tauber bis Kelheim an der Donau.

Unterwegs laden beschauliche Orte zu einer Rast ein. Das Städtchen **Pappenheim** etwa, das im Sommer auf seiner Burg *Ritterfestspiele* (Tel. 091 43/838 90, www.burgpappenheim.de) feiert.

Zentrum des mittleren Altmühltals ist die von der trutzigen *Willibaldsburg* (14. Jh.) überragte Universitätsstadt **Eichstätt** (14 000 Einw.). Im 17. Jh. bauten die Fürstbischöfe die Burg zu einem repräsentativen Renaissancepalast um, in dem heute das *Jura-Museum* (Tel. 084 21/29 56, www.jura-museum.de, April–Sept. Di–So 9–18, Okt.–März 10–16 Uhr) seine reiche Fossiliensammlung zeigt. Höhepunkt ist ein versteinertes Originalskelett des Urvogels Archaeopteryx. Hobbysammler können ihr Glück im nahen **Fossiliensteinbruch Blumenberg** (Kinderdorfstraße, Tel. 01 57/7305 98 06, April–Okt. tgl. 10–17 Uhr) versuchen.

Ende des 17. Jh. zogen die Kurfürsten hinunter in die Stadt, wo sie in der barocken *Fürstbischöflichen Residenz* (Residenzplatz 1, heute Landratsamt, Tel. 084 21/700, Mo–Fr 8–12, Do auch 14–16.30 Uhr) Hof hielten. Im puttenverzierten Treppenhaus zeigt ein Deckengemälde von Johann Michael Franz den Sturz des Phaeton. Nordwärts gelangt man zum 1396 vollendeten spätgotischen *Dom*. Blickfang innen ist der figurenreiche holzgeschnitzte Pappenheimer Altar (um 1480). Im barocken früheren Kloster *Notre Dame de Sacre Coeur* (1719) erläutert das **Informationszentrum** (Tel. 084 21/987 60, www.naturpark-altmuehltal.de) Landschaft und Kultur des Naturparks Altmühltal.

Mehrere Burgen wachen in der Umgebung des Ortes **Riedenburg** (www.riedenburg.de) über die Altmühl. Die *Rosenburg* (Tel. 094 42/27 52, www.falkenhofrosenburg.de, Mitte März–Okt. Di–So 9–17 Uhr) aus dem frühen 13. Jh. gleich vor Ort beherbergt eine Falknerei (Di–So 11 und 15 Uhr). Etwa 4 km westlich steht das wehrhafte Renaissance-Schloss *Eggersberg* (Tel. 094 42/918 70, www.schloss-eggersberg.eu), das mittlerweile ein hübsches Hotel beherbergt. In etwa gleicher Entfernung östlich von Riedenburg erhebt sich auf einem steil abfallenden Jurafelsen *Burg Prunn* (Tel. 094 42/33 23, April–Okt. tgl. 9–18, Sept.–März Di–So 10–16 Uhr) aus dem 11. Jh. 1569 fand man hier eine Handschrift des Nibelungenliedes, den ›Prunner Codex‹. Heute kann man

Segnend steht der hl. Willibald auf seinem Brunnen im Zentrum des Eichstätter Marktplatzes

Eng ist das Felstal, das sich die Donau in Jahrtausenden durch den bayerischen Jura grub

hier die früheren Wohnräume, Küche, Gerichtssaal und die freskenverzierte Wachstube besichtigen.

In der traditionsreichen Herzogstadt **Kelheim** (15 000 Einw., www.kelheim.de) mündet die Altmühl bzw. der Main-Donau-Kanal in die Donau. Am Zusammenfluss erhebt sich der 126 m hohe Michelsberg, auf dessen Kuppe der bayerische König Ludwig I. 1842–63 zum ›Andenken an die Befreier Deutschlands aus dem napoleonischen Joch‹ die *Befreiungshalle* (Mitte März–Okt. tgl. 9–18, Nov.–Mitte März 9–16 Uhr) errichten ließ. Die Kuppel des Rundbaus hat einen Durchmesser von 29 m, von seiner Aussichtsgalerie öffnet sich ein weiter Blick über das Land. Die Außenfassade untergliedern 18 Strebepfeiler, die von Statuen bekrönt werden. Sie stehen für die an den Befreiungskriegen beteiligten deutschen Volksgruppen. Beeindruckend ist der Innenraum ein umlaufender Reigen von 34 Siegesgöttinnen aus weißem Marmor, die Ludwig Schwanthaler schuf.

Nur per Schiff oder nach längerer Wanderung erreicht man den **Donaudurchbruch**, wo der Fluss zwischen bis zu 40 m hohen Felswänden und -nadeln das Bayerische Jura verlässt. Ausflugsboote (www.schiffahrt-kelheim.de) benötigen von Kelheim aus etwa 20 Min. zu dieser markanten Stelle. In weiteren 20 Min. ist die **Benediktinerabtei Weltenburg** (www.urbanplus.com/

weltenburg, Museum im Felsenkeller tgl. 10–18 Uhr) erreicht. Seit 610 n. Chr. liegen ihre – damals noch viel bescheideneren – Gebäude hier am Steilufer einer engen Donauschleife. Die Klosterkirche *St. Georg*, ein Werk der Gebrüder Asam, entfaltet im Inneren ihre ganze barocke Pracht. Zur Anlage gehört auch eine *Klosterbrauerei* (www.weltenburger.de). Angesichts ihrer Ersterwähnung im Jahr 1050 nimmt sie für sich in Anspruch, die älteste der Welt zu sein. Überzeugen kann man sich von der Qualität des Trunks in der *Klosterschenke* (www.klosterschenke-weltenburg.de) mit schönem Biergarten.

ℹ Praktische Hinweise

Information

Tourist Information Eichstätt, Domplatz 8, 85072 Eichstätt, Tel. 084 21/600 14 00, www.eichstaett.info

Hotel

Braugasthof Trompete, Ostenstr. 3, Eichstätt, Tel. 084 21/981 70, www.braugasthof-trompete.de. Geschätz wegen ihrer Lage 200 m vom Fluss wie für die kräftige leckere Speisen aus der Küche.

Restaurant

Zum Gutmann, Am Graben 36, Eichstätt, Tel. 084 21/90 47 16, www.gutmann-eichstaett.de. Zünftig: Wirtshaus und Kleinkunst (Di–So ab 18 Uhr).

113 Augsburg

*Augustus gab ihr den Namen,
die Fugger machten sie reich – und
Bert Brecht war sie zu betulich.*

Augsburg (265000 Einw.) ist neben Trier und Kempten eine der ältesten Städte Deutschlands. Sie geht auf ein Militärlager zurück, das die von Süden her einmarschierenden **Römer** bereits 15 v. Chr. zwischen den Flüssen Lech und Wertach gegründet hatten. Es wurde wie die Siedlung ringsum nach den hier ansässigen keltischen Vindelikern und zu Ehren des in Rom regierenden Kaisers Augustus' *Augusta Vindelicum* genannt. Am Kreuzungspunkt wichtiger Handelsrouten wie der *Via Claudia Augusta* gelegen, wurde die aufstrebende Stadt um 100 n. Chr. Provinzhauptstadt Rätiens.

Seit dem 7. Jh. ist Augsburg **Bischofssitz.** Im Mittelalter war die Freie Reichsstadt ein wirtschaftliches und kulturelles Zentrum Europas. Der Renaissancemaler Hans Holbein (1497/98–1543) war ein Augsburger, der Bildhauer Adrian de Vries schuf hier meisterliche Brunnenfiguren und die reichen Augsburger Händler- und Bankiersfamilien der **Fugger** und **Welser** liehen Königen und Kaisern in der ganzen damals bekannten Welt Geld.

Bedeutende Reichstage fanden hier statt, 1530 etwa, als der Lutheraner Philipp Melanchthon das *Augsburger Bekenntnis,* die *Confessio Augustana,* entwarf, und 1555, als der **Augsburger Reichs- und Religionsfriede** die Koexistenz von katholischem und protestantischem Bekenntnis im Deutschen Reich ermöglichte.

In der Neuzeit etablierte sich die ›Fuggerstadt‹ als Zentrum der **Textilindustrie,** in der zweiten Hälfte des 19. Jh. gewannen Metall verarbeitende Betriebe an Bedeutung. 1898 kam in Augsburg der Dramatiker **Bertolt Brecht** († 1956) zur Welt, dem seine Heimatstadt jedoch bald zu eng erschien. Während des Zweiten Weltkriegs kosteten britische **Bombenangriffe** zahlreiche Menschenleben und zerstörten weite Teile der Innenstadt. Heute ist Augsburg wieder ein wichtiger **Industriestandort** und nach München und Nürnberg drittgrößte Stadt Bayerns.

Im Zentrum belegen viele restaurierte Gebäude Augsburgs historische Bedeutung. Auf einer leichten Anhöhe im Norden stand schon im 8. Jh. ein Gotteshaus, aus dem der heutige **Hohe Dom zu Augsburg** (www.bistum-augsburg.de, tgl. 8–18 Uhr) hervorging. Die zunächst romanische Pfeilerbasilika präsentierte sich nach mehreren Erweiterungen im 14.–18. Jh. als fünfschiffiges Langhaus mit höherem, gotischem Chor und einem Kranz umlaufender Chorkapellen. Die Bistumskathedrale ist reich ausgestattet, wobei vier *Tafelbilder* von Hans Holbein d.

Neben dem Augsburger Rathaus (Bildmitte) ragt der Perlachturm empor

Bürgerstadt am *Rathausplatz* vorbei. Hier steht die gotische Pfeilerhallenkirche *St. Peter am Perlach* von 1182. Das Gotteshaus selbst fällt kaum auf, wohl aber der über seiner Westempore aufragende, 70 m hohe **Perlachturm** (Mai–Okt. tgl. 10–18 Uhr, Ostern und an den Adventswochenenden jew. 14–18 Uhr), ein Wahrzeichen der Stadt. Seine Besucherplattform (261 Stufen) unterhalb des Geläuts eröffnet an klaren Tagen eine wunderbare Sicht über die Stadt bis zu den Alpen hin.

Gleich daneben beeindruckt das von zwei Seitentürmen eingefasste **Rathaus** (tgl. 10–18 Uhr) mit seiner mächtigen Renaissancefassade, deren Giebel der Reichsadler schmückt. Über ihm prangt eine kupferne Zirbelnuss, ein Pinienzapfen, als Symbol der Stadt Augsburg. Mit dem Gebäude hat Stadtbaumeister Elias Holl 1615–20 ein Meisterwerk geschaffen. Nach den Verwüstungen des Zweiten Weltkriegs wurde es originalgetreu wiederhergestellt – inklusive des beeindruckenden, 553 m² großen und 14 m hohen *Goldenen Saals* mit Edelholzintarsien, Deckenfresken und blattgoldüberzogenen Schnitzereien im zweiten Stock.

Neben dem **Augustusbrunnen** (16. Jh.) am Rathausplatz kennzeichnen die Maximilianstraße im Weiteren **Merkurbrunnen** und **Herkulesbrunnen**, beide geschmückt mit wundervollen Bronzefiguren von Adrian de Vries (1556–1626). Es handelt sich jedoch um Kopien, die Origi-

Ä. und im Langhaus die vier sog. *Prophetenfenster* mit farbenfrohen Abbildern von Jonas, Daniel, Hosea und Moses besondere Aufmerksamkeit verdienen. Letztere stammen aus dem frühen 12. Jh. und gehören damit zu den ältesten figürlichen Glasmalereien in Deutschland. Das übergroße *Wandgemälde* des hl. Christopherus im Westchor entstand 1491.

Südwärts verläuft die sog. **Kaisermeile**, bestehend aus *Karolinenstraße* und *Maximilianstraße*, durch die Augsburger

Die Decke des Goldenen Saals im Augsburger Rathaus macht dem Namen des Raums Ehre

In St. Ulrich (hinten) beten Katholiken, den einstigen Predigersaal (vorn) nutzen Protestanten

nale werden im nahen **Maximilianmuseum** (Philippine-Welser-Str. 24, Tel. 08 21/324 41 02, www.kunstsammlungen-museen.augsburg.de, tgl. 9–17.30 Uhr) aufbewahrt, das herausragende Zeugnisse der Augsburger Geschichte wie Münzen, Zunfttafeln oder kunstvolle Gold- und Silberarbeiten präsentiert.

In der Parallelstraße betritt man in der evangelischen Kirche **St. Anna** (Im Annahof 2, www.st-anna-augsburg.de, Mai–Okt. Di–So 10–12.30 und 15–18, Nov.–April bis 17 Uhr; zzt. Restaurierungsarbeiten) historischen Boden, diskutierten hier doch 1530 die Reichstagsdeputierten die reformatorischen Thesen Martin Luthers. Daran erinnert die *Lutherstube* über dem weiten, mit zahlreichen Grabsteinen und Epitaphen ausgestatteten *Kreuzgang*. Bekannt ist St. Anna auch für die 1509 gestiftete Grabkapelle der Fugger.

Zurück auf der Maximilianstraße ziehen prächtige Stadtpaläste die Blicke auf sich. Die *Fuggerhäuser* etwa reihen sich um mehrere prunkvolle Renaissance-innenhöfe, von denen der Damenhof (Maximilianstr. 36) der schönste ist. Sehenswert ist auch das 1765–70 im Rokokostil erbaute **Schaezlerpalais** (Maximilianstr. 46, Tel. 08 21/324 41 02, Di 10–20, Mi–So 10–17 Uhr). Dessen Prunkstück ist der

23 m lange Festsaal mit Schnitzdekorationen, Stukkaturen, Wandspiegeln und einem Deckengemälde von Gregorio Guglielmi. Außerdem zeigt hier die *Deutsche Barockgalerie* Gemälde des 16.–18. Jh. mit Bezug zur Fuggerstadt und die *Stiftung Haberstock* wartet mit mehreren Gemälden Canalettos (1697–1768) auf. Schwäbische Kunst um 1500, darunter Werke von Albrecht Dürer, Lucas Cranach d. Ä. und Hans Holbein d. Ä. präsentiert eine Dependance der *Bayerischen Staatsgalerie* (Di–So 10–17 Uhr) in der angegliederten einstigen Katharinenkirche.

Im Süden endet die Augsburger Prachtstraße bei **St. Ulrich und Afra** (Ulrichsplatz 19, www.ulrichsbasilika.de), einer ungewöhnlichen Doppelkirche. Über den Gräbern der beiden Kirchenpatrone entstand 1467–1526 auf dem Areal eines früheren Benediktinerklosters eine spätgotische *Basilika*, deren 30 m hohen Innenraum im Chor drei fast deckenhohe Altäre dominieren. Dort feiert die katholische Gemeinde ihre Gottedienste. Die Seitenkapelle rechts vom Chor führt zur Gruft des hl. Ulrich. Der Predigersaal der Kirche wurde 1710 in barockem Stil zur evangelischen Kirche *St. Ulrich* (www.evangelisch-stulrich.de) umgebaut. Östlich der Maximilianstraße und etwas tiefer gelegen als diese erstreckt sich die malerische Altstadt mit mittelalterlichen Handwerkerhöfen und Bürgerhäusern des 17. und 18. Jh. Der Weg führt vorbei an der ehem. Dominikanerkirche *St. Magdalena* (1513–15), die heute das **Römische Museum** (Dominikanergasse 15, Di 10–20, Mi–So 10–17 Uhr) beherbergt. In dem 1716–24 fein stuckierten einstigen Kirchenraum zeigt es wertvolle lokale Grabungsfunde, darunter einen bronzenen *Pferdekopf*, der einst ein kaiserliches Reiterdenkmal zierte, und den *Augsburger Siegesaltar* aus dem Jahr 260 n. Chr.

Über Predigerberg und Bäckergasse kommt man zur **Augsburger Puppenkiste** (Spitalgasse 15, Tel. 0821/450 34 50, www.augsburger-puppenkiste.de), die seit 1948 mit Figuren wie Urmel aus dem Eis, Kater Mikesch und Jim Knopf Jung und Alt bezaubert. Ein Museum (Di–So 10–19 Uhr) führt durch die Geschichte der weltbekannten Marionettenbühne.

Östlich des Rathausplatzes befindet sich in der tiefer liegenden *Jakobervorstadt* die älteste Sozialsiedlung der Welt, die **Fuggerei** (Fuggerei 56, Tel. 0821/31 98 81 14, www.fugger.de, April–Okt. tgl. 8–20, Nov.–März 9–18 Uhr). Es ist eine mauerumgebene ›Stadt in der Stadt‹ mit 67 ordentlich gereihten, zweistöckigen Häuschen. Jakob Fugger der Reiche stiftete sie 1521 für bedürftige, ehrbare alte Leute, die hier damals wie heute zu einem sehr niedrigen Mietzins (zzt. 0,88 € jährlich) leben, dafür aber je-

TOP TIPP

Jim Knopf und Lukas den Lokomotivführer trifft man in der Augsburger Puppenkiste

den Tag in der Siedlungskirche für den Stifter beten müssen.

Literaturfreunde schauen auf halbem Weg zwischen Rathaus und Fuggerei noch gern im **Brechthaus** (Auf dem Rain 7, Tel. 0821/324 27 79, Di–So 10–17 Uhr) vorbei, in dem eine kleine Ausstellung mit Texten, Bildern und einer Videoinstallation Leben und Werk des gesellschaftkritischen Dichters Bertolt Brecht vorstellt.

i Praktische Hinweise

Information

Tourist Information, Rathausplatz 1, 86150 Augsburg, Tel. 0821/50 20 70, www.regio-augsburg.de

Bis heute beten die Bewohner der Fuggerei jeden Tag für den Stiftungsgründer Jakob Fugger

Kemptens elegantes Rathaus schmückt den nicht minder schönen Marktplatz

Hotel

Altstadthotel, Kapuzinergasse 6, Augsburg, Tel. 08 21/59 74 73 70, www.altstadt hotelaugsburg.de. Moderne Gästezimmer in denkmalgeschütztem Patrizierpalais des 16. Jh. mitten in der Stadt mit einladendem Renaissance-Innenhof.

Restaurant

Die Ecke, Elias-Holl-Platz 2, Augsburg, Tel. 08 21/51 06 00, www.restaurant-die-ecke.de. Ob Wallerfilet oder Lammrücken, das feine Gourmetrestaurant in der Altstadt, gleich hinter dem Rathaus, überzeugt immer.

114 Kempten

Prunkvolle Barock- und Rokoko-residenz bayrischer Fürstäbte.

Als die Römer im Jahr 15 v. Chr. in den Allgäuer Raum vordrangen, sicherten sie die keltische Siedlung Kambodounon mit dem Militärlager **Cambodunum**. In dessen Schutz entwickelte sich die Siedlung am Mittellauf der Iller im 1. Jh. n. Chr. zur ersten Hauptstadt der Provinz *Rätien*. Längst hatten die Römer Kempten (heute 62 000 Einw.) verlassen, als dort im Jahr 752 Schweizer Benediktinermönche das erste Kloster der Region gründeten. 1213 verlieh Kaiser Friedrich II. dessen Abt die umliegende Grafschaft. Aber unterhalb des Klosters entwickelte sich eine eigenständige Bürgerstadt, und so bildeten sich in den folgenden Jahrhunderten zwei ganz unterschiedliche Ortskerne. Nur gegen große Widerstände in (bürgerlicher) Reichs- und (katholischer) Stiftstadt konnte die bayerische Regierung bis 1818 die Vereinigung der beiden Stadtteile durchsetzen.

Mittelpunkt der **Altstadt** ist die 1426 erbaute spätgotische **St.-Mang-Kirche** (www.kempten-evangelisch.de, Mo–Fr 8 –18, Sa 9–18, So 13–18 Uhr), die noch Mauerreste eines romanischen Vorgängerbaus aufweist. Ab 1768 wurde das Tonnengewölbe eingezogen. Die evangelische Gemeinde der Stadt versammelt sich im Mittelschiff vor dem hölzernen *Altar* (2007) des Münchner Künstlers Werner Mally. Auffälliger ist jedoch der 1894 nach Entwürfen von Tilman Riemenschneider geschnitzte Altar im Chorraum. Den lang gestreckten **Rathausplatz** säumen Bürgerhäuser des 16.–18. Jh. wie der *Londoner Hof* (Nr. 2) oder der *Fürstenhof*

(Nr. 8). Das elegante **Rathaus** (1474) mit dem weißen türmchenbekrönten Treppengiebelhaus an der Front teilt den Platz in zwei parallel verlaufende Gassen.

Über die *Klosterstiege* erreicht man die auf einer Anhöhe gelegene, einst fürstbischöfliche **Neustadt** auf dem Gebiet des ersten Klosterstifts. Ihr geistliches Zentrum ist die prächtige **St.-Lorenz-Basilika** (www.stlorenz.de), die 1652–73 nach den Zerstörungen des Dreißigjährigen Krieges als imposanter dreischiffiger Barockbau aufgeführt wurde. 65 m hohe Doppeltürme flankieren das Kirchenportal. Dahinter führt das üppig mit Stuck und Fresken versehene Mittelschiff zu dem mit Emporen und Erkern überreich geschmückten Chor unter einer achteckigen Kuppel. Neben dem fein geschnitzten Chorgestühl sind hier vor allem die außergewöhnlichen *Scagliola-Tafeln* mit farbigen Stuckmarmor-Intarsien sehenswert, die Barbara Hackl ab 1672 schuf. Unmittelbar neben der Kirche erstreckt sich die weite ehemalige **Residenz der Fürstäbte** (www.schloesser.ba yern.de, Besichtigung nur mit Führung, jew. alle 45 Min.: April–Sept. Di–So 9–16, Okt. Di–So 10–16, Nov. und Jan.–März Sa 10–16 Uhr, Dez. wechselnd). Die repräsentative Vierflügelanlage um zwei Innenhö-

fe entstand parallel zur Basilika in den Jahren 1651–74 und birgt sehenswerte, prunkvoll barock sowie im Stil des bayerischen Rokoko ausgestattete Audienz-, Arbeits- und Wohnräume.

Im Norden der Residenz ist im lang gezogenen einstigen Marstall am geometrisch angelegten **Hofgarten** das **Alpinmuseum** und die **Alpenländische Galerie** (www.bayerisches-nationalmuse um.de, März–Mitte Nov. Di–So 10–16 Uhr) untergebracht. Sie unterrichten mit Bergsteigerausrüstung und Lawinenmodellen über die Bergwelt, im Erdgeschoss sind einige wenige, doch hochkarätige Sakralskulpturen der Region aus dem 14.–18. Jh. zu sehen.

ℹ Praktische Hinweise

Information

Tourist-Information Kempten, Rathausplatz 24, 87435 Kempten, Tel. 08 31/252 52 37, www.kempten.de

Hotel

Fürstenhof, Rathausplatz 8, Kempten, Tel. 08 31/253 60, www.fuerstenhof-kempten.de. 55 erlesen im altenglischen Stil eingerichtete Gästezimmer in zentral gelegenem barockem Stadtpalais.

Mit der St.-Lorenz-Basilika stellten Kemptens Bischöfe ihre Finanzkraft unter Beweis

*Nebelhorn und Fellhorn überragen Oberst-
dorf, Deutschlands südlichstes Dorf*

115 Allgäuer Alpen

*Wanderer und Skifahrer schätzen
Voralpenland und majestätische
Bergwelt von Isny bis Oberstdorf.*

Bevor es ins Gebirge geht, entzückt
das sanft gewellte Allgäuer Voralpenland
mit reizvollen Kleinstädten. Die ehemalige Reichsstadt **Isny** (www.isny.de) etwa,
deren historischen Kern eine bis heute
völlig inkakte Stadtmauer umgibt. Tritt
man durch einen der Tortürme ein, findet
man sich in einem Gewirr mittelalterlicher Gassen. Nahe des Wassertors sollte
man die *Nikolaikirche* (1288) mit Sternrip-
pengewölbe im gotischen Chor besuchen. Eine kulturgeschichtliche Rarität ist
hier die *Prediger-* oder *Prädikantenbiblio-
thek* (Ostern–Okt. Mi 10.30 Uhr) im Kirchturm, in der sich eine Buchsammlung aus
der Reformationszeit erhalten hat. Über
die Wassertorstraße kommt man rasch
zum von Cafés gesäumten *Marktplatz*,
den der schlanke *Blaserturm* dominiert.

Etwa 20 km westlich von Isny liegt
Wangen (www.wangen.de), das seine
Blütezeit im 13. Jh. unter dem Schutz Kaiser Friedrichs II. erlebte. Da einem Stadtbrand im Jahr 1539 allerdings fast die gesamte Bausubstanz zum Opfer fiel, stammen die meisten Häuser aus dem 16. und
17. Jh. Das *Rathaus* (Besichtigung im Rahmen der Stadtführung, Do 15.30 Uhr ab
Gästeamt) am Marktplatz überstand das
Feuer, wurde aber im 18. Jh. barock umgestaltet. Schräg gegenüber beeindruckt
auch die gotische Pfarrkirche *St. Martin*
aus dem 13. Jh. Deren zwischenzeitliche
Barockisierung wurde Anfang des 20 Jh.
großteils wieder rückgängig gemacht.
Nur die ausladende Kanzel zeugt noch
vom barocken Überschwang des 17. Jh.
Im Osten der Altstadt sind in der *Esel-
mühle* (Eselberg, Tel. 075 22/742 11, März–
Okt. Di–So 14–17, Sa 11–17 Uhr) sechs städtische Sammlungen vereint, darunter das
Heimatmuseum, ein Käsereimuseum
und das Joseph Freiherr von Eichendorff
und Gustav Freytag gewidmete Litera-
turmuseum. Bemerkenswert ist auch die
Badstube in einer großen Kreuzgewölbe-
halle. Hier erfährt man anhand von an-
schaulichen Beispielen wie Kupferkessel
und Waschzuber alles über Hygiene im
Mittelalter.

In **Oberstaufen** (www.oberstaufen.de)
ist man bereits mitten in den Bergen.
Viele Gäste des heilklimatischen Kurortes
schwören auf die *Schrothkur*, die mit
Trink- und Trockentagen den Körper ent-
giften soll. Eine Vielzahl an Wanderwegen und Skiabfahrten in dem 860–
1880 m hoch gelegenen Ortsteil *Steibis*
ergänzen das Erholungsangebot.

Ostwärts liegt im engen Tal der Iller die
frühere gräfliche Residenzstadt **Immenstadt** (www.immenstadt.de). Eine Seilbahn (Tel. 083 23/61 49, sommers tgl. 8–17,
winters 8.30–16 Uhr) bringt Wanderer,
Drachenflieger und Skifahrer auf den
Hausberg *Mittag* (1415 m), im Tal laden die
gebirgskalten Wasser von *Großem* und
Kleinem Alpsee im Sommer zum Schwimmen, Surfen und Segeln ein.

Über **Sonthofen** (www.sonthofen.de), die südlichste Stadt Deutschlands und Ausgangspunkt zu Wanderungen auf den Berg **Grünten**, den 1738 m hohen ›Wächter des Allgäus‹, erreicht man **Oberstdorf** (www.oberstdorf.de). Hohe Alpengipfel umgeben den 10 000-Seelen-Ort, die bekanntesten sind *Nebelhorn* (2224 m) und *Fellhorn* (2037 m). Mehrere Seilbahnen führen auf die Höhen, wo sich ein atemberaubendes Bergpanorama öffnet. Ringsum gibt es ausgedehnte Skigebiete, an der *Kanzelwand* sind auch Abfahrten in das österreichische *Kleinwalsertal* möglich. Schöne Wanderungen führen von Oberstdorf aus z.B. ins *Stillachtal*. Unterwegs kann man im Weiler Schwand beim Hofladen Besler (www.beslers-schwand.de) Bergkäse erwerben.

ℹ Praktische Hinweise

Information

Allgäu Marketing, Allgäuer Str. 1, 87435 Kempten, Tel. 018 05/12 70 00, www.allgaeu.info

Restaurants

Bergstätter Hof, Knottenried (8 km nördlich von Immenstadt), Haus Nr. 17, Tel. 083 20/92 30, www.bergstaetter-hof. de. Frische feine Küche von Kässpätzle und Schupfnudeln bis Weidelamm.

Mohren, Marktplatz 6, Oberstdorf, Tel. 083 22/91 20, www.hotel-mohren.de. Gutes Hotelrestaurant, in dem auch mal Allgäuer Bergwiesenheuküche geboten wird, die etwa mit Schweinefilet in Heublumen-Pfifferlingsauce aufwartet.

116 Füssen

TOP TIPP

Alpenländische Traditionsstadt nahe Bayernkönig Ludwigs unvollendetem Schlosstraum.

Eine weitere Perle der Allgäuer Alpen ist **Füssen** (14 000 Einw.), die Barockstadt am Lech. Wie im Fall Kemptens waren es die Römer, die im 1. Jh. mit einem Kastell den Grundstein für die Stadt legten. Ferner lebte hier um das Jahr 725 der hl. Magnus in einer Einsiedlerzelle, um die sich einige Jahrzehnte später ein Kloster entwickelte. Ab dem frühen 14. Jh. wuchs die Siedlung unter der Herrschaft der Augsburger Fürstbischöfe zu einer bedeutenden Handelsstadt heran. Kaiser Maximilian I. (1459–1519) gefiel die Stadt so gut, dass er dort auf seinen Reisen fast 40 Mal Station machte. Zur Erinnerung daran feiern die Bürger noch heute jedes Jahr an einem Augustwochenende das historische **Kaiserfest** (www.kaiserfest.de) mit Fanfarenzügen, Landsknechtlager, Spielbuden und Verkaufsständen.

Auch außerhalb dieser turbulenten Tage lohnt ein Besuch von Füssens Altstadt, in der zahlreiche Gotteshäuser wie die barocke *Krippkirche St. Nikolaus* (1611) oder die *Heilig-Geist-Spitalkirche* (1748/49) in leichtem Rokoko von Bedeutung und Einfluss der katholischen Kirche zeugen. Besonders eindrucksvoll manifestiert ihn das prächtige ehemalige **Be**-

nediktinerkloster **St. Mang**. Die Augsburger Bischöfe gründeten es im 9. Jh. am vermeintlichen Grab des hl. Mang. Heute zeigt sich die ausgedehnte, 1802 säkularisierte Anlage in barockem Gewand und beherbergt *Rathaus* sowie *Museum der Stadt Füssen* (April–Okt. Di–So 10–17, Nov.–März Fr–So 13–16 Uhr) zu Stadt- und Klostergeschichte. Einer der Höhepunkte ist die ›virtuelle‹ Besichtigung von Schloss Falkenstein, das Märchenkönig Ludwig II. zwar plante, aber nie verwirklichen konnte. Im Rahmen eines Museumsbesuchs ist die *St.-Anna-Kapelle* aus dem 9. Jh. mit einem bemerkenswerten Totentanz-Zyklus von 1602 zu besichtigen. Die 1717 geweihte, reich ausgeschmückte *Basilika St. Mang* schließt sich im Westen an das Kloster an.

Über der Stadt thront das weiß verputzte spätgotische **Hohe Schloss** (April–Okt. Di–So 11–17, Nov.–März Fr–So 13–16 Uhr), die einstige Burg Herzog Ludwigs des Strengen aus dem 13. Jh. Die heutige Gestalt geht auf Umbauten unter dem Augsburger Fürstbischof Friedrich II. von Zollern bis 1502 zurück. Es beherbergt eine Abteilung der *Bayerischen Staatsgemäldesammlung* sowie die *Städtische Gemäldegalerie Füssen* mit Tafelbildern, Skulpturen und Malereien vom 14. Jh. bis zur Gegenwart. Vom *Uhrturm* des Schlosses aus liegen dem Besucher bei gutem Wetter Stadt und Umland buchstäblich zu Füßen. Im Süden sieht man den **Forg**-

Die malerische Altstadt Füssens, links hinten der Kirchturm von St. Mang, zieht viele Gäste an

Wenn Könige träumen und Geld keine Rolle spielt: Schloss Neuschwanstein bei Schwangau

gensee, ein sommerliches *Wassersportparadies*. Der See, der im Winter vollständig trocken gelegt wird, entstand in den 1950er-Jahren durch die Aufstauung des Lechs zur Stromgewinnung.

Königsschlösser

Für viele Touristen ist die Besichtigung der **Königsschlösser** (www.neuschwanstein.de, nur mit Führung, Karten vorab im Ticket-Center, www.ticket-center-hohenschwangau.de: Tel. 08362/930830, April–Sept. tgl. 9–18, Okt.–März 10–16 Uhr, Einlasszeiten sind festgelegt) bei Füssen der Höhepunkt eines Bayern-Besuchs.

Neuschwanstein, das Märchenschloss Ludwigs II. (1845–1886) im Bergwald über der Pöllatschlucht, ist mit Türmchen und Zinnen, Zugbrücke, Torbau und Palas ein Inbegriff deutscher Burgenromantik. Dabei ist der ›Stein gewordene Traum‹ des Bayernkönigs gar nicht vollendet. Zu sehen sind nach 17-jähriger Bauzeit (1869–86) Schlossküche, Nebenräume, der im Stil einer byzantinischen Kirche gestaltete *Thronsaal*, mit Sagenmotiven ausgemalte Wohnräume Ludwigs, davon einer mit künstlicher *Tropfsteinhöhle,* sowie der *Sängersaal*. Ihn ließ Ludwig nach dem Vorbild des gleichnamigen Raums in der Wartburg [s. S. 138] gestalten.

Im etwa 3 km entfernten **Schloss Hohenschwangau** verbrachte der ›Märchenkönig‹ seine Jugendjahre. Ludwigs Vater Maximilian II. (1811–1864) hatte die im 12. Jh. gegründete Burg 1832–36 stilvoll und gleichzeitig anheimelnd umbauen lassen. So konnte zum Beispiel die Decke im *Schlafzimmer* seines Sohnes als Sternenhimmel beleuchtet werden.

Hintergrundinformationen bietet das **Museum der bayerischen Könige** (Alpseestr. 17, http://museumderbayerischenkoenige.com, April–Sept. tgl. 9–19 Uhr) am Seeufer in Hohenschwangau.

ℹ️ Praktische Hinweise

Information

Touristinformation, Kaiser-Maximilian-Platz 1, 87629 Füssen, Tel. 08362/938 50, www.tourismus-fuessen.de

Hotel

Hirsch, Kaiser-Maximilian-Platz 7, Füssen, Tel. 08362/93980, www.hotelhirsch.de. Traditionsreiches Hotel und Restaurant in der Fußgängerzone Füssens.

*In aller Welt bekannt, in München zu Hause:
Frauenkirche und Neues Rathaus*

117 München

*Tradition und High-Tech sind in der
lebensfrohen ›Weltstadt mit Herz‹
gleichermaßen zu Hause.*

Vergleichsweise jung ist sie, die bayerische **Landeshauptstadt** München (1,36
Mio. Einw.), und hat doch seit ihrer ersten
urkundlichen Erwähnung im Jahr 1158 all
den traditionsreicheren Städten im Land
wie Nürnberg oder Augsburg den Rang
abgelaufen. Dabei war damals lediglich
von einer Mautbrücke die Rede, die *Heinrich der Löwe*, Herzog von Bayern und
Sachsen, nahe einer Mönchsklause namens *Munichen* über die Isar schlagen
ließ, um vom regen Salzhandel zu profi-
tieren. Die Stelle war wohl günstig gewählt, denn schon 1175 erhielt der Ort
Stadtrecht und eine erste Verteidigungs-
mauer. 1255 erhoben die **Wittelsbacher**
München zur **herzoglichen Residenz**.

Über die Jahrhunderte gelang es dem
bayerischen Zweig der Wittelsbacher
stets, auf der Gewinnerseite der Geschichte zu stehen. Während des Dreißigjährigen Krieges stiegen sie zu Kurfürsten
und bei der Neuordnung Deutschlands
durch Napoleon gar zu **bayerischen Königen** auf. Als erster durfte *Kurfürst Maximilian IV. Joseph* den Titel *König Maximilian I. von Bayern* tragen. Sein Sohn *König
Ludwig I.* (1786–1868) machte die Hauptstadt München zu einem **künstlerischen
und kulturellen Zentrum** seiner Zeit.
Besonders die klassizistischen Architekten *Leo von Klenze* und *Friedrich von
Gärtner* prägten damals mit ihren Bauten
das Stadtbild. Im späten 18./frühen 19. Jh.
förderte die nächste königliche Generation, Maximilian II. und Prinzregent Luitpold, Geisteswissenschaften und Kunst.
Der Stadtteil **Schwabing** etablierte sich
als Zentrum der Avantgarde und Bo-
heme. 1896 erschien hier erstmals das
Kulturjournal **Die Jugend**, 1911 gründeten
die Maler Wassily Kandinsky und Franz
Marc die Künstlervereinigung **Der Blaue
Reiter** in München.

Nach dem Ende der Monarchie 1919 riefen sozialistische Arbeiterverbände am 7.
April 1919 die **Münchner Räterepublik**
aus, die aus Berlin entsandte Reichs-
wehrtruppen jedoch schon am 2. Mai
1919 gewaltsam niederschlugen. Ebenfalls erfolglos verlief am 8./9. November

1923 der **Hitlerputsch**, bei dem Adolf
Hitler erstmals versuchte, die demokratische Regierung Deutschlands zu stürzen.
Später verklärte die nationalsozialistische
Propaganda dieses klägliche Scheitern
zum Auftakt der sogenannten Machter-
greifung und München zur **Hauptstadt
der Bewegung**. Im **Zweiten Weltkrieg**
war sie wegen dieser ideologischen Bedeutung für die Nationalsozialisten und
der hier angesiedelten Industrie ein be-
vorzugtes Ziel alliierter Fliegerangriffe.

Nach dem Krieg ging der Wiederaufbau der weitgehend zerstörten Stadt zü-
gig vonstatten. Heute ist die **süddeutsche Metropole** international beliebt,
stolze 5,1 Mio. Gäste besuchten die Isar-
metropole allein im Jahr 2010.

Viele der bekanntesten Sehenswürdigkeiten Münchens befinden sich innerhalb des überschaubaren Altstadtkerns,

der sich vom *Karlstor* im Westen bis zum *Isartor* im Osten erstreckt. Der **Karlsplatz**, den die Einheimischen nach dem früher hier tätigen Wirt Eustachius Föderl seit Mitte des 18. Jh. lieber **Stachus** nennen, ist eine Verkehrsdrehscheibe der Stadt und dank seines Brunnens (1970) im Sommer auch ein beliebter Treffpunkt. Zur Innenstadt hin säumen ihn halbkreisförmig zwei mehrstöckige Rondellbauten, die um 1900 nach italienischem Vorbild entstanden. In ihrer Mitte betritt man durch das dreibogige, zinnengekrönte **Karlstor** (1791) die *Neuhauser Straße*, die *Fußgängerzone* der Stadt. In ihrem Verlauf lohnt sich linkerhand ein Besuch in der **Jesuitenkirche St. Michael** (1583–97; www.st-michael-muenchen.de, Mo und Fr 10–19, Di–Do und Sa 8–19, sommers jeweils bis 21.30, So 7–22.15 Uhr). Ihre Fassade dominiert die Bronzestatue des siegreichen Erzengels Michael (1588). Durch eines der beiden Bogenportalen tritt man ins Innere der ersten Renaissancekirche nördlich der Alpen, die nach dem Petersdom in Rom über das zweitgrößte Tonnengewölbe der Welt verfügt. Die Wirkung des mehr als 20 m breiten Innenraums ist entsprechend imposant. In der schlichteren *Fürstengruft* sind Seite an Seite König Maximilian I. Joseph (1756– 1825) und seine zweite Frau Karoline von Baden (1776–1841) sowie ihr Urenkel Ludwig II. (1845–1886) beigesetzt.

Ein Stück weiter weisen zwei schlanke, beinahe 99 m hohe Zwiebeltürme mit Hauben von 1525 den Weg zur **Frauenkirche** (www.muenchner-dom.de, Sa–Mi 7– 19, Do bis 20.30, Fr bis 18 Uhr), dem wohl bekanntesten Wahrzeichen von München. 1468 hatte Herzog Sigismund eine neue Pfarrkirche in Auftrag gegeben,

Maria mit dem Jesuskind blicken von der Münchener Mariensäule herab

Jörg von Halspach schuf daraufhin den 109 m langen und 40 m breiten spätgotischen Kirchenraum. 1488 war das Werk vollbracht und wurde 1494 Unserer Lieben Frau geweiht. Die Bomben des Zweiten Weltkriegs zerstörten die historische Bausubstanz fast völlig, doch die originalen Fenster des 14.–16. Jh. und viele Ausstattungsgegenstände konnten gerettet werden, darunter die farbig gefasste Holzskulptur ›Der Auferstandene‹ (um 1320), Teile des Chorgestühls (1502) von Erasmus Grasser und das figurenreiche Bronzekenotaph (1622) für Kaiser Ludwig I. den Bayern (1282–1347). Die Aussichtsplattform auf dem *Südturm* (April–Okt. Mo–Sa 10–17 Uhr) bietet einen herrli-

chen Blick über die Dächer der Stadt, in deren Süden an einem klaren Föntag die Alpen zum Greifen nah scheinen.

Münchens Herz schlägt am nahen **Marienplatz**, den die 11 m hohe *Mariensäule* (1590) ziert. Oben steht auf einer Mondsichel die Muttergottes mit Kind, unten bekämpfen auf dem Sockel vier Engelsfiguren die Übel Hunger, Krieg, Unglaube und Pest verkörpert durch Drache, Löwe, Schlange und Basilisk. Auffälligster Bau am Platz ist das **Neue Rathaus**, das Georg von Hauberrisser 1867–1908 im neogotischen Stil mit Arkadengang und türmchenreicher Fassade schuf. Mehrmals täglich erklingt vom 85 m hohen Mittelturm das berühmte *Glockenspiel* (tgl. 11, 12 Uhr, März–Okt. auch 17 Uhr). Dabei öffnet sich ein Türchen im Rathausturm und in Erinnerung an das Hochzeitsturnier für Herzog Wilhelm V. und Renata von Lothringen im Jahr 1568 paradieren 32 bunt bemalte Figuren und drehen sich zum Schäfflertanz um die eigene Achse.

Im Westen des Platzes befindet sich das *Alte Rathaus* (1460) und, hinter Kaufhäusern versteckt im Süden, *St. Peter* (www.alterpeter.de, tgl. 7.30–19, Mi 12–17 Uhr, Turm Mai–Sept. Mo–Fr 9–18.30, Sa/So 10–18.30, sonst jew. bis 17.30 Uhr) aus dem 11. Jh., die älteste Pfarrkirche Münchens. Von hier aus führen wenige Schritte zum **Viktualienmarkt** (www.viktualienmarkt-muenchen.de, Mo–Sa ca. 8–20 Uhr), Münchens Freiluft-Feinkostmarkt. Im Ange-

Das Antiquarium der Residenz ist der größte profane Renaissancesaal nördlich der Alpen

Savoir Vivre am Max-Joseph-Platz vor der Kulisse von Königsbau (links) und Nationaltheater

bot sind bayerische Schmankerl und internationale Spezialitäten. Nicht kulinarische, sondern optische Genüsse bietet die nahe **Asamkirche** (Sendlinger Str. 32). Eigentlich heißt sie ja St.-Johann-Nepomuk-Kirche, doch haften blieb der Familienname der Brüder Egid Quirin und Cosmas Damian Asam, die den überbordend spätbarocken Bau 1733–46 neben Egid Quirins Wohnhaus schufen. Das Säulenportal ist leicht vorgewölbt, innen füllen gedrehte Säulen, Putten, Fresken, Altäre und bunter Stuckmarmor die kleine Kirche vollständig aus und kumuliert im zweistufigen goldglänzenden Hochaltar.

Wendet man sich vom Viktualienmarkt nach Nordosten, erreicht man bald das weltberühmte **Hofbräuhaus** (Platzl 9, Tel. 089/29 01 36 10, www.hofbraeuhaus.de, tgl. 9–23.30 Uhr). Der Wittelsbacher Herzog Maximilian I. gründete es 1589. Heute fließt hier täglich das Bier in Strömen durch bis zu 35 000 durstige Kehlen. Nur wenige Meter sind es von hier aus zur noblen **Maximilianstraße** mit ihren Designergeschäften. Im Osten endet sie am bayerischen Landtag, dem imposanten *Maximilianeum* (1874). Am entgegengesetzten, innerstädtischen Ende führt die Prachtstraße auf den Max-Joseph-Platz. Hier stehen mit dem **Residenztheater** (Max-Joseph-Platz 1, Tel. 089/21 85 19 40,

www.bayerischesstaatsschauspiel.de) und dem **Nationaltheater** (Max-Joseph-Platz 2, Tel. 089/21 85 19 20, www.bayerischestaats oper.de) zwei renommierte Bühnen. Sie schließen südöstlich an den ausgedehnten Gebäudekomplex der **Residenz** (Residenzstr. 1, Tel. 089/29 06 71, www.residenzmuenchen.de, April–Mitte Okt. tgl. 9–18, Mitte Okt.–März tgl. 10–17 Uhr) an. 1385 ließen die Wittelsbacher hier ihren ersten Stadtpalast errichten. Bis 1918 folgten immer mehr Anbauten, Flügel und Höfe. Das Ganze ist heute ein labyrinthartiges Kunstuniversum mit Prunksälen, Höfen und Gärten. Prachtvoll sind z.B. das vollständig ausgemalte *Antiquarium* (1568–71) und das von François Cuvilliés gestaltete *Reiche Zimmer* (1729). Die sakralen und profanen Kostbarkeiten der *Schatzkammer* (www.schloesser.bayern.de) trugen die bayerischen Herrscher über Jahrhunderte zusammen. Zu den Glanzlichtern gehören das *Giselakreuz* aus dem frühen 11. Jh. und die preziosenbesetzte Miniatur des Georgsritters (um 1590).

Die Residenzstraße mündet in den **Odeonsplatz**, den die loggiaartige *Feldherrnhalle* (1841–44) und die *Theatinerkirche St. Kajetan* (1663–88, www.theatiner kirche.de, Mo–Sa 6–19.30, So 7– 19.30 Uhr) im Stil des italienischen Spätbarock rahmen. An ihr vorbei kommt man rasch zu

Der Monopteros schmückt den ohnehin schon bildschönen Englischen Garten

den modernen Passagen der **Fünf Höfe**, die zu einem ausgedehnten Einkaufsbummel einladen. Ein kulturelles Gegengewicht setzt die **Kunsthalle der Hypo-Kulturstiftung** (Theatinerstr. 8, Tel. 089/ 22 44 12, www.hypo-kunsthalle.de, tgl. 10– 20 Uhr), die wechselnde, oft publikumswirksame Kunstausstellungen zeigt.

Am Odeonsplatz nimmt auch die Ludwigstraße ihren Anfang, Renommiermeile des kunstbeflissenen Königs Ludwig I. Von ihr zweigt bald die Von-der-Tann-

Einer der Schwerpunkte der Pinakothek der Moderne liegt auf gelungenem Design

Straße ab, die in die breite Prinzregentenstraße mündet. Sie führt zum **Haus der Kunst** (Prinzregentenstr. 1, Tel. 089/ 21 12 71 13, www.hausderkunst.de, tgl. 10–20, Do 10 –22 Uhr), das spannende Wechselausstellungen meist zeitgenössischer Kunst zeigt. 1937 vollendete Paul Ludwig Troost, einer der Lieblingsarchitekten Hitlers, das Bauwerk. Dahinter beginnt der 1789 angelegte **Englische Garten**, mit 3,7 km² der weitläufigste Stadtpark Europas. Beliebte Treffpunkte sind das *Japanische Teehaus* (1972) im Süden, der *Kleinhesseloher See* mit Ruder- und Tretbootverleih im Norden, der von Leo von Klenze geplante griechische Rundtempel *Monopteros* über der *Schönfeldwiese* sowie der Biergarten am 25 m hohen *Chinesischen Turm* (1789/90).

TOP TIPP

Nordwestlich vom Odeonsplatz ballt sich in der Maxvorstadt ein grandioses Museumsensemble. In der **Alten Pinakothek** (Barer Str. 27, Tel. 089/23 80 52 16, www.pinakothek.de, Di 10–20, Mi–So 10–18 Uhr) sind Meisterwerke europäischer Maler des 14.–18. Jh. zu sehen, darunter Gemälde von Dürer, Rubens und Rembrandt, Tizian, Tiepolo, Van Dyck und El Greco, Altdorfers *Alexanderschlacht* (1529) sowie Bouchers *Madame Pompadour* (1746). Gegenüber zeigt die **Neue Pinakothek** (Barer Str. 29, Tel. 089/ 23 80 51 95, Mi 10–20, Do–Mo 10–18 Uhr) europäische Kunst des 19. Jh., wobei sich

der Bogen von Landschaftsmalern in Rom über Münchner Malerschulen bis zu Künstlern der post-impressionistischen Gruppe Les Nabis spannt. Zu den Highlights gehören Auguste Rodins Plastik *Die Kauernde* (1880–82), Franz von Defreggers Gemälde *Das letzte Aufgebot* (1872) und Moritz von Schwindts vierteiliges *Märchen vom Aschenbrödel* (1854). Die jüngste im Museumsbund ist die **Pinakothek der Moderne** (Barer Str. 40, Tel. 089/23 80 53 60, Di–So 10–18, Do 10–20 Uhr), die Grafiken und Architekturmodelle, Moderne Kunst von Beckmann, Beuys und Baselitz sowie Design der Neuzeit zeigt. Nebenan ergänzt hinter bunter Streifenfassade das **Museum Brandhorst** (Tel. 089/23 80 51 04, www. museum-brandhorst.de, Di–So 10–18, Do bis 20 Uhr) das Kunstangebot im Viertel mit Klassischer Moderne von Andy Warhol über Cy Twombly bis Sigmar Polke.

Weiter südwestlich steht am Königsplatz die **Glyptothek** (Tel. 089/28 61 00, www.antike-am-koenigsplatz.mwn.de, Di–So 10–17, Do bis 20 Uhr), die Leo von Klenze 1830 im Auftrag von König Ludwig I. schuf. Sie präsentiert neben Sonderausstellungen eine Sammlung antiker Skulpturen von Weltrang, zu deren Höhepunkten der marmorne Barberinische Faun (um 220 v. Chr.) gehört.

Auch außerhalb der Innenstadt gibt es in München zahlreiche Sehenswür-

Schon architektonisch stimmt das Museum Brandhorst auf moderne Kunst innen ein

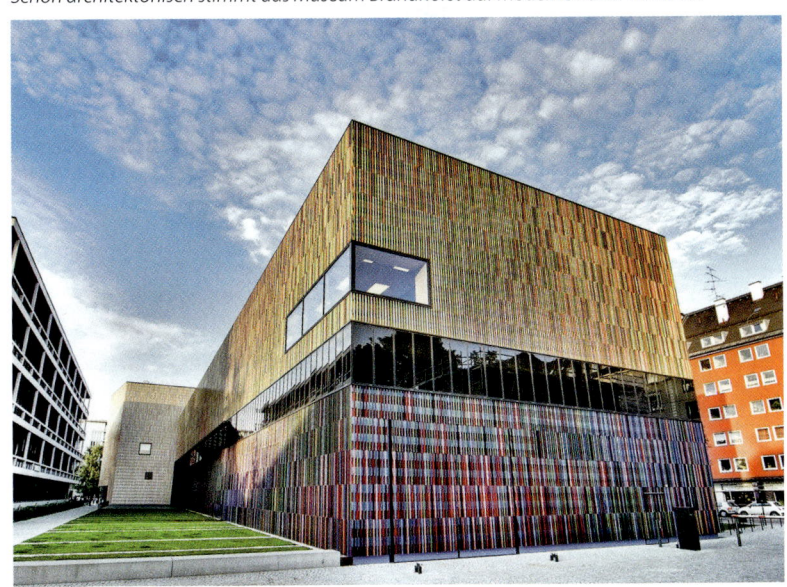

digkeiten zu entdecken. Den Westen schmückt **Schloss Nymphenburg** (Tel. 089/17 90 80, www.schloesser.bayern.de, April–Mitte Okt. tgl. 9–18, Mitte Okt.–März tgl. 10–16 Uhr), die heitere Rokoko-Sommerresidenz der bayerischen Kurfürsten in einem weitläufigen Schlosspark. Im nördlichen Flügel präsentiert das **Museum Mensch und Natur** (Tel. 089/179 58 90, www.musmn.de, Di/Mi/Fr 9–17, Do 9–20, Sa/So 10–18 Uhr) naturwissenschaftliche Phänomene zum Anfassen.

Der Münchner Norden verfügt mit der von Frei Otto entworfenen bewegten

Dachlandschaft des **Olympiastadions** (www.olympiapark.de, Ende Okt.–Ende März tgl. 9–16.30, Ende März–Ende Okt. 8.30–18, Mitte Mai–Mitte Aug. bis 20, Mitte Aug.–Mitte Sept. bis 19 Uhr) über ein architektonisches Highlight. Der ausgedehnte **Olympiapark** umgibt das Stadion der Olympischen Spiele von 1972. Außerdem erhebt sich hier der 291 m hohe **Olympiaturm** (Spiridon-Louis-Ring 7, tgl. 9–24 Uhr). Die oberen Stockwerke beherbergen ein *Drehrestaurant* (www.arena one.de/181), *Aussichtsplattform* und *Rockmuseum Munich* (www.rockmuseum.de)

Am Biergarten beim Chinesischen Turm treffen sich Münchner und Touristen

Der Himmel der Bayern

Mancherorts bezeichnen Gastwirte schon den geteerten Hinterhof ihres Lokals großspurig als ›Biergarten‹. Doch das Original, der wahre **Biergarten**, findet sich nur in seinem Ursprungsland Bayern, wo der sommerliche Freiluft-Ausschank im 19. Jh. entstand. Damals begannen die Münchner Brauereien, dem durstigen Volk untergäriges Bier direkt aus den Bierkellern zu verkaufen, die sich, von großblättrigen Bäumen beschattet, am Isarufer befanden. Zur weiteren Ausstattung brauchte es nur Tische und Bänke, fertig war das einladende Erholungsangebot für heiße Sommertage.

Landesvater König Ludwig I. (1786–1868) gestattete zwar diese neue Art der **Direktvermarktung** für Bier und andere Getränke, schränkte aber zum Schutz der Gastwirte in der Innenstadt,

die um den Verlust ihrer Kundschaft fürchteten, den Verkauf von Speisen ein. Wer im Biergarten ordentlich essen wollte, sollte seinen ›Mundvorrat‹ selbst mitbringen. Und so ist es geblieben, wenn auch aus dem Gebot längst ein Privileg geworden ist. Bis heute dürfen Gäste also in Biergärten eigenes Essen mitbringen und dort unentgeltlich verzehren. Also machen sich an warmen Sommerabenden wahre Heerscharen von Münchnern mit Picknickkorb und eingepackter Brotzeit auf, um sich ihren Platz in einem der rund 100 Biergärten der Landeshauptstadt zu sichern. Da kann es schon vorkommen, dass selbst die großen ihrer Art wie der **Augustiner Hirschgarten** (8000 Plätze) im gleichnamigen Park im Stadtteil Nymphenburg oder der **Biergarten am Chinesischen Turm** (7000 Plätze) im Englischen Garten voll belegt sind. Als Alternative zu Suchen und Warten bietet sich dann an, auf den Bänken einfach ein bisschen enger zusammenzurücken. Dann klappt es bei einem frisch gezapften Hellen oder einem spritzigen Weißbier garantiert auch mit dem Nachbarn.

Gemeinsam genossen ist der Geschmack von Weißwurst, Weißbier und Brezn vollkommen

BMW-Welt (vorne) und BMW-Verwaltung (rechts) sind Ikonen moderner Architektur

sowie in 189 m und 192 m Höhe weitere *Aussichtsplattformen*, die eine Aussicht bis zu den Alpen bietet. In der Nähe zieht die **BMW Welt** (Am Olympiapark 1, Tel. 01 80/211 88 22, www.bmw-welt.de, tgl. 9–20 Uhr) mit einem amorph wirkenden Showroom in Stahl und Glas (Architektenteam Coop Himmelb(l)au) und dem konzerneigenen BMW-Museum (www.bmw-museum. de, Di–So 10–18 Uhr) Auto- und Architekturinteressierte an.

Südöstlich der City steht auf einer Insel in der Isar das **Deutsche Museum** (Museumsinsel 1, Tel. 089/217 91, www.deutsches-museum.de, tgl. 9–17 Uhr), eines der größten Technikmuseen Europas. Hier kann man zum Beispiel das Prinzip eines Otto-Motors erforschen, die Enge eines U-Boots am eigenen Leib erfahren oder ein riesiges Foucaultsches Pendel beobachten.

5 km entlang der Isar Richtung Süden bietet der **Tierpark Hellabrunn** (Tierparkstr. 30, Tel. 089/62 50 80 www.tierpark-hellabrunn.de, April–Sept. tgl. 8–18, Okt.–März 9–17 Uhr) naturnahe Lebensräume für 665 Arten, darunter Elefanten, Löwen, Affen, Seepferdchen, Pinguine, Fledermäuse und Schabrackentapire.

i Praktische Hinweise

Information
Tourist Information, Bahnhofsplatz 2 (neben DER am Hauptbahnhof), und Marienplatz (im Neuen Rathaus), 80333 München, Tel. 089/23 39 65 00, www.muenchen.de

Hotels
Seibel, Theresienhöhe 9, München, Tel. 089/540 14 20, www.seibel-hotels-munich.de. Aussichtsreich und zentral an der Oktoberfestwiese gelegen. Ausstattung der zweckmäßigen Gästezimmer im bayerischen Landhausstil.

Splendid Dollmann, Thierschstr. 49, München, Tel. 089/23 80 80, www.hotel-splendid-dollmann.de. Edel und gediegen nächtigt der Gast in dem klassizistischen Bürgerhaus im zentralen Stadtteil Lehel.

Villa am Schlosspark, Hieberplatz 3–5, München, Tel. 089/811 90 73, www.villa-am-schlosspark.de. Kleines Hotel garni mit großen Zimmern nahe Schloss Nymphenburg.

Restaurants
Augustiner Bräustuben, Landsberger Str. 19, München, Tel. 089/50 70 47, www.augustiner-restaurant.com. Der Gastraum ist groß und immer gut besucht, denn Einheimische und Gäste genießen die rustikale Atmosphäre in der Traditionsgaststätte.

Weißes Bräuhaus, Tal 7, München, Tel. 089/29 98 75, www.weisses-brauhaus.de. Das beliebte Altmünchner Wirtshaus bietet prickelnde Weißbierspezialitäten.

Oberbayerische Idylle am Starnberger See, im Hintergrund die Kette der Bayerischen Alpen

118 Starnberger See und Ammersee

Oberbayerisches Seenidyll mit Blick auf die stolze Alpenkette.

Etwa 25 km südlich von München locken **Starnberger See** und **Ammersee** sowie die kleineren und im Sommer auch wärmeren Badeseen **Wörth-**, **Pilsen-** und **Weßlinger See**. An ihren Ufern findet man oberbayrische Dorfidylle vor malerischer Alpenkulisse. Hier sitzt man entspannt in kastanienbeschatteten Biergärten, flaniert am Seeufer entlang oder wandert und radelt durch grüne Wiesen.

Der Starnberger See ist mit 58 km² nach dem Chiemsee das zweitgrößte Gewässer Bayerns. Hauptort ist das einstige Fischerdorf **Starnberg** (23 000 Einw., www.starnberg.de) an seinem Nordufer. Betuchte Münchner entdeckten den Ort im 18. Jh. als Sommerfrische, seitdem prägen ihn ausgedehnte Villenareale. Im historischen Ortskern befindet sich ein *Seebad* (Tel. 08151/45 64). In der Nähe dokumentiert das *Museum Starnberger See* (Possenhofener Str. 5, Tel. 08151/44 77 570, www.museum-starnberger-see.de, Di–So 10–17 Uhr) in einem stattlichen Holzbauernhof aus dem 17. Jh. und einem modernen Anbau die Ortsgeschichte. Originell ist der Sammlungsschwerpunkt Höfische Schifffahrt. Glanzlicht ist die ›Delphin‹, das letzte Prunkschiff der Wittelsbacher.

Sehr stimmungsvoll sind **Schiffsausflüge** (Dampfschiffstr. 5, Tel. 08151/80 61, www.seenschifffahrt.de) über den Starnberger See auf die *Roseninsel* oder zu *Schloss Possenhofen* (kein Zutritt) am Westufer, wo die spätere österreichische Kaiserin ›Sisi‹ ihre Kindheit und Jugend verbrachte. Die Schiffe fahren auch nach *Bernried*, wo auf Betreiben des Autors Lothar-Günther Buchheim (1918–2007) das ›Museum der Phantasie‹ eingerichtet wurde. Dieses **Buchheim Museum** (Bernried, Am Hirschgarten 1, Tel. 08158/99 70 20, www.buchheimmuseum.de, April–Okt. Di–So 10–18, Nov.–März 10–17 Uhr) ist berühmt für seine Expressionistensammlung mit Gemälden, Aquarellen, Zeichnungen und Druckgrafiken u.a. von Ernst Ludwig Kirchner, Max Pechstein, Emil Nolde und Otto Mueller, die zur Künstlergruppe ›Die Brücke‹ (1905–13) gehörten. Außerdem zeigt die Ausstellung völker- und volkskundliche Stücke sowie Werke von Buchheim selbst.

Nahe **Berg** markiert im Wasser des Starnberger Sees ein bescheidenes *Holzkreuz* die Stelle, an der Bayernkönig Ludwig II. 1886 ›ins Wasser ging‹. Sein Arzt Professor von Gudden hatte wohl versucht, ihn zu retten, und war mit ihm ertrunken. Bis heute diskutieren königstreue Bayern mit Hingabe die Frage: War es Selbstmord oder ein politisch motiviertes Attentat?

Der westlich benachbarte **Ammersee** ist Bayerns drittgrößter See (47 km²) und bei Seglern und Surfern sehr beliebt. Von Süden her speist die Ammer den See. An der langsam verlandenden Mündung ist ein kleines Vogelschutzgebiet ausgewiesen. Größte Gemeinde an seinem Ufer ist **Herrsching** (10 000 Einw., www.herrsching.de), ein einstiges Bauerndorf, das aus einem frühbajuwarischen Adelssitz entstand. An der Herrschinger Seepromenade ließ sich der Künstler Ludwig Scheuermann (1859–1911) im Jahr 1889 ein rot-weißes Fachwerkhäuschen mit auffälligem runden Eckturm bauen. Heute finden in dieser auch *Kurparkschlössl* genannten Scheuermann-Villa Ausstellungen statt.

Ein beliebter Ausflug führt von Herrsching 5 km südlich zum **Kloster Andechs** (www.kloster-andechs.de), das Wirtschaftsgut der Münchner Benediktinerabtei St. Bonifaz, deren Gebäude vom *Heiligen Berg* aus in die Ebene grüßen.

Kloster Andechs auf dem Heiligen Berg bei Herrsching tut sowohl Leib als auch Seele gut

Schon im 12. Jh. ist eine Wallfahrt zu den in der damaligen Burgkapelle St. Nikolaus verbürgt. Heute bildet die dreischiffige *Hallenkirche* (Tel. 08152/3760, tgl. 8–18 Uhr), Maria und den hll. Nikolaus und Elisabeth geweiht, das Zentrum der Anlage. Sie ist gotischen Ursprungs, doch Johann Baptist Zimmermann gestaltete sie 1751–54 gekonnt im Stil des Rokoko um. Neben der Wallfahrtskirche lockt das klostereigene *Bräustüberl* und im Sommer der schattige Biergarten. Und tatsächlich, mit einem frischen Weißbier und einer kräftigen ›Brett-Brotzeit‹ vor sich auf dem Tisch, kommt man ihm schon ziemlich nahe, dem siebten Himmel der Bayern.

ℹ Praktische Hinweise

Information

Tourismusverband Starnberger Fünf-Seen-Land, Wittelsbacherstr. 2 c, 82319 Starnberg, Tel. 08151/906 00, www.sta5.de

Hotel

Gästehaus Schweizerhof, Biberweg 15, Münsing, Tel. 08177/365. Gästezimmer und Ferienwohnungen auf Aussiedlerhof mit Seeblick. Eigene Schnapsbrennerei. Wer mag, darf im Kuhstall helfen.

Restaurant

Seerestaurant Marina, Am Yachthafen 1–15, Bernried, Tel. 08158/9320, www.hotelmarina.de. Mit Blick über den See schmecken Hasenrückenfilet oder frische Starnberger Seerenke extra gut.

119 Bayerische Alpen

*Imposante Berggipfel und stille Hoch-
gebirgsseen, viel besuchte Wall-
fahrtskirchen und stilvolle Königsschlösser.*

Schon von München aus sieht man bei
gutem Wetter die Kette der Bayerischen
Alpen wie zum Greifen nah. Ein Streifzug
durch das Voralpenland könnte bei Stein-
gaden beim Rokoko-Kleinod **Wieskirche** (www.wieskirche.de, Sommerzeit tgl. 8–19, Winterzeit 8–17
Uhr) beginnen. Sie steht tatsächlich ganz
für sich allein ›auf der grünen Wiese‹. Die
gleichermaßen fröhlich wie beeindruckend wirkende *Wallfahrtskirche zum
Gegeißelten Heiland* auf der *Waldwiese*
gehört seit 1983 zum **UNESCO Weltkulturerbe**. Sie entstand 1746–54 im Wesentlichen als Werk des Baumeisters Domini-
kus Zimmermann und seines für die Innenausstattung zuständigen Bruders Johann Baptist Zimmermann. Gemeinsam
schufen sie ein kleines, lichtdurchflutetes
Gotteshaus mit einer schier unglaublichen
Fülle von Altären, Säulen, Putten, goldak-
zentuiertem Stuck und Fresken. Einen
Ehrenplatz nimmt in dem zweigeschossigen Hauptaltar die fast lebensgroße, holzgeschnitzte ›Gnadenfigur des gegeißelten Heilands‹ ein, an dessen Wange eine
Bäuerin im Jahr 1738 eine Träne herunter-
rinnen sah, was die hiesige Wallfahrt und
damit den Bau der Wieskirche auslöste.

Östlich des Lechs sucht sich die Ammer ihren Weg durch das Gebirge nordwärts. In ihrem Tal liegt **Oberammergau**
(www.oberammergau.de), das für seine

Oben: *Einen Spaziergang um den Eibsee
verschönt das erhabene Alpenpanorama*
Unten: *Den Park um Linderhof gestaltete
Ludwig II. ganz nach seinen Vorstellungen*

Passionsspiele (www.passionstheater.de) bekannt ist. Sie gehen auf ein Gelübde von Pestkranken zurück, die 1633 schworen, im Fall ihrer Heilung alle zehn Jahre ein ›Spiel vom Leiden, Sterben und Auferstehen unseres Herrn Jesus Christus‹ aufzuführen.

Eine lange Tradition besitzt auch das hiesige Schnitzhandwerk. Ihm ist eine eigene Abteilung des **Oberammergau Museums** (Dorfstr. 8, Tel. 08822/94136, www.oberammergaumuseum.de, Mitte März–Okt. Di–So 10–17 Uhr) gewidmet.

Von Oberammergau aus erreicht man schnell das 1870–79 erbaute **Schloss Linderhof** (www.linderhof.de, April–Mitte Okt. tgl. 9–18, Mitte Okt.–März 10–16 Uhr) im Graswangtal. Verglichen mit der Extravaganza Neuschwanstein [s. S. 319] wirkt es geradezu bescheiden, ist dafür aber der einzige Schlossneubau, den Ludwig II. tatsächlich bewohnte. Die ›königliche Villa‹ umgibt ein ausgedehnter Park mit mehreren fantasievollen Zierbauten.

Über die B23 kommt man zum 1330 von Kaiser Ludwig dem Bayern gegründeten **Bendiktinerkloster Ettal** (www.kloster-ettal.de). Während dessen Blütezeit im frühen 18. Jh. entstand die barocke Klosterkirche, deren Kuppel sich malerisch vor den bewaldeten Berghängen ringsum erhebt.

Touristischer Dreh- und Angelpunkt der Region ist **Garmisch-Partenkirchen** (26000 Einw., www.garmisch-partenkirchen.de), das groß gewordene Doppeldorf im Herzen des *Werdenfelser Landes*. Im Ortsteil Garmisch säumen schindelgedeckte Gebirgshäuser mit Zierbundwerk und Heiligenstatuetten Sonnen- und Loisach-Straße. Lohnende Ausflugsziele in der Umgebung sind die *Burgruine Werdenfels*, die ortsnahe *Partnachklamm*, die schwerer zu gehende *Höllentalklamm*, vor allem aber die **Zugspitze** (2962 m; www.zugspitze.de), der höchste Berg Deutschlands. Zahnrad-, Gletscher- und Seilbahn führen auf den Hauptgipfel

Das Gipfelkreuz der Zugspitze markiert den höchsten Punkt Deutschlands

des Zugspitzmassivs, von dem aus man an einem klaren Föntag eine unglaubliche Fernsicht von bis zu 250 km über ein wahres Meer kleinerer Alpengipfel hat. Ein wunderbares Zugspitz-Panorama bietet sich vom *Eibsee* aus, einem glasklaren Gebirgssee oberhalb des Garmischer Ortsteils Grainau.

Es waren Künstler wie Georg von Dillis und Johann Jakob Dorner, die den **Schliersee** am Fuß des *Mangfallgebirges* einem breiten Publikum bekannt machten. Seit 1869 die Bahn München mit dem gleichnamigen Ort an seinem Ufer verbindet, strömen die Erholungsuchenden aus der Großstadt herbei, um frische Bergluft und den Blick auf *Brecherspitz* (1683 m) und *Jägerkamp* (1746 m) zu genießen.

Nur 10 km vom Schliersee entfernt glitzert der **Tegernsee** in der Sonne. Auch die Benediktinermönche des 8. Jh. fanden ihn sehr schön und gründeten hier ein Kloster. Nach der Säkularisierung 1803 ließ es König Max I. Joseph von Leo von Klenze zum Schloss ausbauen. Mittlerweile lernen Gymnasiasten hier fürs Leben, und weil in Bayern Leben ohne Bier kaum vorstellbar ist, produziert die *Herzogliche Brauerei* im gleichen Gebäude ihren Gerstensaft.

Im Ort Tegernsee sind sowohl das *Museum Tegernseer Tal* (Seestr. 17, Tel. 080 22/49 78, www.museumtegernseer tal.de, Ende Mai–Anf. Okt. Di, Do–So 14–17, Mi 11–17 Uhr) mit Volkskunst als auch das *Olaf-Gulbransson-Museum* (Kurgarten 5, Tel. 080 22/33 38, www.olaf-gulbransson-museum.de, Di–So 10–17 Uhr) zum Werk des gleichnamigen Künstlers und Karikaturisten einen Besuch wert. Lohnend ist auch der Aufstieg zum **Wallberg** (1722 m). Die Wanderung auf seinen Gipfel dauert von Oberach, einem Ortsteil des nahen Rottach-Egern aus, hin und zurück etwa drei Stunden. Bequemer erreicht man den Gipfel mit der Wallbergbahn (Wallbergstr. 26, Tel. 080 22/70 53 70, www.wallbergbahn.de, Mitte Dez.–März tgl. 8–16.30, Mitte April–Mitte Nov. 8.45–17 Uhr)

Etwa 20 km östlich von Rosenheim kommt man zum **Chiemsee**, dem ›bayerischen Meer‹. Mit 80 km^2 Wasserfläche ist er der drittgrößte See Deutschlands; größer sind nur Bodensee und Müritz. Seine beiden reizvollen Inseln (www.chiemsee-inseln.de) sind das ganze Jahr über mit dem Schiff (Tel. 080 51/60 90, www.chiem

see-schifffahrt.de) ab Prien-Stock und Gstadt, im Sommer auch von Seebruck, Chieming, Übersee und Bernau aus gut zu erreichen.

Auf der **Fraueninsel** gründete Herzog Tassilo III. von Bayern im Jahr 782 das Kloster *Frauenwörth*, in dem noch heute Benediktinerinnen ihren Dienst an Gott verrichten. Ältester erhaltener Teil der Anlage ist die *Torhalle* (Tel. 08054/7256, Mai–Sept. tgl. 11–17 Uhr) nahe der Klosterkirche, die Mitte des 9. Jh. entstand. Ihre Mauern zieren Engelsfresken, die noch aus der Entstehungszeit der Halle stam-

Nur ein einziges Mal schlief Bayernkönig Ludwig II. in diesem Bett in Schloss Herrenchiemsee

333

men. Auf der benachbarten, weitaus größeren **Herreninsel** (www.herrenchiemsee.de) befand sich ein Augustiner-Chorherrenstift, das der Salzburger Erzbischof Konrad von Salzburg 1130 gründete. Die heute **Altes Schloss** (1645–1730) genannte barocke Vierflügelanlage am Bootsanleger war 1948 Versammlungsort des Verfassungskonvents, der das deutsche Grundgesetz ausarbeitete. Das Museum im Schloss (April–Mitte Okt. tgl. 9–18, Mitte Okt.–März 10–16.45 Uhr) lässt die damaligen Ereignisse Revue passieren, außerdem sind eine Ausstellung zur Klostergeschichte und die Privaträume König Ludwigs II. zu sehen. Im Nordflügel ist die *Gemäldegalerie Julius Exter* (April–Mitte Okt. tgl. 9–18 Uhr) untergebracht.

Im Zentrum der 240 ha großen Insel ließ Ludwig II. 1878–86 im Stil von Versailles das **Neue Schloss Herrenchiemsee** (Besichtigung nur mit Führung, April–Mitte Okt. tgl. 9–18, Mitte Okt.–März 9.40–16.15 Uhr) errichten. Wiewohl die Arbeiten nach dem Tod des Königs eingestellt wurden, geben doch das prachtvolle *Treppenhaus*, das *Paradeschlafzimmer* und die *Große Spiegelgalerie* einen guten Eindruck von der beabsichtigten pompösen Wirkung. Im Erdgeschoss stellt das *König Ludwig II.-Museum* (April–Mitte Okt. tgl. 9–18, Mitte Okt.–März 10–16.45 Uhr) Leben und Bauprojekte des ›Kini‹ vor.

Im äußersten Südosten der Bayerischen Alpen liegt wunderschön im **Nationalpark Berchtesgaden** (www.nationalpark-berchtesgaden.bayern.de) der **Königssee**. In seinen grünlich schimmernden Wassern spiegeln sich die umliegenden Berge wie der 2713 m hohe *Watzmann*. Berühmt ist das *Echo*, das die steilen Felswände um den See zurückwerfen, und der Anblick des schmucken Wallfahrtskirchleins *St. Bartholomä* am Ufer bei **Schönau am Königssee**.

ℹ Praktische Hinweise

Information

Tourismusverband München-Oberbayern, Radolfzeller Str. 15, 81243 München, Tel. 089/829 21 80, www.oberbayern.de

Hotel

Inselhotel Zur Linde, Fraueninsel im Chiemsee, Tel. 080 54/903 66, www.linde-frauenchiemsee.de. Stimmungsvolles komfortables Traditionshotel auf dem höchsten Punkt der Fraueninsel im Chiemsee. Gutes Restaurant im Haus.

Restaurant

Alpenhof, Westbuchberg, Übersee/Chiemgau, Tel. 086 42/894 00, www.alpenhof-chiemgau.de. Vorzügliches Hotelrestaurant und Café, Gault Millau vergab zu Recht Hauben für Chiemseefisch-Crevettenroulade, Milchkalbsrücken und Frischkäsenudeln. Das i-Tüpfelchen ist der hausgebrannte Schnaps. Gästezimmer und Ferienwohnungen im Haus (Di und Mi mittag geschl.).

Schon im 12. Jh. gründete die Fürstpropstei Berchtesgaden die Wallfahrtskirche St. Bartholomä

Erst um die Wende zum 20. Jh. wurde die Breitachklamm für Wanderer erschlossen

Canyons der Alpen

Indianer sucht man hier vergebens, aber sonst bieten die Klammen und Tobel der Alpen alles, was spektakuläre Canyons andernorts auch kennzeichnet: von Wind und Wasser, Eis und Schnee über Jahrmillionen bizarr geformte, schroff ansteigende Felswände, kühne Brücken über rauschende Wildwasser, schmale Steige in die Tiefe, die Wegesränder gesäumt von teils seltenen Bergpflanzen. Mehr als 20 solcher **Naturdenkmäler** findet man allein in den Allgäuer und Bayerischen Alpen, von der **Pöllatschlucht** mit ihrer viel begangenen Marienbrücke zu Füßen des Märchenschlosses Neuschwanstein bis zur **Partnachklamm** bei Garmisch-Partenkirchen.

Sehr imposant ist auch die bis zu 150 m tiefe **Breitachklamm** (www.breitachklamm.com) mit ihren steilen Felswänden und wildschäumenden Wasserfällen im Oberlauf. 2,5 km ist diese eindrucksvolle ›Königin der Schluchten‹ lang, ihr unterer Eingang liegt beim Oberstdorfer Ortsteil Tiefenbach, der obere ist über einen Steig vom österreichischen Kleinwalsertal aus erreichbar, wobei der Weg während der Schneeschmelze nicht begehbar ist. Im Winter verwandelt sich die Klamm in einen funkelnden *Eispalast*. Mittlerweile können sich besonders Abenteuerlustige am *Canyoning* (www.purelements.de) in der Breitachklamm versuchen.

›Ein prächtiges Geschenk aus Gottes Bilderbuch‹ nannte Pfarrer Remigius Greiter zu Beginn des 20. Jh. den **Eistobel** (www.eistobel.de) bei Maierhöfen nahe Isny. Seit Urzeiten rauschen hier die Wasserfälle der Oberen Argen zu Tal und gefrieren im Winter zu fantastischen *Eisgebilden*. Das *Naturschutzgebiet Eistobel* südlich von Isny bietet zwei Zugänge zur Schlucht, der Wanderweg durch den Tobel ist 3 km lang und mit geeignetem Schuhwerk das ganze Jahr über gut zu gehen.

Eine anspruchsvolle, aber bestens gesicherte Wandertour (im Winter gesperrt) führt durch die **Starzlachklamm** (www.starzlachklamm.de) beim Sonthofener Ortsteil Winkel. Aus 1070 m Höhe sucht sich die oben noch als Bächlein dahin plätschernde Starzlach ihren Weg durch die Klamm zu Tal und wächst dabei zum tosenden Bergfluss heran. Eine Besonderheit sind an seinen felsigen Ufern die sog. *Wassermühlen*, Hohlräume, die in Wasserwirbeln rotierende Steine im Laufe von Jahrtausenden eingeschliffen haben.

Zur und nach der **Schneeschmelze** können die Schluchten gesperrt sein.

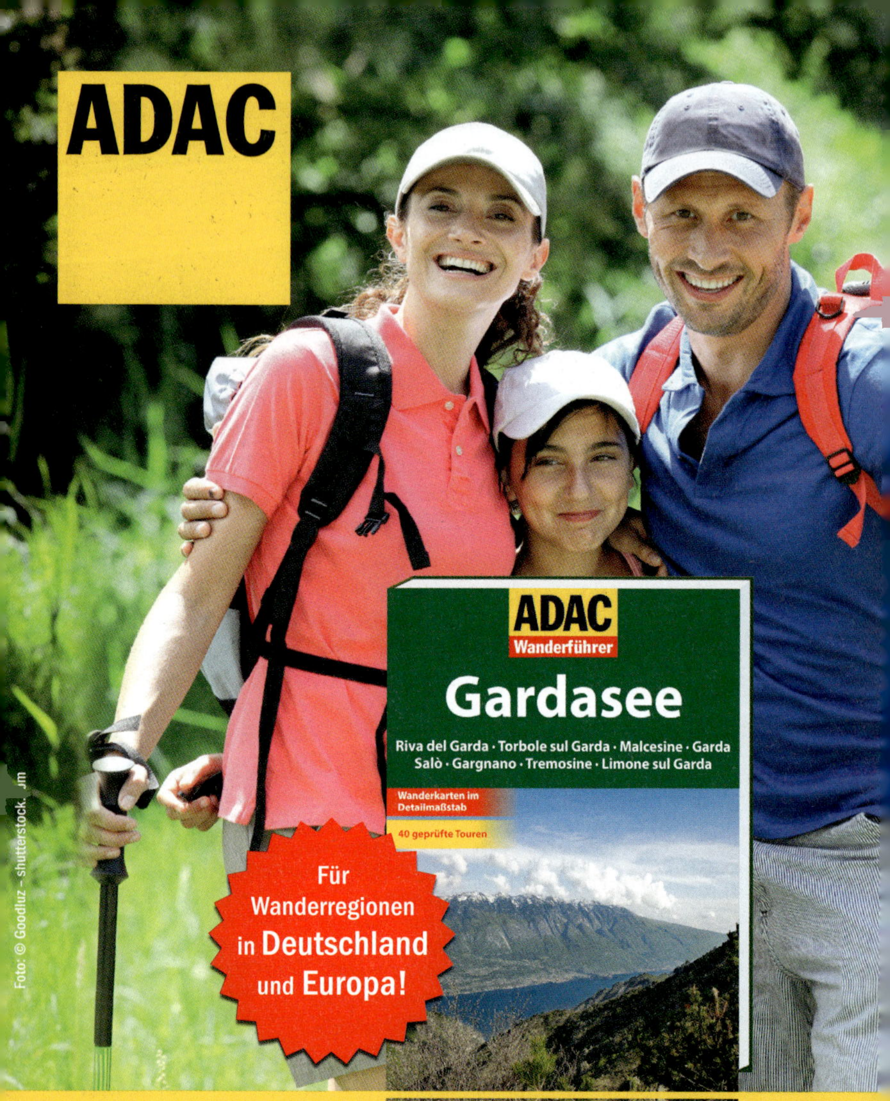

Deutschland aktuell A bis Z

Vor Reiseantritt

ADAC Info-Service:
Tel. 01 80/510 11 12 (0,14 €/Min.,
mobil max. 0,42 €/Min.)

Unter dieser Telefonnummer können
ADAC Mitglieder auch Informations-
und Kartenmaterial anfordern.

ADAC im Internet:
www.adac.de
www.adac.de/reisefuehrer

Deutschland im Internet:
www.deutschland.de
www.deutschland-tourismus.de

ADAC StauInfo:
Tel. 224 99 (ohne Vorwahl, automa-
tische Ansage, 0,51 € Servicegebühren
zzgl. Verbindungskosten/Anruf)

ADAC Verkehrsservice
Tel. 224 11 (ohne Vorwahl, Beratungs-
gespräch 1,10 €/Min. zzgl. Verbindungs-
kosten), e plus Tel. 114 11. Individuelle
Verkehrsberatung für unterwegs, zum
Beispiel zu Staugefahr, möglichen Aus-
weichrouten, Schneehöhen, Wasser-
qualität, Tankstellen in der Nähe u.v.m.

Allgemeine Informationen

Tourismusämter

Tourismusämter und Kurverwaltungen
werden bei den jeweiligen Punkten unter Praktische Hinweise genannt.

Notrufnummern und Adressen

Einheitlicher Notruf: Tel. 112 (EU-weit,
auch mobil: Polizei, Unfallrettung,
Feuerwehr)

ADAC Pannenhilfe: Tel. 018 02/22 22 22
(rund um die Uhr, 0,06 €/Anruf), in allen
Mobilfunknetzen: Tel. 22 22 22, oder über
die kostenlose ADAC Pannenhilfe App
(für iPhone und Android Geräte).

ADAC Rettungshubschrauber:
Tel. 110 und 112

**Fahrzeugbezogene Schutzbrief-
leistungen:** Tel. 089/76 76 70

ÖAMTC Schutzbrief-Nothilfe:
Tel. 00 43/(0)1/251 20 00

TCS Zentrale Hilfsstelle:
Tel. 00 41/(0)224 17 22 20

Umweltzonen in deutschen Städten

Mehrere deutsche Städte wie Augsburg,
Berlin, Düsseldorf, Hannover, Köln, Leipzig,
Mannheim, Osnabrück, Stuttgart oder
Wuppertal haben Umweltzonen eingerichtet. D. h. in die Innenstädte dürfen
nur noch Fahrzeuge fahren, die über eine
zugelassene Feinstaubplakette (Wind-
schutzscheibe) verfügen. Infos: www.
umweltbundesamt.de/umweltzonen

Essen und Trinken

In ganz Deutschland kann man gut essen
und trinken, wobei sich sterne- und hau-
bengeehrte Küchenchefs im Südwesten
auffällig häufen, v.a. im Schwarzwald.

Abgesehen davon ist die regionale Küche in Deutschland so vielfältig wie die
Landesteile. Im **Norden** beispielsweise
stehen wegen der Nähe zu Nord- und
Ostsee naturgemäß häufig **Fisch** und
Meerestiere in Form von *Matjes*, *Räucher-
hering*, *Bückling* oder *Aal auf Stroh* auf
dem Speiseplan.

Andererseits ist am Labskaus lediglich
ein Rollmops beteiligt und Hamburger
Aalsuppe oder die nordfriesische bodenständige Spezialitäten *Birnen, Bohnen,
Speck* und *Grünkohl mit Pinkel* kommen
ganz ohne Fisch aus, die klassische Nach-
speise *Rote Grütze* sowieso.

Die in **Ostdeutschland** beliebte Gemüse-
suppe *Soljanka* oder der eintopfartige
Letscho spiegeln kulinarisch den Einfluss
östlicher Nachbarländer wider, wogegen
Süß-saures Ei, *Quark mit Leinöl* und *Thüringer Rostbratwürste* regionaltypische Speisen sind.

Die **süddeutsche Küche**, vor allem die
bayerische, hat viel mit der österreichischen gemein, zumal wenn man an Mehl-
speisen wie *Zwetschgenknödel* (wahlweise Marillenknödel), aber auch an Fleisch-
gerichte wie *Tafelspitz* oder *Rinderroula-
den* denkt. Flächendeckend weiß man
hier *Weißwürste*, gern auch zum sehr frü-

hen Mittagessen, oder einen krossen *Schweinsbraten mit Knödel* zu schätzen, bevorzugt mit einem frisch gezapften Bier aus heimischer Brauerei.

Typisch für die durch Milchviehhaltung käsereiche westliche Alpenregion sind die *Allgäuer Kässpatzen*, für deren Grundbestandteil, die *Spätzle*, die württemberger Schwaben ebenso bekannt sind wie für ihre *Maultaschen*. Hier isst man durchaus reichlich, selbst wenn Bezeichnungen wie *Buabaspitzle* (Schupfnudeln) oder *Schäufele* (ursprünglich aus dem Fränkischen: Schweineschulter) sprachlich kleine Portionen andeuten.

In **Baden** und im **Saarland** lassen sich Hausfrauen und Spitzenköche gern von den französischen Kollegen inspirieren und bringen *Weinbergschneckensuppe* oder *Elsässer Flammkuchen* auf den Tisch. Weniger bekannt sind die hiesigen *Dibbekuche*, eine Art angereicherte Kartoffelpuffer. Auch der in der benachbarten **Pfalz** beliebte *Saumagen* ist kein Exportschlager, selbst wenn der frühere Bundeskanzler Helmut Kohl ihn überregional bekannt machte.

Im **Rheinland** schätzt man *Halven Hahn* (Käsesemmel) ebenso wie *Rheinischen Sauerbraten*. Umso mehr, wenn ein Kölsch oder ein guter Tropfen heimischen Weins das Geschmackserlebnis abrunden.

Etwas weiter nördlich, im **Ruhrgebiet**, hält sich allen ambitionierten Restauranteröffnungen zum Trotz hartnäckig die Vorliebe für ketchup- und majonäseverzierte *Currywurst mit Pommes rot-weiß*.

Gänzlich unüberschaubar ist die Vielzahl regionaler **Süßigkeiten** und **Gebäcke**. Sie reicht von *Lübecker Marzipan* über *Leipzger Lerchen* und *Mannemer Dreck* (ein Makronengebäck) bis zur *Schwarzwälder Kirschtorte*, die in ganz Deutschland hergestellt und gern gegessen wird. Vor allem zur Weihnachtszeit kann man landauf landab dem Geruch von *Nürnberger Lebkuchen*, *Aachener Printen* und *Dresdner Stollen* kaum widerstehen.

■ Feiertage

Feiertage

1. Januar (Neujahr), 6. Januar (Heiligedreikönigstag) [a], April/Mai (Karfreitag, Ostermontag), 1. Mai (Maifeiertag/Tag der Arbeit), Mai/Juni (Christi Himmelfahrt), Juni (Pfingstmontag), Juni (Fronleichnam) [b],

Mitte August (Mariä Himmelfahrt) [c], 3. Oktober (Tag der deutschen Einheit), 31. Oktober (Reformationstag) [d], 1. November (Allerheiligen) [e], 19. November (Buß- und Bettag) [f], 25./26. Dezember (1./2. Weihnachtstag)

[a] nur in Baden-Württemberg, Bayern und Sachsen-Anhalt
[b] nur in Baden-Württemberg, Bayern, Hessen, Nordrhein-Westfalen, Rheinland-Pfalz und im Saarland sowie in einzelnen Gemeinden in Sachsen und Thüringen
[c] nur im Saarland und teilweise in Bayern
[d] nur in Brandenburg, Mecklenburg-Vorpommern, Sachsen, Sachsen-Anhalt und Thüringen
[e] nur in Baden-Württemberg, Bayern, Nordrhein-Westfalen, Rheinland-Pfalz und im Saarland
[f] nur in Sachsen

■ Freizeitparks

Belantis Vergnügungspark, Zur Weißen Mark 1, Leipzig, Tel. 013 78/40 30 30 (0,50 €/Anruf aus dem dt. Festnetz, mobil teurer), www.belantis.de. Großer Vergnügungspark mit Wasserrutschen, Riesenschiffschaukeln und Achterbahn.

Europa-Park, Europa-Park-Str. 2, Rust bei Freiburg, Tel. 01 80/577 66 88 (0,14 €/Min., mobil max. 0,42 €/Min.), www.europapark.de. Der Platzhirsch unter den deutschen Vergnügungsparks.

Fort Fun, Aurorastraße, Bestwig-Wasserfall (westl. Kassel), Tel. 029 05/811 23, www.fortfun.de. Western-Stuntshows, Achterbahn, Speed Snake, Trapper Slider, Wild Eagle-Hochseil, Rio Grande u.v.m.

Hansa-Park, Am Fahrenkrog 1, Sierksdorf/Ostsee, Tel. 045 63/47 40, www.hansapark.de. Themenpark, u.a. mit Abenteuer- und Piraten-Land, Bonanza City, Nervenkitzel, Hansa Garten, Mexiko und Wasserspaß.

Heide-Park Soltau, Heidenhof bei Soltau (zw. Hannover und Hamburg), Tel. 01 80/591 91 01 (0,14 €/Min., mobil max. 0,42 €/Min.), www2.heide-park.de. Die Achterbahn Colossos ist 1,5 km lang, dazu gibt's Karussells, Wasserbahnen, Kids Action.

Holiday Park, Holiday-Park-Str. 1–5, Hassloch, Tel. 063 24/599 30, www.holidaypark.de. Wasser-Stunt-Show, das höchste Karussell Deutschlands, Freifallturm, Riesenachterbahn GeForce u.v.m.

Zoo Safari- und Hollywoodpark Stukenbrock, Mittweg 16, Schloss Holte-Stukenbrock (Städtedreieck Bielefeld – Hamm – Paderborn), Tel. 052 07/95 24 25, www.safaripark-stukenbrock.de. Tiger,

Löwen und viele weitere exotische Tiere, dazu Shows, Theater und Fahrgeschäfte.

Legoland Deutschland, Legoland Allee, Günzburg, Tel. 082 21/70 07 00, www.lego land.de. Hier stehen die bunten Steine im Mittelpunkt, aber Zauberer, Clowns und Akrobaten begeistern ebenfalls.

Movie Park Germany, Warner Allee 1, Kirchhellen-Nord (nördl. Oberhausen), Tel. 020 45/89 90, www.movieparkgerma ny.de. Stuntshows vor Hollywoodkulisse, eine Reise zum Mars, Achterbahnen, Ice Age Adventure und Santa Monica Pier.

Phantasialand, Berggeiststr. 31–41, Brühl bei Köln, Tel. 022 32/362 00, www. phantasialand.de. Spektakuläre Fahrten in Geister- und Achterbahnen, auch Eisrevue, Zaubershow und 3D-Kino.

Serengeti-Park, Am Safaripark 1, Hoden-hagen (nördl. Hannover), Tel. 051 64/979 90, www.serengeti-park.de. Tiere der afrikanischen Savanne mit Safari, Wild-wasserbahn, Achterbahn und Shows.

◼ Klima und Reisezeit

Deutschland liegt in der Westwinddrift, in der gemäßigte, eher feuchte Luftströ-mungen aus Westen vorherrschen. Sie und auch der Einfluss des Golfstroms sind maßgeblich für das gemäßigte mitteleu-ropäische Klima in Deutschland verant-wortlich. D.h. die Sommer sind warm bis heiß, die Winter relativ kalt. Im Norden und Westen verhindern zudem Nord- und Ostsee größere Temperaturschwan-kungen. Das Wetter im höher gelegen Süden wird in weiten Teilen vom Ge-birgszug der Alpen beeinflusst. Eine Sonderstellung als ›Wärmeinsel‹ nimmt das Oberrheinische Tiefland ein.

Klimadaten Berlin

Monat	Luft (°C) min./max.	Wasser (°C)	Sonnen-std./Tag	Regentage/ Monat
Januar	-3/ 2	2	2	10
Februar	-2/ 4	3	3	9
März	0/ 8	5	4	8
April	4/13	10	5	9
Mai	8/19	16	7	10
Juni	11/22	20	7	10
Juli	13/23	22	7	9
August	12/23	22	7	9
September	9/19	18	5	9
Oktober	6/13	13	4	8
November	2/ 7	8	2	10
Dezember	-1/ 3	4	1	11

Klimadaten Kiel

Monat	Luft (°C) min./max.	Wasser (°C)	Sonnen-std./Tag	Regentage/ Monat
Januar	2/ 2	2	1	18
Februar	-2/ 3	2	2	16
März	0/ 6	3	3	13
April	3/11	6	5	13
Mai	7/15	11	8	12
Juni	11/19	16	8	14
Juli	13/22	18	7	14
August	13/21	18	6	15
September	11/18	16	5	15
Oktober	7/13	12	3	17
November	3/ 7	8	2	19
Dezember	0/ 4	5	1	19

(Wassertemperaturen Travemünde)

Klimadaten München

Monat	Luft (°C) min./max.	Wasser (°C)	Sonnen-std./Tag	Regentage/ Monat
Januar	-5/ 2	5	2	11
Februar	-4/ 4	4	3	10
März	-1/ 8	5	4	11
April	3/13	7	5	12
Mai	7/17	14	6	13
Juni	10/21	15	7	14
Juli	12/23	20	8	12
August	12/22	21	7	12
September	9/19	17	6	9
Oktober	4/14	16	4	8
November	0/ 7	9	2	11
Dezember	-4/ 3	5	2	11

◼ Kultur live

Brauchtum

Februar

Fasnacht, Fasching, Karneval: Buntes Treiben mit Kostümumzügen, Sitzungen und Bällen; Hochburgen sind die Rhein-region sowie der Schwarzwald.

April

Walpurgisnacht (30. April): Auch Frei-nacht, da in dieser Nacht allerlei Streiche gespielt werden. Zentrum ist die Harzre-gion um den Brocken. Am selben Abend wird oft auch der Tanz in den Mai be-gangen oder der Maibaum aufgestellt.

Juni

Ulm, Fischerstechen: Schwörmontag mit Nabada (Witz- und Themenboote) auf der Donau und Hockete (abend-licher Festausklang), dazu zehntägiges Volksfest und alle vier Jahre (wieder Juni 2013) Fischerstechen mit historischen Tänzen. www.schwoermontag.com

Landshut, Landshuter Hochzeit: 1475 heiratete der Fürst, das Volk feiert bis heute – alle vier Jahre (wieder Juni/Juli 2013). www.landshuter-hochzeit.de

Juli

Dinkelsbühl, Kinderzeche: Kinderumzug und Festspiel im Ambiente des 17. Jh. www.kinderzeche.de

Kaufbeuren, Tänzelfest: Elf Tage buntes historisches Treiben. www.taenzelfest.de

Schleswig, Wikingertage: Ein Wochenende lang lagern wieder Wikinger an der Schlei. http://wikingertage.de

September

München, Oktoberfest: Gut zwei Wochen lang ist die Münchner Theresienwiese Schauplatz des größten Volksfests der Welt. www.oktoberfest.de

November/Dezember

Dresden, Striezelmarkt: Vier Wochen vor dem 24.12. gibt es hier Äpfel, Nuss und Mandelkern, traditionelles Holzspielzeug – und natürlich den berühmten Christstollen, hier ›Striezel‹ genannt. www.striezelmarkt.de

Nürnberg, Christkindlesmarkt: Vier Wochen vor dem 24.12. eröffnet das ›Christkind‹ mit seinem Prolog den Weihnachtsmarkt. www.christkindlesmarkt.de

Außerdem finden in Deutschland das ganze Jahr über zahlreiche bedeutende kulturelle Aktivitäten und Festivitäten statt. Im Folgenden eine Auswahl:

Filmfeste

Januar

Saarbrücken, Filmfestival Max Ophüls Preis: Wettbewerb für Regienachwuchs aus dem deutschsprachigen Raum. www.max-ophuels-preis.de

Februar

Berlin, Berlinale: Zehn Tage Internationale Filmfestspiele, Hauptpreis ist der Goldene Bär. www.berlinale.de

Juni/Juli

München, Filmfest München: ›Kleine Schwester‹ der Berlinale – eine Woche Filme & Fun. www.filmfest-muenchen.de

September

Frankfurt/Main, Lucas: Internationales Kinderfilmfestival, bei dem Kinder und Jugendliche über die Preisvergabe mitentscheiden. www.lucasfilmfestival.de

Oktober

Hof, Internationale Hofer Filmtage: Fein und familiär geht es zu während der Filmtage in Hof, für sechs Tage ›Home of film‹. www.hofer-filmtage.de

Freilichttheater

Mai–Juli

Wunsiedel, Luisenburgfestspiele: Neben den Schauspielern ist im Felsenlabyrinth der Luisenburg die Natur der Star. www.luisenburg-aktuell.de

Juni

Ralswiek/Rügen, Störtebeker-Festspiele: Freilichttheater um den berühmten Seeräuber. www.stoertebeker.de

Juli

Schloss Kaltenberg, Kaltenberger Ritterturnier: Spektakuläre Ritterfestspiele mit Stuntshows und mittelalterlichem Begleitprogramm. www.ritterturnier.de

Juni–September

Bad Segeberg, Karl-May-Spiele: Alljährlich kann man hier Winnetou treffen, den wohl berühmtesten Indianer Deutschlands. www.karl-may-spiele.de

August

Worms, Nibelungen-Festspiele: Ranküne, Mord und Totschlag vor dem Wormser Dom. www.nibelungenfestspiele.de

Jazz, Pop und Rock

März/April

Burghausen, Internationale Jazzwoche: Eine Woche internationaler Jazz vom Feinsten. www.b-jazz.com

Mai/Juni

Neustrelitz, Immergut-Festival: Zwischen melodiösem Gitarrenrock und ›Indie-Hölle‹. www.immergutrocken.de

Nürburgring, Rock am Ring: Großes Open-Air-Musik-Spektakel auf dem Nürburgring (Eifel). www.rock-am-ring.com

Juli/August

Wacken, Wacken Open Air: Heavy Metal auf dem Dorfacker, immer am ersten Augustwochenende. www.wacken.com

Oktober/Novemberg

Heidelberg, Mannheim, Ludwigshafen, Enjoy Jazz: Sechs Wochen ›Internationales Festival für Jazz und Anderes‹. www.enjoyjazz.de

Klassik

April/Mai

Thüringer Bach-Wochen: Von Eisenach bis Weimar erklingen Werke von Johann Sebastian Bach. www.thueringer-bach wochen.de

Juni

Halle/Saale, Händel-Festspiele: Zehn Tage Musik von Georg Friedrich Händel in seiner Geburtsstadt. www.haendel-in-halle.de

Potsdam, Musikfestspiele Potsdam Sanssouci: Klassische Konzerte, Opern u.a. in Schloss und Park Sanssouci. www.musikfestspiele-potsdam.de

Juli/August

Bayreuth, Richard-Wagner-Festspiele: Wagner-Opern auf dem ›Grünen Hügel‹. www.bayreuther-festspiele.de

Schleswig-Holstein Musik Festival: Besondere Musik in 44 Orten in Schleswig-Holstein, Hamburg, Niedersachsen und Dänemark. www.shmf.de

Kunst

April

Köln, Art Cologne: Die älteste Kunstmesse Deutschlands ist stets am Puls der Zeit. www.artcologne.de

August

Kassel, documenta: 100 Tage Weltausstellung zeitgenössischer Kunst, alle fünf Jahre (wieder 2012). www.documenta.de

Theaterfestivals

Mai/Juni

Recklinghausen, Ruhrfestspiele: Eines der renommiertesten Theaterereignisse Europas. www.ruhrfestspiele.de

Mai–Juli

Hanau, Brüder Grimm Märchenfestspiele: Es war einmal … Märchen in Hanau, der Heimatstadt der geschichtensammelnden Brüder. www.hanau.de

Juni/Juli

Passau, Festspiele Europäische Wochen: Theater, Musik, Film und Vorträge in Nieder- und Oberbayern, Böhmen und Oberösterreich. www.ew-passau.de

August–Oktober

Ruhrgebiet, Ruhrtriennale: Schauspiel, Tanz, Literatur im ehemaligen Industrierevier. www.ruhrtriennale.de

November/Dezember

München, Spielart: Avantgarde-Theater, das zur Diskussion lädt, alle zwei Jahre (wieder 2013, 2015 …). www.spielart.org

 # Sport

Reiten

Aachen, CHIO: ›Weltfest des Pferdes‹ mit Turnieren zu Springen, Fahren, Vielseitigkeit, Voltigieren und Dressur (eine Woche im Juli). www.chioaachen.de

Wassersport

An Nord- und Ostsee sind Segler und Surfer ein alltäglicher Anblick. Letztere bevorzugen die Reviere vor der Westküste von Sylt, wo auch Meisterschaften ausgetragen werden.

Kiel, Kieler Woche: Berühmte internationale Segelregatta in der Kieler Förde Ende Juni. www.kieler-woche.de

Stralsund, Stralsund Sail: Die Segelwoche im Juni mit Großseglerparade ist an Land von einem ›maritimen Volksfest‹ begleitet. www.stralsundsail.de

Wintersport

Die Alpen sind für sämtliche Wintersportarten hervorragend erschlossen und auch die deutschen Mittelgebirge, insbesondere Harz, Thüringer Wald und Erzgebirge, bieten Abfahrern, Snowboardern, Langläufern, Biathleten und sonstigen Freunden des ›Weißen Sports‹ alle Möglichkeiten.

 # Statistik

Lage: Die Bundesrepublik Deutschland (BRD) liegt in Mitteleuropa. Hauptstadt ist Berlin.

Deutschland grenzt im Norden an Nord- und Ostsee, im Süden an die Alpen. Maximale Nord-Süd-Ausdehnung ist 876 km, West-Ost 640 km. Deutschlands Nachbarländer sind (von Norden aus im Uhrzeigersinn): Dänemark, Polen, Tschechien, Österreich, Schweiz, Frankreich, Luxemburg, Belgien und die Niederlande.

Bevölkerung: 81,8 Mio. (2011)

Staatsform: Die BRD ist ein demokratisch-parlamentarischer Bundesstaat, bestehend aus 16 Bundesländern.

Deutschlands Gesetzesordnung ist durch das Grundgesetz bestimmt. Es sieht vor, dass alle Gewalt vom Volke ausgeht. Daher ist Deutschland eine repräsentative Demokratie, in der das Volk allgemein, unmittelbar, frei, gleich und geheim die Organe der Gesetzgebung wählt, also Stadt- und Landräte, Länderparlamente und Bundestage.

Regierungssystem: Staatsoberhaupt der BRD ist der Bundespräsident, der alle fünf Jahre von der Bundesversammlung gewählt wird.

Regierungschef der BRD ist der Bundeskanzler, seit dem Jahr 2005 mit Angela Merkel erstmals eine Bundeskanzlerin. Der Bundeskanzler wird alle vier Jahre vom deutschen Parlament, dem Bundestag, gewählt. Dessen Mitglieder wiederum werden vom Volk gewählt. Über den Bundesrat sind die 16 Landesregierungen an der Gesetzgebung beteiligt.

Verwaltung: Die BRD besteht aus 16 Bundesländern. In der Hoheit der Länderregierungen liegen insbesondere Polizei- und Kommunalrecht sowie Kultur- und Bildungspolitik.

■ Unterkunft

Camping

Das Angebot an Campingplätzen ist groß. Eine Beschreibung geprüfter Anlagen bietet der jährlich neu erscheinende *ADAC Camping Caravaning Führer* mit CD-ROM, der im Buchhandel und in den ADAC Geschäftsstellen erhältlich ist.

Darüber hinaus informieren die ebenfalls jährlich erscheinenden *ADAC Stellplatz Führer* und *ADAC Bungalow Mobilheim Führer* umfassend über das entsprechende Angebot in Deutschland. www.adac.de/camping

Hotels

Im Hauptteil werden ausgewählte Hotels empfohlen. Die jeweiligen Touristenbüros informieren gern über weitere Unterkunftsmöglichkeiten vor Ort.

Jugendherberge

In Deutschland bieten rund 600 Jugendherbergen günstige Übernachtungsmöglichkeiten für Personen jeden Alters. In Bayern gilt das Angebot allerdings nur für Gruppen von Kindern und Jugendlichen sowie deren Begleit- und Betreuungspersonen, für Familien mit mitreisenden minderjährigen Kindern und für Einzelreisende bis einschließlich 26 Jahre. Voraussetzung für eine Übernachtung ist die Mitgliedschaft beim Jugendherbergswerk. Man kann sich vor Ort in jeder Jugendherberge einen Ausweis ausstellen lassen. Herbergenverzeichnis und weitere Informationen:

Deutsches Jugendherbergswerk, Bismarckstr. 8, 32756 Detmold, Tel. 052 31/740 10, www.jugendherberge.de

■ Verkehrsmittel

Auto

Die ADAC Geschäftsstellen halten umfangreiches Informations- und Kartenmaterial bereit. Alle im ADAC Verlag erschienen Reiseführer sind auf S. 343 übersichtlich zusammengestellt.

Bahn

Alle deutschen Städte sind mit der Bahn erreichbar, die größeren meist mit ICE, IC oder EC. Sehr bequem sind auch die Angebote von Autoreisezug und Nachtzug bzw. City Night Line.

Fahrplanauskunft:

Deutsche Bahn, Tel. 01 80/599 66 33 (0,14 €/Min., mobil max. 0,42 €/Min.), www.bahn.de

DB Autozug, www.dbautozug.de

DB Nachtzug, www.dbnachtzug.de

City Night Line, www.citynightline.ch

Österreichische Bundesbahn, Tel. 05 17 17, www.oebb.at

Schweizer Bundesbahnen, Tel. 09 00 30 03 00, www.sbb.ch

Bus

BerlinLinienBus (www.berlinlinienbus.de) besteht aus rund 30 nationalen und 25 internationalen Buslinien und fährt mehr als 300 Städte in Deutschland an. Zwar führen alle Routen über Berlin, doch Teilstrecken sind möglich.

Zentraler Omnibusbahnhof (ZOB) am Funkturm, Masurenallee 4–6, 14057 Berlin, Tel. 030/302 53 61 (Fahrdienstleitung: Abfahren, Ankünfte, Verspätungen ...), www.iob-berlin.de

ZOB Reisebüro, Tel. 030/301 03 80

Mehr erleben, besser reisen!

Register

Impressum

Chefredakteur: Dr. Hans-Joachim Völse
Textchefin: Dr. Dagmar Walden
Chef vom Dienst: Bernhard Scheller
Lektorat: Cornelia Hübler, Christian Noß,
Thomas Paulsen
Neuauflage: Elisabeth Schnurrer
Kartografie: Computerkartographie Carrle
Layout: Martina Baur
Herstellung: Ralph Melzer
Druck, Bindung: Rasch Druckerei und Verlag
Printed in Germany

Ansprechpartner für den Anzeigenverkauf:
Kommunalverlag GmbH & Co KG,
MediaCenterMünchen, Tel. 089/92-80-96 44

ISBN 978-3-89905-830-7

Neu bearbeitete Auflage 2012
© ADAC Verlag GmbH, München
© der abgebildeten Werke und Werkanteile von
Marc Chagall, Charles Marq, Felix Nussbaum und
Niki de Saint Phalle bei VG Bild-Kunst, Bonn 2011
© der abgebildeten Werke von Ernst Barlach bei
Ernst Barlach Lizenzverwaltung Ratzeburg

Bildnachweis

Umschlag-Vorderseite: Reichsburg Cochem über
der Mosel. Foto: Bildagentur Look, München
(Heinz Wohner)

Titelseite
Oben: Dresden und die Frauenkirche
(Wh. von S. 114/115)
Mitte: Strandleben auf Usedom
(Wh. von S. 80/81)
Unten: Der Schwarzwald am Wiedener Eck
(Wh. von S. 254/255)

akg-images: 10 unten, 12, 13, 14 (2), 15, 16 (2), 17, 72,
174, 175, 187, 281 unten (Erich Lessing) – alimdi.
net: 129 (Nico Stengert), 178/179 (Dr. Wilfried Bahn-
müller) – Augsburger Puppenkiste: 313 (Elmar
Herr) – Bildagentur Huber: 6/7 unten, 25, 56 oben,
98/99, 102, 146, 149, 152, 163 oben, 166/167 oben, 213,
220/221 oben, 223, 290, 300/301, 316/317, 333 unten,
335 (Gräfenhain), 22/23 (Mader), 7 Mitte, 18/19, 20,
76/77 oben, 78, 88, 121, 126, 132, 133, 140 oben, 190/191,
212, 228, 232/233, 240 unten, 248/249 oben, 250, 252
(2), 255 unten, 256, 257, 260/261, 262 oben, 270, 271, 273,
275, 276, 279, 281 oben, 283, 289 oben, 294, 295 unten,
297, 308, 312, 313, 318, 320/321, 323, 324 oben, 326 unten, 331 (R. Schmid), 79 (Krammisch), 80/81, 131 oben
(Mehlig), 94 oben und unten (Ripani), 136 (Szyszka),
171 (Klaes), 196, 246 (B. Radelt), 201 (Damm), 222 (Lubenow), 229, 289 unten (Pavan Aldo), 278 (Kolley),
322 unten, 329 (Alfeld), 332/333 oben – Bilderberg:
218 (Joern Sackermann), 219 (Zielske) – Bildarchiv
Preußischer Kulturbesitz: 93 oben (Reinhard Gör-
ner), 95 unten (Peter Sondermann) – BMW AG: 327
– Caro: 198 (Oberhäuser) – Christoph & Friends: 30
unten (Peter Schickert), 41 (123 Luftbild), 138/139, 280
(Cornelius (Paas), 144 (Knut Mueller), 144/145 (Klaus
Rose), 231, 232 unten (Torsten Krueger) – Collection
Vetta: 96 (Nikada) – Deutsches Auswandererhaus:
36 oben (Huthmacher) – Deutsche Börse AG: 221
unten – DTM: 237 – Europapark: 260 – Fan & Mross:
326 – Fotostudio Ulf Böttcher: 105 – Franz Marc Frei:
23, 120, 285, 286 unten, 288, 295 oben – Ralf Freyer: 24,
80, 125 unten, 186 unten, 193, 205, 209 unten, 264, 272,
293, 311 unten – Hartmuth Friedrichsmeier: 114/115
(S. Dittrich), 197 oben (W. Otto), 204 (R. Jahns), 303
unten – Gallo Images: 305 (Danita Delimont) – IMA-
GO: 74 (Jens Köhler), 162/163 (imagebroker) – IFA:
26 (Stadler), 34 (Poguntke), 41, 63, 148, 170 (Frima), 46
unten (Schulz), 49 (EBI), 108 (Lehmann), 140 unten
(Schösser), 155 (Tom Hook), 156, 243, 298 (W. Otto),
208/210, 210, 238 (Eiben), 268 (Michler), 314 (Lecom),
322 oben (Jon Arnold) – Volkmar Janicke, München:
58, 128 – Karl Johaentges: 162 oben – Gerold Jung:
262 unten, 267, 330 unten – Thomas Kliem: 125
oben – laif: 7 oben (Le Figaro Magazin), 11 oben
(Eisermann), 8/9, 122, 334 (Maecke/GAFF), 10 oben, 97
unten, 116, (Adenis), 11 unten (Vogel), 47 unten, 259
(2) (Raach), 54, 97 (Westrich), 57 (Sasse), 3 unten, 71,
82/83, 83 unten, 101, 104, 117 (Kirchner), 75, 328 (Zahn),
92, 206/207 (Galli), 111, 112 unten, 119, 134, 143 (Babovic),
113 (Plambeck), 160/161 (Georg Knoll), 173 (Gerald
Haenel), 181, 277 (Hub), 197 unten (Manfred Linke),
216 (Achim Gaasterland), 225 (Rabsch), 227 (Kirch-
gessner), 251 (Bialobrzeski), 253 (Eid), 258 (Heeb),
282 (Staud), 299 oben (Hoa-Qui), 302/303 (Stefan
Volk) – LOOK: 11 Mitte (Schuetz), 30/31, 48 (Wothe),
43, 70 (Sabine Lubenow), 44/45 (Elan Fleischer), 51,
157 (Johaentges), 73, 84 (H. Leue), 110 (H. & D. Zielske),
137 (Maeritz), 159 (Travelstock44), 165 (Karl Johaentges), 176 (age), 183, 190 unten, 192, 254/255 oben, 296
(Wohner), 186 oben, 307 unten (Quadriga images),
315 (TerraVista) – Mauritius Bildagentur: 8 unten
(age), 27, 28, 53 (Mader), 33 (Hollweck), 36 unten, 56
unten, 67, 95, 118, 131 unten, 142, 154, 184, 217, 226, 230,
236, 287, 302 unten, 324 unten (imagebroker), 37, 38
(Waldkirch), 45 unten, 69 (Torsten Krüger), 46/47
oben, 52 unten (Rossenbach), 50 (Habel), 55, 63 (Hä-
nel), 66, 85, (Klaus Hackenberg), 76 unten (O'Brien),
87 (Mehlig), 100 (Schurer), 123 (Lange), 150/151, 172
(R. Kliem), 153 (Dumrath), 194/195 (Hiroshi Higuchi),
202 (Karl Kinne), 214/215, 319 (Thonig), 234/235 (Tina
und Horst Herzig), 240/241 (Hans Peter Mertz), 242
oben (Norbert Rosing), 254 unten (Hicazi Özdemir),
263 (R. Pigneter), 325 (Robert Gruber) – Lübecker
Museen: 59 (2), 60 – Museum Folkwang: 182 (Jens
Nober) – Phantasialand: 200 – Rheinisches Landesmuseum: 203 unten – Schlesisches Museum Görlitz:
112 oben (Plugge) – Städel Museum: 224 (Alexander
Heimann) – Superbild: 32, 52 oben (Gräfenhain), 68
(Eric Bach), 306 (Gerolf Nießner), 310/311 (Bernd Duk-
ke) – Transit: 127 (Hirth), 135 (Härtrich), 161 unten, 166
unten – Überseemuseum: 35 (Gabriele Warnke) –
Ullstein Bild: 86 (Chybiak), 103 oben (Insadco/Kroe-
ger), 103 unten (Sachse) – Hanna Wagner: 168/169,
307 oben – Die Welt von Steiff: 269 – vario images:
164/165, 211 (imagebroker), 194 (Jürgen Ritterbach) –
VISUM: 39 (Peter Duddek) – Thomas Widmann: 299
unten, 300 unten, 304 – Ernst Wrba: 8 Mitte, 106, 107
(2), 130, 139 unten, 141, 183 unten, 188, 199 (2), 203 oben,
234 unten, 239, 242 unten, 245, 265, 266, 286 oben,
291, 292, 309 – Zenit: 90/91 (Langrock)

LICHTENFELS
Die Deutsche Korbstadt

...im Oberen Maintal

Faszination Flechten
Kunst & Architektur

www.lichtenfels-city.de
www.korbmarkt.de
www.vierzehnheiligen.de
www.klosterbanz.de
www.deutsches-korbmuseum.de
www.oberesmaintal-coburgerland.com
www.fraenkische-kulturtour.de

Basilika Vierzehnheiligen

Kloster Banz

TOURISMUS- & KULTURAMT
Marktplatz 10 · 96215 Lichtenfels
Tel.: 09571/795-101 · Fax: 09571/795-194
tourismus@lichtenfels-city.de
www.lichtenfels-city.de